吉林人民出版社

简体字本二十六史

新唐书

卷四一——卷六六

（二）

[宋] 欧阳修 宋 祁 撰

王小甫等 标点

唐书卷四一
志第三一

地理五

淮南道，盖古扬州之域，汉九江、庐江、江夏等郡，广陵、六安国及南阳、汝南、临淮之境。扬、楚、滁、和、庐、寿、舒为星纪分，安、黄、申、光、蕲为鹑尾分。为州十二，县五十三。其名山：灊、天柱、罗、涂、八公。其大川：滁、肥、巢湖。厥赋：绝、绢、绵、布。厥贡：丝、布、纻、葛。

扬州广陵郡，大都督府。本南兖州江都郡，武德七年曰邗州，以邗沟为名，九年更置扬州，天宝元年更郡名。土贡：金、银、铜器、青铜镜、绵、蕃客袍锦、被锦、半臂锦、独窠绫、殿额莞席、水兕甲、黄秫米、乌节米、鱼脐、鱼鲊、糖蟹、蜜姜、藕、铁精、空青、白芒、兔丝、蛇粟、括蒌粉。有丹杨监、广陵监钱官二。户七万七千一百五。口四十六万七千八百五十七。县七：有府四，曰江平、新林、方山、邗江。江都、望。东十一里有雷塘，贞观十八年，长史李袭誉引渠，又筑勾城塘以溉田八百顷。有爱敬陂水门，贞元四年，节度使杜亚自江都西循蜀冈之右，引陂趋城隅以通漕，溉夹陂田。宝历二年漕渠浅，输不及期，盐铁使王播自七里港引渠东注官河，以便漕运。有铜。江阳、望。贞观十八年析江都置。有康令祠，咸通中大旱，令以身祷雨赴水死，天即大雨，民为立祠。六合、紧。武德七年析置石梁县，以石梁、六合二县置方州。贞观元年州废，省石梁，以六合来属。有铜，有铁。海陵、望。武德三年更名吴陵，以县置吴州。七年州废，复故名，来属。景龙二年析置海安县，开元十年省。有盐官。高邮、上。有堤塘，溉田数千顷，元和中，节度使李吉甫筑。杨子、望。永淳元年析江都置。天长。望。本千秋，天宝元年析江都、六合、高邮置，七载更名。有铜。

楚州淮阴郡，紧。本江都郡之山阳、安宜县地，臧君相据之，号东楚州。武德四年，君相降，因之，八年更名。土贡：赀布、纻布。户二万六千六十二，口十五万三千。县四：山阳、上。有常丰堰，大历中，黜陟使李承式以溉田。盐城、上。本故汉盐渎县地。隋末，盗韦彻据其地，置射州及射阳、安乐、新安三县。武德四年来归，因之。七年州废，省射阳、安乐、新安置盐城县。有盐亭百二十三，有监。宝应、望。本安宜。武德四年以县置仓州，七年州废，来属。上元三年以获定国宝更名。西南八十里有白水塘、羡塘，证圣中开，置屯田。西南四十里有徐州泾、青州泾，西南五十里有大府泾，长庆中兴白水塘屯田，发青、徐、扬州之民以凿之，大府即扬州。北四里有竹子泾，亦长庆中开。淮阴。中。武德七年省，乾封二年析山阳复置。南九十五里有棠梨泾，长庆二年开。

滁州永阳郡，上。武德三年析扬州置。土贡：赀布、丝布、纻、练、麻。有铜坑二。户二万六千四百八十六，口十五万二千三百七十四。县三：清流、上。全椒、紧。永阳。上。景龙三年析清流置。

和州历阳郡，上。土贡：纻布。户二万四千七百九十四，口十二万二千一十三。县三：有府一，曰新川。历阳、上。有祷应山，本白石山；有栖隐山，本梅山，皆天宝六载更名。乌江、上。东南二里有韦游沟，引江至郭十五里，溉田五百顷，开元中，丞韦尹开，贞元十六年，令游重彦又治之，民享其利，以姓名沟。含山。上。武德六年析历阳之故龙亢县地置，八年省。长安四年复置，更名武寿，神龙元年复故名。

寿州寿春郡，中都督府。本淮南郡，天宝元年更名。土贡：丝布、绵、茶、生石斛。户三万五千五百八十一，口十八万七千五百八十七。县五：寿春、上。有八公山。安丰、紧。武德七年省小黄、肥陵二县入焉。东北十里有永乐渠，溉高原田，广德二年，宰相元载置，大历十三年废。盛唐、上。本霍山。武德四年以霍山、应城、潜城三县置霍州。贞观元年州废，省应城、潜城，以霍山来属。神功元年曰武昌，神龙元年复故名，开元二十七年更名。有开化县，武德四年置，有潜县，五年置，贞观中皆省。霍丘、紧。武德四年以松滋、霍丘二县置蓼州。七年州废，省松滋，以霍丘来属。神功元年曰武昌。景云元年复故名。霍山、上。天宝初析盛唐别置。有大别山、霍山。

庐州庐江郡，上。土贡：花纱、交梭丝布、茶、蜡、酥、鹿脯、生石斛。户四万三千三百二十三，口二十万五千三百九十六。县五：合肥，紧。慎、紧。巢、上。本襄安，武德三年置巢州，并析置开成、扶阳二县。七年州废，省开成、扶阳，以巢来属。东南四十里有故东关。庐江、紧。有擂山、白茅山。有铜。舒城。上。开元二十三年析合肥、庐江置。

舒州同安郡，上。至德二载更名盛唐郡，后复故名。土贡：纻布、酒器、铁器、石斛、蜡。户三万五千三百五十三，口十八万六千三百九十八。县五：怀宁、上。武德五年析置皖城、安乐、梅城、皖阳四县，是年省安乐，七年省皖城、梅城、皖阳。有皖山。宿松、上。武德四年以县置严州，七年以望江隶之。八年州废，县皆来属。有严恭山。望江、中。武德四年以县置高州，寻更名智州。七年州废，以望江隶严州。太湖、上。武德四年析置青城、荆阳二县，七年省青城入荆阳，八年省荆阳入太湖。桐城。紧。本同安，至德二载更名。自开元中徙治山城，地多猛虎、毒虺，元和八年，令韩震焚薙草木，其害遂除。

光州弋阳郡，上。本治光山，太极元年徙治定城。土贡：葛布、石斛。户三万一千四百七十三，口十九万八千五百八十。县五：定城、上。武德三年置弦州。贞观元年州废，来属。光山、上。南有木陵故关。西南八里有雨施陂，永徽四年，刺史裴大觉积水以溉田百余顷。仙居、上。本乐安。武德三年析置宋安县，以宋安隶谷州。贞观元年州废，省宋安。天宝元年更名。殷城、中。武德元年置义州。贞观元年州废，来属。西有定城故关。固始、上。

蕲州蕲春郡，上。土贡：白纻、簟、鹿毛笔、茶，白花蛇、乌蛇脯。户二万六千八百九，口十八万六千八百四十九。县四：蕲春、上。武德四年省蕲水县入焉。有鼓吹山。黄梅、上。武德四年置，以县置南晋州，析置义丰、长吉、塘阳、新蔡四县。八年州废，省义丰、长吉、塘阳、新蔡，以黄梅来属。广济、中。本永宁，武德四年析蕲春置，天宝元年更名。有铁。蕲水。上。本浠水。武德四年更名兰溪，省罗田县入焉。天宝元年又更名。有铁。

安州安陆郡，中都督府。土贡：青纻布、糟笋瓜。户二万二千二百二十一，口十七万一千二百二。县六：有府一，曰义安。安陆、上。云梦、中。有神山。**孝昌**、中。武德四年以县置漫州，并置漫阳县。八年州废，省漫阳，以孝昌来属。宝应二年隶沔州，后复来属。元和三年省入云梦。咸通中复置。**应城**、中。本应阳，武德四年更名。元和三年省入云梦，大和二年复置。天祐二年复曰应阳。**吉阳**、中。元和三年省入应山，后复置。有白兆山。**应山**。中。武德四年以县置应州，并析置礼山县。八年州废，省礼山，以应山来属。有故黄岘、武阳、百雁、平靖四关。

黄州齐安郡，下。本永安郡，天宝元年更名。土贡：白纻布、赀布、连翘、松萝、蚳虫。户万五千五百一十二，口九万六千三百六十八。县三。**黄冈**、上。武德三年省木兰县入焉；又析置堡城县，七年省。有木兰山。**黄陂**、中。武德三年以县置南司州。七年州废，来属。北有大活关，有白沙关。**麻城**。中。武德三年以县置亭州，又析置阳城县。八年州废，省阳城，以麻城来属。元和三年省入黄冈，建中三年复置。西北有木陵关，在木陵山上。东北有阴山关。

申州义阳郡，中。土贡：绯葛、纻布、赀布、茶、蚳虫。户二万五千八百六十四，口十四万七千七百五十六。县三：**义阳**、上。南有故平靖关。**钟山**、上。**罗山**。上。武德四年以县置南罗州。八年州废，来属。

右淮南采访使，治扬州。

江南道，盖古扬州南境，汉丹杨、会稽、豫章、庐江、零陵、桂阳等郡，长沙国及牂柯、江夏、南郡地。润、升、常、苏、湖、杭、睦、越、明、衢、处、婺、温、台、宣、歙、池、洪、江、饶、虔、吉、袁、信、抚、福、建、泉、汀、漳为星纪分，岳、鄂、潭、衡、永、道、郴、邵、黔、辰、锦、施、叙、奖、夷、播、思、费、南、溪、溱为鹑尾分。为州五十一，县二百四十七。其名山：衡、庐、茅、蒋、天目、天台、会稽、四明、括苍、缙云、金华、大庾、武夷。其大川：湘、赣、沅、澧、浙江、洞庭、彭蠡、太湖。厥赋：麻、纻。厥贡：金、银、纱、绫、蕉、葛、绵、练、鲛革、藤纸、丹沙。

润州丹杨郡，望。武德三年以江都郡之延陵县地置，取润浦为州名。土贡：衫罗，水纹、方纹、鱼口、绣叶、花纹等绫，火麻布、竹根、黄粟、伏牛山铜器、鲟、鲊。户十万二千二十三，口六十六万二千七百六。县四：有丹杨军，乾元二年置，元和二年废。丹徒、望。本延陵县地，武德三年置。开元二十二年，刺史齐浣以州北隔江，舟行绕瓜步，回远六十里，多风涛，乃于京口埭下直趋渡江二十里，开伊娄河二十五里，渡扬子，立埭，岁利百亿，舟不漂溺。有勾骊山。丹杨、望。本曲阿，武德二年以县置云州。五年曰简州，以县南有简渎取名。八年州废，来属。天宝元年更名。有练塘，周八十里，永泰中，刺史韦损因废唐复置，以溉丹杨、金坛、延陵之田，民刻石颂之。金坛、紧。本曲阿县地。隋末，土人保聚，因为金山县。隋亡，沈法兴又置琅邪县，李子通以琅邪置茅州，以金山隶之。贼平，因之，后隶蒋州。武德八年省入延陵。垂拱四年复置，来属，更名。东南三十里有南、北谢塘，武德二年，刺史谢元超因故塘复置以溉田。延陵。紧。故治丹徒，武德三年别置，隶茅州，后隶蒋州，九年来属。有茅山。

升州江宁郡，至德二载以润州之江宁县置，上元二年废，光启三年复以上元、句容、溧水、溧阳四县置。土贡：笔、甘棠。县四：有江宁军，乾元二年置。有石头镇兵。有下蜀、淮山二戍。上元、望。本江宁，隶润州。武德三年以江宁、溧水二县置扬州，析置丹杨、溧阳、安业三县，更江宁曰归化。七年平辅公祏，更名蒋州。八年，复为扬州，又以延陵、句容隶之，省安业入归化，更归化曰金陵。九年州废，都督徙治江都，更名金陵曰白下，以白下、延陵、句容隶润州，丹杨、溧水、溧阳隶宣州。贞观九年更白下曰江宁，肃宗上元二年又更名。有铜，有铁。有蒋山。句容、望。武德三年以句容、延陵二县置茅州，七年州废，隶蒋州，九年隶润州。乾元元年来属。西南三十里有绛岩湖，麟德中，令杨延嘉因梁故堤置，后废，大历十二年，令王昕复置，周百里为塘，立二斗门以节旱暵，开田万顷。绛岩，故赤山，天宝中更名。有铜，有矾。溧水、上。乾元元年隶升州，州废，还隶宣州。有铜。溧阳。紧。上元元年隶升州，州废，还隶宣州。有湖山。有铜，有铁。

常州晋陵郡，望。本毗陵郡，天宝元年更名。土贡：绸、绢、布、纻、红紫绵巾、紧纱、兔褐、皂布、大小香粳、龙凤席、紫笋茶、署预。户十万二千六百三十三，口六十九万六百七十三。县五：晋陵、望。武进、望。武德三年以故兰陵县地置，贞观八年省入晋陵，垂拱二年复置。西四十里有孟渎，引江水南注通漕，溉田四千顷，元和八年，刺史孟简因故渠开。江阴、望。武德三年以县置暨州，并析置暨阳、利城二县。九年州废，省暨阳、利城，以江阴来属。**义兴**、紧。武德七年以县置南兴州，并析置临津、阳羡二县。八年州废，省阳羡、临津，以义兴来属。有张公山。**无锡**。望。南五里有泰伯渎，东连蠡湖，亦元和八年孟简所开。

苏州吴郡，雄。土贡：丝葛、丝绵、八蚕丝、绯绫、布、白角簟，草席、鞋，大小香粳、柑、橘、藕、鲻皮、鲅、鲭、鸭胞、肚鱼、鱼子、白石脂、蛇粟。户七万六千四百二十一，口六十三万二千六百五十。县七：有长洲军，乾元二年置，大历十二年废。**吴**、望。有包山。有铜。**长洲**、望。万岁通天元年析吴置。**嘉兴**、望。武德七年置，八年省入吴。贞观八年复置。有盐官。**昆山**、望。**常熟**、紧。**海盐**、紧。贞观元年省，景云二年复置。有古泾三百一，长庆中令李谔开，以御水旱。又西北六十里有汉塘，大和七年开，有故县山。**华亭**。上。天宝十载析嘉兴置。

湖州吴兴郡，上。武德四年，以吴郡之乌程县置。土贡：御服、鸟眼绫、折皂布、绵、绸、布、纻、糯米、黄粞、紫笋茶、木瓜、杭子、乳柑、蜜、金沙泉。户七万三千三百六，口四十七万七千六百九十八。县五：**乌程**、望。东百二十三里有官池，元和中刺史范传正开。东南二十五里有陵波塘，宝历中刺史崔玄亮开。北二里有蒲帆塘，刺史杨汉公开，开而得蒲帆，因名。有卞山。有太湖，占湖、宣、常、苏四州境。**武康**、上。李子通置安州，又曰武州。武德四年平子通，因之，七年州废，县隶湖州。有封山。有铜。**长城**、望。大业末沈法兴置长州。武德四年更置绥州，因古绥安县名之，又更名雉州，并置原乡县。七年州废，省原乡，以长城来属。有西湖，溉田三千顷，其后堙废，贞元十三年，刺史于頔复之，人赖其利。顾山有茶，以供贡。有铜。**安吉**、紧。义宁二年沈法兴置。武德四年贼平，因之，以县隶桃州。七年，省入长城。麟德元年复置。北三十里有邸阁池，北十七里有石鼓堰，引天目山水溉田百顷，皆圣历初令钳耳知命置。有铜，有锡。**德清**。上。本武源，天授二年析武康置，景云二年曰临溪，天宝元年更名。

杭州余杭郡，上。土贡：白编绫、绯绫、藤纸、木瓜、橘、蜜姜、干姜、苣、牛膝。有临平监、新亭监盐官二。户八万六千二百五十八，口五十八万五千九百六十三。县八：有余杭军，乾元二年置。有镇海军，建中二年置于润州，元和六年废，大和九年复置，景福二年徙屯。又有乌山戍。**钱塘**、望。南五里有沙河塘，咸通二年刺史崔彦曾开。有皋亭山。**盐官**、紧。

武德四年隶东武州，七年省入钱塘，贞观四年复置。有盐官。有捍海塘堤，长百二十四里，开元元年重筑。**余杭**、望。南五里有上湖，西二里有下湖，宝历中，令归珧因汉令陈浑故迹置。北三里有北湖，亦珧所开，溉田千余顷。珧又筑甬道，通西北大路，高广径直百余里，行旅无山水之患。有铜。**富阳**、紧。北十四里有阳陂湖，贞观十二年令郝某开。南六十步有堤，登封元年令李浚时筑，东自海，西至于苋浦，以捍水患。贞元七年，令郑早又增修之。王洲有橘，以供贡。**于潜**、紧。武德七年以县置潜州，并置临水县。八年州废，省临水，以于潜来属。南三十里有紫溪水溉田，贞元十八年令杜泳开，又凿渠三十里，以通舟楫。有天目山。**临安**、紧。垂拱四年析余杭、于潜地以故临水城置。有石镜山。**新城**、上。武德七年省入富阳，永淳元年复置。北五里有官塘，堰水溉田，有九澳，永淳元年开。**唐山**。中。垂拱二年析于潜置紫溪县。万岁通天元年曰武隆，其年复为紫溪，又析紫溪别置武隆县。圣历三年省武隆入紫溪，长安四年复置。神龙元年更武隆为唐山。大历二年皆省。长庆初复置唐山。

睦州新定郡，上。本遂安郡，治雄山。武德七年曰东睦州，八年复旧名。万岁通天二年徙治建德。天宝元年更郡名。土贡：文绫、簟、白石英、银花、细茶。有铜坑二。户五万四千九百六十一，口三十八万二千五百六十三。县六：有三河戍。**建德**、上。武德四年置，七年省入桐庐、雄山。永淳二年复置。有铜。**青溪**、上。本雄山，文明元年曰新安，开元二十年曰还淳，永贞元年更名。**寿昌**、上。永昌元年析雄山置，载初元年省，神龙元年复置。**桐庐**、紧。武德四年以桐庐、分水、建德置严州，七年州废，以桐庐来属。**分水**、上。武德七年省入桐庐，如意元年复置，更名武盛，神龙元年复故名。宝应二年析置昭德县，大历六年省。**遂安**。上。石英山有白石英，以供贡。有铜。

越州会稽郡，中都督府。土贡：宝花、花纹等罗，白编、交梭、十样花纹等绫，轻容、生縠、花纱、吴绢、丹沙、石蜜、橘、葛粉、瓷器、纸、笔。有兰亭监盐官。户九万二百七十九，口五十二万九千五百八十九。县七：有府一，曰浦阳。有义胜军、静海军，宝应元年置。大历二年废静海军，元和六年废义胜军。中和二年复置义胜军，乾宁三年曰镇东。**会稽**、望。有南镇会稽山，有祠。东北四十里有防海塘，自上虞江抵山阴百余里，以畜水溉田，开元十年令李俊之增修，大历十年观察使皇甫温、大和六年令李左次又增修之。有锡。**山阴**、紧。武德七年析会稽置，八年省。垂拱二年复置，大历二年省，七年复置，元和七年省，十年复置。北三十里有越王山堰，贞元元年，观察使皇甫政凿山以畜泄水利，又东北二十里作朱储斗门。北五里有新河，西北十里有运道塘，皆元和十年观察使孟简开。西北四十六里有新迳斗门，大和七年观察使陆亘置。有铁。**诸暨**、望。有银冶。东二里有湖塘，天宝中令郭密之筑，溉田二十余顷。**余姚**、紧。武德四年析故句章县置，以县置姚州。七年州废，来属。有风山、四明山。**剡**、望。武德四年以县置嵊州，并析置剡城县。八年州废，省剡城，以剡来属。**萧山**、紧。本永兴，仪凤二年置，天宝元年更名。**上虞**、上。贞元中析会稽置。西北二十七里有任屿湖，宝历二年令金尧恭置，溉田二百顷。北二十里有黎湖，亦尧恭所置。

明州余姚郡，上。开元二十六年，采访使齐浣奏以越州之鄮县置，以境有四明山为名。土贡：吴绫、交梭绫、海味、署预、附子。户四万二千二百七，口二十万七千三十二。县四：有上亭戍。**鄮**、上。武德四年析故句章县置鄞州。八年州废，更置鄮县，隶越州。开元二十六年析置翁山县，大历六年省。有盐。南二里有小江湖，溉田八百顷，开元中令王元纬置，民立祠祀之。东二十五里有西湖，溉田五百顷，天宝二年令陆南金开广之。西十二里有广德湖，溉田四百顷，贞元九年，刺史任侗因故迹增修。西南四十里有仲夏堰，溉田数千顷，大和六年刺史于季友筑。**奉化**、上。开元二十六年析鄮置。有铜。**慈溪**、上。开元二十六年析鄮置。**象山**。中。本隶台州，神龙元年析宁海及鄮置，广德二年来属。

衢州信安郡，上。武德四年析婺州之信安县置，六年没辅公祏，因废州。垂拱二年析婺州之信安、龙丘、常山复置。土贡：绵纸、竹扇。户六万八千四百七十二，口四十四万四百一十一。县四：**西安**、望。本信安，武德四年析置定阳县，六年省，咸通中更信安曰西安。东五十五里有神塘，开元五年，因风雷摧山，偃涧成塘，溉田二百顷。有银。**龙丘**、紧。本太末，武德四年置，以县置谷州，并置白石县。八年州废，省太末、白石入信安。贞观八年析信安、金华复置，更名龙丘，隶婺州。如意元年析置盈川县。证圣二年置武安县，后省武安。元和七年省盈川入信安。有岑山。**须江**、上。武德四年析信安置，八年省，永昌元年复置。**常山**。上。咸亨五年析信安置，隶婺州，垂拱二年来属。乾元元年隶信州，后复故。

处州缙云郡，上。本括州永嘉郡，天宝元年更郡名，大历十四年更州名。土贡：绵、蜡、黄连。户四万二千九百三十六，口二十五万八千二百四十八。县六：丽水、上。本括苍，武德八年省丽水县入焉，大历十四年更名。有铜，出豫章、孝义二山。东十里有恶溪，多水怪，宣宗时刺史段成式有善政，水怪潜去，民谓之好溪。有括苍山。松杨、上。武德中以县置松州。八年废，来属。有银出马鞍山。缙云、上。圣历元年析括苍及婺州之永康置。有缙云山。青田、中。景云二年析括苍置。遂昌、上。武德八年省入松杨，景云二年复置。龙泉、中。乾元二年析遂昌、松杨置。

婺州东阳郡，上。土贡：绵、葛、纻布、藤纸、漆、赤松涧米、香粳、葛粉、黄连。户十四万四千八十六，口七十万七千一百五十二。县七：金华、望。武德八年省长山县入焉。垂拱四年曰金山，神龙元年复故名。有百沙山、金华山。有铜。义乌、紧。本乌伤，武德四年以县置绸州，因绸岩为名，并析置华川县。七年州废，省华川入乌伤，更名，来属。永康、望。本缙云，武德四年置丽州。八年州废，更名，来属。东阳、望。垂拱二年析义乌置。有歌山。兰溪、紧。咸亨五年析金华置。有望云山、大家山。武成、上。本武义，天授二年析永康置，更名，天祐中复曰武义。浦阳。上。天宝十三载析义乌、兰溪及杭州之富阳置。

温州永嘉郡，上。高宗上元元年析括州之永嘉、安固置。土贡：布、柑、橘、蔗、蛟革。有永嘉监盐官。户四万二千八百一十四，口二十四万一千六百九十。县四：永嘉、上。武德五年以县置东嘉州，并析置永宁、安固、横阳、乐成四县。贞观元年州废，省横阳、永宁，以永嘉、安固隶括州。安固、上。有铜。横阳、上。大足元年析安固复置。乐成、上。武德七年省入永嘉，载初元年复置。

台州临海郡，上。本海州，武德四年以永嘉郡之临海置。土贡：釜漆、乳柑、干姜、甲香、蛟革、飞生鸟。户八万三千八百六十八，口四十八万九千一十五。县五：临海、望。武德四年析置章安县，八年省。有铁。唐兴、上。本始丰，武德四年析临海置，八年省。贞观八年复置，高宗上元二年更名。有土墙山、鼻山、天台山。黄岩、上。本永宁，高宗上元二年析临海置，天授元年更名。有铁，有盐。乐安、上。武德四年析临海置，八年省，高宗上元二年复置。宁海。上。武德四年析临海置，七年省入章安，永昌元年复置。有铁，有盐。

福州长乐郡，中都督府。本泉州建安郡治，武德六年别置，景云二年曰闽州，开元十三年更州名，天宝元年更郡名。土贡：蕉布、海蛤、文扇、茶、橄榄。户三万四千八十四，口七万五千八百七十六。县十：有经略军，有宁海军，至德二载置，元和六年废。闽、望。东五里有海堤，大和二年令李茸筑。先是，每六月潮水咸卤，禾苗多死，堤成，潴溪水殖稻，其地三百户皆良田。候官、紧。武德六年置，八年省。长安二年析闽复置，元和三年省，五年复置。有盐官。西南七里有洪塘浦，自石岊江而东，经嶅渎至柳桥，以通舟楫，贞元十一年观察使王翃开。长乐、上。本新宁，武德六年析闽置，寻更名。元和三年省入福唐，五年复置。有盐。东十里有海堤，大和七年令李茸筑，立十斗门以御潮，旱则潴水，雨则泄水，遂成良田。福唐、上。本万安，圣历二年析长乐置，天宝元年更名。有铁。连江、上。本温麻，武德六年析闽置，寻更名。有盐。东北十八里有材塘，贞观元年筑。长溪、中下。武德六年置，寻省入连江，长安二年复置。有盐。古田、中下。永泰二年析候官、尤溪置。梅溪、中。贞元元年析候官置。永泰、中。咸通二年析连江及闽置。尤溪、中下。开元二十九年开山洞置。有银，有铜，有铁。

建州建安郡，上。武德四年置。土贡：蕉、花练、竹练。户二万二千七百七十，口十四万二千七百七十四。县五：建安、上。有银，有铜。邵武、中下。本隶抚州，武德四年析置绥城县，隶建州，七年以邵武来属。贞观三年省绥城入焉。有铜，有铁。浦城、紧。本吴兴，武德四年更名唐兴，后废入建安，载初元年复置。天授二年曰武宁，神龙元年复曰唐兴，天宝元年更名。建阳、上。武德四年置，八年省入建安，垂拱四年复置。有武夷山。将乐、中下。武德五年析邵武置，隶抚州，七年省。垂拱四年析邵武及故绥城县地复置，元和三年省，五年复置。金泉有金。又有银，有铁。

泉州清源郡，上。本武荣州，圣历二年析泉州之南安、莆田、龙溪置，治南安，后治晋江。三年，州废，县还隶泉州。久视元年复置，景云二年更名。土贡：绵、丝、蕉、葛。户二万三千八百六，口十六万二百九十五。县四：自州正东海行二日至高华屿，又二日至鼋鼊屿，又一日至流求国。晋江、上。开元八年析南安置。北一里有晋江，开元二十九年，别

驾赵颐贞凿沟通舟楫至城下。东一里有尚书塘，溉田三百余顷，贞元五年刺史
赵昌置，名常稔塘，后昌为尚书，民思之，因更名。西南一里有天水淮，灌田百
八十顷，大和三年刺史赵棨开。有盐。**南安**、紧。武德五年以县置丰州，并析
置莆田县，贞观元年州废，二县来属。有盐，有铁。**莆田**、上。武德五年析南安
置。西一里有诸泉塘，南五里有沥埠塘，西南二里有永丰塘，南二十里有横塘，
东北四十里有颉洋塘，东南二十里有国清塘，溉田总千二百顷，并贞观中置。
北七里有延寿陂，溉田四百余顷，建中年置。**仙游**。中。本清源，圣历二年析
莆田置，天宝元年更名。

　　汀州临汀郡，下。开元二十四年开福、抚二州山洞置，治新罗，
大历四年徙治白石，皆长汀县地。土贡：蜡烛。户四千六百八十，口
万三千七百二。县三：**长汀**、中下。有铜，有铁。**宁化**、中下。本黄连，天
宝元年更名。有银，有铁。**沙**。中下。本隶建州，武德四年置，后省入建安，永
徽六年复置，大历十二年来属。有铜，有铁。

　　漳州漳浦郡，下。垂拱二年析福州西南境置，以南有漳水为名，
并置漳浦、怀恩二县，初治漳浦，开元四年徙治李澳川，乾元二年徙
治龙溪。土贡：甲香、鲛革。户五千八百四十六，口万七千九百四十。
县三：**龙溪**、中下。本隶泉州，后隶武荣州，开元二十九年来属。**龙岩**、中下。
开元二十四年置，隶汀州，大历十二年来属。**漳浦**。中下。开元二十九年省怀
恩县入焉。有梁山。

　　右东道采访使，治苏州。

　　宣州宣城郡，望。土贡：银、铜器、绮、白纻、丝头红毯、兔褐、簟、
纸、笔、署预、黄连、碌青。有铅坑一。户十二万一千二百四，口八十
八万四千九百八十五。县八：有采石军，乾元二年置，元和六年废。**宣城**、
望。武德三年析置怀安县，六年省。东十六里有德政陂，引渠溉田二百顷，大历
二年观察使陈少游置。有敬亭山。**当涂**、紧。武德三年以县置南豫州。八年
州废，来属。贞观元年省丹阳县入焉。乾元元年隶升州，上元二年复来属。有
神武山。有采石戍。有铜，有铁。**泾**、紧。武德三年以县置南徐州，寻更名猷
州，并置南阳、安吴二县。八年州废，省南阳、安吴，以泾来属。**广德**、紧。本绥
安。武德三年以县置桃州，并置桐陈、怀德二县。七年州废，省桐陈、怀德，以绥

安来属。至德二载更名。有横山。**南陵**、望。武德四年隶池州，州废来属。后析置义安县，又废义安为铜官冶。利国山有铜，有铁。凤凰山有银。有大农陂，溉田千顷，元和四年，宁国令范某因废陂置，为石堰三百步，水所及者六十里。有永丰陂，在青弋江中，咸通五年置。有鹊头镇兵。有梅根、宛陵二监钱官。**太平**、上。天宝十一载析当涂、泾置，大历中省。永泰中复置。**宁国**、紧。武德三年析宣城置，六年省。天宝三载析宣城、当涂复置。有银。**旌德**。上。宝应二年析太平置。

　　歙州新安郡，上。土贡：白纻、簟、纸、黄连。户三万八千三百二十，口二十六万九千一百九。县六：**歙**、紧。东南十二里有吕公滩，本车轮滩，湍悍善覆舟，刺史吕季重以俸募工凿之，遂成安流。有主簿山。**休宁**、上。永泰元年，盗方清陷州，州民拒贼，保于山险，二年贼平，因析置归德县，大历四年省。**黟**、上。**绩溪**、中下。本北野，永徽五年析歙置，后更名。有银，有铅。**婺源**、上。开元二十八年析休宁置。**祁门**。中下。永泰二年平方清，因其垒析黟及饶州之浮梁置。西四十里有武陵岭，元和中令路旻凿石为盘道。西南十三里有阊门滩，善覆舟，旻开斗门以平其隘，号路公溪，后斗门废。咸通三年，令陈甘节以俸募民穴石积木为横梁，因山派渠，余波入于乾溪，舟行乃安。

　　池州，上。武德四年以宣州之秋浦、南陵二县置，贞观元年州废，县还隶宣州。永泰元年复析宣州之秋浦、青阳，饶州之至德置。土贡：纸、铁。有铅坑一。县四：**秋浦**、紧。有乌石山，广德初盗陈庄、方清所据。有银，有铜。**青阳**、上。天宝元年析泾、南陵、秋浦置。有铜，有银。**至德**、中。至德二载析鄱阳、秋浦置，隶寻阳郡，乾元元年隶饶州。**石埭**。中。永泰二年析青阳、秋浦置。

　　洪州豫章郡，上都督府。土贡：葛、丝布、梅煎、乳柑。有铜坑一。户五万五千五百三十，口三十五万三千二百三十一。县七：有南昌军，乾元二年置，元和六年废。**南昌**、望。本豫章。武德五年析置钟陵县，又置南昌县，以南昌置孙州。八年州废，又省南昌、钟陵。宝应元年更豫章曰钟陵。贞元中又更名。县南有东湖，元和三年，刺史韦丹开南塘斗门以节江水，开陂塘以溉田。**丰城**、上。天祐中曰吴皋。**高安**、望。本建城，武德五年更名，以县置靖州，又置望蔡、华阳、宜丰、阳乐四县。七年曰米州，又更名筠州。八年州废，省华阳、望蔡、宜丰、阳乐，以高安来属。有米山。**建昌**、紧。武德五年置南昌州,又析置龙安、永修、新吴三县。八年州废,省永修、龙安、新吴,以建昌来属。南一里有捍水堤,会昌六年摄令何易于筑。西二里又有堤,咸通三年令孙永筑。**新吴**、上。永淳二年析建昌复置。**武宁**、上。长安四年析建昌置,景云元年曰豫宁,宝应元年复故名。**分宁**。上。贞元十五年析武宁置。

江州浔阳郡,上。本九江郡,天宝元年更名。土贡:葛、纸、碌、生石斛。户万九千二十五,口十万五千七百四十四。县三、有湖口、溢城二戍。**浔阳**、紧。本溢城,武德四年更名,又别析置溢城县,五年析溢城置楚城县。八年省溢城,贞观八年省楚城。南有甘棠湖,长庆二年刺史李渤筑,立斗门以蓄泄水势。东有秋水堤,大和三年刺史韦珩筑;西有断洪堤,会昌二年刺史张又新筑,以窒水害。有银,有铜。有庐山。有彭蠡湖,一名宫亭湖。**彭泽**、上。武德五年置浩州,又析置都昌、乐城二县。八年州废,省乐城,以彭泽、都昌隶江州。有铜。**都昌**。上。南一里有陈令塘,咸通元年令陈可夫筑,以阻潦水。

鄂州江夏郡,紧。土贡:银、碌、贳布。有凤山监钱官。户万九千一百九十,口八万四千五百六十三。县七:有武昌军,元和元年置。**江夏**、望。有铁。**永兴**、紧。有铜,有铁。北有长乐堰,贞元十三年筑。**武昌**、紧。有樊山,有银,有铜,有铁。**蒲圻**、上。**唐年**、上。天宝二年开山洞置。**汉阳**、中。本沔州汉阳郡,武德四年以沔阳郡之汉阳、汉川二县置。宝应二年以安州之孝昌隶之。建中二年州废,四年复置。元和三年省孝昌。宝历二年州又废,二县来属。**汉川**。中。武德四年析汉阳置。

岳州巴陵郡,中。本巴州,武德六年更名。土贡:纻布、鳖甲。户万一千七百四十,口五万二百九十八。县五:**巴陵**、上。有铁。有洞庭山,在洞庭湖中。**华容**、上。垂拱二年更名容城,神龙元年复故名。**桥江**、中。本沅江,乾宁中更名。**湘阴**、中下。武德八年省罗县入焉。**昌江**。中下。神龙三年析湘阴置。

饶州鄱阳郡,上。土贡:麸金、银、簟、茶。有永平监钱官。有铜坑三。户四万八百九十九,口二十四万四千三百五十。县四:**鄱阳**、上。武德五年析置广晋县,隶浩州。八年州废,省县入焉。县东有邵父堤,东北三里有李公堤,建中元年刺史李复筑,以捍江水。东北四里有马塘,北六里有土湖,皆刺史马植筑。**余干**、上。武德四年置玉亭、长城二县,七年省玉亭入长城，八年省长城入余干。有神山。**乐平**、上。武德四年置，九年省，后复置。有金，有银，有铜，有强。**浮梁**。上。本新平，武德四年析鄱阳置，八年省，开元四年复置，曰新昌。天宝元年更名。

　　虔州南康郡，上。土贡：丝布、纻布、竹练、石蜜、梅、桂子、斑竹。户三万七千六百四十七，口二十七万五千四百一十。县七：有犹口镇兵，有百丈戍。**灨**、上。**虔化**、上。有梅岭山。**南康**、上。有锡。有大庾山。**雩都**、上。有金，天祐元年置瑞金监。有君山，有殷固山。**信丰**、上。本南安，永淳元年析南康置，天宝元年更名。**大庾**、中。神龙元年析南康置。有铅、锡。有横浦关。**安远**。中。贞元四年析雩都置。有铁，有锡。

　　吉州庐陵郡，上。土贡：丝葛、纻布、陟厘、斑竹。户三万七千七百五十二，口三十三万七千三十二。县五：**庐陵**、紧。**太和**、上。武德五年置南平州，并置永新、广兴、东昌三县。八年州废，省永新、广兴、东昌入太和，来属。有玉山。**安福**、上。武德五年以县置颍州。七年州废，来属。**新淦**、上。**永新**。上。显庆二年析太和置。

　　袁州宜春郡，上。土贡：白纻。有铜坑一。户二万七千九十三，口十四万四千九十六。县三：**宜春**、上。有宜春泉，酝酒入贡。西南十里有李渠，引仰山水入城，刺史李将顺凿。有铁。**萍乡**、上。**新喻**。上。本作"渝"，天宝后相承作"喻"。

　　信州，上。乾元元年析饶州之弋阳，衢州之常山、玉山及建、抚之地置。土贡：葛粉。有玉山监钱官。有铜坑一，铅坑一。县四：**上饶**、紧。武德四年置，隶饶州，七年省入弋阳，乾元元年复置，并置永丰县。元和七年省永丰入焉。有金，有铜，有铁，有铅。**弋阳**、上。有银。**贵溪**、中。永泰元年析弋阳置。**玉山**。上。证圣二年析常山、须江及弋阳置。有银。

　　抚州临川郡，上。土贡：金丝布、葛、竹箭、朱橘。户三万六百五，口十七万六千三百九十四。县四：**临川**、上。有金，有银。**南城**、上。武德五年析置永城、东兴二县，七年省。**崇仁**、上。武德五年析置宜黄县，八年省。**南丰**。上。景云二年析南城置，先天二年省，开元八年复置。

　　潭州长沙郡，中都督府。土贡：丝葛、丝布、木瓜。户三万二千二百七十二，口十九万二千六百五十七。县六：有府一，曰长沙。有渌口、花石二戍。有桥口镇兵。**长沙**、望。有金。**湘潭**、紧。本隶衡州,元和后来属。有衡山。**湘乡**、紧。武德四年析衡山置。**益阳**、上。武德四年析置新康县,七年省。永泰元年,都督翟灌自望浮驿开新道,经浮丘至湘乡。**醴陵**、中。武德四年析长沙置。有王乔山。**浏阳**。中。景龙二年析长沙置。

　　衡州衡阳郡,上。本衡山郡,天宝元年更名。土贡:麸金、绵纸。户三万三千六百八十八,口十九万九千二百二十八。县六:有戍分、洞口、平阳三戍。**衡阳**、紧。本临烝,武德四年置,七年省重安、新城二县入焉。开元二十年更名。有西母山。**衡山**、上。本隶潭州,神龙三年来属。有南岳衡山祠。**常宁**、中下。本新宁,天宝元年更名。**攸**、中。武德四年置南云州,又析置茶陵、安乐、阴山、新兴、建宁五县。贞观元年州废,省茶陵、安乐、阴山、新兴、建宁,以攸来属。**茶陵**、中。圣历元年析攸因故县复置。**耒阳**。上。本耒阴,武德四年更名。

　　永州零陵郡,中。土贡:葛、筍、零陵香、石蜜、石燕。户二万七千四百九十四,口十七万六千一百六十八。县四:有麻田镇兵。有雷石、卢洪二戍。**零陵**、上。**祁阳**、上。武德四年析零陵置,贞观元年省,四年复置。有铁。**湘源**、上。有金,有铁。**灌阳**。中。萧铣析湘源置,武德七年省,上元二年复置。

　　道州江华郡,中。本营州,武德四年以零陵郡之营道、永阳二县置,五年曰南营州,贞观八年更名。十七年,州废入永州,上元二年复置。土贡:白绀、零陵香、犀角。户二万二千五百五十一,口十三万九千六十三。县五:**弘道**、上。本营道,天宝元年更名。**延唐**、上。本梁兴,萧铣析营道置,铣平,更名唐兴。长寿二年曰武盛,神龙元年复曰唐兴,天宝元年又更名。有铁。**江华**、中。武德四年析贺州之冯乘县置,文明元年曰云汉,神龙元年更名。有锡。**永明**、中。本永阳,贞观八年省入营道,天授二年复置,天宝元年更名。有银,有铁。**大历**。中。大历二年析延唐置。

　　郴州桂阳郡,上。土贡:赤钱、纻布、丝布。有桂阳监钱官。户三万三千一百七十五。县八:**郴**、上。有马岭山。**义章**、中下。萧铣析郴置,武德七年省,八年复置。有银,有铜,有铅。**平阳**、上。**资兴**、上。本晋兴,贞观八年省,咸亨三年复置,更名。**高亭**、中下。本安陵,开元十三年析郴置,天宝元年更名。义昌、中下。临武、中下。如意元年曰隆武，神龙元年复故名。蓝山。上。本南平，咸亨二年置，天宝元年更名。

邵州邵阳郡，下。本南梁州，武德四年析潭州之邵阳置，并置邵陵、建兴二县，贞观十年更名。土贡：银、犀角。户万七千七十三，口七万一千六百四十四。县二：邵阳。上。武德七年省邵陵县入焉。有文斤山。武冈、中。本武攸，武德四年更名，七年省建兴县入焉。

右西道采访使，治洪州。

黔州黔中郡，下都督府。本黔安郡，天宝元年更名。土贡：犀角、光明丹沙、蜡。户四千二百七十，口二万四千二百四。县六：彭水、上。武德元年析置都上、石城二县，二年又析置盈隆、洪杜、相永、万资四县。贞观四年以相永、万资置费州，都上置夷州，十年以思州之高富来属，十一年以高富隶夷州。有盐。黔江、中下。本石城，天宝元年更名。洪杜、中下。洋水、中下。本盈隆，先天元年曰盈川，天宝元年更名。信宁、中下。本信安，武德二年更名，隶义州。贞观十一年州废，来属。都濡。中下。贞观二十年析盈隆置。

辰州卢溪郡，中都督府。本沅陵郡，天宝元年更名。土贡：光明丹沙、犀角、黄连、黄牙。户四千二百四十一，口二万八千五百五十四。县五：沅陵、上。卢溪、中下。武德三年析沅陵置。有武山。溆浦、上。武德五年析辰溪置。麻阳、中下。武德三年析沅陵、辰溪置。垂拱四年析置龙门县，寻省。有丹穴。辰溪。中。

锦州卢阳郡，下。垂拱二年以辰州麻阳县地及开山洞置。土贡：光明丹砂、犀角。户二千八百七十二，口万四千三百七十四。县五：卢阳、中下。招谕、中下。渭阳、中下。常丰、中下。本万安，天宝元年更名。洛浦。中下。本隶溪州，天授二年析辰州之大乡置，长安四年来属。

施州清化郡，下。本清江郡，天宝元年更名。土贡：蘔金、犀角、黄连、蜡、药实。户三千七百二，口万六千四百四十四。县二：清江、中下。义宁元年置开夷县。麟德元年省入焉。建始。中下。义宁二年置业州。贞观八年州废，来属。

　　叙州潭阳郡，下。本巫州，贞观八年以辰州之龙标县置，天授二年曰沅州。开元十三年以"沅""原"声相近，复为巫州，大历五年更名。土贡：麸金、犀角。户五千三百六十八，口二万二千七百三十八。县三：龙标、上。武德七年置，贞观八年析置夜郎、朗溪、思微三县，九年省思微。朗溪、中下。潭阳。中下。先天二年析龙标置。

　　奖州龙溪郡，下。本舞州，长安四年以沅州之夜郎、渭溪二县置，开元十三年以"舞""武"声相近，更名鹤州。二十年曰业州，大历五年又更名。土贡：麸金、犀角、蜡。户千六百七十二，口七千二百八十四。县三：峨山、中下。本夜郎，天宝元年更名。渭溪、中下。天授二年析夜郎置。梓姜。中下。本隶充州，天宝三载废为羁縻州，以县来属。

　　夷州义泉郡，下。本隋明阳郡地，武德四年以思州之宁夷县置。贞观元年州废，四年复以黔州之都上县开南蛮置，十一年徙治绥阳。土贡：犀角、蜡烛。户千二百八十四，口一千一十三。县五：绥阳、中下。有绥阳山。都上、中下。义泉、中下。本隶明阳郡。武德二年以信安、义泉、绥阳三县置义州，并置都牢、洋川二县，五年曰智州。贞观四年省都牢。五年，以废邪州之乐安、宜林、芙蓉、瑯川四县隶之，后又领废夷州之绥养。十一年曰牢州，徙治义泉。十六年州废，省绥养、乐安、宜林，以绥阳、义泉、洋川来属，芙蓉、瑯川隶播州。洋川、中下。宁夷。中下。武德四年，析置夜郎、神泉、丰乐、绥养、鸡翁、伏远、明阳、高富、思义、丹川、宣慈、慈岳十二县。六年省鸡翁。及州废，省夜郎、神泉、丰乐，以宁夷、伏远、明阳、高富、思义、丹川隶务州，宣慈、慈岳隶涪州，绥养隶智州。贞观六年复置鸡翁县，来属。十一年又以高富来属。永徽后省鸡翁、高富。开元二十五年复以宁夷来属。

　　播州播川郡，下。本郎州，贞观九年以隋牂柯郡之牂柯县置，十一年废，十三年复置，更名。土贡：斑竹。户四百九十，口二千一百六十八。县三：遵义、中下。本恭水，贞观元年以牂柯地置，并置高山、贡山、柯盈、邪施、释燕五县。及郎州废，县亦省。十三年复置州，亦复置县。十四年，更恭水曰罗蒙，高山曰舍月，贡山曰湖江，柯盈曰带水，邪施曰罗为，释燕曰胡刀。十六年更罗蒙曰遵义。显庆五年省舍月、湖江、罗为。芙蓉、中下。贞观五年置，隶邪州，十一年并瑯川，隶牢州。开元二十六年省瑯川、胡刀入焉。带水。中下。

思州宁夷郡，下。本务州，武德四年以隋巴东郡之务川、扶阳置，贞观四年更名。土贡：蜡。户千五百九十九，口万二千二十一。县三：务川、中下。武德元年置。贞观元年，以废夷州之宁夷、伏远、思义、明阳、高富、丹川及废思州之丹阳、城乐、感化、思王、多田隶务州，寻省思义、明阳、丹川，二年省丹阳，八年省感化，十年以高富隶黔州，十一年省伏远。思王、中下。武德三年置。思邛。中下。开元四年开生獠置。

费州涪川郡，下。贞观四年析思州之涪川、扶阳，开南蛮置。土贡：蜡。户四百二十九，口二千六百九。县四：涪川、中下。武德四年析务川置。贞观四年以黔州之相永、万资隶费州，十一年省。扶阳、中下。多田、中下。武德四年置，隶思州。贞观元年隶务州，八年来属。城乐。中下。武德四年招慰生獠置，隶思州。贞观元年隶务州，八年来属。

南州南川郡，下。武德二年，开南蛮置，三年更名僰州，四年复故名。土贡：班布。户四百四十三，口二千四十三。县二：南川、中下。本隆阳，武德二年置，并置扶化、隆巫、丹溪、灵水四县。贞观十一年省扶化、隆巫、灵水。先天元年更龙阳曰南川。三溪。中下。贞观五年置，七年又置当山、岚山、归德、汶溪四县，八年皆省。

溪州灵溪郡，下。天授二年析辰州置。土贡：丹沙、犀角、茶牙。户二千一百八十四，口万五千二百八十二。县二：大乡、上。三亭。中下。贞观九年析大乡置。有大酉山。

溱州溱溪郡，下。贞观十六年开山洞置。土贡：文龟、班布、丹沙。户八百七十九，口五千四十五。县五：荣懿、中下。贞观十六年置，并置扶欢、乐来二县。咸亨元年省乐来。扶欢、中下。夜郎、中下。贞观十六年开山洞置珍州，并置夜郎、丽皋、乐源三县，后为夜郎郡。元和三年州废，县皆来属。丽皋、中下。乐源。中下。

右黔中采访使，治黔州。

唐书卷四二

志第三二

地理六

剑南道,盖古梁州之域,汉蜀郡、广汉、犍为、越巂、益州、牂柯、巴郡之地,总为鹑首分。为府一,都护府一,州三十八,县百八十九。其名山:岷、峨、青城、鹤鸣。其大川:江、涪、雒、西汉。厥赋:绢、绵、葛、纻。厥贡:金、布、丝、葛、罗、绫、绵、绸、羚角、牦尾。

成都府蜀郡,赤。至德二载曰南京,为府,上元元年罢京。土贡:锦、单丝罗、高杼布、麻、蔗糖、梅煎、生春酒。户十六万九百五十,口九十二万八千一百九十九。县十:有府三,曰威远、归德、二江。有天征军,本天威,乾元二年置,元和三年更名。**成都**、次赤。有江渎祠。北十八里有万岁池,天宝中,长史章仇兼琼筑堤,积水溉田。南百步有官源渠堤百余里,天宝二载,令独孤戒盈筑。**华阳**、次赤。本蜀,贞观十七年析成都置,乾元元年更名。**新都**、次畿。武德二年置。有繁阳山。**犀浦**、次畿。垂拱二年析成都置。**新繁**、次畿。**双流**、次畿。**广都**、次畿。龙朔二年析双流置。**郫**、次畿。**温江**、次畿。本万春,武德三年置,贞观元年更名。有新源水,开元二十三年,长史章仇兼琼因蜀王秀故渠开,通漕西山竹木。**灵池**。次畿。本东阳,久视元年置,天宝元年更名。

彭州濛阳郡,紧。垂拱二年析益州置。土贡:段罗、交梭。户五万五千九百二十二,口三十五万七千三百八十七。县四:有府二,曰天水、唐兴。有威戎军。有羊灌田、朋筜、绳桥三守捉城。有七盘、安远、龙溪三城。有当风戍。有静塞关。**九陇**、望。武德三年以九陇、绵竹、导江置濛州。贞观二年州废，县皆来属。武后时，长史刘易从决唐昌沲江，凿川派流，合堋口埌歧水溉九陇、唐昌田，民为立祠。有葛璝山、漓沅山、阳平山。**导江**、望。本盘龙，武德元年以故汶山置，寻更名。贞观中曰灌宁，开元中复为导江。有侍郎堰，其东百丈堰，引江水以溉彭、益田，龙朔中筑。又有小堰，长安初筑。西有蚕崖关；有岷山、玉垒山。有镇静军，开元中置。有白沙守捉城。有木瓜戍、三奇戍。**唐昌**、望。仪凤二年析九陇、导江、郫置。长寿二年曰周昌，神龙元年复故名。**濛阳**。紧。仪凤二年析九陇、什邡、雒置。

蜀州唐安郡，紧。垂拱二年析益州置。土贡：锦、单丝罗、花纱、红蓝、马策。户五万六千五百七十七，口三十九万六百九十四。县四：有府三，曰金堰、广逵、灌口。有镇静军，乾符二年，节度使高骈置。**晋原**、望。有天仓山。**青城**、望。"青"故作"清"，开元十八年更。有青城山。**唐安**、望。本唐隆，武德元年置。长寿二年曰武隆，神龙元年复为唐隆，先天元年更名。**新津**。望。西南二里有远济堰，分四筒穿渠，溉眉州通义、彭山之田，开元二十八年，采访使章仇兼琼开。有稠粳山、本竹山、天社山、主簿山。有铁。

汉州德阳郡，上。垂拱二年析益州置。土贡：交梭、双纠、弥牟、绝布衫、段绫、红蓝、蜀马。户六万九千五，口三十万八千二百三。县五：有府一，曰玉津。有威胜军。**雒**、望。贞元末，刺史卢士玙立堤堰，溉田四百余顷。**德阳**、紧。武德三年析雒置。有鹿头关。**什邡**、望。武德二年析雒置。有李冰祠山。**绵竹**、紧。有庚除山、万安山、鹿堂山。**金堂**。上。咸亨二年析雒、新都置。有昌利山。

嘉州犍为郡，中。本眉山郡，天宝元年更名。土贡：麸金、紫葛、麝香。户三万四千二百八十九，口九万九千五百九十一。县八：有犍为、沐源、寺庄、牛径、铜山、曲滩、陁和、平戎、依名、利云、溶川、罗护、柘林、大池、鸡心、龙溪、赖泥、可阳、娑笼、马鞍、始犁、峨眉等二十二镇兵。**龙游**、紧。**平羌**、中下。有铁。有关。**峨眉**、上。有金，有铁。**夹江**、上。有铁。**玉津**、中。**绥山**、中。久视元年析置乐都县。寻省。有绥山。**罗目**、中。麟德二年开生獠置，以县置沐州。高宗上元三年州废，县亦省。仪凤三年复置，来属。有峨眉山。**犍为**。中。本隶戎州，高宗上元元年来属。

眉州通义郡，上。武德二年析嘉州置。土贡：麸金、柑、石蜜、葛粉。户四万三千五百二十九，口十七万五千二百五十六。县五：通义、紧。**彭山**、紧。本隆山，隶陵州。贞观元年省入通义，二年复置，来属。先天元年更名。有通济大堰一，小堰十，自新津邛江口引渠南下，百二十里至州西南入江，溉田千六百顷，开元中，益州长史章仇兼琼开。有盐，有彭女山。**丹棱**、上。有龙鹄山。**洪雅**、上。武德元年以县置犍州，五年省南安入焉。贞观元年州废，来属。开元七年置义州，并以獠户置南安、平乡二县。八年州废，省二县，以洪雅来属。**青神**。上。大和中，荣夷人张武等百余家请田于青神，凿山醴渠，溉田二百余顷。

邛州临邛郡，上。武德元年析雅州置，显庆二年徙治临邛。土贡：葛、丝布、酒杓。户四万二千一百七，口十九万三百二十七。县七：有府一，曰兴化。有镇南军，宝应元年置。**临邛**、紧。有铜，有铁。**依政**、上。**安仁**、上。武德三年析临邛、依政置。贞观十七年省，咸亨元年复置。**大邑**、上。咸亨二年析益州之晋原置。有鸣鹤山。**蒲江**、中下。有盐。大和四年以蒲江、临溪隶蜀州，后皆复来属。**临溪**。中下。有铁。**火井**、中下。有镇兵。有盐。

简州阳安郡，下。武德三年析益州置。土贡：麸金、葛、绵、绸、柑。户二万三千六十六，口十四万三千一百九。县三：**阳安**、上。有铜，有盐。有柏庙山、玉女灵山。**金水**、上。本金渊，武德元年更名。有铜。**平泉**。中。

资州资阳郡，上。本治盘石，咸通六年徙治内江，七年复治盘石。土贡：麸金、柑。户二万九千六百三十五，口十万四千七百七十五。县八：有安夷军。**盘石**、中。有平冈山、崇灵山。有盐。北七十里有百枝池，周六十里，贞观六年，将军薛万彻决东使流。**资阳**、上。有盐。**清溪**、下。本牛鞞，天宝元年更名。**内江**、中。有盐。**月山**、下。义宁二年置。**龙水**、中。义宁二年置。有盐。**银山**、下。义宁二年置。**丹山**。中。贞观四年置，六年省入内江，七年复置。

嶲州越嶲郡，中都督府。本治越嶲，至德二载没吐蕃，贞元十三年收复。大和五年为蛮寇所破，六年徙治台登。土贡：蜀马、丝布、麸金、麝香、刀靶。户四万七百二十一，口十七万五千二百八十。县九：有清溪关，大和中，节度使李德裕徙于中城。西南有昆明军，其西有宁远军,有新安、三阜、沙野、苏祁、保塞、罗山、西泸、蛇勇、遏戎九城。自清溪关南经大定城百一十里至达仕城,西南经菁口百二十里至永安城,城当滇、笮要冲。又南经水口西南度木瓜岭二百二十里至台登城。又九十里至苏祁县,又南八十里至嶲州。又经沙野二百六十里至羌浪驿,又经阳蓬岭百余里至俄准添馆。阳蓬岭北嶲州境,其南南诏境。又经菁口、会川四百三十里至河子镇城,又三十里渡泸水,又五百四十里至姚州,又南九十里至外泸荡馆。又百里至佉龙驿,与戎州往羊苴咩城路合。贞元十四年,内侍刘希昂使南诏由此。**台登**、中。武德元年隶登州,贞观二年来属。有九子山。**越嶲**、中。**邛部**、中。**苏祁**、中。**西泸**、中。本可,天宝元年更名。**昆明**、中。武德二年置。有盐,有铁。**和集**、中。贞观八年置。**昌明**、中。贞观二十二年开松外蛮,置牢州及松外、寻声、林开三县。永徽三年州废,省三县入昌明。**会川**。中。本邛都,高宗上元二年徙于会川,因更名。有泸津关。

雅州卢山郡,下都督府。本临邛郡,天宝元年更名。土贡:麸金、茶、石菖蒲、落雁木。户万八百九十二,口五万四千一十九。县五;有和川、始阳、灵关、安国四镇兵。又有晏山、边临、统塞、集重、伐谋、制胜、龙游、尼阳八城。**严道**、中。唐初,以州境析置濛阳、长松、灵关、阳启、嘉良、火利六县,武德六年皆省。**卢山**、中。仪凤二年置大渡县,长安二年省。有灵关。有盐,有铜。**名山**、中下。有鸡栋关。**百丈**、中。贞观八年置。**荣经**。中下。武德三年置。有邛崃山,有关,有铜。有金汤军,乾符二年置;并置静寇军,故延贡地也。

黎州洪源郡,下都督府。大足元年以雅州之汉源、飞越,嶲州之阳山置。神龙三年州废,县还故属。开元四年复置。土贡:升麻、椒、麝香、牛黄。户千七百三十一,口七千六百七十。县三:有洪源军。有定蕃、飞越、和孤三镇兵。又有武侯、廓清、铜山、肃宁、大定、要冲、潘仓、三碉、杖义、琉璃、和孤十一城。**汉源**、中。武德元年以汉源、阳山二县置登州。九年州废,二县来属。贞观二年隶嶲州,永徽三年复故。**飞越**、中。仪凤二年析汉源置,并置大渡县,隶雅州,长安二年省。神龙中隶雅州,开元三年还属。**通望**。中下。本阳山,隶登州,武德元年析台登置。州废,隶雅州,贞观二年来属。天宝元年更名。

茂州通化郡,下都督府。本汶山郡,武德元年曰会州,四年曰南会州,贞观八年更州名,天宝元年更郡名。土贡:麸金、丹砂、麝香、狐尾、羌活、当归、干酪。户二千五百一十,口万三千二百四十二。县四:有威戎军。汶山、中。有龙泉山、岷山。汶川、中下。有古桃关。石泉、中下。贞观八年置,永徽二年省北川县入焉。有石纽山。通化。中下。

翼州临翼郡,下。武德元年析会州之左封、翼针置。咸亨三年侨治悉州之悉唐,上元二年还治翼针。土贡:牦牛尾、麝香、白蜜。户七百一十一。口三千六百一十八。县三:有峨和、白岸、都护、柞鼎四城。有合江、谷埗、三谷三守捉城。有陇东、益登、清溪、御藩、吉超五镇兵。卫山、中下。本翼针。天宝元年更名。翼水、下。峨和。下。

维州维川郡,下。武德七年以白狗羌户于姜维故城置,并置金川、定廉二县。贞观元年以羌叛,州废,县亦省,二年复置。麟德二年自羁縻州为正州。仪凤二年以羌叛,复降为羁縻州,垂拱三年复为正州。广德元年没吐蕃,大和五年收复,寻弃其地。大中三年首领以州内附。土贡:麝香、牦牛尾、羌活、当归。户二千一百四十二,口三千一百九十八。县三:有通化军。有乾溪、白望、暗桶、赤鼓溪、石梯、达节、鸦口、质台、骆它九守捉城。西山南路有通耳、瓜平、乾溪、侏儒、箭上、谷口六守捉城。又有苻坚城。有宁塞、姜维二镇兵。薛城、中下。贞观二年置,又析置盐溪县,永徽元年省入定廉。有盐。通化、中下。本小封,咸亨二年以生羌户于故金川县地置,后更名。归化。下。

戎州南溪郡,中都督府。本犍为郡,治南溪,贞观中徙治僰道。天宝元年更名。长庆中复治南溪。土贡:葛纤、荔枝煎。户四千三百五十九,口万六千三百七十五。县五:有石门、龙腾、和戎、马湖、移凤、伊禄、义宾、可封、泥溪、开边、平寇十一镇兵。有奋戎城,乾符二年置。南溪、中。有平盖山。僰道、中。义宾、中下。本郁郝,武德二年省,三年复置。天宝元年更名,又省抚夷县入焉。开边、中下。贞观四年以石门、开边、朱提三县置南通州,五年析置盐泉县以隶之。八年曰贤州,是年州废,以石门、朱提、盐泉置抚夷县及开边,隶戎州。自县南七十里至曲州。又四百八十里至石门镇,隋开皇五年率益、汉二州兵所开。又经邓枕山、马鞍渡二百二十五里至阿傍部落。又经蒙夔山百九十里至阿蒙部落。又百八十里至谕官川。又经薄呼川百五十里至界江山下。又经荆溪谷、潊溪池三百二十里至汤麻顿。又二百五十里至柘东城。又经安宁井三百九十里至曲水。又经石鼓二百二十里渡石门至傍龙驿。又六十里至云南城。又八十里至白崖城。又八十里至龙尾城。又四十里至羊苴咩城。贞元十年，诏祠部郎中袁滋与内给事刘贞谅使南诏，由此。归顺。中下。圣历二年析郎郱县地，以生獠户置。

姚州云南郡，下。武德四年以汉云南县地置。土贡：麩金、麝香。户三千七百。县三：有澄川、南江二守捉城。自嶲州南至西泸，经阳蓬、鹿谷、菁口、会川四百五十里至泸州。乃南渡泸水，经褒州、微州三百五十里至姚州。州西距羊苴咩城三百里，东南距安南水陆二千里。姚城，下。故汉弄栋县地。泸南，下。本长城，垂拱元年置，天宝初更名。有葱山。长明。下。

松州交川郡，下都督府。武德元年以扶州之嘉诚、会州之交川置，以地产甘松名。广德元年没吐蕃，其后松、当、悉、静、柘、恭、保、真、霸、乾、维、翼等为行州，以部落首领世为刺史、司马。土贡：蜡、朴硝、麝香、狐尾、当归、羌活。户千七十六，口五千七百四十二。县四：有松当军，武后时置。嘉诚，下。交川，下。平康，下。本隶当州，垂拱元年析交川及当州之通轨、翼针置。天宝元年隶松州。盐泉。下。

当州江源郡，下。贞观二十一年，以羌首领董和那蓬固守松州功，析松州之通轨县置，以地产当归名。土贡：麩金、酥、麝香、当归、羌活。户二千一百四十六，口六千七百一十三。县三：通轨、中下。贞观三年置。利和、下。显庆二年析通轨置。谷和。下。文明元年开生羌置，并置平唐县，后省。有常旧山。

悉州归诚郡，下。显庆元年以当州之左封置，并置悉唐、识白二县，治悉唐。咸亨元年徙治左封，仪凤二年羌叛，侨治当州，俄徙治左封。土贡：麩金、麝香、牦牛尾、当归、柑。户八百一十六，口三千九百一十四。县二：左封、中。本隶会州，武德元年隶翼州，二年省。贞观四年复置，二十一年隶当州。归诚。下。垂拱二年析左封置。

静州静川郡，下。本南和州，仪凤元年以悉州之悉唐置，天授二年更名。土贡：麝香、牦牛尾、当归、羌活。户千五百七十七，口六千六百六十九。县三：悉唐、中。静居、中。清道。下。

柘州蓬山郡，下。显庆三年开置。土贡：麝香、当归、羌活。户四百九十五，口二千一百二十。县二：柘，下。乔珠。下。

恭州恭化郡，下。开元二十四年以静州之广平置。土贡：麝香、当归、升麻、羌活。户千一百八十九，口六千二百二十三。县三：西南有平戎军。和集、下。本广平，天宝七年更名。博恭、下。开元二十四年析广平置。烈山。下。开元二十四年析广平置。

保州天保郡，下。本奉州云山郡，开元二十八年以维州之定廉置。天宝八年徙治天保军，更郡名。广德元年没吐蕃，乾元元年嗣归诚王董嘉俊以郡来归，更州名。后又更名古州，其后复为保州。土贡：麸金、麝香、牦牛尾。户千二百四十五，口四千五百三十六。县四：有天保军。定廉、下。武德七年置，永徽元年省维州之盐溪县入焉。归顺、下。天宝八载析定廉置。云山、下。天宝八载析定廉置。安居。下。

真州昭德郡，下。天宝五载析临翼郡置。土贡：麝香、大黄。户六百七十六，口三千一百四十七。县四：真符，中下。天宝五载析鸡川、昭德置。鸡川、中下。先天元年析翼水县地开生獠置，本隶悉州，天宝元年隶翼州。昭德、下。本识臼，显庆元年开生獠置，隶悉州，天宝元年隶翼州。昭远。中下。

霸州静戎郡，下。天宝元年招附生羌置。户五百七十一，口千八百六十一。县四：安信、下。牙利、中。保宁、中。归化。中。

乾州，下。大历三年开西山置。县二：招武、下。宁远。下。

梓州梓潼郡，下。本新城郡，天宝元年更名。土贡：红绫、丝布、柑、蔗糖、橘皮。户六万一千八百二十四，口二十四万六千六百五十二。县九：郪、望。有盐。射洪、上。通泉、紧。大历二年隶遂州，后复来属。有盐，有铁。玄武、上。本隶益州，武德三年来属。有盐。盐亭、上。有盐。有负戴山。飞乌、上。有盐。永泰、中。武德四年，析盐亭及剑州之黄安、阆州之西水置。有盐。有女徒山。铜山、中。南有象山，西北私熔山，皆有铜。贞观二十三年置铸钱官，调露元年罢，析郪、飞乌置县。有会军堂山。涪城。紧。本隶绵州，大历十三年来属。有盐。

遂州遂宁郡，中都督府。土贡：樗蒲绫、丝布、天门冬。户三万五千六百三十二,口十万七千七百一十六。县五:有静戎军。方义、望。有盐。长江、中。有盐。有广山。蓬溪、中。本唐兴,永淳元年析方义置。长寿二年曰武丰,神龙元年复故名。景龙二年析置唐安县,先天二年省。天宝元年更唐兴曰蓬溪。有化盐池。青石、中。遂宁。中。景龙元年以故广溪县地置。

绵州巴西郡,上。本金山郡,天宝元年更名。土贡:镂金银器、麸金、轻容、双纻、绫、锦、白藕、蔗。有橘官。户六万五千六十六,口二十六万三千三百五十二。县八:巴西、望。南六里有广济陂,引渠溉田百余顷,垂拱四年,长史樊思孝、令夏侯奭因故渠开。有富乐山。有金,有银,有铁,有盐。昌明、紧。本昌隆,武德三年析置显武、文义二县。贞观元年省文义,神龙元年更显武曰兴圣,先天元年更昌隆曰昌明,开元二年省兴圣入焉。寻又析巴西、涪城、万安地复置兴圣,二十七年省,地还故属。有北芒山。有盐,有铁。魏城、上。北五里有洛水堰,贞观六年引安西水入县,民甚利之。有铁,有盐。罗江、中。本万安,天宝元年更名。北五里有茫江堰,引射水溉田入城,永徽五年,令白大信置。北十四里有杨村堰,引折脚堰水溉田,贞元二十一年,令韦德筑。有白马关。有盐。神泉、上。北二十里有折脚堰,引水溉田,贞观元年开。有铁。盐泉、中。武德三年析魏城置。有盐。龙安、上。本金山,武德三年更名。有松岭关,开元十八年废。东南二十三里有云门堰,决茶川水溉田,贞观元年筑。西昌。中。永淳元年以隋益昌县地置。有铁。

剑州普安郡,上。本始州,先天二年更名。土贡:麸金、丝布、苏薰席、葛粉。户二万三千五百一十,口十万四百五十。县八:普安、上。普城、紧。本黄安,唐末更名。永归、中下。有停船山。梓潼、上。有亮山、神山。阴平、中。西北二里有利人渠,引马阁水入县溉田,龙朔三年,令刘凤仪开,宝应中废。后复开,景福二年又废。有浮沧山。临津、中上。武连、中。剑门。中下。圣历二年析普安、永归、阴平置。

合州巴川郡,中。本涪陵郡,天宝元年更名。土贡:麸金、葛、桃竹箸、双陆子、书简、橙、牡丹、药实。户六万六千八百一十四,口七万七千二百二十。县六:石镜、上。有铁,有铜梁山。新明、中。武德三年析石镜置。汉初、中。赤水、中。巴川、中。开元二十三年析石镜、铜梁置。有铁。铜梁。中。长安三年置。

龙州应灵郡，中都督府。本平武郡西龙州，义宁二年曰龙门郡，
又曰西龙门郡，贞观元年曰龙门州。初为羁縻，属茂州，垂拱中为正
州。天宝元年曰江油郡，至德二载更郡名，乾元元年更州名。土贡：
麸金、酥、羚羊角、葛粉、厚朴、附子、天雄、侧子、乌头。户二千九百
九十二，口四千二百二十八。县二：江油、望。贞观八年省平武县入焉。
有涪水关。清川。中下。本乌盘，天宝元年更名。

普州安岳郡，中。武德二年析资州置。土贡：双紃、葛布、柑、天
门冬煎。户二万五千六百九十三，口七万四千六百九十二。县六：
安岳、上。有盐。安居、中下。大历二年隶遂州，后复来属。有盐。普慈、中。
乐至、中。武德三年置。有盐。普康、中下。本隆康，先天元年更名。有盐。
崇龛。中。本隆龛，武德三年置，先天元年更名。

渝州南平郡，下。本巴郡，天宝元年更名。土贡：葛、药实。户
六千九百九十五，口二万七千六百八十五。县五：巴、中下。有盐。江
津、中下。万寿、中下。本万春，武德三年析江津置，五年更名。南平、中下。
贞观四年析巴县置南平州，并置南平、清谷、周泉、昆川、和山、白溪、瀼山七
县。八年曰霸州，十三年州废，省清谷、周泉、昆川、和山、白溪、瀼山，以南平来
属。壁山。中下。至德二载析巴、江津、万寿置。有盐。

陵州仁寿郡，本隆山郡，天宝元年更名。土贡：麸金、鹅溪绢、细
葛、续髓、苦药。户三万四千七百二十八，口十万一百二十八。县五：
仁寿、望。有盐，有高城山。贵平、中。有盐。井研、中。有井镬山。始建、
中下。有铁。籍。上。永徽四年析贵平置。东五里有汉阳堰，武德初引汉水
溉田二百顷，后废，文明元年，令陈充复置，后又废。有盐。

荣州和义郡，中。武德元年析资州置，治公井，六年徙治大牢，
永徽二年徙治旭川。土贡：绸、班布、葛、利铁、柑。户五千六百三十
九，口万八千二十四。县六：有威远军。旭川、中下。贞观元年析大牢置。
应灵、中下。本大牢，景龙二年省云州及罗水、云川，胡连三县入焉。天宝元年
更名。有盐。公井、中下。武德元年置。有盐。资官、中下。本隶嘉州，武德
六年来属。有盐，有铁。威远、中下。贞观元年析置婆日、至如二县。二年以
泸州之隆越来属。八年省婆日、至如、隆越入焉。有盐。和义。中下。本隶泸

州，贞观八年来属。

昌州，下都督府。乾元二年析资、泸、普、合四州之地置，治昌
元。大历六年州、县废，其地各还故属，十年复置。光启元年徙治大
足。土贡：麸金、麝香。县四：大足、下。本合州巴川地。静南、中。昌
元、上。永川。下。本渝州壁山县地。有铁。

泸州泸川郡，下都督府。土贡：麸金、利铁、葛布、班布。户万六
千五百九十四，口六万五千七百一十一。县五：泸川、中。贞观八年析
置泾南县，后省。富义、中。本富世，武德九年省来凤县入焉。贞观二十三年
更名。江安、中。贞观元年以夷獠户置思隶、思逢、施阳三县。八年省施阳，十
三年省思隶、思逢入焉。有盐。合江、中。绵水。中。

保宁都护府，天宝八载以剑南之索磨川置，领牂柯、吐蕃。

右剑南采访使，治益州。

唐书卷四三上
志第三三上

地理七上

岭南道,盖古扬州之南境,汉南海、郁林、苍梧、珠崖、儋耳、交趾、合浦、九真、日南等郡。韶、广、康、端、封、梧、藤、罗、雷、崖以东为星纪分,桂、柳、郁林、富、昭、蒙、龚、绣、容、白、罗而西及安南为鹑尾分。为州七十有三,都护府一,县三百一十四。其名山:黄岭、灵洲。其大川:桂、郁。厥赋:蕉、纻、落麻。厥贡:金、银、孔翠、犀、象、彩藤、竹布。

广州南海郡,中都督府。土贡:银、藤覃、竹席、荔支、鼊皮、鳖甲、蚺蛇胆、石斛、沈香、甲香、詹糖香。户四万二千二百三十五,口二十二万一千五百。县十三:有府二,曰绥南、番禺。有经略军、屯门镇兵。南海、上。有南海祠。山峻水深,民不井汲,都督刘巨麟始凿井四。有牛鼻镇兵。有赤岸、紫石二戍。有灵洲山,在郁水中。番禺、上。增城、中。四会、中。武德五年以四会、化蒙二县置南绥州,并析置新招、化注、化穆三县。贞观元年省新招、化注,以废威州之怀集、废齐州之洊安来之。八年更名浈州。十三年州废,省化穆,以四会、化蒙、怀集、洊安来属。化蒙、中。有铅穴一。怀集、中。武德五年置威州,并析置兴平、霍清、威成三县。贞观元年州废,省兴平、霍清、威成入怀集。开元二年省永固县入焉。有骡山,有铁。洊水、中。本洊安,武德五年置齐州,并析置宣乐、宋昌二县。贞观元年州废,省宣乐、宋昌入洊安。至德二载更名。东莞、中。本宝安,至德二载更名,有盐。有黄岭山。清远、中。武德六年省政宾县入焉。浛洭、中。武德五年以浛洭、真阳二县置洭州,并析置翁源县。贞观元年州废,以翁源隶韶州,浛洭、真阳来属。浈阳、中。

本真阳，贞观元年更名。有铁。西南有洭浦故关。**新会**、中。武德四年以南海
郡之新会、义宁二县置冈州新会郡，以地有金冈以名州，并析置封平、封乐二
县。贞观十三年州废，省封平、封乐，以新会、义宁来属。是年，复以新会、义宁
置冈州，又析义宁置封乐县。后省封乐。开元二十三年州废，以新会、义宁复来
属。有盐。**义宁**。中。

　　韶州始兴郡，下。本番州，武德四年析广州之曲江、始兴、乐昌、
翁源置。寻更名东衡州，贞观元年又更名。土贡：竹布、钟乳、石斛。
户三万一千，口十六万八千九百四十八。县六：**曲江**、上。武德四年置
临泷、良化二县，贞观八年省。**始兴**、下。有大庾岭新路，开元十七年，诏张九
龄开。东北有安远镇兵。**乐昌**、下。**翁源**、下。**仁化**、下。本隶广州，垂拱四
年析曲江置，后来属。**浈昌**。下。光宅元年析始兴置。

　　循州海丰郡，下。本龙川郡，天宝元年更名。土贡：布。五色藤
盘、镜匣、蚺蛇胆、甲煎、鲛革、荃台、绶草。户九千五百二十五。县
六：**归善**、中下。贞观元年省龙川县入焉。**博罗**、中下。贞观元年省罗阳县
入焉。**河源**、中下。武德五年析置石城县，贞观元年省。**海丰**、中下。武德五
年析置陆安县，贞观元年省。**兴宁**、贞观元年省齐昌县入焉。**雷乡**。中下。天
授二年置。

　　潮州潮阳郡，下。本义安郡。土贡：蕉、鲛革、甲香、蚺蛇胆、龟、
石井、银石、生马。户四千四百二十，口二万六千七百四十五。县三：
海阳、中下。有盐。**潮阳**、中下。永徽初省，先天初复置。**程乡**。中下。

　　康州晋康郡，下。本南康州，武德六年析端州之端溪置，九年州
废。贞观元年复置，十一年又废，十二年复置，更名康州。土贡：金、
银。户万五百一十，口万七千二百一十九。县四：**端溪**、下。武德五年
析端州之博林置抚纳县，后省。**晋康**、下。本遂安，至德二载更名。**悦城**、下。
本乐城，隶端州，武德五年来属，后更名。**都城**。下。

　　泷州开阳郡，下。本永熙郡，天宝元年更名。土贡：银、石斛。户
三千六百二十七，口九千四百三十九。县四：**泷水**、下。武德四年析置
正义县，并领怀德县。后省正义，以怀德隶窦州。**开阳**、下。武德四年析泷水
置。**镇南**、下。本安南，武德四年置南建州，以永熙郡之安遂、永熙、永业三县

隶之。五年析泷水置安南县。贞观八年更南建州曰药州。十八年州废，省安遂、永业，以永宁、安南来属。至德二载更名。**建水**。下。本永熙，武德五年曰永宁，天宝元年复更名，以建水在西也。

端州高要郡，下。本信安郡，天宝元年更名。土贡：银、柑。户九千五百，口二万一千一百二十。县二：**高要**、下。贞观十三年省怀林县入焉。东有青岐镇。**平兴**。下。武德七年析置清泰县，贞观十三年省。

新州新兴郡，下。本新昌郡，武德四年以端州之新兴置。土贡：金、银、蕉。户九千五百。县二：**新兴**、下。武德四年析置索卢、新昌、单牒、永顺四县。后省新昌、单牒，乾元后又省索卢。**永顺**。下。

封州临封郡，下。本广信郡，天宝元年更名。土贡：银、鲛革、石斛。户三千九百，口万一千八百二十七。县二：**封川**、下。武德四年析置封兴县，后省。**开建**。下。武德四年置。

潘州南潘郡，下。本南宕州南巴郡，武德四年以合浦郡之南昌、定川置。本治南昌，贞观元年徙治定川，八年更名，后徙治茂名。后废，地入高州。永徽元年复以茂名、南巴、毛山三县置。土贡：银。户四千三百，口八千九百六十七。县三：**茂名**、下。本隶高州，以茂名水名，贞观元年来属。**潘水**、下。武德五年置，以潘水名，又析南昌、定川置陆川、思城、温水、宕川四县。贞观八年省思成，后以定川、宕川隶牢州，陆川、温水隶禺州，后省南昌。二十三年析潘水置毛山县，以毛山名。其后省潘水县。开元二年改毛山曰潘水。南有博畔镇。**南巴**。下。本隶高州，武德五年置，永徽元年来属。

春州南陵郡，下。本阳春郡，武德四年以高凉郡之阳春置，天宝元年更郡名。土贡：银、钟乳、石斛。户万一千二百一十八。县二：**阳春**、下。武德四年并置流南县，五年又置西城县，后皆省。有铅。**罗水**。下。天宝后置。

勤州云浮郡，下。本铜陵郡，武德四年析春州置，五年州废。万岁通天二年复置，长安中复废。开元十八年平春、泷等州，首领陈行范余党保铜陵北山，广州都督耿仁忠奏复置州，治富林洞，因以为县。乾元元年徙治铜陵。土贡：金、银、石斛。户六百八十二，口千九百三十三。县二：铜陵、下。本隶端州，武德五年隶春州，后来属，有铜。富林。下。武德四年析铜陵置。州废，隶春州，后县亦废，乾元元年复置。

罗州招义郡，下。本石城郡，武德五年以高凉郡之石龙、吴川置，六年徙治石城。土贡：银、孔雀、鹦鹉。户五千四百六十，口八千四十一。县四：廉江、下。本石城，以石城水名。武德五年，析石龙、吴川置南河、石城、招义、零绿、石龙、陵罗、龙化、罗辩、慈廉、罗肥十县。后以石龙而下六县隶南石州。天宝元年更名。大历八年以南河隶顺州。吴川、下。干水、下。本石龙，武德五年曰招义，天宝元年更名，以干水名。零绿。下。以零绿水名。

辩州陵水郡，下。本南石州石龙郡，武德六年以罗州之石龙、陵罗、龙化、罗辩、慈廉、罗肥置。贞观九年更名。天祐元年，朱全忠以"辩""汴"声近，表更名勋州。土贡：银、竹鞋。户四千八百五十八，口万六千二百九。县二：石龙、下。贞观元年省慈廉、罗肥二县入焉。陵罗。下。

高州高凉郡，下。武德六年分广州之电白、连江置。本治高凉，贞观二十三年徙治良德，大历十一年徙治电白。土贡：银、蚺蛇胆。户万二千四百。县三：电白、下。良德、下。本隶泷州，武德中来属。保宁。下。本连江，开元五年曰保安，至德二载更名。

恩州恩平郡，下。本齐安郡，贞观二十三年以高州之西平、齐安、杜陵置。大顺二年徙治恩平。土贡：金、银。户九千。县三：有清海军。恩平、下。本海安，武德五年曰齐安，至德二载更名。有西平县，本高凉，亦武德五年更名，后省。杜陵、下。本杜原，武德五年更名。阳江。下。有银。

雷州海康郡，下。本南合州徐闻郡，武德四年以合浦郡之海康、隋康、铁杷置。贞观元年更名东合州，八年又更名。土贡：丝电、班竹、孔雀。户四千三百二十，口二万五百七十二。县三：海康、中。遂溪、下。本铁杷，椹川二县，后并省。更名。徐闻、下。本隋康，贞观二年更名。

崖州珠崖郡，下。土贡：金、银、珠、玳瑁、高良姜。户八百一十九。县三：舍城、下。以舍城水名。西南有勤连镇兵。有颜城县，本颜卢，贞观元年更名，开元后省。澄迈、下。文昌。下。本平昌，武德五年置，贞观元年更名。

琼州琼山郡，下都督府。贞观五年以崖州之琼山置。自乾封后没山洞蛮，贞元五年，岭南节度使李复讨复之。土贡：金。户六百四十。县五：琼山、下。贞观十三年析置曾口、颜罗、容琼三县。贞元七年省容琼。有盐。临高、下。本临机，隶崖州，贞观五年来属，州后隶崖州。开元元年更名。曾口、下。乐会、下。显庆五年置。颜罗、下。

振州延德郡，下。本临振郡，又曰宁远郡，天宝元年更名。土贡：金、五色藤盘、斑布、食单。户八百一十九，口二千八百二十一。县五：宁远、下。以宁远水名。有盐。延德、下。以延德水名。吉阳、下。贞观二年析延德置。临川、下。落屯。下。天宝后置。

儋州昌化郡，下。本儋耳郡，隋珠崖郡治，天宝元年更名。土贡：金、糖香，户三千三百九。县五：义伦、下。有盐。昌化、下。贞观元年析置吉安县，乾元后省。感恩、下。洛场、下。乾元后置。富罗。下。本毗善，武德五年更名。

万安州万安郡，下。龙朔二年以崖州之万安置，开元九年徙治陵水。至德二载更名万全郡，贞元元年复治万全，后复故名。土贡：金、银。户二千九百九十七。县四：万安、下。本隶琼州，贞观五年析文昌置，并置富云、博辽二县。十三年隶崖州，后来属。至德二载曰万全，后复故名。陵水、下。本隶振州，后来属。富云、下。博辽。下。

邕州朗宁郡，下都督府。本南晋州，武德四年以隋郁林郡之宣化置，贞观八年更名。土贡：金、银。有金坑。户二千八百九十三，口七千三百二。县七：有经略军。宣化、中下。武德五年析置武缘、晋兴、朗宁、横山四县。乾元后省横山。郁水自蛮境七源州流出，州民常苦之，景云中，司马吕仁引渠分流以杀水势，自是无没溺之害，民乃夹水而居。武缘、中下。西有都棱镇。晋兴、中下。朗宁、中下。思笼、中下。乾元后开山洞置。如和、中下。本隶钦州，武德五年析南宾、安京置。景龙二年来属。封陵。中下。乾元后开山洞置。

澄州贺水郡，下。本南方州，武德四年以郁林郡之岭方地置，贞观八年更名。土贡：金、银。户千三百六十八，口八千五百八十。县四：上林、下。武德四年，析岭方县地置无虞、琅邪、思干、上林、止戈五县。无虞、下。止戈、下。贺水。下。本隶柳州，武德四年析马平置，八年来属。

宾州岭方郡，下。本安城郡，贞观五年，析南方州之岭方、思干、琅邪，南尹州之安城置。至德二载更名。土贡：藤器。户千九百七十六，口八千五百八十。县三：岭方、中下。贞观十二年省思干县。琅邪、中下。保城。中下。本安城，至德二载更名。

横州宁浦郡，下。本简州，武德四年以郁林郡之宁浦、乐山置，六年曰南简州，贞观八年更名。土贡：金、银。户千九百七十八，口八千三百四十二。县三：宁浦、中下。武德四年析置蒙泽县。五年以贵州之岭山来属。贞观十二年省蒙泽入焉，后又省岭山。从化、中下。本淳风，武德四年析宁浦置，永贞元年更名。乐山。下。

浔州浔江郡，下。贞观七年以燕州之桂平、大宾置。十三年州废，县隶龚州，后复置。土贡：金、银。户二千五百，口六千八百三十六。县三：桂平、下。本隶贵州，武德五年隶燕州。七年置陵江县，十二年省入焉。皇化、下。本隶绣州，贞观七年来属。大宾。下。

峦州永定郡，下。本淳州，武德四年以故秦桂林郡地置，永贞元年更名。土贡：金、银。户七百七十，口三千八百三。县三：永定、下。武罗、下。灵竹。下。

钦州宁越郡。土贡：金银、翠羽、高良姜。户二千七百，口万一百四十六。县五：钦江、下。东南有西零戍。保京、下。本安京，至德二载更名。内亭、下。武德五年以内亭、遵化二县置南亭州。贞观二年州废，二县来属。遵化、中下。灵山。下。本南宾，贞观十年更名。

贵州怀泽郡，下。本南定州郁林郡，武德四年曰南尹州，贞观八年曰贵州，天宝元年更郡名。土贡：金、银、铅器、纻布。户三千二十六，口九千三百。县四：有府一，曰龙山。郁林、中下。怀泽、下。武德四年置。潮水、下。武德四年析郁林置。义山。下。武德四年更马岭县曰马度。贞观后省，天宝后更置，曰义山。

龚州临江郡，下。贞观七年，以燕州故治析浔州之武林、燕州之泰川置，后徙治南平。土贡：银。户九千，口二万一千。县五：平南、下。贞观七年置,又置西平、归政、大同三县。十二年省泰川入平南,又省归政、西平。**武林**、下。本隶藤州,武德七年来属。**隋建**、下。本隶藤州,贞观十三年来属。**大同**、下。**阳川**。下。本阳建,后更名。

象州象郡,下。本桂林郡,武德四年以始安郡之阳寿、桂林置,以象山为州名。贞观十三年徙治武化,大历十一年复治阳寿。土贡:银、藤器。户五千五百,口万八百九十。县三:**阳寿**、下。武德四年析桂林置武德、西宁、武仙三县。贞观十二年省西宁入武德,天宝元年省武德入阳寿。**武仙**、下。乾封元年省桂林县入焉。**武化**。下。武德四年析桂林之建陵置,本隶封州,后隶晏州;又析阳寿置长风县,隶晏州。州废,县皆来属。大历十一年省长风入焉。

藤州感义郡,下。本永平郡,天宝元年更名。土贡:银。户三千九百八十。县四:**镡津**、中下。初州治永年,无镡津,又有隋安、贺川、宁人等县,皆贞观后省并更置,而宁人隶容州,永平隶昭州。有铅。**感义**、下。本淳民,武德中更名。**义昌**、下。本安昌。至德二载更名。**宁风**。下。武德五年以县置燕州,以贵州之桂平隶之。贞观三年又以藤州之大宾隶之,增领长恭、泰川、池阳、龙阳四县,治长恭。五年置新乐、宁风、梁石、罗风四县。七年更名泰州,徙治宁风,更池阳曰承恩,复以藤州之安基隶之;以梁石、罗风隶藤州;省长恭县。八年徙治安基,复为燕州。十二年省龙阳、承恩二县。十八年州废,以宁风来属。后省新乐、安基、梁石、罗风。

岩州常乐郡,下。调露二年析横、贵二州置,以岩冈之北因为名。天宝元年曰安乐郡,至德二载更名。土贡:金。户千一百一十。县四:**常乐**、下。本安乐,萧铣分兴德县置。贞观元年省,乾封元年复置,隶郁林州,永隆元年来属。至德二载更名。**恩封**、下。本伏龙洞,当牢、白二州之境,调露二年与高城、石岩同置。**高城**、下。以高城水名。**石岩**。下。

宜州龙水郡,下。唐开置,本粤州,乾封中更名。有银、丹沙。户千二百二十,口三千二百三十。县四:**龙水**、下。**崖山**、下。**东玺**、下。**天河**。下。

邕管所领,又有显州、武州、沈州,后皆废省。

瀼州临潭郡,下。贞观十二年,清平公李弘节开夷獠置。户千六百六十六。县四:**瀼江**、下。**波零**、下。**鹄山**、下。**弘远**。下。贞元后州、县名存而已。

笼州扶南郡，下。贞观十二年，李弘节招慰生蛮置。户三千六百六十七。县七：武勤、下。武礼、下。罗龙、下。扶南、下。龙额、下。武观、下。武江。下。

田州横山郡，下。开元中开蛮洞置，贞元二十一年废，后复置。户四千一百六十八。县五：都救、下。惠佳、下。武龙、下。横山、下。如赖。下。

环州整平郡，下。贞观十二年，李弘节开拓生蛮置。县八：正平、下。福零、下。龙源、下。饶勉、下。思恩、下。武石、下。歌良、下。都蒙。下。

桂州始安郡，中都督府。至德二载更郡曰建陵，后复故名。土贡：银、铜器、麇皮靴、簟。户万七千五百，口七万一千一十八。县十一：有经略军。临桂、上。本始安，武德四年置福禄县，贞观八年省入焉，更名。有相思埭，长寿元年筑，分相思水使东西流。又东南有回涛堤，以捍桂水，贞元十四年筑。有侯山。理定、中。本兴安，武德四年置宣风县，贞观十二年省入焉。至德二载更名。西十里有灵渠，引漓水，故秦史禄所凿，后废。宝历初，观察使李渤立斗门十八以通漕，俄又废。咸通九年，刺史鱼孟威以石为铧堤，亘四十里，植大木为斗门，至十八重，乃通巨舟。灵川、中。龙朔二年析始安置。阳朔、中下。武德四年置归义县，贞观元年省入焉。荔浦、中下。武德四年置，以始安郡之荔浦、建陵、隋化三县置荔州，又析置崇仁、纯义、东区三县。五年以隋化、东区隶南恭州，贞观元年以建陵隶晏州。十二年州废，以荔浦、崇仁来属。崇仁后省，纯义隶蒙州。丰水、中下。本永丰，隶昭州，武德四年析阳朔置，后来属。长庆三年更名。修仁、中下。本建陵，贞观元年置晏州，并置武龙、武化、长风三县。十二年州废，省武龙，以武化、长风隶象州，建陵来属。长庆三年更名。恭化、中下。本纯化，武德四年析始安置，永贞元年更名。永福、中下。武德四年析始安置。全义、中下。本临源，武德四年析始安置，大历三年更名。古。乾宁二年析慕化置。

梧州苍梧郡，下。武德四年以静州之苍梧、豪静、开江置。土贡：银、白石英。户千二百九。县三：苍梧、下。贞观八年以贺州之绥越来属。十二年省豪静，其后又省绥越，而开江复隶富州。戎城、下。本隶藤州，永徽中来属。光化四年，马殷表以县隶桂州。**孟陵**。下。本猛陵，隶藤州，萧铣置。贞观八年来属，更名。光化中，马殷表以县隶桂。

贺州临贺郡，下。本绥越郡，武德四年，以始安郡之富川、熙平郡之桂岭、零陵郡之冯乘、苍梧郡之封阳置。土贡：银。户四千五百五十二，口二万五百七十。县六：**临贺**、下。武德四年置。东有铜冶，在橘山。**桂岭**、下。朝冈、程冈皆有铁。**冯乘**、下。有荔平关。有锡冶三。**封阳**、下。贞观元年省，九年复置。**富川**、下。有富水。天宝中更名富水，后复故名。有锡，有钟乳穴三。**荡山**。下。天宝后置。

连州连山郡，下。本熙平郡，天宝元年更名。土贡：赤钱、竹纻练、白纻细布、钟乳、水银、丹沙、白镴。户三万二千二百一十，口十四万三千五百三十三。县三：**桂阳**、上。有桂阳山，本灵山，天宝八载更名。有银，有铁。**阳山**、中下。有铁。有故秦湟溪关。**连山**。中。有金，有铜，有铁。

柳州龙城郡，下。本昆州，武德四年以始安郡之马平置，是年，更名南昆州，贞观八年又以地当柳星更名。土贡：银、蚺蛇胆。户二千二百三十二，口万一千五百五十。县五：**马平**、下。武德四年析置新平、文安、贺水、归德四县，寻更名归德曰修德，文安曰乐沙。八年以贺水隶澄州。贞观七年省乐沙，九年置崖山县，十二年省新平。其后又省崖山，以修德隶严州。**龙城**、下。武德四年置龙州，并置柳岭县。贞观七年州废，省柳岭，以龙城来属。**象**、下。本隶桂州，后来属。**洛曹**、下。本洛封，元和十三年更名。**洛容**。下。贞观中置。

富州开江郡，下。本静州龙平郡，武德四年以始安郡之龙平、豪静，苍梧郡之苍梧置，贞观八年更名。土贡：银、班布。户千四百六十，口八千五百八十六。县三：**龙平**、下。武德四年析置博劳、归化、安乐、开江四县，寻以苍梧、豪静、开江隶梧州、九年省安乐、归化、博劳。**思勤**、下。天宝后置。**马江**。下。本开江，后隶梧州，又复隶柳州。长庆三年更名。

昭州平乐郡，下。本乐州，武德四年以始安郡之平乐置，贞观八年更名。土贡：银。户四千九百一十八，口万二千六百九十一。县三：**平乐**、下。以平乐水名之。有钟乳穴三。武德四年析置沙亭县，贞观七年省沙亭。恭城、下。萧铣置。有钟乳穴十二，在银帐山。永平。下。本隶藤州，后来属。

蒙州蒙山郡，下。本南恭州，武德五年析荔州之隋化置，贞观八年更名。土贡：麸金、银。户千五十九，口五千九百三十三。县三：立山、下。本隋化，武德五年更名；又析置钦政县，贞观十二年省。东区、下。武德五年析立山置。贞观六年隶燕州，十年来属。正义。下。本纯义，隶燕州，十年来属。永贞元年更名。

严州循德郡，下。乾封二年招致生獠，充秦故桂林郡地置。土贡：银。户千八百五十九，口七千五十一。县三：来宾、下。乾封二年置。循德、下。本隶柳州，后来属。归化。下。乾封二年置。

融州融水郡，下。武德四年析始安郡之义熙置。土贡：金、桂心。户千二百三十二。县二：融水、下。本义熙，武德四年析置临牂、黄水、安修三县，六年更名。贞观十三年省安修入临牂。武阳。下。天宝初并黄水、临牂二县更置。

思唐州武郎郡，下。永隆二年析龚、蒙、象三州置。开元二十四年为羁縻州，建中元年为正州。土贡：银。户百四十一。县二：武郎、下。思和。下。本平原，长庆三年更名。

古州乐兴郡，下。贞观十二年，李弘节开夷獠置。土贡：蜡。户二百八十五。县三：乐山，本乐预，宝应元年更名。古书、下。乐兴。下。

容州普宁郡，下都督府。本铜州，武德四年以合浦郡之北流、普宁置。贞观八年更名。元和中徙治普宁。土贡：银、丹沙、水银。户四千九百七十，口万七千八十五。县六：有经略军。普宁、下。北流、下。武德四年析置豪石、宕昌、南流、陵城、新安五县。贞观十一年省新安，后又省豪石、宕昌。北三十里有鬼门关，两石相对，中阔三十步。陵城、下。渭龙、下。武德四年析普宁置。欣道、下。本宁人，隶藤州。贞观二十三年更名。来属。陆川。下。本隶东峨州，唐末来属。

牢州定川郡，下。本义州，武德二年以巴蜀徼外蛮夷地置。贞观十一年以东北有牢石，因更名，徙治南流，后废。乾封三年，将军王杲平蛮獠复置。土贡：布、银。户千六百四十一，口万一千七百五十六。县三：南流、下。本隶容州，武德四年析北流置南流、定川、牢川三县，以南百步有南流江名之。乾封三年皆来属。定川、下。本隶潘州，定川水名之。宕川。下。本隶潘州，因泸宕水名之。

白州南昌郡，下。本南州。武德四年以合浦郡之合浦地置，六年更名。土贡：金、银、珠。户二千五百七十四，口九千四百九十八。县四：博白、下。武德四年置，并置朗平、周罗、龙豪、淳良、建宁五县。贞观六年以廉州之大都隶之。十二年省朗平、淳良，后又省大都。大历八年以龙豪隶顺州。西南百里有北戍滩，咸通中，安南都护高骈募人平其险石，以通舟楫。建宁、下。周罗、下。南昌、下。本隶潘州，后来属。

顺州顺义郡，下。大历八年，容管经略使王翃析禺、罗、辩、白四州置。土贡：银。户五百九。县四：龙化、下。武德四年置，以西有龙化水名之，六年隶辩州。温水、下。本隶禺州。南河、下。武德五年析石龙置，隶罗州。龙豪。武德四年析合浦置，隶白州。

绣州常林郡，下。本林州，武德四年以郁林郡之阿林县及郁平县地置，六年更名。土贡：金。户九千七百七十三。县三：常林、中。武德四年置，又置罗绣、皇化、归诚三县。贞观七年以皇化隶浔州，省归诚。阿林、中下。罗绣。下。武德四年析置卢越县，贞观六年县废入焉。

郁林州郁林郡，下。本郁州，麟德二年析贵州之石南、兴德、郁平置，乾封元年更名。土贡：布。户千九百一十八，口九千六百九十九。县四：郁平、下。本隶贵州，后来属。兴业、下。麟德二年析石南置，建中二年省石南入焉。兴德、下。萧铣析石南置，寻废。武德四年析郁平复置。潭栗。下。

党州宁仁郡，下。本郁林州地。永淳元年开古党洞置。土贡：金、银。户千一百四十九，口七千四百四。县八：抚安、下。古西瓯地。善劳、中下。善文、下。宁仁、下。容山、下。本安仁，永淳二年析党州置平琴州平琴郡，领安仁、怀义、福阳、古符四县。垂拱三年废，神龙三年复置。至德中更安仁曰容山。建中二年州废，县皆来属。怀义、下。福阳、下。古符。下。

窦州怀德郡，下。本南扶州，武德四年以永熙郡之怀德置。以獠叛，侨治泷州，后徙治信义。贞观元年州废，以县隶泷州。二年复置,五年又废,以县隶泷州。六年复置,八年更名。土贡:银。户千一十九,口七千三百三十九。县四:信义、中下。武德四年置,并析置潭峨县,五年又置特亮县。怀德、中下。潭峨、下。特亮。下。

禺州温水郡,下。本东峨州,乾封三年,将军王杲奏析白、辩、窦、容四州置,总章二年更名。土贡:银。户三千一百八十。县四:峨石、下。总章二年析白州之温水置,以南有峨石名之。罗辩、下。本陆川,隶辩州,后更名。本罗辩洞地。扶莱、下。武德五年析信义县置,隶窦州,以扶莱水名之。贞观中省,后复置。宕昌。下。本隶容州。

廉州合浦郡,下。本合州,武德四年曰越州,贞观八年更名,以本大廉洞地。土贡:银。户三千三十二,口万三千二十九。县四:合浦、中下。武德五年置安昌、高城、大廉、大都四县。贞观六年置珠池县。后以大都隶白州。十二年省珠池、安昌入焉。封山、下。武德五年置姜州,并置东罗、蔡龙二县。贞观十年州废,以封山、东罗、蔡龙来属。后省东罗。蔡龙、下。以蔡龙洞名之。贞观十二年省高城县入焉。廉。下。

义州连城郡,下。本南义州,武德五年以永熙郡之永业县地置。贞观元年州废,以县隶南建州。二年复置,五年又废,以县隶南建州。六年复置,后第名义州。土贡:银。户千一百一十,口七千三百三。县三:岑溪、下。本龙城,武德五年置,并置安义、义城二县。至德中更龙城曰岑溪。其后又省义城。有郡山。永业、下。本安义,至德中更名。连城。下。武德五年析泷州之正义置。

安南,中都护府。本交趾郡,武德五年曰交州,治交趾。调露元年曰安南都护府,至德二载曰镇南都护府,大历三年复为安南。宝历元年徙治宋平。土贡:蕉、槟榔、鲛革、蚺蛇胆、翠羽。户二万四千二百三十,口九万九千六百五十二。县八:有经略军。宋平、上。武德四年置宋州,并置弘教、南定二县。五年析置交趾、怀德二县,隶交州。六年曰南宋州。贞观元年州废,省弘教、怀德,徙交趾于故南慈州,来属。南定、本隶宋州,武德四年析宋平置,五年隶交州。大历五年省,贞元八年复置。太平、中下。本隆平,武德四年置,以县置隆州,并置义廉、封溪二县,治义廉。六年曰南隆州。贞观元年州废,省义廉,以封溪隶峰州,隆平来属。先天元年更名。交趾、中下。武德四年置慈州，并置慈廉、乌延、武立三县，以慈廉水因名之。六年曰南慈州。贞观元年州废，省三县更置。**朱鸢**、上。武德四年置鸢州，并置高陵、定安二县。贞观元年州废，省高陵、定安，以朱鸢来属。**龙编**、中下。武德四年置龙州，并置武宁、平乐二县。贞观元年州废，省武宁、平乐，以龙编隶仙州，州废来属。**平道**、中下。武德四年置道州，并置昌国县。六年曰南道州，是年更名仙州。贞观十年州废，省昌国，以平道来属。**武平**、中下。本隶道州，武德五年来属。

陆州玉山郡，下。本玉山州，武德五年以宁越郡之安海、玉山置。贞观二年州废，县隶钦州。高宗上元二年复置，更名。土贡：银、玳瑁、鼊皮、翠羽、甲香。户四百九十四，口二千六百七十四。县三：乌雷、下。华清、下。本玉山，天宝中更名。宁海。下。本安海。武德四年又置海平县，贞观十二年省。至德二载更名。

峰州承化郡，下都督府。武德四年以交趾郡之嘉宁置。土贡：银、藤器、白镴、蚺蛇胆、豆蔻。户千九百二十。县五，嘉宁、下。武德四年置新昌、安仁、竹格、石堤四县，又领封溪县。贞观元年省石堤、封溪入嘉宁，后又省安仁。承化、下。新昌、下。贞观元年省竹格县入焉。高山、元和后置。珠绿。元和后置。

爱州九真郡，下。土贡：纱、绝、孔雀尾。户万四千七百。县六：九真、下。武德五年置松源、杨山、安预三县。贞观元年省杨山、安预，九年省松源。有金，有石磬。安顺、下。武德五年置顺州，并析置东河、建昌、边河三县。贞观元年州废，省三县入安顺，来属。崇平、下。本隆安。武德五年置安州，并置教山、建道、都握三县，又置山州，并置冈山、真润、古安、西安、建初五县。贞观元年废安州，省教山、建道、都握入隆安，来属；又废山州，省冈山、真润、古安、西安入建初，来属。八年省建初。先天元年更隆安曰崇安，至德二载又更名。军宁、下。本军安，武德五年以县置永州，七年曰都州。贞观元年州废，隶南陵州。至德二载更名。日南、下。武德五年置积州，又置积善、津梧、方载三县；又以移风县地置前真州，并置九皋、建正、真宁三县；又以胥浦县置胥州，并置攀龙、如侯、博棱、镇星四县。九年更积州曰日南陵州。贞观元年曰后真州，是年废前真州，省九皋、建正、真宁，以移风隶南陵州；又废胥州，省攀龙、如侯、博棱、镇星，以胥浦隶南陵州。十年州亦废，以军安、日南、移风、胥浦来属，天宝中省移风、胥浦。**长林**。下。本无编。

欢州日南郡，下都督府。本南德州，武德八年曰德州，贞观元年又更名。土贡：金、金薄、黄屑、象齿、犀角、沈香、班竹。户九千六百一十九，口五万八百一十八。县四：**九德**、中下。武德五年置安远、昙罗、光安三县。是年，以光安置源州，又置水源、安银、河龙、长江四县。贞观八年更名阿州。十三年州废，省水源、河龙、长江，以光安、安银来属。安远、昙罗、光安、安银后皆省。**浦阳**、下。**越裳**、下。武德五置明州，并置万安、明弘、明定三县；又以日南郡之文谷、金宁二县置智州，并置新镇、阇员二县。贞观元年更曰南智州，省新镇、阇员。十三年废明州，省万安、明弘、明定入越裳，隶智州。后废智州，省文谷、金宁入越裳，来属。初以隋林邑郡置林州，比景郡置匕州。又更名匕州曰日南景州，贞观二年绥怀林邑，乃侨治欢州之南境，领比景、朱吾二县，并置由文县。八年第名景州。九年置林州，亦寄治欢州之南境，领林邑、金龙、海界三县。又置山州，领龙池、盆山二县。有浦阳戍。户千三百二十，口五千二百。后为龙池郡。皆贞元末废。**怀欢**。下。本咸欢，武德五年置欢州，并置安人、扶演、相景、西源四县，治安人。贞观元年更名演州。十三年省相景。十六年州废，省安人、扶演、西源，以咸欢来属。后更咸欢曰怀欢。

长州文杨郡，下。唐置。土贡：金。户六百四十八。县四：**文阳**、下。**铜蔡**、下。**长山**、下。**其常**。下。

福禄州唐林郡，下。本福禄郡，总章二年，知州刺史谢法成招慰生獠昆明、北楼等七千余落，以故唐林州地置。大足元年更名安武州，至德二载更郡曰唐林，乾元元年复州故名。土贡：白镴、紫矿。户三百一十七。县三：**柔元**、本安远，至德二载更名。**唐林**、唐初以唐林、安远二县置唐林州，后州、县皆废，更置。**福禄**。下。

汤州汤泉郡，下。唐以故秦象郡地置。土贡：金。县三：**汤泉**、下。**绿水**、下。**罗韶**。下。

芝州忻城郡，下。唐置。户千二百，口五千三百。县七：**忻城**、下。**富川**、下。**平西**、下。**乐光**、下。**乐艳**、下。**多云**、下。**思龙**。下。

武峨州武峨郡，下。唐置。户千八百五十，口五千三百二十。县七：**武峨**、下。**如马**、下。**武义**、下。**武夷**、下。**武缘**、下。**武劳**、下。**梁山**。下。

演州龙池郡，下。本忠义郡，又曰演水郡。贞观中废，广德二年析欢州复置。土贡：金。户千四百五十。县七：忠义、下。怀欢、下。龙池、下。思农、下。武郎、下。武容、下。武金。下。

武安州武曲郡，下。土贡：金、朝霞布。户四百五十。县二：武安、下。临江。下。

开元中，安南所领有庞州，土贡：孔雀尾、紫矿；又有南登州，后皆废省。

右岭南采访使，治广州。

唐书卷四三下
志第三三下

地理七下

羁縻州

　　唐兴,初,未暇于四夷。自太宗平突厥,西北诸蕃及蛮夷稍稍内属,即其部落列置州县。其大者为都督府,以其首领为都督、刺史,皆得世袭。虽贡赋版籍,多不上户部,然声教所暨,皆边州都督、都护所领,著于令式。今录招降开置之目,以见其盛。其后或臣或叛,经制不一,不能详见。突厥、回纥、党项、吐谷浑隶关内道者,为府二十九,州九十。突厥之别部及奚、契丹、靺鞨、降胡、高丽隶河北者,为府十四,州四十六。突厥、回纥、党项、吐谷浑之别部及龟兹、于阗、焉耆、疏勒、河西内属诸胡、西域十六国隶陇右者,为府五十一,州百九十八。羌、蛮隶剑南者,为州二百六十一。蛮隶江南者,为州五十一;隶岭南者,为州九十二。又有党项州二十四,不知其隶属。大凡府州八百五十六,号为羁縻云。

　　关内道

　　突厥州十九、府五。

　　定襄都督府,贞观四年析颉利部为二,以左部置,侨治宁朔。领州四:贞观二十三年分诸部置州三。阿德州、以阿史德部置。执失州、以执失部置。苏农州、以苏农部置。拔延州。

右隶夏州都督府

云中都督府，贞观四年析颉利右部置，侨治朔方境。领州五：贞观二十三年分诸部置州三。舍利州、以舍利吐利部置。阿史那州、以阿史那部置。绰州、以绰部置。思壁州、白登州。贞观末隶燕然都护，后复来属。

桑乾都督府，龙朔三年分定襄置，侨治朔方。领州四：贞观二十三年分诸部置州三。郁射州、以郁射施部置。初隶定襄，后来属。艺失州、以多地艺失部置。卑失州、以卑失部置。初隶定襄，后来属。叱略州。

呼延都督府，贞观二十年置。领州三：贞观二十三年分诸部置州二。贺鲁州、以贺鲁部置。初隶云中都督，后来属。葛逻州、以葛逻、挹怛部置。初隶云中都督，后来属。跌跌州。初为都督府，隶北庭。后为州，来属。

右隶单于都护府

新黎州、贞观二十三年以车鼻可汗之子羯漫陀部置。初为都督府，后为州。浑河州、永徽元年，以车鼻可汗余众歌逻禄之乌德鞬山左厢部落置。狼山州。永徽元年以歌逻禄右厢部落置，为都督府，隶云中都护。显庆三年为州，来属。

坚昆都督府。贞观二十二年以沙钵罗叶护部落置。

右隶安北都护府

回纥州十八、府九。贞观二十一年分回纥诸部置。

燕然州、以多滥葛部地置。初为都督府，及鸡鹿、鸡田、烛龙三州，隶燕然都护。开元元年来属，侨治回乐。鸡鹿州、以奚结部置，侨治回乐。鸡田州、以阿跌部置，侨治回乐。东皋兰州、以浑部。初为都督府，并以延陀余众置祁连州，后罢都督，又分东、西州，永徽三年皆废。后复置东皋兰州，侨治鸣沙。烛龙州、贞观二十二年析瀚海都督之掘罗勿部置，侨治温池。燕山州。侨治温池。

右隶灵州都督府

达浑都督府，以延陀部落置，侨治宁朔。领州五：姑衍州、步讫若州、嵚弹州、永徽中收延陀散亡部置。鹘州、低粟州。

安化州都督府。侨治朔方。

宁朔州都督府。侨治朔方。

仆固州都督府。侨治朔方。

右隶夏州都督府

榆溪州、以契苾部置。窴颜州、以白霫部置。居延州、以白霫别部置。稽落州、本高阙州，以斛萨部置。永徽元年废高阙州，更置稽落州，后又废，三年以阿特部复置。余吾州、本玄阙州，贞观中以骨利干部置，龙朔中更名。浚稽州、仙萼州。初隶瀚海都护，后来属。

瀚海都督府。以回纥部置。

金微都督府。以仆固部置。

幽陵都督府。以拔野古部置。

龟林都督府。贞观二年以同罗部落置。

坚昆都督府。以结骨部置。

右隶安北都护府

党项州五十一、府十五。贞观三年，酋长细封步赖内附，其后诸姓酋长相率亦内附，皆列其地置州县，隶松州都督府。五年又开其地置州十六，县四十七；又以拓拔赤词部置州三十二。乾封二年以吐蕃入寇，废都、流、厥、调、凑、般、匐、器、迩、镡、率、嗟等十二州，咸亨二年又废蚕、黎二州。禄山之乱，河、陇陷吐蕃，乃徙党项州所存者于灵、庆、银、夏之境。

清塞州、归德州。侨治银州境。

兰池都督府。

芳池都督府。

相兴都督府。

永平都督府。

旭定都督府。

清宁都督府。

忠顺都督府。

宁保都督府。

静塞都督府。

万吉都督府。

乐容州都督府，领州一：东夏州。

静边州都督府，贞观中置，初在陇右，后侨治庆州之境。领州二十五：布州、北夏州、思义州、思乐州、昌塞州、吴州、天授二年置吴、朝、归、浮等州。朝州、"朝"一作"彭"。归州、"归"一作"阳"。浮州、祐州、贞观四年置，领县二：廓川、归定。卑州、西归州、嶂州、贞观四年置。县四：洛平、显川、桂川、显平。饧州、开元州、归顺州、本在山南之西，宝应元年诣梁州刺史内附。淳州、贞观十二年以降户置于洮州之境，并置索恭、乌城二县。开元中废，后为羁縻。乌笼州、恤州、嵯州、贞观五年置。县一：相鸡。相鸡本隶西怀州，贞观十年来属。盖州、本西唐州，贞观四年置，八年更名。县四：湘水、河唐、曲岭、祐川。悦州、回乐州、乌掌州、诺州。贞观五年置。县三：诺川、德归、篱渭。

右隶灵州都督府

芳池州都督府，侨治怀安，皆野利氏种落。领州九：宁静州、种州、玉州、贞观五年置。县二：玉山、带河。濮州、林州、尹州、位州、贞观四年置。县二：位丰、西使。长州、宝州。

宜定州都督府，本安定，后更名。领州七：党州、桥州、贞观六年置。乌州、西戎州、贞观五年以拓拔赤词部落置。初为都督府，后为州，来属。野利州、米州、还州。

安化州都督府，领州七：永和州、威州、旭州、莫州、西沧州、贞观六年置。八年更名台州，后复故名。琼州、儒州。本西盐州，贞观五年以拓拔部署，治故后魏洪和郡之蓝川县地，八年更名。开元中废，后为羁縻。

右隶庆州都督府

吐谷浑州二。

宁朔州。初隶乐容都督府，代宗时来属。

右隶夏州都督府

浑州。仪凤中自凉州内附者，处于金明西境置。

右隶延州都督府

河北道

突厥州二。

顺州顺义郡、贞观四年平突厥，以其部落置顺、佑、化、长四州都督府于幽、灵之境；又置北开、北宁、北抚、北安等四州都督府。六年顺州侨治营州南之五柳戍；又分思农部置燕然县，侨治阳曲；分思结部置怀化县，侨治秀容，隶顺州：后皆省。佑、化、长及北开等四州亦废，而顺州侨治幽州城中。岁贡麝香。县一：宾义。瑞州。本威州，贞观十年以乌突汗达干部落置，在营州之境。咸亨中更名。后侨治良乡之广阳城。县一：来远。

右初隶营州都督府。及李尽忠陷营州，以顺州隶幽州都督府；徙瑞州于宋州之境，神龙初北还，亦隶幽州都督府。

奚州九、府一。

鲜州、武德五年析饶乐都督府置。侨治潞之古县城。县一：宾从。崇州、武德五年析饶乐都督府之可汗部落置。贞观三年更名北黎州，治营州之废阳师镇。八年复故名。后与鲜州同侨治潞之古县城。县一：昌黎。顺化州、县一：怀远。归义州归德郡。总章中以新罗户置，侨治良乡之广阳城。县一：归义。后废。开元中，信安王祎降契丹李诗部落五千帐，以其众复置。

奉诚都督府，本饶乐都督府，唐初置，后废。贞观二十二年以内属奚可度者部落更置，并以别帅五部置弱水等五州。开元二十三年更名。领州五：弱水州、以阿会部置。祁黎州以处和部置。洛瓌州、以奥失部置。太鲁州、以度稽部置。渴野州。以元俟析部置。

契丹州十七、府一。

玄州、贞观二十年以纥主曲据部落置。侨治范阳之鲁泊村。县一：静蕃。威州、本辽州，武德二年以内稽部落置。初治燕支城，后侨治营州城中。贞观元年更名。后治良乡之石窟堡。县一：威化。昌州、贞观二年以松漠部落置，侨治营州之静蕃戍。七年徙于三合镇,后治安次之故常道城。县一:龙山。**师州**、贞观三年以契丹、室韦部落置,侨治营州之废阳师镇,后侨治良乡之东闾城。县一:阳师。**带州**、贞观十年以乙失革部落置。侨治昌平之清水店。县一:孤竹。**归顺州归化郡**、本弹汗州,贞观二十二年以内属契丹别帅析纥便部置。开元四年更名。县一:怀柔。**沃州**、载初中析昌州置。万岁通天元年没于李尽忠,开元二年复置。后侨治蓟之南回城。县一:滨海。**信州**、万岁通天元年以乙失活部落置。侨治范阳境。县一:黄龙。**青山州**。景云元年析玄州置。侨治范阳之水门村。县一:青山。

松漠都督府,贞观二十二年以内属契丹窟哥部置,其别帅七部分置峭落等八州。李尽忠叛后废,开元二年复置。领州八:**峭落州**、以达稽部置。**无逢州**、以独活部置。**羽陵州**、以芬问部置。**白连州**、以突便部置。**徒何州**、以芮奚部置。**万丹州**、以坠斤部置。**疋黎州**、以伏部置。**赤山州**、以伏部分置。**归诚州**。

鞑鞨州三、府三。

慎州、武德初以涑沫、乌素固部落置。侨治良乡之故都乡城。县一:逢龙。**夷宾州**、乾符中以愁思岭部落置,侨治良乡之古广阳城。县一:来苏。**黎州**。载初二年析慎州置,侨治良乡之故都乡城。县一:新黎。

黑水州都督府。开元十四年置。

渤海都督府。

安静都督府。

右初皆隶营州都督。李尽忠陷营州,乃迁玄州于徐、宋之境,威州于幽州之境,昌、师、带、鲜、信五州于青州之境,崇、慎二州于淄、青之境,夷宾州于徐州之境,黎州于宋州之境。在河南者十州,神龙初乃使北还,二年皆隶幽州都督府。

降胡州一。

凛州。天宝初置,侨治范阳境。

右隶幽州都督府。

高丽降户州十四、府九。太宗亲征,得盖牟城,置盖州;得辽东城,置辽州;得白崖城,置岩州。及师还,拔盖、辽二州之人以归。高宗灭高丽,置都督府九,州四十二,后所存州止十四。初,显庆五年平百济,以其地置熊津、马韩、东明、金连、德安五都督府,并置带方州,麟德后废。

南苏州、盖牟州、代那州、仓岩州、磨米州、积利州、黎山州、延津州、木底州、安市州、诸北州、识利州、拂涅州、拜汉州。

新城州都督府。

辽城州都督府。

哥勿州都督府。

卫乐州都督府。

舍利州都督府。

居素州都督府。

越喜州都督府。

去旦州都督府。

建安州都督府。

右隶安东都护府。

陇右道

突厥州三、府二十七。

皋兰州。贞观二十二年以阿史德特健部置。初隶燕然都护,后来属。

兴昔都督府。

右隶凉州都督府

特伽州、鸡洛州。开元中又有火拔州、葛禄州,后不复见。

濛池都护府。贞观二十三年,以阿史那贺鲁部落置瑶池都督府,永徽四年废。显庆二年禽贺鲁,分其地,置都护府二、都督府八,其役属诸胡皆为州。

昆陵都护府。

匐延都督府。以处木昆部置。

嗢鹿州都督府。以突骑施索葛莫贺部置。

洁山都督府。以突骑施阿利施部置。

双河都督府。以摄舍提暾部置。

鹰娑都督府。以鼠尼施处半部置。

盐泊州都督府。以胡禄屋阙部置。

阴山州都督府。显庆三年分葛逻禄三部置三府，以谋落部置。

大漠州都督府。以葛逻禄炽俟部置。

玄池州都督府。以葛逻禄踏实部置。

金附州都督府。析大漠州置。

轮台州都督府。

金满州都督府。永徽五年以处月部落置为州，隶轮台。龙朔二年为府。

咽面州都督府。初，玄池、咽面为州，隶燕然。长安二年为都督府，隶北
庭。

盐禄州都督府。

哥系州都督府。

孤舒州都督府。

西盐州都督府。

东盐州都督府。

叱勒州都督府。

迦瑟州都督府。

凭洛州都督府。

沙陀州都督府。

答烂州都督府。

右隶北庭都护府

回纥州三、府一。

蹛林州、以思结别部置。金水州、贺兰州。

卢山都督府。以思结部置。

右初隶燕然都护府。总章元年隶凉州都督府。

党项州七十三、府一、县一。

马邑州。开元十七年置,在秦、成二州山谷间。宝应元年徙于成州之盐井故城。

右隶秦州都督府

保塞州。

右隶临州都督府

密恭县。高宗上元三年为吐蕃所破,因废,后复置。

右隶洮州

丛州、贞观三年置。县三:宁远、临泉、临河。崌州、贞观元年以降户置。县二:江源、落稽。奉州、本西仁州,贞观元年置,八年更名。县三:奉德、恩安、永慈。岩州、本西金州,贞观五年置,八年更名。县三:金池、甘松、丹岩。远州、本西怀州,贞观四年置,八年更名。县二:罗水、小部川。麟州、本西麟州,贞观五年置,八年更名。县七:硖川、和善、剑具、硖源、三交、利恭、东陵。可州、本西义州,贞观四年置,八年更名。县三:义诚、清化、静方。阔州、贞观五年置。县二:阔源、落吴。彭州、本洪州,贞观三年置,七年更名。县四:洪川、归远、临津、归正。直州、本西集州,贞观五年置,八年更名。县二:集川、新川。肆州、贞观五年置。县四:归唐、芳丛、盐水、磨山。序州、贞观十年置。静州。咸亨三年以内附部落置。

轨州都督府。贞观二年以细封步赖部置。县四:玉城、金原、俄彻、通川。

以上有版。

研州、探那州、忓州、毗州、河州、干州、琼州、犀州、㲀州、陪州、如州、麻州、霸州、㰠州、光州、至凉州、晔州、思帝州、统州、谷邛州、达违州、万卑州、慈州、融洮州、执州、答针州、税河州、吴洛州、齐帝州、苗州、始目州、悉多州、质州、兆州、求易州、讬州、志德州、延避州、略州、索京州、柘刚州、明桑州、白豆州、瓒州、酋和州、和昔州、祝州、索川州、拔揭州、鼓州、飞州、索渠州、目州、宝剑州、津州、柘钟州、纪州、徽州。

以上无版。

右初隶松州都督府。肃宗时懿、盖、嵯、诺、嶂、祐、台、桥、浮、宝、玉、位、儒、归、恤及西戎、西沧、乐容、归德等州皆内徙，余皆没于吐蕃。

乾封州、归义州、顺化州、和宁州、和义州、保善州、宁定州、罗云州、朝凤州、以上宝应元年内附。永定州、永泰元年以永定等十二州部落内附，析置州十五。宜芳州。余阙。

右阙。

吐谷浑州一。

阁门州

右隶凉州都督府

四镇都督府，州三十四。咸亨元年，吐蕃陷安西，因罢四镇。长寿二年复置。

龟兹都督府，贞观二十年平龟兹置。领州九。阙。

毗沙都督府，本于阗国，贞观二十二年内附。初置州五，高宗上元二年置府，析州为十。领州十。阙。

焉耆都督府。贞观十八年灭焉耆置。有碎叶城，调露元年都护王方翼筑四面十二门，为屈曲隐出伏没之状云。

疏勒都督府，贞观九年疏勒内附置。领州十五。阙。

河西内属诸胡州十二、府二。乌垒州、和墨州、温府州、蔚头州、遍城州、耀建州、寅度州、猪拔州、达满州、蒲顺州、郋及满州、乞乍州。

妙塞都督府。

渠黎都督府。

西域府十六、州七十二。龙朔元年,以陇州南由令王名远为吐火罗道置州县使,自于阗以西,波斯以东,凡十六国,以其王都为都督府,以其属部为州县。凡州八十八,县百一十,军、府百二十六。

月支都督府,以吐火罗叶护阿缓城置。领州二十六:蓝氏州、以钵勃城置。大夏州、以缚叱城置。汉楼州、以俱禄犍城置。弗敌州、以乌逻毡城置。沙律州、以呫城置。妩水州、以羯城置。盘越州、以忽婆城置。忸密州、以乌罗浑城置。伽倍州、以摩彦城置。粟特州、以阿捺腊城置。钵罗州、以兰城置。双泉州、以悉计蜜悉帝城置。祀惟州、以昏磨城置。迟散州、以悉蜜言城置。富楼州、以乞施嗷城置。丁零州、以泥射城置。薄知州、以析面城置。桃槐州、以阿腊城置。大檀州、以颏厥伊城具阙达官部落置。伏卢州、以播萨城置。身毒州、以乞涩职城置。西戎州、以突阙施怛驮城置。筬颉州、以骑失帝城置。叠仗州、以发部落城置。苑汤州。以拔特山城置。

大汗都督府,以哎哒部落活路城置。领州十五:附墨州、以弩那城置。奄蔡州、以胡路城置。依耐州、以婆多楞萨达健城置。犁州、以少俱部落置。榆令州、以乌模言城置。安屋州、以遮瑟多城置。厨陵州、以数始城置。碣石州、以迦沙纷遮城置。波知州、以羯涝支城置。乌丹州、以乌捺斯城置。诺色州、以速利城置。迷蜜州、以顺问城置。盼顿州、以乍城置。宿利州、以颂施谷部落置。贺那州。以汗曜部落置。

条支都督府,以诃达罗支国伏宝瑟颠城置。领州九:细柳州、以护闻城置。虞泉州、以赞候瑟颠城置。犁蕲州、以据瑟部落置。崦嵫州、以遏忽部落置。巨雀州、以乌离难城置。遗州、以遗兰部落置。西海州、以郝萨大城置。镇西州、以活恨部落置。乾陀州。以缚狼部落置。

天马都督府,以解苏国数瞒城置。领州二:洛那州、以忽论城置。束离州。以达利薄纥城置。

高附都督府,以骨咄施沃沙城置。领州二:五翕州、以葛逻犍城置。休蜜州。以乌斯城置。

修鲜都督府,以罽宾国遏纥城置。领州十:毗舍州、以罗漫城置。阴米州、以贱那城置。波路州、以和蓝城置。龙池州、以遗恨城置。乌弋州、以塞奔你逻斯城置。罗罗州、以滥犍城置。檀特州、以半制城置。乌利州、以勃逸城置。漠州、以鹘换城置。悬度州。以布路犍城置。

写凤都督府，以帆延国罗烂城置。领州四：嶰谷州、以肩捺城置。冷沧州、以俟麟城置。悉万州、以缚时伏城置。钳敦州。以末腊萨旦城置。

悦般州都督府，以石汗那国艳城置。领双靡州。以俱兰城置。

奇沙州都督府，以护时犍国遏蜜城置。领州二：沛隶州、以漫山城置。大秦州。以睿蜜城置。

姑墨州都督府，以怛汲国怛没城置。领栗弋州。以弩羯城置。

旅獒州都督府。以乌拉喝国摩竭城置。

昆墟州都督府。以多勒建国低宝那城置。

至拔州都督府。以俱蜜国褚瑟城置。

鸟飞州都督府。以护蜜多国摸逮城置。领钵和州。以娑勒色诃城置。

王庭州都督府。以久越得犍国步师城置。

波斯都督府。以波斯国疾陵城置。

右隶安西都护府。

剑南道

诸羌州百六十八。

西雅州、贞观五年置。县三：新城、三泉、石龙。蛾州、贞观五年置。县二：常平、那川。拱州、显庆元年以钵南伏浪恐部置。剑州。永徽五年以大首领冻就部落置。

右隶松州都督府

涂州、武德元年以临涂羌内附置，领临涂、端源、娑览三县。贞观元年州废，县亦省。二年析茂州之端源戍复置，县三：端源、临涂、悉邻。炎州、本西封州，贞观五年开生羌置，八年更名。县三：大封、慕仙、义川。彻州、贞观六年以西羌董洞贵部落置。县三：文彻、俄耳、文进。向州、贞观五年以生羌置。县二：贝左、向贰。冉州、本西冉州，贞观六年以徼外敛才羌地置，八年更名，九年第为冉州。县四：冉山、磨山、玉溪、金水。穹州、本西博州，贞观五年以生羌置，八年更名。县五：小川、彻当、璧川、当博、恭耳。筜州、本西恭州，贞观七年以白狗羌户置，八年更名。县三：遂都、亭劝、比思。**蓬鲁州**，永徽二年，特浪生羌董悉奉求、辟惠生羌卜檐莫等种落万余户内附，又析置州三十二。姜州、恕州、葛州、勿州、鞥州、占州、达州、浪州、邠州、敛州、补州、赖州、那州、举州、多州、尔州、射州、铎州、平祭州、时州、箭州、婆州、浩州、质州、居州、可州、宕州、归化州、奈州、竺州、卓州。

右隶茂州都督府

思亮州、杜州、初汉州、孚川州、渠川州、丘卢州、祐州、计州、龙施州、月乱州、浪弥州、月边州、团州、柜州、威川州、米羌州。

右隶巂州都督府

当马州、此下二十一州，天宝前置。林波州、中川州、林烧州、钳矢州、会野州、当仁州、金林州、东嘉梁州、西嘉梁州、东石乳州、西石乳州、涉邛州、汶东州、费林州、徐渠州、强鸡州、长臂州、杨常州、罗岩州、初隶黎州都督，后来属。雄州、椎梅州、此下三十六州，开元后置。三井州、束锋州、名配州、钳恭州、斜恭州、画重州、罗林州、笼羊州、龙逢州、敢川州、惊川州、楄眉州、木烛州、当品州、严城州、昌磊州、钳并州、作重州、楄林州、三恭州、布岚州、欠马州、罗蓬州、论川州、让川州、远南州、卑庐州、夒龙州、耀川州、金川州、盐井州、凉川州、夏梁州、甫和州、橛查州。

右隶雅州都督府

奉上州、此下二十二州，开元前置。轺荣州、剧川州、合钦州、蓬口州、博卢州、明川州、腌胲州、蓬矢州、大渡州、米川州、木属州、河东州、甫岚州、昌明州、归化州、初隶巂州，后来属。象川州、丛夏州、和良州、和都州、附树州、东川州、上贵州、此下二十八州，开元十七年置。滑川州、比川州、吉川州、甫蓼州、比地州、苍荣州、野川州、邛冻州、贵林州、朦珍州、浪弥州、郎郭州、上钦州、时蓬州、俨马州、邛川州、护邛州、脚川州、开望州、上蓬州、比蓬州、剥重州、久护州、瑶剑州、明昌州、护川州、索古州、此下三州，大和以前置。诺柞州、柏坡州。

右隶黎州都督府

诸蛮州九十二。皆无城邑，椎髻皮服。惟来集于都督府，则衣冠如华人焉。

　　南宁州、汉夜郎地。武德元年开南中，因故同乐县置，治味。四年置总管府。五年侨治益州。八年复治味，更名郎州。贞观元年罢都督。开元五年复故名。天宝末没于蛮，因废。唐末复置州于清溪镇，去黔州二十九日行。县七：味、同乐、升麻、同起、新丰、陇堤、泉麻。**昆州**、本隋置，隋乱废。武德元年开南中，复置。土贡：牛黄。县四：益宁、晋宁、安宁、秦臧。有滇池，在晋宁。其秦臧，则故臧汉地也。**梨州**、本西宁州，武宁七年析南宁州二县置，贞观八年更名。北接昆州。县二：梁水、绛。**匡州**、本南云州，武德七年置，贞观八年更名。汉永昌郡地。县二：勃弄、匡川。**髳州**、本西濮州，武德四年置，贞观十一年更名。汉越巂郡地，南接姚州。县四：濮水、青蛉、岐星、铜山。**尹州**、武德四年置，北接巂州。县五：马邑、天池、盐泉、百泉、涌泉。**曾州**、武德四年置，西接匡州。县五：曾、三部、神泉、龙亭、长和。**钩州**、本南龙州，武德七年置，贞观十一年更名。东北接昆州。县二：望水、唐封。**哀州**、武德七年置。本弄栋地，南接姚州。县二：杨彼、乐强。**宗州**、本西宗州，武德七年置，贞观十一年第名宗州。北接姚州。县三：宗居、石塔、河西。**微州**、本西利州。武德七年置，贞观十一年更名。北接縻州。县二：深利、十部。**縻州**、本西豫州，武德七年置，贞观三年更名。南接姚州。初为都督府，督縻、望、谍罗三州，后罢都督。县二：磨豫、七部。**望州**、贞观末以诸蛮内附，与傍州同置，初隶郎州都督，后来属。**谍罗州、盘州**、本西平州，武德四年置，贞观八年更名。故兴古郡地，其南交州。县三：附唐、平夷、盘水。**麻州**、贞观二十二年析郎州置。**英州、声州、勤州、傍州**、贞观二十三年，诸蛮末徒莫祇、俭望二种落内附，置傍、望、求、丘、览五州。**求州、丘州、览州、咸州、泸慈州、归武州、严州、汤望州、武德州、奏龙州、武镇州**、本武恒，避穆宗名改。**南唐州、连州、**县六：当为、都宁、逻游、罗龙、加平、清坎。**南州**、析盈州置。县三：播政、百荣、洪卢。**德州**、析志州置。县二：罗连、万岩。**为州**、析扶德州置。县二：扶、罗僧。**洛州**、析镜州置。县四：临津、宾夷、曾城、葱药。**移州**、析悦州置。县三：移当、临河、汤陵。**悦州**、县六：甘泉、青宾、临川、悦水、夷邻、胡瑶。**镜州**、县六：夷郎，宾唐，溪琳，琮连，池临，野并。**筇州**、县八：盐水、筇山、罗余、临居、澄澜、临昆、唐川、寻源。**志州**、"志"一作"总"。县四：浮萍、鸡惟、夷宾、河西。**盈州**、县四：盈川、涂赛、播陵、施燕。**武昌州**、县七：洪武、罗虹、琅林、夷朗、来宾、罗新、绮婆。**扶德**

州、县三：宋水、扶德、阿阴。**播朗州**、析巩州置。县三：播胜、从颜、顺化。**信州**、居州、炎州、驯州、县五：驯禄、天池、方阤、罗藏、播骋。**骋州**、县二：斛木、罗相。**浪川州**贞元十三年，节度使韦皋表置。县五、郎浪、郎违、何度、郎仁、因阁。**协州**、本隋置，隋乱废。武德元年开南中复置。县三：东安、西安、胡津、**靖州**、析协州置。县二：靖川、分协。**曲州**、本恭州，隋置，隋乱废。武德元年开南中复置，八年更名。故朱提郡，北接协州。县二：朱提、唐兴。朱提，本安上，武德七年更名。**播陵州**、析盈州置。**钳州**、析开边县置。**哥灵州**、滴州、县三：拱平、扫宫、罗谷。**切骑州**、县四：柳池、奏禄、縻托、通识。**品州**、县三：八秤、松花、牧。**从州**、县六：从花、昆池、武安、罗林、梯山、南宁。**柯连州**、县三：柯连、罗名、新成。**碾卫州**。县三：麻金、碾卫、浯麻。

右隶戎州都督府

于州、武德四年以古滇王国民多姚姓，因置姚州都督，并置州十三：**异州**。**五陵州**、袖州、和往州、舍利州、范邓州、野共州、洪郎州、日南州、眉邓州、遵备州、洛诺州。

右隶姚州都督府

纳州都宁郡、仪凤二年开山洞置。县八：罗围、播罗、施阳、都宁、罗当、罗蓝、都、胡茂，先天二年与萨、晏、巩皆降为羁縻。**萨州黄池郡**、仪凤二年招生獠置。县二：黄池、播阳。**晏州罗阳郡**、仪凤二年招生獠置。县七：思峨、柯阴、新宾、扶来、思晏、哆冈、罗阳。**巩州因忠郡**、仪凤二年开山洞置。县五：哆楼、都檀、波婆、比求、播郎。**奉州**、仪凤二年开山洞置。县二：柯里、逻蓬。**浙州**、仪凤二年开山洞置。县四：浙源、越宾、洛川、鳞山。**顺州**、载初二年置。县五：曲水、顺山、灵岩、来猿、龙池。**思峨州**、天授二年置。县二：多溪、洛溪。**淯州**、久视元年置。县四：新定、淯川、固城、居牢。**能州**、大足元年置。县四：长宁、来银、菊池、猿山。**高州**、县三：柯巴、移甫、徒西。**宋州**、县四：柯龙、柯支、宋水、卢吾。**长宁州**、县四：娑员、波居、青卢、罗门。**定州**。县二：支江、扶德。

右隶泸州都督府

江南道

诸蛮州五十一。

羁州、武德三年以牂柯首领谢龙羽地置，四年更名柯州，后复故名。初，羁、琰、庄、充、应、矩六州皆为下州，开元中降羁、琰、庄为羁縻，天宝三载又降充、应、矩为羁縻。县三：建安、宾化、新兴。建安，本牂柯，武德二年更名。新兴与州同置。琰州、贞观四年置。县五：武侯、望江、应江、始安、东南。贞观中又领隆昆、琰川二县，后省。庄州、本南寿州，贞观三年以南谢蛮首领谢强地置。四年更名，十一年为都督府，景龙二年罢都督。故隋牂柯郡地。南百里有桂岭关。县七：石牛、南阳、轻水、多乐、乐安、石城、新安。贞观中又领清兰县，后省。充州、武德三年以牂柯蛮别部置，县七：平蛮、东停、韶明、牂柯、东陵、辰水、思王。应州、贞观三年以东谢首领谢元深地置。县五：都尚、婆览、应江、陀隆、罗恭。矩州、武德四年置。明州、贞观中以西赵首领赵磨酋地置。芳州、劳州、羲州、福州、犍州、邦州、清州、峨州、蛮州、县一：巴江。歁州、“歁”一作“鼓”。濡州、琳州、县三：多梅、古阳、多奉。鸾州、令州、那州、晖州、都州、总州、咸亨三年，昆明十四姓率户二万内属分置。敦州、咸亨三年析内属昆明置，县六：武宁、沟水、古质、昆川、丛燕、孤云。殷州、咸亨三年析昆明部置，后废。开元十五年分戎州复置，后又废。贞元二年，节度使韦皋表复置。故南汉之境也。县五：殷川、东公、龙原、韦川、宾川。初与敦州皆隶戎州都督，后来属。候州、晃州、樊州、棱州、添州、普宁州、功州、亮州、茂龙州、延州、训州、卿州、贞观十五年置。双城州、整州、悬州、抚水州、县四：抚水、古劳、多蓬、京水。思源州、逸州、南平州、勋州、袭州、宝州、万岁通天二年以昆明夷内附置。姜州、鸿州。县五：乐鸿、思翁、都部、新庭、临川。

右隶黔州都督府。

岭南道。

诸蛮州九十二。

纡州、县六：东区、吉陵、宾安、南山、都邦、纡质。归思州、思顺州、县五：罗遵、履博、都恩、吉南、许水。蕃州、县三：蕃水、都伊、思察。温泉州温泉郡，土贡：金。县二：温泉、洛富。述昆州、土贡：桂心。县五：夷蒙、夷水、古桂、临山、都陇。格州。

右隶桂州都督府

棍州、县八：正平、富平、龙源、思恩、饶勉、武招、都象、歌良。归顺州、本归淳，元和初更名。思刚州、侯州、归诚州、伦州、石西州、思恩州、思同州、思明州、县一：显川。万形州、万承州、上思州、谈州、思琅州、波州、员州、功饶州、万德州、左州、思诚州、鳎州、归乐州、青州、得州、七源州。

右隶邕州都督府

德化州、永泰二年以林睹符部落置。县二：德化、归义。郎茫州、永泰二年以林睹符部落分置。县二：郎茫、古勇。龙武州、大历中以潘归国部落置。县二：龙丘、福宇。归化州、县四：归朝、洛都、落回、落巍。郡州、土贡：白毡、孔雀尾。县二：郡口、乐安。万泉州、县一：陆水。思农州、县三：武郎、武容、武全。为州、县三：都龙、汉会、武零。西原州、县三：罗和、古林、罗淡。林西州、县二：林西、甘橘。思廓州、县三：都宁、昆阳、罗方。武灵州、县三：文葛、甘郎、苏物。新安州、县三：归化、宾阳、安德。金廓州、县三：罗嘉、文龙、禄荣。提上州、县三：长宾、提头、朱绿。甘棠州、县一：忠诚。武定州、县三：福禄、柔远、康林。都金州、县四：温泉、嘉陵、甘阳、都金。琼州、县二：武兴、古都。武陆州、开成三年，都护马植表以武陆县置。平原州、开成四年析都金州之平原馆置。县三：龙石、平林、龙当。龙州、武定州、真州、信州、思陵州、禄州、中宗时有单乐县，后省。南平州、西平州、门州、余州、峝州、金邻州、仪凤元年置。暑州、罗伏州、儋陵州、樊德州、金龙州、哥富州、贞元十二年置。尚思州、贞元十二年置。安德州。贞元十二年置。

右隶安南都护府。

蜀爨蛮州十八贞元七年领州，名逸。

右隶峰州都督府

唐置羁縻诸州，皆傍塞外，或寓名于夷落。而四夷之与中国通者甚众，若将臣之所征讨，敕使之所慰赐，宜有以记其所从出。天宝中，玄宗问诸蕃国远近，鸿胪卿王忠嗣以《西域图》对，才十数国。其后贞元宰相贾耽考方域道里之数最详,从边州入四夷,通译于鸿胪者,莫不毕纪。其入四夷之路与关戍走集最要者七:一曰营州入安东道,二曰登州海行入高丽、渤海道,三曰夏州塞外通大同、云中道,四曰中受降城入回鹘道,五曰安西入西域道,六曰安南通天竺道,七曰广州通海夷道。其山川聚落,封略远近,皆概举其目。州县有名而前所不录者,或夷狄所自名云。

营州西北百里曰松陉岭,其西奚,其东契丹。距营州北四百里至湟水。营州东百八十里至燕郡城。又经汝罗守捉,渡辽水至安东都护府五百里。府故汉襄平城也。东南至平壤城八百里;西南至都里海口六百里;西至建安城三百里,故中郭县也;南至鸭渌江北泊汋城七百里,故安平县也。自都护府东北经古盖牟、新城,又经渤海长岭府,千五百里至渤海王城,城临忽汗海,其西南三十里有古肃慎城;其北经德理镇,至南黑水靺鞨千里。

登州东北海行,过大谢岛、龟歆岛、末岛、乌湖岛三百里。北渡乌湖海,至马石山东之都里镇二百里。东傍海壖,过青泥浦、桃花浦、杏花浦、石人汪、橐驼湾、乌骨江八百里。乃南傍海壖,过乌牧岛、贝江口、椒岛,得新罗西北之长口镇。又过秦王石桥、麻田岛、古寺岛、得物岛,千里至鸭渌江唐恩浦口。乃东南陆行,七百里至新罗王城。自鸭渌江口舟行百余里,乃小舫溯流东北三十里至泊汋口,得渤海之境。又溯流五百里至九都县城,故高丽王都。又东北溯流二百里,至神州。又陆行四百里至显州,天宝中王所都。又正北如东六百里,至渤海王城。

夏州北渡乌水,经贺麟泽、拔利干泽,过沙,次内横刬、沃野泊、长泽、白城,百二十里至可朱浑水源。又经故阳城泽、横刬北门、突纥利泊、石子岭,百余里至阿頯泉。又经大非苦盐池,六十六里至贺兰驿。又经库也干泊、弥鹅泊、榆禄浑泊,百余里至地頯泽。又经步

拙泉故城八十八里渡乌那水,经胡洛盐池、纥伏干泉四十八里度库
结沙,一曰普纳沙,二十八里过横水,五十九里至十贲故城,又十里
至宁远镇。又涉屯根水,五十里至安乐戍,戍在河西壖,其东壖有古
大同城。今大同城,故永济栅也。北经大泊,十七里至金河。又经
故后魏沃野镇城,傍金河,过古长城,九十二里至吐俱麟川。傍水
行,经破落汗山、贺悦泉,百三十一里至步越多山。又东北二十里至
缬特泉。又东六十里至贺人山,山西碛口有诗特犍泊。吐俱麟川水
西有城,城东南经拔厥那山,二百三十里至帝割达城。又东北至诺
真水汊。又东南百八十七里,经古可汗城至咸泽。又东南经乌咄谷,
二百七里至古云中城。又西五十五里有绥远城。皆灵、夏以北蕃落
所居。

中受降城正北如东八十里有呼延谷,谷南口有呼延栅,谷北口
有归唐栅,车道也,入回鹘使所经。又五百里至鸂䳵泉,又十里入
碛,经麚鹿山、鹿耳山、错甲山,八百里至山燕子井。又西北经密粟
山、达旦泊、野马泊、可汗泉、横岭、绵泉、镜泊七百里至回鹘衙帐。

又别道自鸂䳵泉北经公主城、眉间城、怛罗思山、赤崖、盐泊、
浑义河、炉门山、木烛岭,千五百里亦至回鹘衙帐。东有平野,西据
乌德鞬山,南依嗢昆水,北六七百里至仙娥河,河北岸有富贵城。又
正北如东过雪山、松桦林及诸泉泊,千五百里至骨利干,又西十三
日行至都播部落,又北六七日至坚昆部落,有牢山、剑水。

又自衙帐东北渡仙娥河,二千里至室韦。骨利干之东,室韦之
西有鞠部落,亦曰袚部落。其东十五日行有俞折国,亦室韦部落。又
正北十日行有大汉国,又北有骨师国。骨利干、都播二部落北有小
海,冰坚时马行八日可度。海北多大山,其民状貌甚伟,风俗类骨利
干,昼长而夕短。

回鹘有延侄伽水,一曰延特勒泊,曰延特勒郁海。乌德鞬山左
右嗢昆河、独逻河皆屈曲东北流,至衙帐东北五百里合流。泊东北
千余里有俱伦泊,泊之四面皆室韦。

安西西出柘厥关,渡白马河,百八十里西入俱毗罗碛。经苦井,百二十里至俱毗罗城。又六十里至阿悉言城。又六十里至拨换城,一曰威戎城,曰姑墨州,南临思浑河。乃西北渡拨换河、中河,距思浑河百二十里,至小石城。又二十里至于阗境之胡芦河。又六十里至大石城,一曰于祝,曰温肃州。又西北三十里至粟楼烽。又四十里度拨达岭。又五十里至顿多城,乌孙所治赤山城也。又三十里渡真珠河,又西北度乏驿岭,五十里渡雪海。又三十里至碎卜戍,傍碎卜水五十里至热海。又四十里至冻城。又百一十里至贺猎城。又三十里至叶支城,出谷至碎叶川口,八十里至裴罗将军城。又西二十里至碎叶城,城北有碎叶水,水北四十里有羯丹山,十姓可汗每立君长于此。自碎叶西十里至米国城,又三十里至新城,又六十里至顿建城,又五十里至阿史不来城,又七十里至俱兰城,又十里至税建城,又五十里至怛罗斯城。

自拨换、碎叶西南渡浑河,百八十里有济浊馆,故和平铺也。又经故达干城,百二十里至谒者馆。又六十里至据史德城,龟兹境也,一曰郁头州,在赤河北岸孤石山。渡赤河,经岐山,三百四十里至葭芦馆。又经达漫城,百四十里至疏勒镇,南北西三面皆有山,城在水中。城东又有汉城,亦在滩上。赤河来自疏勒西葛罗岭,至城西分流,合于城东北,入据史德界。

自拨换南而东,经昆岗,渡赤河,又西南经神山、睢阳、咸泊,又南经疏树,九百三十里至于阗镇城。于阗西五十里有苇关。又西经勃野,西北渡系馆河,六百二十里至郅支满城,一曰碛南州。又西北经苦井、黄渠,三百二十里至双渠,故羯饭馆也。又西北经半城,百六十里至演渡州,又北八十里至疏勒镇。

自疏勒西南入剑末谷、青山岭、青岭、不忍岭,六百里至葱岭守捉,故羯盘陀国,开元中置守捉,安西极边之戍。

有宁弥故城,一曰达德力城,曰汗弥国,曰拘弥城,于阗东三百九十里。有建德力河,东七百里有精绝国。于阗西南三百八十里有皮山城。北与姑墨接。冻凌山在于阗国西南七百里。又于阗东三百里有坎城镇，东六百里有兰城镇，南六百里有胡弩镇，西二百里有固城镇，西三百九十里有吉良镇。于阗东距且末镇千六百里。

　　自焉耆西五十里过铁门关，又二十里至于术守捉城，又二百里至榆林守捉，又五十里至龙泉守捉，又六十里至东夷僻守捉，又七十里至西夷僻守捉，又六十里至赤岸守捉，又百二十里至安西都护府。

　　又一路自沙州寿昌县西十里至阳关故城，又西至蒲昌海南岸千里。自蒲昌海南岸，西经七屯城，汉伊修城也。又西八十里至石城镇，汉楼兰国也，亦名鄯善，在蒲昌海南三百里，康艳典为镇使以通西域者。又西二百里至新城，亦谓之弩支城，艳典所筑。又西经特勒井，渡且末河，五百里至播仙镇，故且末城也，高宗上元中更名。又西经悉利支井、祆井、勿遮水，五百里至阗东兰城守捉。又西经移杜堡、彭怀堡、次城守捉，三百里至于阗。

　　安南经交趾太平，百余里至峰州。又经南田，百三十里至恩楼县，乃水行四十里至忠城州。又二百里至多利州，又三百里至朱贵州，又四百里至丹棠州，皆生獠也。又四百五十里至古涌步，水路距安南凡千五百五十里。又百八十里经浮动山、天井山，山上夹道皆天井，间不容跬者三十里。二日行，至汤泉州。又五十里至禄索州，又十五里至龙武州，皆爨蛮，安南境也。又八十三里至傥迟顿。又经八平城，八十里至洞澡水。又经南亭，百六十里至曲江，剑南地也。又经通海镇，百六十里渡海河、利水至绛县。又八十里至晋宁驿，戎州地也。又八十里至柘东城，又八十里至安宁故城，又四百八十里至灵南城，又八十里至白崖城，又七十里至蒙舍城，又八十里至龙尾城，又十里至大和城，又二十五里至羊苴咩城。

　　自羊苴咩城西至永昌故郡三百里。又西渡怒江，至诸葛亮城二百里。又南至乐城二百里。又入骠国境，经万公等八部落，至悉利城七百里，又经突旻城至骠国千里。又自骠国西度黑山，至东天竺迦摩波国千六百里。又西北渡迦罗都河至奔那伐檀那国六百里。又西南至中天竺国东境恒河南岸羯朱嗢罗国四百里。又西至摩羯陀国六百里。

一路自诸葛亮城西去腾充城二百里。又西至弥城百里。又西过山，二百里至丽水城。乃西渡丽水、龙泉水，二百里至安西城。乃西渡弥诺江水，千里至大秦婆罗门国。又西渡大岭，三百里至东天竺北界个没卢国。又西南千二百里，至中天竺国东北境之奔那伐檀那国，与骠国往婆罗门路合。

一路自欢州东二日行，至唐林州安远县，南行经古罗江，二日行至环王国之檀洞江。又四日至朱崖，又经单补镇，二日至环王国城，故汉日南郡地也。

自欢州西南三日行，度雾温岭，又二日行至棠州日落县。又经罗伦江及古朗洞之石蜜山，三日行至棠州文阳县。又经蔈蔘涧，四日行至文单国之算台县。又三日行至文单外城，又一日行至内城，一曰陆真腊，其南水真腊。又南至小海，其南罗越国，又南至大海。

广州东南海行，二百里至屯门山，乃帆风西行，二日至九州石。又南二日至象石。又西南三日行至占不劳山，山在环王国东二百里海中。又南二日行至陵山。又一日行，至门毒国。又一日行，至古笪国。又半日行，至奔陀浪州。又两日行，到军突弄山。又五日行至海硖，蕃人谓之“质”，南北百里，北岸则罗越国，南岸则佛逝国。佛逝国东水行四五日，至诃陵国，南中洲之最大者。又西出硖，三日至葛葛僧祇国，在佛逝西北隅之别岛，国人多钞暴，乘舶者畏惮之。其北岸则个罗国。个罗西则哥谷罗国。又从葛葛僧祇四五日行，至胜邓州。又西五日行，至婆露国。又六日行，至婆国伽蓝洲。又北四日行，至师子国，其北海岸距南天竺大岸百里。又西四日行，经没来国，南天竺之最南境。又西北经十余小国，至婆罗门西境。又西北二日行，至拔䫻国，又十日行，经天竺西境小国五，至提䫻国，其国有弥兰太河，一曰新头河，自北渤昆国来，西流至提䫻国北，入于海。又自提䬌国西二十日行，经小国二十余，至提罗卢和国，一曰罗和异国，国人于海中立华表，夜则置炬其上，使舶人夜行不迷。又西一日行，至乌剌国，乃大食国之弗利剌河，南入于海。小舟溯流，二日至末罗国，大食重镇也。又西北陆行千里，至茂门王所都缚达城。

自婆罗门南境，从没来国至乌剌国，皆缘海东岸行。其西岸之西，皆大食国，其西最南谓之三兰国。自三兰国正北二十日行，经小国十余，至设国。又十日行，经小国六七，至萨伊瞿和竭国，当海西岸。又西六七日行，经小国六七，至没巽国。又西北十日行，经小国十余，至拔离谓磨难国。又一日行，至乌剌国，与东岸路合。

西域有陀拔恩单国，在疏勒西南二万五千里，东距勃达国，西至涅满国，皆一月行，南至罗刹支国半月行，北至海两月行。罗刹支国东至都槃国半月行；西至沙兰国，南至大食国皆二十日行。都槃国东至大食国半月行，南至大食国二十五日行，北至勃达国一月行。勃达国东至大食国两月行，西北至岐兰国二十日行，北至大食国一月行。河没国东南至陀拔国半月行，西北至岐兰国二十日行，南至沙兰国一月行，北至海两月行。岐兰国西至大食国两月行，南至涅满国二十日行，北至海五日行。涅满国西至大食国两月行，南至大食国一月行，北至岐兰国二十日行。沙兰国南至大食国二十五日行，北至涅满国二十五日行。

石国东至拔汗那国百里，西南至东米国五百里。

劂宾国在疏勒西南四千里，东至俱兰城国七百里，西至大食国千里，南至婆罗门国五百里，北至吐火罗国二百里。

东米国在安国西北二千里，东至碎叶国五千里，西南至石国千五百里，南至拔汗那国千五百里。

史国在疏勒西二千里，东至俱蜜国千里，西至大食国二千里，南至吐火罗国二百里，西北至康国七百里。

唐书卷四四
志第三四

选举上

　　唐制,取士之科,多因隋旧,然其大要有三。由学馆者曰生徒,由州县者曰乡贡,皆升于有司而进退之。其科之目,有秀才,有明经,有俊士,有进士,有明法,有明字,有明算,有一史,有三史,有开元礼,有道举,有童子。而明经之别,有五经,有三经,有二经,有学究一经,有三礼,有三传,有史科。此岁举之常选也。其天子自诏者曰制举,所以待非常之才焉。

　　凡学六,皆隶于国子监:国子学,生三百人,以文武三品以上子孙,若从二品以上曾孙,及勋官二品、县公、京官四品带三品勋封之子为之;太学,生五百人,以五品以上子孙,职事官五品期亲,若三品曾孙,及勋官三品以上有封之子为之;四门学,生千三百人,其五百人以勋官三品以上无封、四品有封及文武七品以上子为之,八百人以庶人之俊异者为之;律学生五十人,书学生三十人,算学生三十人,以八品以下子及庶人之通其学者为之。京都学生八十人,大都督、中都督府、上州各六十人,下都督府、中州各五十人,下州四十人,京县五十人,上县四十人,中县、中下县各三十五人,下县二十人。国子监生,尚书省补,祭酒统焉。州县学生,州县长官补,长史主焉。

　　凡馆二:门下省有弘文馆,生三十人;东宫有崇文馆,生二十人。以皇缌麻以上亲,皇太后、皇后大功以上亲,宰相及散官一品、功臣身食实封者、京官职事从三品、中书黄门侍郎之子为之。

凡博士、助教，分经授诸生，未终经者无易业。凡生，限年十四以上，十九以下；律学十八以上，二十五以下。

凡《礼记》、《春秋左氏传》为大经，《诗》、《周礼》、《仪礼》为中经，《易》、《尚书》、《春秋公羊传》、《谷梁传》为小经。通二经者，大经、小经各一，若中经二。通三经者，大经、中经、小经各一。通五经者，大经皆通，余经各一，《孝经》、《论语》皆兼通之。凡治《孝经》、《论语》共限一岁，《尚书》、《公羊传》、《谷梁传》各一岁半，《易》、《诗》、《周礼》、《仪礼》各二岁，《礼记》、《左氏传》各三岁。学书，日纸一幅，间习时务策，读《国语》、《说文》、《字林》、《三苍》、《尔雅》。凡书学，石经三体限三岁，《说文》二岁，《字林》一岁。凡算学，《孙子》、《五曹》共限一岁，《九章》、《海岛》共三岁，《张丘建》、《夏侯阳》各一岁，《周髀》、《五经算》共一岁，《缀术》四岁，《缉古》三岁，《记遗》、《三等数》皆兼习之。

旬给假一日。前假，博士考试，读者千言试一帖，帖三言；讲者二千言问大义一条，总三条。通二为第，不及者有罚。岁终，通一年之业，口问大义十条，通八为上，六为中，五为下。并三下与在学九岁，律生六岁不堪贡者罢归。诸学生通二经、俊士通三经已及第而愿留者，四门学生补太学，太学生补国子学。每岁五月有田假，九月有授衣假，二百里外给程。其不帅教及岁中违程满三十日，事故百日，缘亲病二百日，皆罢归。既罢，条其状下之属所，五品以上子孙送兵部，准荫配色。

每岁仲冬，州、县、馆、监举其成者送之尚书省。而举选不由馆、学者谓之乡贡，皆怀牒自列于州、县，试已，长吏以乡饮酒礼，会属僚，设宾主，陈俎豆，备管弦，牲用少牢，歌《鹿鸣》之诗，因与耆艾叙长少焉。既至省，皆疏名列到，结款通保及所居，始由户部集阅，而关于考功员外郎试之。

凡秀才，试方略策五道，以文理通粗为上上、上中、上下、中上，凡四等为及第。凡明经，先帖文，然后口试，经问大义十条，答时务策三道,亦为四等。凡《开元礼》,通大义百条、策三道者,超资与官;义通七十、策通二者,及第。散、试官能通者依正员。凡三传科,《左氏传》问大义五十条,《公羊》、《谷梁传》三十条,策皆三道,义通七以上、策通二以上为第,白身视五经,有出身及前资官视学究一经。凡史科,每史问大义百条、策三道,义通七、策通二以上为第。能通一史者,白身视五经、三传,有出身及前资官视学究一经;三史皆通者,奖擢之。凡童子科,十岁以下能通一经及《孝经》、《论语》,卷诵文十,通者予官;通七,予出身。凡进士,试时务策五道、帖一大经,经、策全通为甲第;策通四、帖过四以上为乙第。凡明法,试律七条、令三条,全通为甲第,通八为乙第。凡书学,先口试,通,乃墨试《说文》、《字林》二十条,通十八为第。凡算学,录大义本条为问答,明数造术,详明术理,然后为通。试《九章》三条,《海岛》、《孙子》、《五曹》、《张丘建》、《夏侯阳》、《周髀》、《五经算》各一条,十通六,《记遗》、《三等数》帖读十得九,为第。试《缀术》、《缉古》录大义为问答者,明数造术,详明术理,无注者合数造术,不失义理,然后为通。《缀术》七条、《辑古》三条,十通六,《记遗》、《三等数》帖读十得九,为第。落经者,虽通六,不第。

凡弘文、崇文生,试一大经、一小经,或二中经,或《史记》、前、后《汉书》、《三国志》各一,或时务策五道。经史皆试策十道。经通六,史及时务策通三,皆帖《孝经》、《论语》共十条通六,为第。

凡贡举非其人者、废举者、校试不以实者,皆有罚。

其教人取士著于令者,大略如此。而士之进取之方,与上之好恶、所以育材养士、招来奖进之意,有司选士之法,因时增损不同。

自高祖初入长安,开大丞相府,下令置生员,自京师至于州县皆有数。既即位,又诏秘书外省别立小学,以教宗室子孙及功臣子弟。其后又诏诸州明经、秀才、俊士、进士明于理体为乡里称者,县考试,州长重覆,岁随方物入贡;吏民子弟学艺者,皆送于京学,为设考课之法。州、县、乡皆置学焉。及太宗即位,益崇儒术。乃于门下别置弘文馆，又增置书、律学，进士加读经、史一部。十三年，东宫置崇文馆。自天下初定，增筑学舍至千二百区，虽七营飞骑，亦置生，遣博士为授经。四夷若高丽、百济、新罗、高昌、吐蕃，相继遣子弟入学，遂至八千余人。

高宗永徽二年，始停秀才科。龙朔二年，东都置国子监。明年，以书学隶兰台，算学隶秘阁，律学隶详刑。上元二年，加试贡士《老子》策，明经二条，进士三条。国子监置大成二十人，取已及第而聪明者为之。试书日诵千言，并日试策，所业十通七，然后补其禄俸，同直官。通四经业成，上于尚书，吏部试之，登第者加一阶放选。其不第则习业如初，三岁而又试。三试而不中第，从常调。永隆二年，考功员外郎刘思立建言，明经多抄义条，进士唯诵旧策，皆亡实才，而有司以人数充第。乃诏自今明经试帖粗十得六以上，进士试杂文二篇，通文律者然后试策。

武后之乱，改易旧制颇多。中宗反正，诏宗室三等以下、五等以上未出身，愿宿卫及任国子生，听之。其家居业成而堪贡者，宗正寺试，送监举如常法。三卫番下日，愿入学者，听附国子学、太学及律馆习业。蕃王及可汗子孙愿入学者，附国子学读书。

玄宗开元五年，始令乡贡明经、进士见讫，国子监谒先师，学官开讲问义，有司为具食，清资五品以上官及朝集使皆往阅礼焉。七年，又令弘文、崇文、国子生季一朝参。及注《老子道德经》成，诏天下家藏其书，贡举人减《尚书》、《论语》策，而加试《老子》。又敕州县学生年二十五以下、八品子若庶人二十一以下通一经及未通经而聪悟有文辞、史学者，入四门学为俊士。即诸州贡举省试不第，愿入学者亦听。二十四年，考功员外郎李昂为举人诋诃，帝以员外郎望轻，遂移贡举于礼部，以侍郎主之。礼部选士自此始。二十九年，始置崇玄学，习《老子》、《庄子》、《文子》、《列子》，亦曰道举。其生，京、都各百人，诸州无常员。官秩、荫第同国子，举送、课试如明经。天宝九载，置广文馆于国学，以领生徒为进士者。举人旧重两监，后世禄者以京兆、同、华为荣而不入学。十二载，乃敕天下罢乡贡，举人不由国子及郡、县学者，勿举送。是岁，道举停《老子》，加《周易》。十四载，复乡贡。

代宗广德二年，诏曰："古者设太学，教胄子，虽年谷不登，兵革或动，而俎豆之事不废。顷年戎车屡驾，诸生辍讲，宜追学生在馆习业，度支给厨米。"是岁，贾至为侍郎，建言岁方艰歉，举人赴省者，两都试之。两都试人自此始。

贞元二年，诏习《开元礼》者举同一经例，明经习律以代《尔雅》。是时弘文、崇文生未补者，务取员阙以补，速于登第，而用荫乖实，至有假市门资、变易昭穆及假人试艺者。六年，诏宜据式考试，假代者论如法。初，礼部侍郎亲故移试考功，谓之别头。十六年，中书舍人高郢奏罢，议者是之。

元和二年，置东都监生一百员。然自天宝后，学校益废，生徒流散。永泰中，虽置西监生，而馆无定员。于是始定生员：西京国子馆生八十人，太学七十人，四门三百人，广文六十人，律馆二十人，书、算馆各十人；东都国子馆十人，太学十五人，四门五十人，广文十人，律馆十人，书馆三人，算馆二人而已。明经停口义，复试墨义十条。五经取通五，明经通六。其尝坐法及为州县小吏，虽艺文可采，勿举。十三年，权知礼部侍郎庾承宣奏复考功别头试。初，开元中，礼部考试毕，送中书门下详覆，其后中废。是岁，侍郎钱徽所举送，覆试多不中选，由是贬官，而举人杂文复送中书门下。

长庆三年，侍郎王起言："故事，礼部已放榜，而中书门下始详覆。今请先详覆，而后放榜。"议者以起虽避嫌，然失贡职矣。谏议大夫殷侑言："《三史》为书，劝善惩恶，亚于《六经》。比来史学都废，至有身处班列，而朝廷旧章莫能知者。"于是立史科及三传科。

大和三年，高锴为考功员外郎，取士有不当，监察御史姚中立又奏停考功别头试。六年，侍郎贾𫗧又奏复之。八年。宰相王涯以为"礼部取士，乃先以榜示中书，非至公之道。自今一委有司，以所试杂文、乡贯、三代名讳送中书门下。"

　　大抵众科之目，进士尤为贵，其得人亦最为盛焉。方其取以辞章，类若浮文而少实。及其临事设施，奋其事业，隐然为国名臣者，不可胜数。遂使时君笃意，以谓莫此之尚。及其后世，俗益偷薄，上下交疑，因以谓按其声病，可以为有司之责，舍是则汗漫而无所守，遂不复能易。呜呼，乃知三代乡里德行之举，非至治之隆莫能行也！太宗时，冀州进士张昌龄、王公谨有名于当时，考功员外郎王师旦不署以第。太宗问其故，对曰："二人者，皆文采浮华，擢之将诱后生而弊风俗。"其后，二人者卒不能有立。宝应二年，礼部侍郎杨绾上疏言：

　　　　进士科起于隋大业中，是时犹试策。高宗朝，刘思立加进士杂文，明经填帖，故为进士者皆诵当代之文，而不通经史；明经者但记帖括。又投牒自举，非古先哲王仄席待贤之道。请依古察孝廉，其乡闾孝友信义廉耻而通经者，县荐之州，州试其所通之学，送于省。自县至省，皆勿自投牒，其到状、保辨、识牒皆停。而所习经，取大义，听通诸家之学。每问经十条，对策三道，皆通，为上第，吏部官之；经义通八，策通二，为中第，与出身；下第，罢归。《论语》、《孝经》、《孟子》兼为一经，其明经、进士及道举并停。

诏给事中李栖筠、李廙、尚书左丞贾至、京兆尹兼御史大夫严武议。栖筠等议曰：

　　　　夏之政忠，商之政敬，周之政文，然则文与忠敬皆统人行。且谥号述行，莫美于文，文兴则忠敬存焉。故前代以文取士，本文行也；由辞观行，则及辞焉。宣父称颜子"不迁怒，不贰过"，谓之"好学"。今试学者以帖字为精通，不穷旨义，岂能知迁怒贰过之道乎？考文者以声病为是非，岂能知移风易俗化天下乎？是以上失其源，下袭其流，先王之道莫能行也。夫先王之道消，则小人之道长，乱臣贼子由是生焉！今取士试之小道，而不以远大，是犹以蜗蚓之饵垂海，而望吞舟之鱼，不亦难乎？所以食垂饵者皆小鱼，就科目者皆小艺。且夏有天下四百载，禹之道丧而商始兴；商有天下六百祀，汤之法弃而周始兴；周有天下八百年，文、武之政废而秦始并焉。三代之选士任贤，皆考实行，是以风俗淳一，运祚长远。汉兴，监其然，尊儒术，尚名节，虽近戚窃位，强臣擅权，弱主外立，母后专政，而亦能终彼四百，岂非学行之效邪？魏、晋以来，专尚浮俊，德义不修，故子孙速颠，享国不永也。今绾所请，实为正论。然自晋室之乱，南北分裂，人多侨处。必欲复古乡举里选，窃恐未尽。请兼广学校，以明训诱。虽京师州县皆有小学，兵革之后，生徒流离，儒臣、师氏，禄廪无向。请增博士员，厚其禀，稍选通儒硕生，间居其职。十道大郡，置太学馆，遣博士出外，兼领郡官，以教生徒。保桑梓者，乡里举焉；在流寓者，庠序推焉。朝而行之，夕见其利。

而大臣以为举人循习，难于速变，请自来岁始。帝以问翰林学士，对曰："举进士久矣，废之恐失其业。"乃诏明经、进士与孝廉兼行。

先是，进士试诗、赋及时务策五道，明经策三道。建中二年，中书舍人赵赞权知贡举，乃以箴、论、表、赞代诗、赋，而皆试策三道。大和八年，礼部复罢进士议论，而试诗、赋。文宗从内出题以试进士，谓侍臣曰："吾患文格浮薄，昨自出题，所试差胜。"乃诏礼部岁取登第者三十人，苟无其人，不必充其数。是时，文宗好学嗜古，郑覃以经术位宰相，深嫉进士浮薄，屡请罢之。文宗曰："敦厚浮薄，色色有之，进士科取人二百年矣，不可遽废。"因得不罢。

武宗即位，宰相李德裕尤恶进士。初，举人既及第，缀行通名，诣主司第谢。其制，序立西阶下，北上东向；主人席东阶下，西向；诸生拜，主司答拜；乃叙齿，谢恩，遂升阶，与公卿观者皆坐；酒数行，乃赴期集。又有曲江会、题名席。至是，德裕奏："国家设科取士，而附党背公，自为门生。自今一见有司而止，其期集、参谒、曲江题名皆罢。"德裕尝论公卿子弟艰于科举，武宗曰："向闻杨虞卿兄弟朋比贵势，妨平进之路。昨黜杨知至、郑朴等，抑其太甚耳。有司不识朕意，不放子弟，即过矣；但取实艺可也。"德裕曰："郑肃、封敖子弟皆有才,不敢应举。臣无名第,不当非进士。然臣祖天宝末以仕进无他岐,勉强随计,一举登第。自后家不置《文选》,盖恶其不根艺实。然朝廷显官,须公卿子弟为之。何者?少习其业,目熟朝廷事,台阁之仪,不教而自成。寒士纵有出人之才,固不能闲习也。则子弟未易可轻。"德裕之论,偏异盖如此。然进士科当唐之晚节,尤为浮薄,世所共患也。

所谓制举者,其来远矣。自汉以来,天子常称制诏,道其所欲问而亲策之。唐兴,世崇儒学,虽其时君贤愚好恶不同,而乐善求贤之意未始少怠。故自京师外至州县,有司常选之士,以时而举。而天子又自诏四方德行、才能、文学之士,或高蹈幽隐与其不能自达者,下至军谋将略、翘关拔山、绝艺奇伎莫不兼取。其为名目,随其人主临时所欲,而列为定科者,如贤良方正、直言极谏、博通坟典达于教化、军谋宏远堪任将率、详明政术可以理人之类,其名最著。而天子巡狩、行幸、封禅太山梁父,往往会见行在,其所以待之之礼甚优,而宏材伟论非常之人亦时出于其间,不为无得也。

其外又有武举,盖其起于武后之时。长安二年,始置武举。其制,有长垛、马射、步射、平射、筒射,又有马枪、翘关、负重、身材之选。翘关,长丈七尺,径三寸半,凡十举后,手持关距,出处无过一尺;负重者,负米五斛,行二十步,皆为中第,亦以乡饮酒礼送兵部。其选用之法不足道,故不复书。

唐书卷四五
志第三五

选举下

凡选有文、武。文选吏部主之，武选兵部主之，皆为三铨，尚书、侍郎分主之。

凡官员有数，而署置过者有罚，知而听者有罚，规取者有罚。每岁五月，颁格于州县。选人应格，则本属或故任取选解，列其罢免、善恶之状，以十月会于省，过其时者不叙。其以时至者，乃考其功过。同流者，五五为联，京官五人保之，一人识之。刑家之子、工贾异类及假名承伪、隐冒升降者有罚。文书粟错，隐幸者驳放之；非隐幸则不。

凡择人之法有四：一曰身，体貌丰伟；二曰言，言辞辩正；三曰书，楷法遒美；四曰判，文理优长。四事皆可取，则先德行，德均以才，才均以劳。得者为留，不得者为放。五品以上不试，上其名中书门下。六品以下始集而试，观其书、判。已试而铨，察其身、言；已铨而注，询其便利而拟；已注而唱，不厌者得反通其辞，三唱而不厌，听冬集。厌者为甲，上于仆射，乃上门下省，给事中读之，黄门侍郎省之，侍中审之，然后以闻。主者受旨而奉行焉，谓之"奏受"。视品及流外，则判补。皆给以符，谓之"告身"。凡官已受成，皆廷谢。

凡试判登科谓之"入等"，甚拙者谓之"蓝缕"。选未满而试文三篇，谓之"宏辞"；试判三条，谓之"拔萃"。中者即授官。

凡出身，嗣王、郡王，从四品下；亲王诸子封郡公者，从五品上；

国公，正六品上；郡公，正六品下；县公，从六品上；侯，正七品上；
伯，正七品下；子，从七品上；男，从七品下；皇帝缌麻以上亲、皇太
后期亲，正六品上；皇太后大功、皇后期亲，从六品上；皇帝袒免、皇
太后小功缌麻、皇后大功亲，正七品上；皇后小功缌麻、皇太子妃期
亲，从七品上。外戚，皆以服属降二阶叙。娶郡主者，正六品上；娶
县主者，正七品上；郡主子，从七品上；县主子，从八品上。

　　凡用荫，一品子，正七品上；二品子，正七品下；三品子，从七品
上；从三品子，从七品下；正四品子，正八品上；从四品子，正八品
下；正五品子，从八品上；从五品及国公子，从八品下。凡品子任杂
掌及王公以下亲事、帐内劳满而选者，七品以上子，从九品上叙。其
任流外而应入流内，叙品卑者，亦如之。九品以上及勋官五品以上
子，从九品下叙。三品以上荫曾孙，五品以上荫孙。孙降子一等，曾
孙降孙一等。赠官降正官一等，死事者与正官同。郡、县公子，视从
五品孙。县男以上子，降一等。勋官二品子，又降一等。二王后孙，
视正三品。

　　凡秀才，上上第，正八品上；上中第，正八品下；上下第，从八品
上；中上第，从八品下。明经，上上第，从八品下；上中第，正九品上；
上下第，正九品下；中上第，从九品下。进士、明法，甲第，从九品上；
乙第，从九品下。弘文、崇文馆生及第，亦如之。应入五品者，以闻。
书、算学生，从九品下叙。

　　凡弘文、崇文生，皇缌麻以上亲，皇太后、皇后大功以上亲，一
家听二人选。职事二品以上、散官一品、中书门下正三品同三品、六
尚书等子孙并侄，功臣身食实封者子孙，一荫听二人选。京官职事
正三品、同中书门下平章事、供奉官三品子孙，京官职事从三品、中
书黄门侍郎并供奉三品官、带四品五品散官子，一荫一人。

　　凡勋官选者，上柱国，正六品叙；六品而下，递降一阶。骁骑尉、
武骑尉，从九品上叙。

　　凡居官必四考，四考中中，进年劳一阶叙。每一考，中上进一
阶，上下二阶，上中以上及计考应至五品以上奏而别叙。六品以下

迁改不更选及守五品以上官,年劳岁一叙,给记阶牒。考多者,准考累加。

凡医术,不过尚药奉御。阴阳、卜筮、图画、工巧、造食、音声及天文,不过本色局、署令。鸿胪译语,不过典客署令。凡千牛备身、备身左右,五考送兵部试,有文者送吏部。凡斋郎,太庙以五品以上子孙及六品职事并清官子为之,六考而满;郊社以六品职事官子为之,八考而满。皆读两经粗通,限年十五以上、二十以下,择仪状端正无疾者。

武选,凡纳课品子,岁取文武六品以下、勋官三品以下五品以上子,年十八以上,每州为解上兵部。纳课十三岁而试,第一等送吏部,第二等留本司,第三等纳资二岁,第四等纳资三岁,纳已,复试,量文武授散官。若考满不试,免当年资。遭丧,免资。无故不输资及有犯者,放还之。凡捉钱品子,无违负满二百日,本属以簿附朝集使上于考功、兵部,满十岁,量文武授散官。其视品国官府佐应停者,依品子纳课,十岁而试,凡一岁为一选。自一选至十二选,视官品高下以定其数,因其功过而增损之。

初,武德中,天下兵革新定,士不求禄,官不充员。有司移符州县,课人赴调,远方或赐衣续食,犹辞不行。至则授用,无所黜退。不数年,求者寝多,亦颇加简汰。

贞观二年,侍郎刘林甫言:“隋制以十一月为选始,至春乃毕。今选者众,请四时注拟。”十九年,马周以四时选为劳,乃复以十一月选,至三月毕。太宗尝谓摄吏部尚书杜如晦曰:“今专以言辞刀笔取人,而不悉其行,至后败职,虽刑戮之,而民已敝矣。”乃欲放古,令诸州辟召。会功臣行世封,乃止。它日复顾侍臣曰:“致治之术,在于得贤。今公等不知人,朕又不能遍识,日月其逝,而人远矣。吾将使人自举,可乎?”而魏徵以为长浇竞,又止。

初,铨法简而任重。高宗总章二年,司列少常伯裴行俭始设长名榜,引铨注法,复定州县升降为八等,其三京、五府、都护、都督府,悉有差次,量官资授之。其后李敬玄为少常伯,委事于员外郎张仁祎,仁祎又造姓历,改状样、铨历等程式,而铨总之法密矣。然是时仕者众,庸愚咸集,有伪主符告而矫为官者,有接承它名而参调者,有远人无亲而置保者。试之日,冒名代进,或旁坐假手,或借人外助,多非其实。虽繁设等级、递差选限、增谴犯之科、开纠告之令以遏之,然犹不能禁。大率十人竞一官,余多委积不可遣,有司患之,谋为黜落之计,以僻书隐学为判目,无复求人之意。而吏求货贿,出入升降。至武后时,天官侍郎魏玄同深嫉之,因请复古辟署之法,不报。

初,试选人皆糊名,令学士考判,武后以为非委任之方,罢之。而其务收人心,士无贤不肖,多所进奖。长安二年,举人授拾遗、补阙、御史、著作佐郎、大理评事、卫佐凡百余人。明年,引见风俗使,举人悉授试官,高者至凤阁舍人,给事中,次员外郎、御史、补阙、拾遗、校书郎。试官之起,自此始。时李峤为尚书,又置员外郎二千余员,悉用势家亲戚,给俸禄,使厘务,至与正官争事相殴者。又有检校、敕摄、判知之官。神龙二年,峤复为中书令,始悔之,乃停员外官厘务。

中宗时,韦后及太平、安乐公主等用事,于侧门降墨敕斜封授官,号"斜封官",凡数千员。内外盈溢,无听事以居,当时谓之"三无坐处",言宰相、御史及员外郎也。又以郑愔为侍郎,大纳货赂,选人留者甚众,至逆用三年员阙,而纲纪大溃。韦氏败,始以宋璟为吏部尚书,李乂、卢从愿为侍郎,姚元之为兵部尚书,陆象先、卢怀慎为侍郎,悉奏罢斜封官,量阙留人,虽资高考深,非才实者不取。初,尚书铨掌七品以上选,侍郎铨掌八品以下选。至是,通其品而掌焉。未几,璟、元之等罢,殿中侍御史崔莅、太子中允薛昭希太平公主意,上言:"罢斜封官,人失其所,而怨积于下,必有非常之变。"乃下诏尽复斜封别敕官。

玄宗即位,厉精为治。左拾遗内供奉张九龄上疏言:"县令、刺史,陛下所与共理,尤亲于民者也。今京官出外,乃反以为斥逐,非少重其选不可。"又曰:"古者或遥闻辟召,或一见任之,是以士修名行,而流品不杂。今吏部始造簿书,以备遗忘,而反求精于案牍,不急人才,何异遗剑中流,而刻舟以记。"于是下诏择京官有善政者补刺史,岁十月,按察使校殿最,自第一至第五,校考使及户部长官总核之,以为升降。凡官,不历州县不拟台省。已而悉集新除县令宣政殿,亲临问以治人之策,而擢其高第者。又诏员外郎、御史诸供奉官,皆进名敕授,而兵、吏部各以员外郎一人判南曹,由是铨司之任轻矣。其后户部侍郎宇文融又建议置十铨,乃以礼部尚书苏颋等分主之。太子左庶子吴兢谏曰:"《易》称'君子思不出其位',言不侵官也。今以颋等分掌吏部选,而天子亲临决之,尚书、侍郎皆不闻参,议者以为万乘之君,下行选事。"帝悟,遂复以三铨还有司。

开元十八年,侍中裴光庭兼吏部尚书,始作循资格,而贤愚一概,必与格合,乃得铨授,限年蹑级,不得逾越。于是久淹不收者皆便之,谓之"圣书"。及光庭卒,中书令萧嵩以为非求材之方,奏罢之。乃下诏曰:"凡人年三十而出身,四十乃得从事,更造格以分寸为差,若循新格,则六十未离一尉。自今选人才业优异有操行及远郡下寮名迹稍著者,吏部随材甄擢之。"

初,诸司官兼知政事者,至日午后乃还本司视事。兵部、吏部尚书、侍郎知政事者,亦还本司分阙注唱。开元以来,宰相位望渐崇,虽尚书知政事,亦于中书决本司事以自便。而左、右相兼兵部、吏部尚书者,不自铨总。又故事,必三铨、三注、三唱而后拟官,季春始毕,乃过门下省。杨国忠以右相兼文部尚书,建议选人视官资、书判、状迹、功优,宜对众定留放。乃先遣吏密定员阙,一日会左相及诸司长官于都堂注唱,以夸神速。由是门下过官、三铨注官之制皆废,侍郎主试判而已。

肃、代以后兵兴,天下多故,官员益滥,而铨法无可道者。至德宗时,试太常寺协律郎沈既济极言其敝曰:

近世爵禄失之者久。其失非他,四太而已:入仕之门太多,世胄之家太优,禄利之资太厚,督责之令太薄。臣以为当轻其禄利,重其督责。夫古今选用之法,九流常叙,有三科而已,曰德也,才也,劳也。而今选曹,皆不及焉。且吏部甲令,虽曰度德居任,量才授职,计劳升叙,然考校之法,皆在书判簿历、言辞俯仰之间,侍郎非通神,不可得而知。则安行徐言,非德也;空文善书,非才也;累资积考,非劳也。苟执不失,犹乖得人,况众流茫茫,耳目有不足者乎?盖非鉴之不明,非择之不精,法使然也。王者观变以制法,察时而立政。按前代选用,皆州、府察举,至于齐、隋,署置多由请托。故当时议者,以为与其率私,不若自举,与其外滥,不若内收。是以罢州府之权,而归于吏部。此矫时惩弊之权法,非经国不刊之常典。

今吏部之法蹙矣,不可以坐守刓弊。臣请五品以上及群司长官、宰臣进叙,吏部、兵部得参议焉;六品以下或僚佐之属,听州、府辟用。则铨择之任,委于四方,结奏之成,归于二部。必先择牧守,然后授其权。高者先署而后闻,卑者听版而不命。其牧守、将帅,或选用非公,则吏部、兵部得察而举之。圣主明目达聪,逖听遐视,罪其私冒。不慎举者,小加谴黜,大正刑典。责成授任,谁敢不勉? 夫如是,则接名伪命之徒,菲才薄行之人,贪叨贿货,懦弱奸宄,下诏之日,随声而废,通大数,十去八九矣。如是,人少而员宽,事核而官审,贤者不奖而自进,不肖者不抑而自退。

或曰:"开元、天宝中,不易吏部之法而天下砥平。何必外辟,方臻于理?"臣以为不然。夫选举者,经邦之一端,虽制之有美恶,而行之由法令。是以州郡察举,在两汉则理,在魏、齐则乱。吏部选集,在神龙、景龙则紊,在开元、天宝则理。当其时久承升平,御以法术,庆赏不轶,威刑必齐,由是而理,匪用吏部而臻此也。向以此时用辟召之法,则理不益久乎?

天子虽嘉其言,而重于改作,讫不能用。

初,吏部岁常集人。其后三数岁一集,选人猥至,文簿纷杂,吏因得以为奸利。士至蹉跌,或十年不得官,而阙员亦累岁不补。陆赟为相，乃惩其弊，命吏部据内外员三分之，计阙集人，岁以为常。是时，河西、陇右没于虏，河南、河北不上计，吏员大率减天宝三之一，而入流者加一，故士人二年居官，十年待选，而考限迁除之法寝坏。宪宗时，宰相李吉甫定考迁之格：诸州刺史、次赤府少尹、次赤令、诸陵令、五府司马、上州以上上佐、东宫官詹事谕德以下、王府官四品以上皆五考。侍御史十三月，殿中侍御史十八月，监察御史二十五月。三省官、诸道敕补、检校五品以上及台省官皆三考，余官四考，文武官四品以下五考。凡迁，尚书省四品以上，文武官三品以上皆先奏。

唐取人之路盖多矣。方其盛时，著于令者，纳课品子万人，诸馆及州县学六万三千七十人，太史历生三十六人，天文生百五十人，太医药童、针咒诸生二百一十一人，太卜卜筮三十人，千牛备身八十人，备身左右二百五十六人，进马十六人，斋郎八百六十二人，诸卫三卫监门直长三万九千四百六十二人，诸屯主、副千九百八人，诸折冲府录事、府、史一千七百八十二人，校尉三千五百六十四人，执仗、执乘每府三十二人，亲事、帐内万人，集贤院御书手百人，史馆典书、楷书四十一人，尚药童三十人，诸台、省、寺、监、军、卫、坊、府之胥史六千余人。凡此者，皆入官之门户，而诸司主录已成官及州县佐史未叙者，不在焉。

至于铨选，其制不一。凡流外，兵部、礼部举人，郎官得自主之，谓之"小选"。太宗时，以岁旱谷贵，东人选者集于洛州，谓之"东选"。高宗上元二年，以岭南五管、黔中都督府得即任土人，而官或非其才，乃遣郎官、御史为选补使，谓之"南选"。其后江南、淮南、福建大抵因岁水旱，皆遣选补使即选其人。而废置不常，选法又不著，故不复详焉。

唐书卷四六
志第三六

百官一

三师三公　尚书省　吏部　户部
礼部　兵部　刑部　工部

唐之官制，其名号禄秩虽因时增损，而大抵皆沿隋故。其官司之别，曰省、曰台、曰寺、曰监、曰卫、曰府，各统其属，以分职定位。其辩贵贱、叙劳能，则有品、有爵、有勋、有阶，以时考核而升降之，所以任群材、治百事。其为法则精而密，其施于事则简而易行，所以然者，由职有常守，而位有常员也。方唐之盛时，其制如此。盖其始未尝不欲立制度、明纪纲为万世法，而常至于交侵纷乱者，由其时君不能慎守，而徇一切之苟且，故其事愈繁而官益冗，至失其职业而卒不能复。

初，太宗省内外官，定制为七百三十员，曰："吾以此待天下贤材，足矣。"然是时已有员外置。其后又有特置，同正员。至于检校、兼、守、判、知之类，皆非本制。又有置使之名，或因事而置，事已则罢；或遂置而不废。其名类繁多，莫能遍举。自中世已后，盗起兵兴，又有军功之官，遂不胜其滥矣。故采其纲目条理可为后法，及事虽非正后世遵用因仍而不能改者，著于篇。

宰相之职，佐天子总百官、治万事，其任重矣。然自汉以来，位号不同，而唐世宰相，名尤不正。初，唐因隋制，以三省之长中书令、侍中、尚书令共议国政，此宰相职也。其后，以太宗尝为尚书令，臣下避不敢居其职，由是仆射为尚书省长官，与侍中、中书令号为宰相。其品位既崇，不欲轻以授人，故常以他官居宰相职，而假以他名。自太宗时，杜淹以吏部尚书参议朝政，魏徵以秘书监参预朝政，其后或曰"参议得失"、"参知政事"之类，其名非一，皆宰相职也。贞观八年，仆射李靖以疾辞位，诏疾小瘳，三两日一至中书门下平章事，而"平章事"之名盖起于此。其后李勣以太子詹事同中书门下三品，谓同侍中、中书令也，而"同三品"之名盖起于此。然二名不专用，而佗官居职者犹假佗名如故。自高宗已后，为宰相者必加"同中书门下三品"，虽品高者亦然；惟三公、三师、中书令则否。其后改易官名，而张文瓘以东台侍郎同东西台三品，"同三品"入衔，自文瓘始。永淳元年，以黄门侍郎郭待举、兵部侍郎岑长倩等同中书门下平章事，"平章事"入衔，自待举等始。自是以后，终唐之世不能改。

初，三省长官议事于门下省之政事堂。其后，裴炎自侍中迁中书令，乃徙政事堂于中书省。开元中，张说为相，又改政事堂号"中书门下"，列五房于其后：一曰吏房，二曰枢机房，三曰兵房，四曰户房，五曰刑礼房，分曹以主众务焉。

宰相事无不统，故不以一职名官，自开元以后，常以领他职，实欲重其事，而反轻宰相之体。故时方用兵，则为节度使；时崇儒学，则为大学士；时急财用，则为盐铁转运使，又其甚则为延资库使。至于国史、太清宫之类，其名颇多，皆不足取法，故不著其详。

学士之职，本以文学言语被顾问，出入侍从，因得参谋议、纳谏诤，其礼尤宠。而翰林院者，待诏之所也。

唐制，乘舆所在，必有文词、经学之士，下至卜、医、伎术之流，皆直于别院，以备宴见；而文书诏令，则中书舍人掌之。自太宗时，名儒学士时时召以草制，然犹未有名号。乾封以后，始号"北门学士"。玄宗初，置"翰林待诏"，以张说、陆坚、张九龄等为之，掌四方表疏批答、应和文章。既而又以中书务剧，文书多壅滞，乃选文学之士，号"翰林供奉"，与集贤院学士分掌制诏书敕。开元二十六年，又改翰林供奉为学士，别置学士院，专掌内命。凡拜免将相、号令征伐，皆用白麻。其后，选用益重，礼遇益亲，至号为"内相"，又以为天子私人。凡充其职者无定员，自诸曹尚书下至校书郎，皆得与选。入院一岁，则迁知制诰，未知制诰者不作文书。班次各以其官，内宴则居宰相之下，一品之上。宪宗时，又置"学士承旨"。唐之学士，弘文、集贤分隶中书、门下省，而翰林学士独无所属，故附列于此云。

三师三公　太师、太傅、太保，各一人，是为三师。太尉、司徒、司空，各一人，是为三公。皆正一品。三师，天子所师法，无所总职，非其人则阙。三公，佐天子理阴阳、平邦国，无所不统。亲王拜者不亲事，祭祀阙则摄。隋废三师，贞观十一年复置，与三公皆不设官属。

尚书省　尚书令一人，正二品，掌典领百官。其属有六尚书：一曰吏部，二曰户部，三曰礼部，四曰兵部，五曰刑部，六曰工部。六尚书：兵部、吏部为前行，刑部、户部为中行，工部、礼部为后行。行总四司，以本行为头司，余为子司。庶务皆会决焉。凡上之逮下，其制有六：一曰制，二曰敕，三曰册，天子用之；四曰令，皇太子用之；五曰教，亲王、公主用之；六曰符，省下于州，州下于县，县下于乡。下之达上，其制有六：一曰表，二曰状，三曰笺，四曰启，五曰辞，六曰牒。诸司相质，其制有三：一曰关，二曰刺，三曰移。凡授内外百司之事，皆印其发日为程，一曰受，二曰报。诸州计奏达京师，以事大小多少为之节。凡符、移、关、牒，必遣于都省乃下。天下大事不决者，皆上尚书省。凡制敕计奏之数、省符宣告之节，以岁终为断。龙朔二年，改尚书省曰中台，废尚书令，尚书曰太常伯，侍郎曰少常伯。光宅元年，改尚书省曰文昌台，俄曰文昌都省。垂拱元年曰都台，长安三年曰中台。

左右仆射各一人，从二品，掌统理六官，为令之贰，令阙则总省事，劾御史纠不当者。龙朔二年，改左右仆射曰左右匡政。光宅元年曰文昌左右相。开元元年曰左、右丞相，天宝元年复。

左丞一人，正四品上；右丞一人，正四品下，掌辩六官之仪，纠正省内，劾御史举不当者。吏部、户部、礼部，左丞总焉；兵部、刑部、工部，右丞总焉。郎中各一人，从五品上；员外郎各一人，从六品上，掌付诸司之务，举稽违、署符目、知宿直，为丞之贰。以都事受事发辰、察稽失、监印、给纸笔；以主事、令史、书令史署覆文案、出符目；以亭长启闭、传禁约；以掌固守当仓库及陈设。诸司皆如之。隋尚书省诸司郎及承务郎各一人，而废左右司。武德三年，改诸司郎为郎中，承务郎为员外郎。贞观元年，复置左右司郎中。龙朔元年，改左右丞曰左右肃机，郎中曰左右承务，诸司郎中曰大夫。永昌元年，复置员外郎。神龙元年省，明年复置。初有驲驿百人，掌乘传送符，后废。

都事各六人，从七品上；主事各六人，从八品下。吏部考功、礼部主书皆如之。诸司主事，从九品上。有令史各十八人，书令史各三十六人，亭长各六人，掌固各十四人。

吏部　尚书一人，正三品；侍郎二人，正四品上；郎中二人，正五品上；员外郎二人，从六品上。掌文选、勋封、考课之政。以三铨之法官天下之材，以身、言、书、判，德行、才用、劳效较其优劣而定其留放，为之注拟。五品以上，以名上而听制授；六品以下，量资而任之。其属有四：一曰吏部，二曰司封，三曰司勋，四曰考功。

吏部郎中，掌文官阶品、朝集、禄赐，给其告身、假使；一人掌选补流外官，员外郎二人，从六品上；一人判南曹。皆为尚书、侍郎之贰。凡文官九品，有正、有从，自正四品以下，有上、下，为三十等。凡文散阶二十九：从一品曰开府仪同三司，正二品曰特进，从二品曰光禄大夫，正三品曰金紫光禄大夫，从三品曰银青光禄大夫，正四品上曰正议大夫，正四品下曰通议大夫，从四品上曰太中大夫，从四品下曰中大夫，正五品上曰中散大夫，正五品下曰朝议大夫，从五品上曰朝请大夫，从五品下曰朝散大夫，正六品上曰朝议郎，正六品下曰承议郎，从六品上曰奉议郎，从六品下曰通直郎，正七品上曰朝请郎,正七品下曰宣德郎,从七品上曰朝散郎,从七品下曰宣义郎,正八品上曰给事郎,正八品下曰徵事郎,从八品上曰承奉郎,从八品下曰承务郎,正九品上曰儒林郎,正九品下曰登仕郎,从九品上曰文林郎,从九品下曰将仕郎。自四品,皆番上于吏部,不上者,岁输资钱,三品以上六百,六品以下一千,水、旱、虫、霜减半资。有文艺乐京上者,每州七人。六十不乐简选者,罢输。勋官亦如之。以征镇功得护军以上者,纳资减三之一。凡流外九品,取其书、计、时务,其校试、铨注,与流内略同,谓之小选。

吏部主事四人,司封主事二人,司勋主事四人,考功主事三人。武德五年改选部曰吏部,七年省侍郎。贞观二年复置。龙朔元年改吏部曰司列,主爵曰司封,考功曰司绩。武后光宅元年改吏部曰天官。垂拱元年改主爵曰司封。天宝十一载改吏部曰文部,至德二载复旧。有吏部令史三十人,书令史六十人,制书令史十四人,甲库令史十三人,亭长八人,掌固十二人;司封令史四人,书令史九人,掌固四人;司勋令史三十三人,书令史六十七人,掌固四人;考功令史十五人,书令史三十人,掌固四人。

司封郎中一人,从五品上;员外郎一人,从六品上。诸郎中、员外郎品皆如之。掌封命、朝会、赐予之级。凡爵九等;一曰王,食邑万户,正一品;二曰嗣王、郡王,食邑五千户,从一品;三曰国公,食邑三千户,从一品;四曰开国郡公,食邑二千户,正二品;五曰开国县公,食邑千五百户,从二品;六曰开国县侯,食邑千户,从三品;七曰开国县伯,食邑七百户,正四品上;八曰开国县子,食邑五百户,正五品上;九曰开国县男,食邑三百户,从五品上。皇兄弟、皇子,皆封国为亲王;皇太子子,为郡王;亲王之子,承嫡者为嗣王,诸子为郡公,以恩进者封郡王;袭郡王、嗣王者,封国公。皇姑为大长公主,正一品;姊妹为长公主,女为公主,皆视一品;皇太子女为郡主,从一品;亲王女为县主,从二品。凡王、公十五以上,预朝集;宗亲女妇、诸王长女月二参。内命妇,一品母为正四品郡君,二品母为从四品郡君,三品、四品母为正五品县君。凡诸王、公主、外戚之家,卜、祝、占、相不入门。王妃、公主、郡县主嫠居有子者,不再嫁。凡外命

妇有六：王、嗣王、郡王之母、妻为妃，文武官一品、国公之母、妻为
国夫人，三品以上母、妻为郡夫人，四品母、妻为郡君，五品母、妻为
县君，勋官四品有封者母、妻为乡君。凡外命妇朝参，视夫、子之品。
诸蕃三品以上母、妻授封以制。流外技术官，不封母、妻。亲王，孺
人二人，视正五品，媵十人，视从六品；二品，媵八人，视正七品；国
公及三品，媵六人，视从七品；四品，媵四人，视正八品；五品，媵三
人，视从八品。凡置媵，上其数，补以告身。散官三品以上，皆置媵。
凡封户，三丁以上为率，岁租三之一入于朝庭。食实封者，得真户，
分食诸州。皇后、诸王、公主食邑，皆有课户。名山、大川、畿内之地，
皆不以封。

　　司勋郎中一人，员外郎二人，掌官吏勋级。凡十有二转为上柱
国，视正二品；十有一转为柱国，视从二品；十转为上护军，视正三
品；九转为护军，视从三品；八转为上轻车都尉，视正四品；七转为
轻车都尉，视从四品；六转为上骑都尉，视正五品；五转为骑都尉，
视从五品；四转为骁骑尉，视正六品；三转为飞骑尉，视从六品；二
转为云骑尉，视正七品；一转为武骑尉，视从七品。凡以功授者，覆
实然后奏拟，战功则计杀获之数。坚城苦战，功第一者，三转。出少
击多，曰上阵；兵数相当，曰中阵；出多击少，曰下阵。矢石未交，陷
坚突众，敌因而败者，曰跳荡。杀获十之四，曰上获；十之二，曰中
获；十之一，曰下获。凡酬功之等：见任、前资、常选，曰上资；文武散
官、卫官、勋官五品以上，曰次资；五品以上子孙，上柱国、柱国子，
勋官六品以下，曰下资；白丁、卫士，曰无资。跳荡人，上资加二阶，
次资、下资、无资以次降。凡上阵：上获五转，中获四转，下获三转，
第二、第三等递降焉。中阵之上获视上阵之中获，中获视上阵之下
获，下获两转。下阵之上获视中阵之中获，中获视中阵之下获，下获
一转。破蛮、獠，上阵上获，比两番降二转。凡勋官九百人，无职任
者，番上于兵部，视远近为十二番，以强干者为番头，留宿卫者为
番，月上。外州分五番，主城门、仓库、执刀。上柱国以下番上四年，
骁骑尉以下番上五年，简于兵部，授散官；不第者，五品以上复番上

四年,六品以下五年,简如初;再不中者,十二年则番上六年,八年则番上四年。勋至上柱国有余,则授周以上亲,无者赐物。太常音声人,得五品以上勋,非征讨功不除簿。诸州授勋人,岁第勋之高下,三月一报户部,有蠲免必验。

考功郎中、员外郎,各一人,掌文武百官功过、善恶之考法及行状。若死而传于史官、谥于太常,则以其行状质其当不;其欲铭于碑者,则会百官议其宜述者以闻,报其家。其考法,凡百司之长,岁较其属功过,差以九等,大合众而读之。流内之官,叙以四善;一曰德义有闻,二曰清慎明著,三曰公平可称,四曰恪勤匪懈。善状之外有二十七最;一曰献可替否,拾遗补阙,为近侍之最;二曰铨衡人物,擢尽才良,为选司之最;三曰扬清激浊,褒贬必当,为考校之最;四曰礼制仪式,动合经典,为礼官之最;五曰音律克谐,不失节奏,为乐官之最;六曰决断不滞,与夺合理,为判事之最;七曰部统有方,警守无失,为宿卫之最;八曰兵士调习,戎装充备,为督领之最;九曰推鞫得情,处断平允为法官之最;十曰雠校精审,明于刊定,为校正之最;十一曰旨承敷奏,吐纳明敏,为宣纳之最;十二曰训导有方,生徒充业,为学官之最;十三曰赏罚严明,攻战必胜,为军将之最;十四曰礼义兴行,肃清所部,为政教之最;十五曰详录典正,词理兼举,为文史之最;十六曰访察精审,弹举必当,为纠正之最;十七曰明于勘覆,稽失无隐,为句检之最;十八曰职事修理,供承强济,为监掌之最;十九曰功课皆充,丁匠无怨,为役使之最;二十曰耕耨以时,收获成课,为屯官之最;二十一曰谨于盖藏,明于出纳,为仓库之最;二十二曰推步盈虚,究理精密,为历官之最;二十三曰占候医卜,效验多者,为方术之最;二十四曰检察有方,行旅无壅,为关津之最;二十五曰市廛弗扰,奸滥不行,为市司之最;二十六曰牧养肥硕,蕃息孳多,为牧官之最;二十七曰边境清肃,城隍修理,为镇防之最。一最四善为上上,一最三善为上中,一最二善为上下;无最而有二善为中上,无最而有一善为中中,职事粗理,善最不闻,为中下,爱憎任情,处断乖理,为下上;背公向私,职务废阙,为下中;居官谄诈,贪浊有状,为下下。凡定考,皆集于尚书省,唱第然后奏。亲王及中书、门下、京官三品以上、都督、刺史、都护、节度、观察使,则奏功过状,以核考行之上下。每岁,尚书省诸司具州牧、刺史、县令殊功异行、灾蝗祥瑞、户口赋役增减、盗贼多少,皆上于考司。监领之官,以能抚养役使者为功;有耗亡者,以十分为率,一分为一殿。博士、助教,计讲授多少为差。亲、勋、翊卫,以行能功过为三等,亲、勋、翊卫备身,东宫亲、勋、翊卫备身,王府执仗亲事、执乘亲事及亲勋翊卫主帅、校尉、直长、品子、杂任、飞骑,皆上、中、下考,有二上第者,加阶。番考别为簿,以侍郎颛掌之。流外官,以行能功过为四等:清谨勤公为上,执事无私为中,不勤其职为下,贪浊有状为下下。凡考,中上以上,每进一等,加禄一季;中中,守本禄;中下以下,每退一等,夺禄一季。中品以下,四考皆中中者,进一阶;一中上考,复进一阶;一上下考,进二阶。计当进而参有下考者,以一中上覆一中下,以一上下覆二中下。上中以上,虽有下考,从上第。有下下考者,解任。凡制敕不便,有执奏者,进其考。贞观初,岁定京官望高者二人,分校京官、外官考,给事中、中书舍人各一人之,号监中外官考使。考功郎中判京官考,员外郎判外官考。其后屡置监考、校考、知考使。故事,考簿朱书,吏缘为奸,咸通十四年始以墨。

户部　尚书一人,正三品;侍郎二人,正四品下,掌天下土地、人民、钱谷之政、贡赋之差。其属有四:一曰户部,二曰度支,三曰金部,四曰仓部。

户部郎中、员外郎,掌户口、土田、赋役、贡献、蠲免、优复、姻婚、继嗣之事,以男女之黄、小、中、丁、老为之帐籍,以永业、口分、园宅均其土田,以租、庸、调敛其物,以九等定天下之户,以为尚书、侍郎之贰。其后以诸行郎官判钱谷,而户部、度支郎官失其职矣。会昌二年著令,以本行郎官,分判钱谷。

户部巡官二人,主事四人,度支主事二人,金部主事三人,仓部主事三人。高宗即位,改民部曰户部。龙朔二年,改户部曰司元,度支曰司度,金部日司珍,仓部日司庾。光宅元年,改户部日地官。天宝十一载,改金部日司金,仓部日司储。有户部令史十七人,书令史三十四人,计史一人,亭长六人,掌固十人;度支令史十六人,书令史三十三人,计史一人,掌固四人;金部主事三人,令史十人,书令史二十一人,计史一人,掌固四人;仓部令史十二人,书令史二十三人,计史一人,掌固四人。

度支郎中、员外郎各一人,掌天下租赋、物产丰约之宜、水陆道途之利,岁计所出而支调之,以近及远,与中书门下议定乃奏。

金部郎中、员外郎各一人,掌天下库藏出纳、权衡度量之数,两京市、互市、和市、宫市交易之事,百官、军镇、蕃客之赐,及给宫人、王妃、官奴婢衣服。

仓部郎中、员外郎,各一人,掌天下库储,出纳租税、禄粮、仓廪之事。以木契百,合诸司出给之数,以义仓、常平仓备凶年,平谷价。

礼部　尚书一人,正三品;侍郎一人,正四品下,掌礼仪、祭享、贡举之政。其属有四:一曰礼部,二曰祠部,三曰膳部,四曰主客。

礼部郎中、员外郎,掌礼乐、学校、衣冠、符印、表疏、图书、册命、祥瑞、铺设,及百官、官人丧葬赠赙之数,为尚书、侍郎之贰。五礼之仪:一曰吉礼,二曰宾礼,三曰军礼,四曰嘉礼,五曰凶礼。凡齐衰心丧以上夺情从职,及周丧未练、大功未葬,皆不预宴。大功以上丧,受册莅官,鼓吹从而不作,戎事则否。凡朝、晚入、失仪,御史录名夺俸,三夺者奏弹。凡出蕃册授、吊赠者,给衣冠。皇帝巡幸,两京文武官职事五品以上,月朔以表参起居;近州刺史,遣使一参;留守,月遣使起居;北都,则四时遣使起居。诸司奏大事者,前期三日具状,长官躬署,对仗伏奏,仗下,中书门下莅读。河南、太原府父老,每岁上表愿驾幸,遣使以闻。驾在都,则京兆府亦如之。凡景云、庆云为大瑞,其名物六十有四;白狼、赤兔为上瑞,其各物三十有八;苍乌、朱雁为中瑞,其名物三十有二;嘉禾、芝草、木连理为下瑞,其名物十四。大瑞,则百官诣阙奉贺;余瑞,岁终员外郎以闻,有司告庙。凡丧,三品以上称薨,五品以上称卒,自六品达于庶人称死。皇亲三等以上丧，举哀，有司帐具给食。诸蕃首领丧，则主客、鸿胪月奏。

礼部主事二人，祠部主事二人，膳部主事二人，主客主事二人。武德三年，改仪曹郎曰礼部郎中，司蕃郎曰主客郎中。龙朔二年，改礼部曰司礼，祠部曰司禋，膳部曰司膳。光宅元年，改礼部曰春官。有礼部令史五人，书令史十一人，亭长六人，掌固八人；祠部令史六人，书令史十三人，掌固四人；主客令史四人，书令史九人，掌固四人。

祠部郎中、员外郎各一人，掌祠祀、享祭、天文、漏刻、国忌、庙讳、卜筮、医药、僧尼之事。珠玉珍宝供祭者，不求于市。驾部、比部岁会牲之死亡，输皮于太府。郊祭酒醴、脯醢、黍稷、果实，所司长官封署以供。两京及碛西诸州火祆，岁再祀，而禁民祈祭。凡巡幸，路次名山、大川、圣帝明王名臣墓，州县以官告祭。二王后享庙，则给牲牢、祭器，而完其帷帟、几案，主客以四时省问。凡国忌废务日，内教，太常停习乐，两京文武五品以上及清官七品以上，行香于寺观。凡名医子弟试疗病，长官莅覆，三年有验者以名闻。

膳部郎中、员外郎各一人，掌陵庙之牲豆酒膳。诸司供奉口味，躬镵其舆乃遣，进胙亦如之。非大礼、大庆不献食，不进口味。凡羊，至厨而乳者释之长生。大斋日，尚食进蔬食，释所杀羊为长生供奉。凡献食、进口味，不杀犊。尚食有猝须别索，必奏覆，月终而会之。凡尚食进食，以种取而别尝之。殿中省主膳上食于诸陵，以番上下，四时遣食医、主食各一人莅之。

主客郎中、员外郎各一人，掌二王后、诸蕃朝见之事。二王后子孙视正三品，酅公岁赐绢三百，米粟亦如之，介公减三之一。殊俗入朝者，始至之州给牒，覆其人数，谓之边牒。蕃州都督、刺史朝集日，视品给以衣冠、裤褶。乘传者日四驿，乘驿者六驿。供客食料，以四时输鸿胪，季终句会之。客初至及辞设会，第一等视三品，第二等视四品，第三等视五品。蕃望非高者，视散官而减半，参日设食。路由大海者，给祈羊豕皆一。西南蕃使还者，给入海程粮；西北诸蕃，则给度碛程粮。蕃客请宿卫者，奏状貌年齿。突厥使置市坊，有贸易，录奏，为质其轻重，太府丞一人莅之。蕃王首领死，子孙袭初授官，兄弟子降一品；兄弟子代摄者，嫡年十五还以政。使绝域者还，上闻见及风俗之宜、供馈赠觌之数。

兵部　尚书一人，正三品；侍郎二人，正四品下，掌武选、地图、车马、甲械之政。其属有四：一曰兵部，二曰职方，三曰驾部，四曰库部。凡将出征，告庙，授斧钺。军不从令，大将专决，还日，具上其罪。凡发兵，降敕书于尚书，尚书下文符。放十人，发十马，军器出十，皆不待敕。卫士番直，发一人以上，必覆奏。诸蕃首领至，则备威仪郊导。凡俘馘，酬以绢，入钞之俘，归于司农。

郎中一人判帐及武官阶品、卫府众寡、校考、给告身之事；一人判簿及军戎调遣之名数，朝集、禄赐、假告之常。员外郎一人掌贡举、杂请；一人判南曹，岁选解状，则核簿书、资历、考课。皆为尚书、侍郎之贰。武散阶四十有五：从一品曰骠骑大将军，正二品曰辅国大将军，从二品曰镇军大将军，正三品上曰冠军大将军、怀化大将军，正三品下曰怀化将军，从三品上曰云麾将军、归德大将军，从三品下曰归德将军，正四品上曰忠武将军，正四品下曰壮武将军、怀化中郎将，从四品上曰宣威将军，从四品下曰明威将军、归德中郎将，正五品上曰定远将军，正五品下曰宁远将军、怀化郎将，从五品上曰游骑将军，从五品下曰游击将军、归德郎将，正六品上曰昭武校尉，正六品下曰昭武副尉、怀化司阶，从六品上曰振威校尉，从六品下曰振威副尉、归德司阶，正七品上曰致果校尉，正七品下曰致果副尉、怀化中候，从七品上曰翊麾校尉，从七品下曰翊麾副尉、归德中候，正八品上曰宣节校尉，正八品下曰宣节副尉、怀化司戈，从八品上曰御侮校尉，从八品下曰御侮副尉、归德司戈，正九品上曰仁勇校尉，正九品下曰仁勇副尉、怀化执戟长上，从九品上曰陪戎校尉，从九品下曰陪戎副尉、归德执戟长上。自四品以下，皆番上于兵部，以远近为八番，三月一上。三千里外者免番，输资如文散官，唯追集乃上。六品以下，尚书省送符。怀化大将军、归德大将军，配诸卫上下；余直诸卫为十二番，皆月上。忠武将军以下、游击将军以上，每番，阅强毅者直诸卫；番满，有将略者以名闻。

兵部主事四人，职方主事二人，驾部主事二人，库部主事二人。龙朔二年，改兵部曰司戎，职方曰司城，驾部曰司舆，库部曰司库。光宅元年，改兵部曰夏官，天宝十一载曰武部，驾部曰司驾。有兵部令史三十人，书令史六十人，制书令史十三人，甲库令史十二人，亭长八人，掌固十二人；职方令史四人，书令史九人，掌固四人；驾部令史十人，书令史二十四人，掌固四人；库部令史七人，书令史十五人，掌固四人。

职方郎中员外郎，各一人，掌地图、城隍、镇戍、烽候、防人道路之远近及四夷归化之事。凡图经，非州县增废，五年乃修，岁与版籍偕上。凡蕃客至，鸿胪讯其国山川、风土，为图奏之，副上于职方。殊俗入朝者，图其容状、衣服以闻。

驾部郎中、员外郎各一人，掌舆辇、车乘、传驿、厩牧马牛杂畜之籍。凡给马者，一品八匹，二品六匹，三品五匹，四品、五品四匹，六品三匹，七品以下二匹；给传乘者，一品十马，二品九马，三品八马，四品、五品四马，六品、七品二马，八品、九品一马；三品以上敕召者给四马，五品三马，六品以下有差。凡驿马，给地四顷，莳以苜蓿。凡三十里有驿，驿有长，举天下四方之所达，为驿千六百三十九。阻险无水草镇戍者，视路要隙置官马。水驿有舟。凡传驿马驴，每岁上其死损、肥瘠之数。

库部郎中、员外郎各一人，掌戎器、卤簿仪仗。元日冬至陈设，祠祀，丧葬，辨其名数而供焉。凡戎器，色别而异处，以卫尉幕士暴凉之。京卫旗画蹲兽、立禽，行幸则给飞走旗。凡诸卫仪仗，以御史莅其皮掌；武库器仗，则兵部长官莅其修完。京官五品以上征行者，假甲、纛、旗、幡、矟；诸卫，给弓；千牛，给甲。

刑部　尚书一人，正三品；侍郎一人，正四品下，掌律令、刑法、徒隶、按覆谳禁之政。其属有四：一曰刑部，二曰都官，三曰比部，四曰司门。

刑部郎中、员外郎，掌律法，按覆大理及天下奏谳，为尚书、侍郎之贰。凡刑法之书有四：一曰律，二曰令，三曰格，四曰式。凡鞫大狱，以尚书侍郎与御史中丞、大理卿为三司使。凡国有大赦，集囚徒于阙下以听。

刑部主事四人，都官主事二人，比部主事四人，司门主事二人。龙朔二年，改刑部曰司刑，都官曰司仆，比部曰司计，司门曰司关。光宅元年，改刑部曰秋官。天宝十一载，改刑部曰司宪，比部曰司计。有刑部令史十九人，书令史三十八人，亭长六人，掌固十人；都官令史九人，书令史十二人，掌固四人；比部令史十四人，书令史二十七人，计史一人，掌固四人；司门令史六人，书令史十三人，掌固四人。

都官郎中、员外郎各一人，掌俘隶簿录，给衣粮医药，而理其诉免。凡反逆相坐，没其家配官曹，长役为官奴婢。一免者，一岁三番役；再免为杂户，亦曰官户，二岁五番役，每番皆一月；三免为良人。六十以上及废疾者，为官户；七十为良人。每岁孟春上其籍，自黄口以上印臂，仲冬送于都官，条其生息而按比之。乐工、兽医、骗马、调马、群头、栽接之人皆取焉。附贯州县者，按比如平民，不番上，岁督丁资，为钱一千五百；丁婢、中男，五输其一；侍丁、残疾半输。凡居作者，差以三等：四岁以上，为小；十一以上，为中；二十以上，为丁。丁奴，三当二役；中奴、丁婢，二当一役；中婢，三当一役。

比部郎中、员外郎各一人，掌句会内外赋敛、经费、俸禄、公廨、勋赐、赃赎、徒役课程、逋欠之物，及军资、械器、和籴、屯收所入。京师仓库，三月一比，诸司、诸使、京都，四时句会于尚书省，以后季句前季；诸州，则岁终总句焉。

司门郎中、员外郎各一人，掌门关出入之籍及阑遗之物。凡著籍，月一易之。流内，记官爵、姓名；流外，记年齿、貌状。非迁解不除。凡有召者，降墨敕，勘铜鱼、木契然后入。监门校尉巡日送平安。凡奏事，遣官送之，昼题时刻，夜题更筹。命妇诸亲朝参者，内侍监校尉莅索。凡苇牵车，不入宫门。阑遗之物，揭于门外，榜以物色，期年没官。天下关二十六，有上、中、下之差，度者，本司给过所；出塞逾月者,给行牒;猎手所过,给长籍,三月一易。蕃客往来,阅其装重,入一关者,余关不讥。

工部　尚书一人,正三品;侍郎一人,正四品下。掌山泽、屯田、工匠、诸司公廨纸笔墨之事。其属有四。一曰工部,二曰屯田,三曰虞部,四曰水部。

工部郎中、员外郎各一人,掌城池土木之工役程式,为尚书、侍郎之贰。凡京都营缮,皆下少府、将作共其用,役千功者先奏。凡工匠,以州县为团,五人为火,五火置长一人。四月至七月为长功,二月、三月、八月、九月为中功,十月至正月为短功。雇者,日为绢三尺。内中尚巧匠,无作则纳资。凡津梁道路,治以九月。

工部主事三人,屯田主事二人,虞部主事二人,水部主事二人。武德三年,改起部曰工部,龙朔二年曰司平,屯田曰司田,虞部曰司虞,水部曰司川。光宅元年,改工部曰冬官。天宝十一载,改虞部曰司虞,水部曰司水。工部有令史十二人,书令史二十一人,计史一人,亭长六人,掌固八人;屯田令史七人,书令史十二人,计史一人,掌固四人;虞部令史四人,书令史九人,掌固四人;水部令史四人,书令史九人,掌固四人。

屯田郎中、员外郎各一人,掌天下屯田及京文武职田、诸司人公廨田,以品给焉。

虞部郎中、员外郎各一人,掌京都衢阓、苑囿、山泽草木及百官蕃客时蔬薪炭供顿,畋猎之事。每岁春,以户小儿、户婢仗内莳种溉灌,冬则谨琪蒙覆。凡郊祠神坛、五岳名山,樵采、刍牧皆有禁,距墙三十步外得耕种,春夏不伐木。京兆、河南府三百里内,正月、五月、九月禁弋猎。山泽有宝可供用者,以闻。

水部郎中、员外郎各一人,掌津济、船舻、渠梁、堤堰、沟洫、渔捕、运漕、碾硙之事。凡坑陷、井穴皆有标。京畿有渠长、斗门长。诸州堤堰,刺史、县令以时检行,而莅其决筑。有埭,则以下户分牵。禁争利者。

唐书卷四七
志第三七

百官二

门下省　中书省　秘书省　殿中省
内侍省　内官　宫官　太子内官

门下省　侍中二人，正二品，掌出纳帝命，相礼仪。凡国家之务，与中书令参总，而颛判省事。下之通上，其制有六：一曰奏钞，以支度国用、授六品以下官、断流以下罪及除免官用之；二曰奏弹；三曰露布；四曰议；五曰表；六曰状。自露布以上乃审，其余覆奏，画制可而授尚书省。行幸，则负宝以从，版奏中严、外办；还宫，则请降辂、解严。皇帝斋，则请就斋室；将奠，则奉玉、币；盥，则奉匜，取盘，酌罍水，赞洗；酌泛齐，受虚爵，进福酒，皆左右其仪。飨宗庙，进瓒而赞酌郁酒；既祼，赞酌醴齐。籍田，则奉耒。四夷朝见，则承诏劳问。临轩命使册皇后、皇太子，则承诏降宣命。慰问、聘召，则莅封题。发驿遣使，则给鱼符。凡官爵废置、刑政损益，授之史官；既书，复莅其记注。职事官六品以下进拟，则审其称否而进退之。武德元年改侍内曰纳言，三年曰侍中。龙朔二年改门下省曰东台，侍中曰左相，武后光宅元年曰纳言。垂拱元年改门下省曰鸾台。开元元年曰黄门省，侍中曰监，天宝元年曰左相。

门下侍郎二人，正三品，掌贰侍中之职。大祭祀则从；盥则奉巾，既帨，奠巾；奉匏爵赞献。元日、冬至，奏天下祥瑞。侍中阙，则莅封符券、给传驿。龙朔二年改黄门侍郎曰东台侍郎，武后垂拱元年曰鸾台侍郎，天宝元年曰门下侍郎，乾元元年曰黄门侍郎，大历二年复旧。

左散骑常侍二人，正三品下，掌规讽过失，侍从顾问。隋废散骑常侍。贞观元年复置，十七年为职事官。显庆二年，分左右，隶门下、中书省，皆金蝉、珥貂，左散骑与侍中为左貂，右散骑与中书令为右貂，谓之八貂。龙朔二年曰侍极。

左谏议大夫四人，正四品下，掌谏谕得失，侍从赞相。武后垂拱二年，有鱼保宗者，上书请置匦以受四方之书，乃铸铜匦四，涂以方色，列于朝堂：青匦曰"延恩"，在东，告养人劝农之事者投之；丹匦曰"招谏"，在南，论时政得失者投之；白匦曰"申冤"，在西，陈抑屈者投之；黑匦曰"通玄"，在北，告天文、秘谋者投之。以谏议大夫、补阙、拾遗一人充使，知匦事；御史中丞、侍御史一人，为理匦使。其后，同为一匦。天宝九载，玄宗以"匦"声近"鬼"，改理匦使为献纳使。至德元年复旧。宝应元年，命中书门下择正直清白官一人知匦，以给事中、中书舍人为理匦使。建中二年，以御史中丞为理匦使，谏议大夫一人为知匦使。投匦者，使先验副本。开成三年，知匦使李中敏以为非所以广聪明而虑幽枉也，乃奏罢验副封。武德元年置谏议大夫，龙朔二年曰正谏大夫，贞元四年分左右。

给事中四人，正五品上，掌侍左右，分判省事，察弘文馆缮写雠校之课。凡百司奏抄，侍中既审，则正违失。诏敕不便者，涂窜而奏还，谓之"涂归"。季终，奏驳正之目。凡大事，覆奏；小事，署而颁之。三司详决失中，则裁其轻重。发驿遣使，则与侍郎审其事宜。六品以下奏拟，则校功状殿最、行艺，非其人，则白侍中而更焉。与御史、中书舍人听天下冤滞而申理之。

门下省有录事四人，从七品上；主事四人，从八品下。有令史二十二人，书令史四十三人，甲库令史十三人，能书一人，传制二人，亭长六人，掌固十四人，修补制敕匠五人，装潢一人。起居郎领令史三人，赞者六人。武德三年，改给事郎曰给事中。

左补阙六人，从七品上；左拾遗六人，从八品上，掌供奉讽谏，大事廷议，小则上封事。武后垂拱元年，置补阙、拾遗，左右各二员。

起居郎二人,从六品上。掌录天子起居法度。天子御正殿,则郎居左,舍人居右。有命,俯陛以听,退而书之,季终以授史官。贞观初,以给事中、谏议大夫兼知起居注,或知起居事。每仗下,议政事,起居郎一人执笔记录于前,史官随之。其后,复置起居舍人,分侍左右,秉笔随宰相入殿。若仗在紫宸内阁,则夹香案分立殿下,直第二螭首,和墨濡笔,皆即坳处,时号螭头,高宗临朝不决事,有司所奏,唯辞见而已。许敬宗、李义府为相,奏请多畏人之知也,命起居郎、舍人对仗承旨,仗下,与百官皆出,不复闻机务矣。长寿中,宰相姚璹建议:仗下后,宰相一人,录军国政要,为时政纪,月送史馆。然率推美让善,事非其实,未几亦罢。而起居郎犹因制敕,稍稍笔削,以广国史之阙。起居舍人本记言之职,唯编诏书,不及它事。开元初,复诏修史官非供奉者,皆随仗而入,位于起居郎、舍人之次。及李林甫专权,又废。大和九年,诏入阁日,起居郎、舍人具纸笔立螭头下,复贞观故事。有令史三人,赞者六人。贞观三年置起居郎,废舍人。龙朔二年曰左史,天授元年亦如之。

典仪二人,从九品下,掌赞唱及殿中版位之次,侍中版奏中严、外办,亦赞焉。隋谒者台有典仪,武德五年复置,隶门下省。

城门郎四人,从六品上,掌京城、皇城、宫殿诸门开阖之节,奉管钥而出纳之。开则先外后内,阖则先内后外。启闭有时,不以时则诣阁覆奏。有令史二人,书令史二人。武德五年,置门仆八百人,番上送管钥。

符宝郎四人,从六品上,掌天子八宝及国之符节。有事则请于内,既事则奉而藏之。大朝会,则奉宝进于御座;行幸,则奉以从焉。大事出符,则藏其左而班其右,以合中外之契,兼以敕书;小事则降符函封,使合而行之。凡命将、遣使,皆请旌、节,旌以颛赏,节以颛杀。有令史二人,书令史三人,主宝二人,主符四人,主节四人。武后延载元年,改符玺郎曰符宝郎。开元元年,亦曰符宝郎。

弘文馆学士,掌详正图籍,教授生徒。朝廷制度沿革、礼仪轻重,皆参议焉。武德四年,置修文馆于门下省。九年,改曰弘文馆。贞观元年,诏京官职事五品已上子嗜书者二十四人,隶馆习书,出禁中书法以授之。其后又置讲经博士。仪凤中,置详正学士,校理图籍。武德后,五品以上曰学士,六品已上曰直学士,又有文学直馆,皆它官领之。武后垂拱后,以宰相兼领馆务,号馆主;给事中一人判馆事。神龙元年,改弘文馆曰昭文馆,以避孝敬皇帝之名,二年日修文馆。景龙二年置大学士四人,以象四时;学士八人,以象八节;直学士十二人,以象十二时。景云中,减其员数,复为昭文馆。开元七年曰弘文馆,置校书郎,又有校理,雠校错误等官,长庆三年与详正学士、讲经博士皆罢,颛以五品以上曰学士,六品以下曰直学士,未登朝为直馆。

校书郎二人,从九品上,掌校理典籍、刊正错谬。凡学生教授、考试,如国子之制。有学生三十八人,令史二人,楷书十二人,供进笔二人,典书二人,拓书手三人,笔匠三人,熟纸装潢匠八人,亭长二人,掌固四人。

中书省　中书令二人,正二品,掌佐天子执大政,而总判省事。凡王言之制有七:一曰册书,立皇后、皇太子,封诸王,临轩册命则用之;二曰制书,大赏罚、赦宥虑囚、大除授则用之;三曰慰劳制书,褒勉赞劳则用之;四曰发敕,废置州县、增减官吏、发兵、除免官爵、授六品以上官则用之;五曰敕旨,百官奏请施行则用之;六曰论事敕书,戒约臣下则用之;七曰敕牒,随事承制,不易于旧则用之。皆宣署申覆,然后行焉。大祭祀,则相礼;亲征纂严,则戒饬百官;临轩册命,则读册;若命于朝,则宣授而已;册太子,则授玺绶。凡制诏文章献纳,以授记事之官。武德三年,改内书省曰中书省,内书令曰中书令。龙朔元年,改中书省曰西台,中书令曰右相。光宅元年,改中书省曰凤阁,中书令曰内史。开元元年,改中书省曰紫微省,中书令曰紫微令。天宝元年曰右相,至大历五年,紫微侍郎乃复为中书侍郎。

侍郎二人,正三品,掌贰令之职,朝廷大政参议焉。临轩册命,为使,则持册书授之。四夷来朝,则受其表疏而奏之;献贽币,则受以付有司。

舍人六人,正五品上,掌侍进奏,参议表章。凡诏旨制敕、玺书册命,皆起草进画;既下,则署行。其禁有四:一曰漏泄,二曰稽缓,三曰违失,四曰忘误。制敕既行,有误则奏改之。大朝会,诸方起居,则受其表状；大捷、祥瑞，百寮表贺亦如之。册命大臣，则使持节读册命。将帅有功及大宾客，则劳问。与给事中及御史三司鞫冤滞。百司奏议考课，皆预裁焉。以久次者一人为阁老，判本省杂事；又一人知制诰，颛进画，给食于政事堂；其余分署制敕。以六员分押尚书六曹，佐宰相判案，同署乃奏。唯枢密迁授不预。姚崇为紫微令，奏：大事，舍人为商量状，与本状皆下紫微令，判二状之是否，然后乃奏。开元初，以它官掌诏敕策命，谓之"兼知制诰"。肃宗即位，又以它官知中书舍人事。兵兴，急于权便，政去台阁，决遣颛出宰相，自是舍人不复押六曹之奏。会昌末，宰相李德裕建议：台阁常务、州县奏请，复以舍人平处可否。先是，知制诰率用前行正郎，宣宗时，选尚书郎为之。

主书四人，从七品上。主事四人，从八品下。有令史二十五人，书令史五十人，能书四人，蕃书译语十人，乘驿二十人，传制十人，亭长十八人，掌固二十四人，装制敕匠一人，修补制敕匠五十人，掌函、掌案各二十人。

右散骑常侍二人，右谏议大夫四人，右补阙六人，右拾遗六人，掌如门下省。

起居舍人二人，从六品上，掌修记言之史，录制诰德音时，如记事之制，季终以授国史。有楷书手四人，典二人。

通事舍人十六人，从六品上，掌朝见引纳、殿庭通奏。凡近臣入侍、文武就列，则导其进退，而赞其拜起、出入之节。蛮夷纳贡，皆受而进之。军出，则受命劳遣；既行，则每月存问将士之家，视其疾苦；凯还，则郊迓。有令史十人，黄谒十人，亭长十八人，掌固二十四人。武德四年，废谒者台，改通事谒者曰通事舍人。

集贤殿书院学士、直学士、侍读学士、修撰官，掌刊缉经籍。凡图书遗逸、贤才隐滞，则承旨以求之。谋虑可施于时，著述可行于世者，考其学术以闻。凡承旨撰集文章、校理经籍，月终则进课于内，岁终则考最于外。开元五年，乾元殿写四部书，置乾元院使，有刊正官四人，以一人判事；押院中使一人，掌出入宣奏，领中官监守院门；知书官八人，分掌四库书。六年，乾元院更号丽正修书院，置使及检校官，改修书官为丽正殿直学士。八年,加文学直,又加修撰、校理、刊正、校勘官。十一年,置丽正院修书学士。光顺门外,亦置书院。十二年,东都明福门外亦置丽正书院。十三年,改丽正修书院为集贤殿书院,五品以上为学士,六品以下为直学士,宰相一人为学士知院事,常侍一人为副知院事,又置判院一人,押院中使一人。玄宗尝选耆儒,日一人侍读,以质史籍疑义。至是,置集贤院侍讲学士、侍读直学士。其后,又增修撰官、校理官、待制官、留院官、知检讨官、文学直之员。募能书者为书直及写御书人,其后亦以前资、常选、三卫、散官五品以上子孙为之;又置画直。至十九年,以书直、画直、拓书有官者为直院。至德二年,置大学士。贞元初,置编录官;四年,罢大学士;八年,罢校理,置校书四人、正字二人。元和二年,复置集贤校理,罢校书、正字。四年,集贤御书院学士、直学士皆用五品,如开元故事,以学士一人年高者判院事,非登朝官者为校理,余皆罢。初,太宗即位,命京官五品以上,更宿中书、门下两省,以备访问。永徽中,命弘文馆学士一人,日待制于武德殿西门。文明元年,诏京官五品以上清官,日一人待制于章善、明福门。先天末,又命朝集使六品以上二人,随仗待制。永泰时,勋臣罢节制,无职事,皆待制于集贤门,凡十三人。崔祐甫为相,建议文官一品以上更直待制。其后著令,正衙待制官日二人。

校书四人,正九品下。正字二人,从九品上。有中使一人,孔目官一人,专知御书检讨八人,知书官八人,书直、写御书手九十人,画直六人,装书直十四人,造笔直四人,拓书六人,典四人。

史馆修撰四人,掌修国史。贞观二年,置史馆于门下省,以他官兼领,或卑位有才者亦以直馆称,以宰相莅修撰。又于中书省置秘书内省,修五代史。开元二十年,李林甫以宰相监修国史,建议以为中书切密之地,史官记事隶门下省,疏远。于是谏议大夫、史馆修撰尹愔奏徙于中书省。天宝后,他官兼史职者曰史馆修撰,初入为直馆。元和六年,宰相裴垍建议:登朝官领史职者为修撰,以官高一人判馆事;未登朝官皆为直馆。大中八年,废史馆直馆二员,增修撰四人,分掌四季。有令史二人,楷书十二人,写国史楷书十八人,楷书手二十五人,典书二人,亭长二人,掌固四人,熟纸匠六人。

秘书省　监一人,从三品;少监二人,从四品上;丞一人,从五品上。监掌经籍图书之事,领著作局,少监为之贰。武德四年改少令曰少监。龙朔二年,改秘书省曰兰台,监曰太史,少监曰侍郎,丞曰大夫,秘书郎曰兰台郎。武后垂拱元年，秘书省曰麟台；太极元年曰秘书省。有典书四人，楷书十人，令史四人，书令史九人，亭长六人，掌固八人，熟纸匠十人，装潢匠十人，笔匠六人。

秘书郎三人，从六品上，掌四部图籍。以甲乙丙丁为部，皆有三本，一曰正，二曰副，三曰贮。凡课写功程，皆分判。

校书郎十人，正九品上；正字四人，正九品下，掌雠校典籍，刊正文章。

著作局郎二人，从五品上；著作佐郎二人，从六品上；校书郎二人，正九品上；正字二人，正九品下。著作郎掌撰碑志、祝文、祭文，与佐郎分判局事。武德四年，改著作曹曰局。龙朔二年，曰司文局，郎曰郎中，佐郎曰司文郎。有楷书五人，书令史一人，书吏二人，掌固四人。

司天台监一人，正三品；少监二人，正四品上；丞一人，正六品上；主簿二人，正七品上；主事一人，正八品下。监掌察天文，稽历数。凡日月星辰、风云气色之异，率其属而占。有通玄院，以艺学召至京师者居之。凡天文图书、器物，非其任不得与焉。每季录祥眚送门下、中书省，纪于起居注，岁终上送史馆。岁颁历于天下。武德四年，改太史监曰太史局，隶秘书省。七年，废监候。龙朔二年，改太史局曰秘书阁局，令曰秘书阁郎中。武后光宅元年，改太史局曰浑天监，不隶麟台；俄改曰浑仪监，置副监及丞、主簿，改司辰师曰司辰。长安二年，浑仪监复曰太史局，废副监及丞，隶麟台如故，改天文博士曰灵台郎，历博士曰保章正。景龙二年，改太史局曰太史监，不隶秘书省，复置丞。景云元年，又为局，隶秘书省，逾月为监，岁中复为局。二年，改曰浑仪监。开元二年，复曰太史监，改令为监，置少监。十四年，太史监复为局，以监为令，而废少监。天宝元年，太史局复为监，自是不隶秘书省。乾元元年，曰司天台。艺术人韩颖、刘烜建议改令为监，置通玄院及主簿，置五官监候及五官礼生十五人，掌布诸坛神位；五官楷书手五人，掌写御书。有令史五人，天文观生九十人，天文生五十人，历生五十五人。初，有天文博士二人，正八品下；历博士一人，从八品上；司辰师五人，正九品下；装书历生：掌候天文，掌教习天文气色，掌写御历，后皆省。

春官、夏官、秋官、冬官、中官正，各一人，正五品上；副正各一人，正六品上，掌司四时，各司其方之变异。冠加一星珠，以应五纬；衣从其方色。元日、冬至、朔望朝会及大礼，各奏方事，而服以朝见。乾元三年，置五官正及副正。

五官保章正二人，从七品上；五官监候三人，正八品下；五官司历二人，从八品上，掌历法及测景分至表准。

五官灵台郎各一人，正七品下，掌候天文之变。五官挈壶正二人，正八品上；五官司辰八人，正九品上；漏刻博士六人，从九品下，掌知漏刻。凡孔壶为漏，浮箭为刻，以考中星昏明，更以击鼓为节，点以击钟为节。武后长安二年，置挈壶正。乾元元年，与灵台郎、保章正、司历、司辰皆加五官之名。有漏刻生四十人，典钟、黄鼓三百五十人。初，有刻漏视品、刻漏典事，掌知刻漏、检校刻漏，后皆省。

殿中省　监一人，从三品；少监二人，从四品上；丞二人，从五品上。监掌天子服御之事。其属有六局，曰尚食、尚药、尚衣、尚乘、尚舍、尚辇。少监为之贰。凡听朝，率属执伞扇列于左右；大朝会、祭祀，则进爵；行幸，则侍奉仗内、骖乘，百司皆纳印而藏之，大事听焉，有行从百司之印。

左右仗厩，左曰奔星，右曰内驹。两仗内又有六厩：一曰左飞，二曰右飞，三曰左万，四曰右万，五曰东南内，六曰西南内。园苑有官马坊，每岁河陇群牧进其良者以供御。六闲马，以殿中监及尚乘主之。武后万岁通天元年，置仗内六闲：一曰飞龙，二曰祥麟，三曰凤苑，四曰鹓鸾，五曰吉良，六曰六群，亦号六厩。以殿中丞检校仗内闲厩，以中官为内飞龙使。圣历中，置闲厩使，以殿中监承恩遇者为之，分领殿中、太仆之事。而专掌舆辇牛马。自是，宴游供奉，殿中监皆不豫。开元初，闲厩马至万余匹，骆驼、巨象皆养焉。以驼、马隶闲厩，而尚乘局名存而已。闲厩使押五坊，以供时狩：一曰雕坊，二曰鹘坊，三曰鹞坊，四曰鹰坊，五曰狗坊。侍御尚医二人，正六品上；主事二人，从九品上。武德元年，改殿内省曰殿中省。龙朔二年，曰中御府，监曰大监，丞曰大夫。有令史四人，书令史十二人，左右仗、千牛各十人,掌固、亭长各八人。旧有天藏府,开元二十三年省。

进马五人,正七品上,掌大陈设,戎服执鞭,居立仗马之左,视马进退。天宝八载,罢南衙立仗马,因省进马。十二载复置,乾元后又省,大历十四年复。

尚食局奉御二人,正五品下;直长五人,正七品上。诸奉御、直长,品皆如之。食医八人,正九品下。奉御掌储供,直长为之贰。进御必办时禁,先尝之。飨百官宾客,则与光禄视品秩而供。凡诸陵月享,视膳乃献。龙朔二年,改尚食局曰奉膳局,诸局奉御皆曰大夫。有书令史二人,书吏五人,主食十六人,主膳八百四十人,掌固八人。

尚药局奉御二人,直长二人,掌和御药、诊视。凡药供御,中书、门下长官及诸卫上将军各一人,与监、奉御莅之。药成,医佐以上先尝,疏本方,具岁月日,莅者署奏。饵日,奉御先尝,殿中监次之,皇太子又次之,然后进御。太常每季阅送上药,而还其朽腐者。左右羽林军,给药;飞骑、万骑病者,颁焉。龙朔二年,改尚药局曰奉医局。有按摩师四人,咒禁师四人,书令史二人,书吏四人,直官十人,主药十二人,药童三十人,合口脂匠二人,掌固四人。

侍御医四人,从六品上,掌供奉诊候。

司医五人,正八品下;医佐十人,正九品下,掌分疗众疾。皆贞观中置。

尚衣局奉御二人,直长四人,掌供冕服、几案。祭祀,则奉镇圭于监,而进于天子。大朝会,设案。龙朔二年,改尚衣局曰奉冕局,有书令史三人,书吏四人,主衣十六人,掌固四人。

尚舍局奉御二人,直长六人,掌殿庭祭祀张设、汤沐、灯烛、汛扫。行幸,则设三部帐幕,有古帐、大帐、次帐、小次帐、小帐凡五等,各三部,其外,则蔽以排城。大朝会,设黼扆,施蹑席,薰炉。朔望,设幄而已。龙朔二年,改尚舍局曰奉扆局。有书令史三人,书吏七人,掌固十人,幕士八十人。旧有给使百二十人,掌供御汤沐、灯烛、杂使,贞观中省。

尚乘局奉御二人,直长十人,掌内外闲厩之马。左右六闲:一曰飞黄,二曰吉良,三曰龙媒,四曰騊駼,五曰駃騠,六曰天苑。凡外牧岁进良马,印以三花、"飞""凤"之字。飞龙厩日以八马列宫门之外,号南衙立仗马，仗下，乃退。大陈设，则居乐县之北，与象相次。龙朔二年，改尚乘局曰奉驾局。有书令史六人，书吏十四人，直官二十人，习驭五百人，掌闲五千人，典事五人，兽医七十人，掌固四人。习驭，掌调六闲之马；掌闲，掌饲六闲之马，治其乘具鞍辔；典事，掌六闲刍粟。太宗置司廪、司库；高宗置习驭、兽医。

司廪、司库各一人，正九品下，掌六闲藁秸出纳。奉乘十八人，正九品下，掌饲习御马。

尚辇局奉御二人；直长三人；尚辇二人，正九品下，掌舆辇、伞扇，大朝会则陈于庭，大祭祀则陈于庙，皆伞二、翰一、扇一百五十有六，既事而藏之。常朝则去扇，左右留者三。龙朔二年，改尚辇局曰奉舆局。有书令史二人，书吏四人，七辇主辇各六人，掌扇六十人，掌翰三十人，掌辇四十二人，奉舆十五人，掌固六人。掌扇、掌翰，掌执伞扇、纸笔砚杂供奉之事；掌辇，掌率主辇以供其事。高宗置掌翰。

内侍省　监二人，从三品；少监二人，内侍四人，皆从四品上。监掌内侍奉，宣制令。其属六局，曰掖庭、宫闱、奚官、内仆、内府、内坊。少监、内侍为之贰，皇后亲蚕，则升坛执仪。大驾出入，为夹引。武德四年，改长秋监曰内侍监，内承奉曰内常侍，内承直曰内给事。龙朔二年，改监为省。武后垂拱元年，曰司宫台。天宝十三载，置内侍监，改内侍曰少监；寻更置内侍。有高品一千六百九十六人，品官白身二千九百三十二人，令史八人，书令史十六人。

内常侍六人，正五品下，通判省事。

内给事十人，从五品下，掌承旨劳问，分判省事。凡元日、冬至，百官贺皇后，则出入宣传。宫人衣服费用，则具品秩，计其多少，春秋宣送于中书。主事二人，从九品下。

内谒者监十人，正六品下，掌仪法、宣奏、承敕令及外命妇名帐。凡诸亲命妇朝会者，籍其数上内侍省。命妇下车，则导至朝堂奏闻。唐废内谒者局，置内典引十八人，掌诸亲命妇朝参，出入导引。有内亭长六人，掌固八人。

内谒者十二人，从八品下，掌诸亲命妇朝集班位，分莅诸门。

内寺伯六人，正七品下，掌纠察宫内不法，岁傩则莅出入。

寺人六人，从七品下，掌皇后出入执御刀冗从。

掖庭局令二人，从七品下；丞三人，从八品下，掌宫人簿帐、女工。凡宫人名籍，司其除附；公桑养蚕，会其课业；供奉物皆取焉。妇人以罪配没，工缝巧者隶之，无技能者隶司农。诸司营作须女功者，取于户婢。有书令史四人，书吏八人，计史二人，典事十人，掌固四人。计史掌料功程。

宫教博士二人，从九品下，掌教习宫人书、算众艺。初，内文学馆隶中书省，以儒学者一人为学士，掌教宫人。武后如意元年，改曰习艺馆，又改曰万林内教坊，寻复旧。有内教博士十八人，经学五人，史、子集缀文三人，楷书二人，《庄》、《老》、太一、篆书、律令、吟咏、飞白书、算、棋各一人。开元末，馆废，以内教博士以下隶内侍省，中官为之。

监作四人，从九品下，掌监莅杂作，典工役。

宫闱局令二人，从七品下；丞二人，从八品下，掌侍宫闱，出入管龠。凡享太庙，皇后神主出入，则帅其属舆之。总小给使学生之籍，给以粮禀。有书令史三人，书吏六人，内阍史二十人，内掌扆十六人，内给使无常员，小给使学生五十人，掌固四人。凡无官品者，号曰内给使，掌诸门进物之历；内阍史，掌承传诸门，出纳管钥；内掌扆，掌中宫伞扇。

奚官局令二人，正八品下；丞二人，正九品下，掌奚隶、工役、宫官之品。宫人病，则供医药；死，给衣服，各视其品。陪陵而葬者，将作给匠户，卫士营冢，三品葬给百人，四品八十人，五品六十人，六品、七品十人，八品、九品七人；无品者，敛以松棺五钉，葬以轜车，给三人。皆监门校尉、直长莅之。内命妇五品以上无亲戚者，以近冢同姓中男一人主祭于墓；无同姓者，春、秋祠以少牢。有书令史三人，书吏六人，典事、药童、掌固各四人。

内仆局令二人，正八品下；丞二人，正九品下，掌中宫车乘。皇后出，则令居左，丞居右，夹引。有书令史二人，书吏四人，驾士百四十人，典事八人，掌固八人。驾士掌习御车舆、杂畜。

内府局令二人，正八品下；丞二人，正九品下，掌中藏宝货给纳之数，及供灯烛、汤沐、张设。凡朝会，五品已上及有功将士、蕃酋辞还，皆赐于庭。有书令史二人，书吏、典史、掌固各四人，典事六人。

太子内坊局令二人，从五品下；丞二人，从七品下，掌东宫阁内及宫人粮禀。坊事五人，从八品下。初，内坊隶东宫，开元二十七年，隶内侍省，为局，改典内曰令，置丞。坊事及导客舍人六人，掌序导宾客；阁帅六人，掌帅阍人、内给使以供其事；内阍人八人，掌承诸门出入管钥，内伞扇、灯烛；内厩尉二人，掌车乘。有录事一人，令史三人，书令史五人，典事二人，驾士三十人，亭长、掌固各一人。

典直四人，正九品下，掌宫内仪式导引，通传劳问，纠劾非违，察出纳。

内官　贵妃、惠妃、丽妃、华妃各一人，正一品，掌佐皇后论妇礼于内，无所不统。唐因隋制，有贵妃、淑妃、德妃、贤妃，各一人，为夫人，正一品；昭仪、昭容、昭媛、修仪、修容、修媛、充仪、充容、充媛，各一人，为九嫔，正二品；婕妤九人，正三品；美人四人，正四品；才人五人，正五品；宝林二十七人，正六品；御女二十七人，正七品；采女二十七人，正八品。六尚亦曰诸尚书，正三品；二十四司亦曰诸司事，正四品；二十四典亦曰诸典事，正六品；二十四掌亦曰诸掌事。龙朔二年，置赞德二人，正一品；宣仪四人，正二品；承闺五人，正四品；承旨五人，正五品；卫仙六人，正六品；供奉八人，正七品；侍栉二十人，正八品；侍巾三十人，正九品。咸亨复旧。开元中，玄宗以后妃四星，一为后，有后而复置四妃，非典法，乃置惠妃、丽妃、华妃，以代三夫人；又置六仪、美人、才人，增尚宫、尚仪、尚服三局。诸司诸典，自六品至九品而止。其后复置贵妃。

淑仪、德仪、贤仪、顺仪、婉仪各一人，正二品，掌教九御四德，率其属以赞后礼。

美人四人，正三品。掌率女官修祭礼、宾客之事。才人七人，正四品，掌叙燕寝，理丝枲，以献岁功。

宫官　尚宫局尚宫二人，正五品，六尚皆如之。掌导引中宫，总司记、司言、司簿、司闱。凡六尚事物出纳文籍，皆莅其印署。有女史六人,掌执文书。

司记二人,正六品,二十四司皆如之。掌宫内文簿入出,录为抄目,审付行焉。牒状无违,然后加印。典记佐之。典记二人,正七品,二十四典皆如之。掌记二人,正八品,二十四掌皆如之。

司言、典言,各二人,掌承敕宣付,别钞以授司闱传外。掌言二人,掌宣传,外司附奏受事者,奏闻;承敕处分,则录所奏为案记。有女史四人。

司簿、典簿、掌簿各二人,掌女史以上名簿。禀赐,则品别条录为等。有女史六人。

司闱六人,掌诸阁管钥。典闱、掌闱,各六人,掌分莅启闭。有女史四人。

尚仪局尚仪二人,掌礼仪起居。总司籍、司乐、司宾、司赞。

司籍、典籍、掌籍各二人,掌供御经籍。分四部,部别为目,以时暴凉。教学则簿记课业,供奉几案、纸笔,皆预侍焉。有女史十人。

司乐、典乐、掌乐各四人,掌宫县及诸乐陈布之仪,莅其阅习。有女史二人。

司宾、典宾、掌宾各二人,掌宾客朝见,受名以闻。宴会,则具品数以授尚食;有赐物,与尚功莅给。有女史二人。

司赞、典赞、掌赞各二人,掌宾客朝见、宴食,赞相导引。会日,引客立于殿庭,司言宣敕坐,然后引即席。酒至,起再拜;食至,亦起。皆相其仪。

肜史二人,正六品。有女史二人。

尚服局尚服二人,掌供服用采章之数,总司宝、司衣、司饰、司仗。

司宝二人,掌神宝、受命宝、六宝及符契,皆识其行用,记以文簿。典宝、掌宝各二人,凡出付皆旬别案记,还则朱书注入。有女史四人。

司衣、典衣、掌衣各二人,掌宫内御服、首饰整比,以时进奉。有女史四人。

司饰、典饰、掌饰各二人,掌汤沐、巾栉。凡供进,识其寒温之节。有女史二人。

司仗、典仗、掌仗各二人,掌仗卫之器。凡立仪卫,尚服率司仗等供其事。有女史二人。

尚食局尚食二人,掌供膳羞品齐。总司膳、司酝、司药、司饎。凡进食,先尝。

司膳二人,掌烹煎及膳羞、米面、薪炭。凡供奉口味,皆种别封印。典膳、掌膳,各四人,掌调和御食,温、凉、寒、热,以时供进则尝之。有女史四人。

司酝、典酝、掌酝各二人,掌酒醴酏饮,以时进御。有女史二人。

司药、典药、掌药各二人,掌医方。凡药外进者,簿案种别。有女史四人。

司饎、典饎、掌饎各二人,掌给宫人饩食、薪炭,皆有等级,受付则旬别案记。有女史四人。

尚寝局尚寝二人,掌燕见进御之次叙,总司设、司舆、司苑、司灯。

司设、典设、掌设各二人,掌床帷茵席铺设,久故者以状闻。凡汛扫之事,典设以下分视。有女史四人。

司舆、典舆、掌舆各二人,掌舆辇、伞扇、文物、羽旄,以时暴凉。典舆以下分察。有女史二人。

司苑、典苑、掌苑各二人,掌园苑莳植蔬果。典苑以下分察之。果熟,进御。有女史二人。

司灯、典灯、掌灯各二人,掌门阁灯烛。昼漏尽一刻,典灯以下分察。有女史二人。

尚功局尚功二人,掌女功之程,总司制、司珍、司彩、司计。

司制、典制、掌制各二人,掌供御衣服裁缝。有女史二人。

司珍、典珍、掌珍各二人,掌珠珍、钱货。有女史六人。

司彩、典彩、掌彩各二人,掌锦彩、缣帛、丝枲。有赐用,则旬别案记。有女史二人。

司计、典计、掌计各二人,给衣服、饮食、薪炭。有女史二人。

宫正一人,正五品;司正二人,正六品;典正二人,正七品。宫正掌戒令、纠禁、谪罚之事。宫人不供职者,司正以牒取裁,小事决罚,大事奏闻。有女史四人。阿监、副监,视七品。

太子内官　良娣二人,正三品;良媛六人,正四品;承徽十人,正五品;昭训十六人,正七品;奉仪二十四人,正九品。

司闺二人,从六品,三司皆如之。掌导妃及官人名簿,总掌正、掌书、掌筵。

掌正三人,从八品,九掌皆如之。掌文书出入、管钥、纠察推罚。有女史三人。

掌书三人,掌符契、经籍、宣传、启奏、教学、禀赐、纸笔。有女史三人。

掌筵三人,掌幄帟、床褥、几案、舆伞、汎扫、铺设。

司则二人,掌礼仪参见,总掌严、掌缝、掌藏。

掌严三人,掌首饰、衣服、巾栉、膏沐、服玩、仗卫。有女史三人。

掌缝三人,掌裁纫、织绩。有女史三人。

掌藏三人,掌财货、珠宝、缣彩。

司馔二人,掌进食先尝,总掌食、掌医、掌园。有女史四人。

掌食三人,掌膳羞、酒醴、灯烛、薪炭、器皿。有女史四人。

掌医三人,掌方药、优乐。有女史二人。

掌园三人,掌种植蔬果。有女史二人。

唐书卷四八
志第三八

百官三

御史台　太常寺　光禄寺　卫尉寺
宗正寺　太仆寺　大理寺　鸿胪寺
司农寺　太府寺　国子监　少府
将作监　军器监　都水监

御史台　大夫一人，正三品；中丞二人，正四品下。大夫掌以刑法典章纠正百官之罪恶，中丞为之贰。其属有三院：一曰台院，侍御史录焉；二曰殿院，殿中侍御史录焉；三曰察院，监察御史录焉。

凡冤而无告者，三司诘之。三司，谓御史大夫、中书、门下也。大事奏裁，小事专达。凡有弹劾，御史以白大夫，大事以方幅，小事署名而已。有制覆囚，则与刑部尚书平阅。行幸，乘路车为导；朝会，则率其属正百官之班序，迟明列于两观，监察御史二人押班，侍御史颛举不如法者。

史、员外郎、太常博士，日参，号常参官。武官三品以上，三日一朝，号九参官；五品以上及折冲当番者，五日一朝，号六参官。弘文、崇文馆、国子监学生，四时参。凡诸王入朝及以恩追至者，日参。九品以上，自十月至二月，；裤褶以朝；五品以上有珂，蕃官及四品非清官则否。

凡朝位以官，职事同者先爵，爵同以齿，致仕官居上；职事与散官、勋官合班，则文散官居职事之下，武散官次之，勋官又次之；官同者，异姓为后。亲王、嗣王任文武官者，从其班，官卑者从王品；郡王任三品以下职事者，居同阶品之上。非任文武官者，嗣王居太子太保之下，郡王次之。国公居三品之下，郡公居从三品之下，县公居四品之下，侯居从四品之下，伯居五品之下，子居从五品之上，男居从五品之下。以前官召见者，居本品见任之上；以理解者，居同品之下。本司参集者，以职事为上下。文武三品非职事官者，朝参名簿，皆称曰诸公。

凡出，不逾四面关则不辞见。都督、刺史、都护既辞，候旨于侧门。

左右仆射、侍中、中书令初拜，以表让。中书门下五品以上及诸司长官，谢于正衙，复进状谢于侧门。

两班三品以朔望朝，就食廊下，殿中侍御史二人为使莅之。高宗改治书侍御史中丞，以避帝名；龙朔二年，改御史台曰宪台，大夫曰大司宪，中丞曰司宪大夫。武后文明元年，改御史台曰肃政台。光宅元年，分左右台：左台知百司，监军旅；右台察州县、省风俗。寻命左台兼察州县。两台岁再发使八人，春曰风俗，秋曰廉察，以四十八条察州县。两台御史，有假、有检校、有员外、有试，至神龙初皆废。景云三年，以两台望齐，纠举苛察，百僚厌其烦，乃废右台。延和元年，复置，岁中以尚书省录左台，月余而右台废。至德后，诸道使府参佐，皆以御史为之，谓之外台；复有检校、里行、内供奉，或兼或摄，诸使下官亦如之。会昌初，升大夫、中丞品。东都留台，有中丞一人、侍御史一人、殿中侍御史二人、监察御史三人。元和后，不置中丞，以侍御史、殿中侍御史、监察御史主留台务，而三院御史亦不常备。

侍御史六人，从六品下，掌纠举百寮及入阁承诏，知推、弹、杂事。凡三司理事，与给事中、中书舍人更直朝堂。若三司所按而非其长官，则与刑部郎中、员外郎、大理司直、评事往讯。弹劾，则大夫、中丞押奏。大事，法冠、朱衣、纁裳、白纱中单；小事，常服。久次者一人知杂事，谓之杂端，殿中监察职掌、进名、迁改及令史考第，台内事颛决，亦号台端。次一人知公廨。次一人知弹。分京城诸司及诸州为东、西:次一人知西推、赃赎、三司受事,号副端;次一人知东推、理匦等,有不纠举者罚之;以殿中侍御史第一人同知东推,莅太仓出纳;第二人同知西推,莅左藏出纳:号四推御史。只日,台院受事;双日,殿院受事。次侍御史一人,分司东都台。凡御史以下遇长官于路,去戴下马,长官敛辔止之。出入行止,殿中以下视以为法,先后有罚。入朝,则与殿中侍御史随仗分入,东则居侍中、黄门侍郎、给事中之次,西则居中书令、侍郎、舍人之次,各居中丞、大夫下。每一人东向承诏五日,有旨召御史,不呼名则承诏者出。乐彦玮为大夫,以尝召两御史,乃加副承诏一人,阙则殿中承乏。监察御史分日直朝堂,入自侧门,非奏事不至殿庭,正门无籍。天授中,诏侧门置籍,得至殿庭。开元七年,又诏随仗入阁。分左右巡,纠察违失,左巡知京城内,右巡知京城外,尽雍、洛二州之境,月一代,将晦,即巡刑部、大理、东西徒坊、金吾、县狱。搜狩,则监围,察断绝失禽者。其后,以殿中掌左右巡。寻以务剧,选用京畿县尉。又置御史里行使、侍御史嚼行使、殿中里行使、监察里行使,以未为正官,无员数。

唐法,殿中侍御史迁拜及职事,与侍御史钧。开元以降,权属侍御史,而殿中兼知库藏、宫门内事。故事,御史台不受讼,有诉可闻者略其姓名,托以风闻。其后,御史嫉恶者少,通状壅绝。十四年,乃定授事御史一人,知其日劾状,题告事人姓名。其后,宰相以御史权重,建议弹奏先白中丞、大夫,复通状中书、门下,然后得奏。自是御史之任轻矣。建中元年,以侍御史分掌公廨、推、弹,自是杂端之任轻矣。元和八年,命四推御史受事,周而复始,罢东西分日之限。隋末,废殿内侍御史。义宁元年,承相府置察非掾二人,武德元年,改曰殿中侍御史;龙朔元年,置监察御史里行;武后文明元年,置殿中里行,后亦颛以里行名官。长安二年,置内供奉。

主簿一人,从七品下,掌印,受事发辰,核台务,主公廨及户奴婢、勋散官之职。录事二人,从九品下。有主事二人。台院有令史七十八人,书令史二十五人,亭长六人,掌固十二人。殿院有令史八人,书令史十八人。察院有计史三十四人，令史十人，掌固十二人。

殿中侍御史九人，从七品下，掌殿庭供奉之仪，京畿诸州兵皆隶焉。正班，列于阁门之外，纠离班、语不肃者。元日、冬至朝会，则乘马、具服、戴黑豸升殿。巡幸，则往来门旗之内，检校文物亏失者。一人同知东推，监太仓出纳；一人同知西推，监左藏出纳；二人为廊下食使；二人分知左右巡；三人内供奉。

监察御史十五人，正八品下，掌分察百寮，巡按州县，狱讼、军戎、祭祀、营作、太府出纳皆莅焉，知朝堂左右厢及百司纲目。

凡十道巡按，以判官二人为佐，务繁则有支使。其一，察官人善恶；其二，察户口流散，籍帐隐没，赋役不均；其三，察农桑不勤，仓库减耗；其四，察妖猾盗贼，不事生业，为私蠹害；其五，察德行孝悌，茂才异等，藏器晦迹，应时用者；其六，察黠吏豪宗兼并纵暴，贫弱冤苦不能自申者。

凡战伐大克获，则数俘馘、审功赏，然后奏之。屯田、铸钱、岭南、黔府选补，亦视功过纠察。决囚徒，则与中书舍人、金吾将军莅之。国忌斋，则与殿中侍御史分察寺观。莅宴射、习射及大祠、中祠，视不如仪者以闻。

初，开元中，兼巡传驿驿。至二十五年，以监察御史检交两京馆。大历十四年，两京以御史一人知馆驿，号馆驿使。监察御史分察尚书省六司，繇下第一人为始，出使亦然。兴元元年，以第一人察吏部、礼部，兼监祭使；第二人察兵部、工部，兼馆驿使；第三人察户部、刑部。岁终议殿最。元和中，以新人不出使无以观能否，乃命颛察尚书省，号曰六察官。开元十九年，以监察御史二人莅太仓、左藏库。三院御史，皆初领繁剧外府推事。其后，以殿中侍御史上一人为监太仓使，第二人为监左藏库使。

凡诸使下三院御史内供奉，其班居正台监察御史之上。

太常寺　卿一人，正三品；少卿二人，正四品上，掌礼乐、郊庙、社稷之事，总郊社、太乐、鼓吹、太医、太卜、廪牺、诸祠庙等署，少卿为之贰。凡大礼,则赞引;有司摄事,则为亚献;三公行园陵,则为副;大祭祀,省牲、器,则谒者为之导;小祀及公卿嘉礼,命谒者赞相。凡巡幸、出师、克获,皆择日告太庙。

凡藏大享之器服,有四院:一曰天府院,藏瑞应及伐国所获之宝,禘祫则陈于庙庭;二曰御衣院,藏天子祭服;三曰乐县院,藏六乐之器;四曰神厨院,藏御廪及诸器官奴婢。初,有衣冠署,令,正八品上。贞观元年,署废。高宗即位,改治礼郎曰奉礼郎,以避帝名。龙朔二年,改太常寺曰奉常寺,九寺卿皆曰正卿,少卿曰大夫。武后光宅元年,复改太常寺曰司礼寺。

丞二人,从五品下,掌判寺事。凡享太庙,则修七祀天西门之内。主簿二人,从七品上。

博士四人,从七品上,掌辨五礼。按王公、三品以上功过善恶为之谥。大礼,则赞卿导引。

太祝六人,正九品上,掌出纳神主。祭祀则跪读祝文;卿省牲则循牲告充,牵以授太官。

奉礼郎二人,从九品上,掌君臣版位,以奉朝会、祭祀之礼。宗庙则设皇帝位于庭,九庙子孙列焉,昭、穆异位,去爵从齿。凡樽、彝、勺、幂、篚、坫、簠、簋、登、铏、笾、豆,皆辨其位。凡祭祀、朝会,在位拜跪之节,皆赞导之。公卿巡行诸陵,则主其威仪鼓吹,而相其礼。

协律郎二人,正八品上;掌和律吕。录事二人,从九品上,八寺录事品同。有礼院修撰、检讨官各一人,府十二人,史二十三人,谒者十人,赞引二十人,赞者四人,祝史六人,赞者十六人。太常寺、礼院礼生各三十五人,亭长八人,掌固十二人。

两京郊社署令各一人,从七品下;丞各一人,从八品上。令掌五郊、社稷、明堂之位,与奉礼郎设樽、罍、篚幂,而太官令实之。立燎坛,积柴。合朔有变,则巡察四门,以俟变过,明则罢。有府二人,史四人,典事五人,掌固五人,门仆八人,斋郎百一十人。斋郎掌供郊庙之役。太庙九室,室长三人,以主樽、篚、幂、锁钥,又有罍洗二人。郊坛有掌坐二十四人,以主神御之物。皆礼部奏补。凡室长十年、掌座十二年,皆授官。祭飨而员少，兼取三馆学生，皆绛衣绛帻。更一番者，户部下蠲符，岁一申考诸署所择者，太常以十月申解于礼部，如贡举法，帖《论语》及一大经。中第者，录奏，吏部注冬集散官，否者番上如初。六试而绌，授散官。唐初，以郊社、太乐、鼓吹、太医、太官、左藏、乘黄、典廊、典客、上林、太仓、平准、常平、典牧、左尚、右尚为上署；钩盾、右藏、织染、掌冶为中署；珍羞、良酝、掌醢、守宫、武器、车府、司仪、崇玄、导官、甄官、河渠、弩坊、甲坊、舟楫、太卜、廪牺、中校、左校、右校为下署。

太乐署令二人，从七品下；丞一人，从八品下；乐正八人，从九品下。令掌调钟律，以供祭飨。

凡习乐，立师以教，而岁考其师之课业为三等，以上礼部。十年大校，未成，则五年而校，以番上下。有故及不任供奉，则输资钱，以充伎衣乐器之用。散乐，闰月人出资钱百六十，长上者复蠲役，音声人纳资者岁钱二千。博士教之，功多者为上第，功少者为中第，不勤者为下第，礼部覆之。十五年有五上考、七中考者，授散官，直本司，年满考少者，不叙。教长上弟子四考，难色二人，次难色二人业成者，进考，得难曲五十以上任供奉者为业成。习难色大部伎三年而成，次部二年而成，易色小部伎一年而成，皆入等第三为业成。业成行修谨者，为助教；博士缺，以次补之。长上及别教未得十曲，给资三之一；不成者录鼓吹署。习大小横吹，难色四番而成，易色三番而成；不成者，博士有谪。内教博士及弟子长教者，给资钱而留之。

武德后，置内教坊于禁中。武后如意元年，改曰云韶府，以中官为使。开元二年，又置内教坊于蓬莱宫侧，有音声博士、第一曹博士、第二曹博士。京都置左右教坊，掌俳优杂技。自是不录太常，以中官为教坊使。唐改太乐为乐正，有府三人，史六人，典事八人，掌固六人，文武二舞郎一百四十人，散乐三百八十二人，仗内散乐一千人，音声人一万二十七人，有别教院。开成三年，改法曲所处院曰仙韶院。

鼓吹署令二人，从七品下；丞二人，从八品下；乐正四人，从九品下。令掌鼓吹之节。合朔有变，则帅工人设五鼓于太社，执麾旒于四门之塾，置龙床，有变则举麾击鼓，变复而止。马射，设抨鼓金钲，施龙床。大傩，帅鼓角以助侲子之唱。有府三人，史六人，典事四人,掌固四人。唐并清商、鼓吹为一署,增令一人。

太医署令二人,从七品下;丞二人,医监四人,并从八品下;医正八人,从九品下。令掌医疗之法,其属有四;一曰医师,二曰针师,三曰按摩师,四曰咒禁师。皆教以博士,考试登用如国子监。医师、医正、医工疗病,书其全之多少为考课。岁给药以防民疾。凡陵寝庙皆储以药,尚药、太常医各一人受之。宫人患坊有药库,监门莅出给;医师、医监、医正番别一人莅坊。凡课药之州,置采药师一人。京师以良田为园,庶人十六以上为药园生,业成者为师。凡药,辨其所出,择其良者进焉。有府二人,史四人,主药八人,药童二十四人,药园师二人,药园生八人,掌固四人;医师二十人,医工百人,医生四十人,典药一人;针工二十人;按摩工五十六人,按摩生十五人;咒禁师二人,咒禁工八人,咒禁生十人。

医博士一人,正八品上;助教一人,从九品上,掌教授诸生以《本草》、《甲乙》、《脉经》,分而为业:一曰体疗,二曰疮肿,三曰少小,四曰耳目口齿,五曰角法。

针博士一人,从八品上;助教一人,针师十人,并从九品下,掌教针生以经脉、孔穴,教如医生。

按摩博士一人,按摩师四人,并从九品下:掌教导引之法以除疾,损伤折跌者,正之。

咒禁博士一人,从九品下,掌教咒禁袚除为厉者,斋戒以受焉。

太卜署令一人,从七品下;丞二人,从八品下;卜正、博士各二人,从九品下;掌卜筮之法:一曰龟,二曰五兆,三曰易,四曰式。祭祀、大事,率卜正卜日,示高于卿,退而命龟,既灼而占,先上旬,次中旬,次下旬。小祀、小事者,则卜正示高、命龟、作,而太卜令佐莅之。季冬,帅侲子堂赠大傩,天子六队,太子二队,方相氏右执戈、左执楯而导之,唱十二神名,以逐恶鬼;傩者出,磔雄鸡于宫门、城门。

有卜助教二人,卜师二十人,巫师十五人,卜筮生四十五人,府一人,史二人,掌固二人。

廪牺署令一人,从八品下;丞二人,正九品下,掌牺牲粢盛之

事。祀用太牢者，三牲加酒、脯、醢，与太祝牵牲就榜位；卿省牲，则
北面告腯，以授太官。籍田，则供耒于司农卿，卿以授侍中。籍田所
收以供粢盛、五斋、三酒之用，以馀及槁饲牺牲。有府一人，史二人，典
事二人，掌固二人。

汾祠署令一人，从七品下；丞一人，从八品上，掌享祭洒扫之
制。有府二人，史四人，庙二考人，开元二十一年置。

三皇五帝以前帝王、三皇、五帝、周文王、周武王、汉高祖、两京
武成王庙令一人，从六品下；丞一人，正八品下，掌开阖、洒扫、释奠
之礼。有录事一人，府二人，史四人，庙干二人，掌固四人，门仆八人。神龙二
年，两京置齐太公庙署，其后废，开元十九年复置。天宝三载，初置周文王庙
署；六载，置三皇五帝庙署；七载，置三皇五帝以前帝王庙署；九载，置周武王、
汉高祖庙署。上元元年，改齐太公署为武成王庙署，朱全忠曰武明。

光禄寺　卿一人，从三品；少卿二人，从四品上；丞二人，从六
品上；主簿二人，从七品上，掌酒醴膳羞之政，总太官、珍羞、良酝、
掌醢四署。凡祭祀，省牲镬、濯溉；三公摄祭，则为终献。朝会宴享，
则节其等差。录事二人。龙朔二年，改光禄寺曰司宰寺。武后光宅元年，
曰司膳寺。有府十一人，史二十一人，亭长六人，掌固六人。

太官署令二人，从七品下；丞四人，从八品下，掌供祠宴朝会膳
食。祭日，令白卿诣厨省牲镬，取明水、明火，帅宰人割牲，取毛血实
豆，遂烹。又实簠簋，设天馔幕之内。有府四人，史八人，监膳十人，监膳
史十五人，供膳二千四百人，掌固四人。

珍羞署令一人，正八品下；丞二人，正九品下，掌供祭祀、朝会、
宾客之庶羞，榛栗、脯修、鱼盐、菱芡之名数。武后垂拱元年，改肴藏曰
珍羞署，神龙元年复旧，开元元年又改。有府三人，史六人，典书八人，饧匠五
人，掌固四人。

良酝署令二人，正八品下；丞二人，正九品下，掌供五齐、三酒。
享太庙，则供郁鬯以实六彝。进御，则供春暴、秋清、酴醿、桑落之
酒。有府三人，史六人，监事二人，掌酝二十人，酒匠十三人，奉斛百二十人，
掌固四人。

　　掌醢署令一人,正八品下;丞二人,正九品下,掌供醢醯之物:
一曰鹿醢,二曰兔醢,三曰羊醢,四曰鱼醢。宗庙,用菹以实豆;宾
客、百官,用醯酱以和羹。有府二人,史二人,主醢十人,酱匠二十三人,酢
匠十二人,豉匠十二人,菹醢匠八人,掌固四人。

　　卫尉寺　卿一人,从三品;少卿二人,从四品上;丞二人,从六
品上,掌器械文物,总武库、武器、守宫三署。兵器入者,皆籍其名
数。祭祀、朝会,则供羽仪、节钺、金鼓、帷帟、茵席。凡供宫卫者,岁
再阅,有敝则修于少府。主簿二人,从七品上。录事一人。龙朔二年,
改曰司卫寺。武后光宅元年又改。有府六人,史十一人,亭长四人,掌固六人。
　　丞,掌判寺事,辨器械出纳之数。大事承制敕,小事则听于尚书
省。
　　两京武库署令各二人,从六品下;丞各二人,从八品下,掌藏兵
械。有赦,建金鸡,置鼓宫城门之右,大理及府县囚徒至,则击之。监
事各一人,正九品上。诸署监事,品同。有府各六人,史各六人,典事各
二人,掌固各五人。开元二十五年,东都亦置署。
　　武器署令一人,正八品下;丞二人,正九品下,掌外戎器。祭祀、
巡幸,则纳于武库。给六品以上葬卤簿、棨戟。凡戟,庙、社、宫、殿
之门二十有四,东宫之门十八,一品之门十六,二品及京兆河南
太原尹、大都督、大都护之门十四,三品及上都督、中都督、上都护、
上州之门十二,下都督、下都护、中州、下州之门各十。衣幡坏者,五
岁一易之。薨卒者既葬,追还。监事二人。有府二人,史六人,典事二人,
掌固四人。贞观中,东都亦置署。
　　守宫署令一人,正八品下;丞二人,正九品下,掌供帐帟。祭祀、
巡幸,则设王公百官之位。吏部、兵部、礼部试贡举人,则供帷幕。王
公婚礼,亦供帐具。京诸司长上官,以品给其床罽。供蕃客帷帟,则
题岁月。席寿三年、毡寿五年、褥寿七年,不及期而坏,有罚。监事
二人。有府二人,史四人,掌设六人,幕士八十人,掌固四人。

宗正寺　卿一人，从三品；少卿二人，从四品上；丞二人，从六品上，掌天子族亲属籍，以别昭穆。领陵台、崇玄二署。凡亲有五等，先定于司封：一曰皇帝周亲、皇后父母，视三品；二曰皇帝大功亲、小功尊属，太皇太后、皇太后、皇后周亲，视四品；三曰皇帝小功亲、缌麻尊属，太皇太后、皇太后、皇后大功亲，视五品；四曰皇帝缌麻亲、袒免尊属，太皇太后、皇太后、皇后小功亲；五曰皇帝袒免亲，太皇太后小功卑属，皇太后、皇后缌麻亲，视六品。皇帝亲之夫妇男女，降本亲二等，余亲降三等，尊属进一等，降而过五等者不为亲。诸王、大长公主、长公主亲，本品；嗣王、郡王非三等亲者，亦视五品；驸马都尉，视诸亲。祭祀、册命、朝会、陪位、袭封者皆以簿书上司封。主簿二人，从七品上，知图谱官一人，修玉牒官一人，知宗子表疏官一人，录事二人。武德二年，置宗师一人，后省。龙朔二年，改宗正寺曰司宗寺。武后光宅元年曰司属寺。有府五人，史五人，亭长四人，掌固四人。京都太庙斋郎各一百三十人，门仆各三十三人，主簿、录事各二人。

诸陵台令各一人，从五品上；丞各一人，从七品下；建初、启运、兴宁、永康陵，令各一人，从七品下；丞各一人，从八品下，掌守卫山陵。凡陪葬，以文武分左右，子孙从父祖者亦如之；宫人陪葬，则陵户成坟。诸陵四至有封，禁民葬，唯故坟不毁。开元二十四年，以宗庙所奉不可名以署，太常少卿韦绍奏废太庙署，以少卿一人知太庙事。二十五年，濮阳王彻为宗正卿，恩遇甚厚，建议以宗正司属籍，乃请以陵寝、宗庙录宗正。天宝十二载，驸马都尉张垍为太常卿，得幸，又以太庙诸陵署隶太常。十载，改献、昭、乾、定、桥五陵署为台，升令品，永康、兴宁二陵称署如故。至德二年，复以陵庙录宗正。永泰元年，太常卿姜庆初复奏以陵庙隶太常，大历二年复旧。陵台有录事各一人，府各二人，史各四人，主衣、主辇、主药各四人，典事各三人，掌固各二人，陵户各三百人，昭陵、乾陵、桥陵增百人。诸陵有录事各一人，府各一人，史各二人，典事各二人，掌固各二人，陵户各百人。

诸太子庙令各一人，八品上；丞各一人，正九品下；录事各一人。令掌洒扫开阖之节，四时享祭焉。有府各一人，史各二人，典事各二人，掌固各一人。

诸太子陵令各一人，从八品下；丞各一人，从九品下；录事各一人。有府各一人，史各二人，典事各二人，掌固各一人，陵户各三十人。太常旧有太庙署，令一人，从七品下；丞二人，从七品下；斋郎二十四人。

崇玄署令一人，正八品下；丞一人，正九品下，掌京都诸观名数与道士帐籍、斋醮之事。新罗、日本僧人朝学问，九年不还者编诸籍。道士、女官、僧、尼，见天子必拜。凡止民家，不过三夜。出逾宿者，立案连署，不过七日；路远者州县给程。天下观一千六百八十七，道士七百七十六，女官九百八十八；寺五千三百五十八，僧七万五千五百二十四，尼五万五百七十六。两京度僧、尼、道士、女官，御史一人莅之。每三岁州、县为籍，一以留县，一以留州；僧、尼，一以上祠部；道士、女官，一以上宗正，一以上司封。有府二人，史三人，典事六人，掌固二人，崇玄学博士一人、学生百人。隋以署录鸿胪，又有道场、玄坛。唐置诸寺观监，录鸿胪寺，每寺观有监一人。贞观中，废寺观监。上元二年，置漆园监，寻废。开元二十五年，置崇玄学于玄元皇帝庙。天宝元年，两京置博士、助教各一员，学生百人，每祠享，以学生代斋郎。二载，改崇玄学曰崇玄馆，博士曰学士，助教曰直学士，置大学士一人，以宰相为之，领两京玄元宫及道院，改天下崇玄学为通道学，博士曰道德博士，未几而罢。宝应、永泰间，学生存者亡几。大历三年，复增至百人。初，天下僧、尼、道士、女官，皆录鸿胪寺。武后延载元年，以僧、尼录祠部。开元二十四年，道士、女官录宗正寺。天宝二载，以道士录司封。贞元四年，崇玄馆罢大学士，后复置左右街大功德使、东都功德使、修功德使，总僧、尼之籍及功役。元和二年，以道士、女官录左右街功德使。会昌二年，以僧、尼录主客，太清宫置玄元馆，亦有学士，至六年废，而僧、尼复录两街功德使。

太仆寺　卿一人，从三品；少卿二人，从四品上；丞四人，从六品上；主簿二人，从七品上；录事二人。卿掌厩牧、辇舆之政，总乘黄、典厩、典牧、车府四署及诸监牧。行幸，供五路属车。凡监牧籍帐，岁受而会之，上驾部以议考课。永徽中，太仆寺曰司驭寺，武后光宅元年改曰司仆寺。有府十七人，史二十四人，兽医六百人，兽医博士四人，学生百人，亭长四人，掌固六人。

乘黄署令一人，从七品下；丞一人，从八品下，掌供车路及驯驭之法。凡有事,前期四十日,率驾士调习,尚乘随路色供马;前期二十日,调习于内侍省。有府一人,史二人,驾士二百四十人,羊车小史十四人,掌固六人。

典厩署令二人,从七品下;丞四人,从八品下,掌饲马牛、给养杂畜。良马一丁,中马二丁,驽马三丁,乳驹、乳犊十给一丁。有府四人,史八人,主乘六人,典事八人,执驭百人,驾士八百人,掌固六人。

典牧署令三人,正八品上;丞六人,从九品上,掌诸牧杂畜给纳及酥酪脯腊之事。群牧所送羊犊,以供廪牺、尚食。监事八人。有府四人,史八人,典事十六人,主酪七十四人,驾士百六十人,掌固四人。

车府署令一人,正八品下;丞一人,正九品下,掌王公以下车路及驯驭之法。从官三品以上婚、葬,给驾士。凡路车之马牛,率驭士调习。有府一人,史二人,典书四人,驭士百七十五人,掌固六人。

诸牧监。上牧监:监各一人,从五品下;副监各二人,正六品下;丞各二人,正八品上;主簿各一人,正九品下。中牧监:监,正六品下;副监,从六品下;丞,从八品上;主簿,从九品上。下牧监:监,从六品下;副监,正七品下;丞,正九品上;主簿,从九品下。中牧监副监,丞,减上牧监一员。南使、西使,丞各三人,从七品下;录事各一人,从九品下。北使、盐州使,丞各二人,从七品下。掌群牧孳课。

凡马五千为上监,三千为中监,不及为下监。马牛之群,有牧长,有尉。马之驽、良,皆著籍,良马称左,驽马称右。每岁孟秋,群牧使以诸监之籍合为一,以仲秋上于寺;送细马,则有牵夫、识马小儿、兽医等。凡马游牝以三月,驹犊在牧者,三岁别群。孳生过分有赏,死耗亦以率除之。岁终监牧使巡按,以功过相除为考课。上牧监,有录事各一人,府各三人,史各六人,典事各八人,掌固各四人。中牧监,减府一人,史、典事各减二人。下牧监,典事、掌固减二人。南使、西使,录事、史各一人,府各五人,史各九人;北使、盐州使,录事以下员数及品,如南使。麟德中,置八使,分总监、坊:秦、兰、原、渭四州及河曲之地,凡监四十有八:南使有监十五,西使有监十六,北使有监七,盐州使有监八,岚州使有监二;自京师西属陇右,有七马坊,置陇右三使领之。又有沙苑、楼烦、天马监。沙苑监掌畜陇右诸牧牛羊,给宴祭及尚食所用,每岁与典牧署供焉。自监以下,品数如下牧监。至开元二十三年，废监。

东宫九牧监丞二人，正八品上；录事一人，从九品下，掌牧养马牛，以供皇太子之用。有录事、史各一人，府三人，史六人。初，监有监、副监、丞、主簿、录事各一人，府二人，史四人，典事四人，掌固二人。自监以下，品同下牧监。又有马牧使，有丞以下官。

大理寺　卿一人，从三品；少卿二人，从五品下，掌折狱、详刑。凡罪抵流、死，皆上刑部，覆于中书、门下。系者五日一虑。龙朔二年，改曰详刑寺。武后光宅元年，改曰司刑寺。中宗时废狱丞。有府二十八人，史五十六人，司直史十二人，评事史二十四人，狱史六人，亭长四人，掌固十八人，问事百人。

正二人，从五品下，掌议狱，正科条。凡丞断罪不当，则以法正之。五品以上论者，莅决。巡幸，则留总持寺事。

丞六人，从六品上，掌分判寺事，正刑之轻重。徒以上囚，则呼与家属告罪，问其服否。

主簿二人，从七品上，掌印，省署钞目，句检稽失。凡官吏抵罪及雪免，皆立簿。私罪赎铜一斤，公罪二斤，皆为一负；十负为一殿。每岁，吏部、兵部牒覆选人殿负，录报焉。

狱丞二人，从九品下，掌率狱史，知囚徒。贵贱、男女异狱。五品以上月一沐，暑则置浆。禁纸笔、金刃、钱物、杵梃入者。囚病，给医药，重者脱械锁，家人入侍。

司直六人，从六品上；评事八人，从八品下，掌出使推按。凡承制推讯长吏，当停务禁锢者，请鱼书以往。录事二人。

鸿胪寺　卿一人，从三品；少卿二人，从四品上；丞二人，从六品上，掌宾客及凶仪之事。领典客、司仪二署。凡四夷君长，以蕃望高下为簿，朝见辨其等位，第三等居武官三品之下，第四等居五品之下，第五等居六品之下，有官者居本班。御史察食料。二王后、夷狄君长袭官爵者，辨嫡庶。诸蕃封命，则受而往。海外诸蕃朝贺进贡使有下从，留其半于境；繇海路朝者，广州择首领一人、左右二人入朝；所献之物，先上其数于鸿胪。凡客还，鸿胪籍衣、斋赐物多少以报主客，给过所。蕃客奏事，具至日月及所奏之宜，方别为状，月一奏，为簿，以副藏鸿胪。献马，则殿中、太仆寺莅阅，良者入殿中，驽病入太仆。献药者，鸿胪寺验覆，少府监定价之高下。鹰、鹘、狗、豹无估，则鸿胪定所报轻重。凡献物，皆客执以见，驼马则陈于朝堂，不足进者州县留之。皇帝、皇太子为五服亲及大臣发哀临吊，则卿赞相。大臣一品葬，以卿护；二品，以少卿；三品，以丞。皆司仪示以礼制。

主簿一人，从七品上。录事二人。龙朔二年，改鸿胪寺曰同文寺。武后光宅元年，改曰司宾寺。有府五人，史十人，亭长四人，掌固六人。

典客署令一人，从七品下；丞三人，从八品下，掌二王后介公、酅公之版籍及四夷归化在藩者，朝贡、宴享、送迎皆预焉。酋渠首领朝见者，给禀食；病，则遣医给汤药；丧，则给以所须；还蕃赐物，则佐其受领，教拜谢之节。有典客十三人，府四人，史八人，掌固二人。

掌客十五人，正九品上，掌送迎蕃客，颛莅馆舍。

仪署令一人，正八品下；丞一人，正九品下，掌凶礼丧葬之具。京官职事三品以上、散官二品以上祖父母、父母丧，职事、散官五品以上、都督、刺史卒于京师，及五品死王事者，将葬，祭以少牢，率斋郎俎豆以往。三品以上赠以束帛，黑一、纁二，一品加乘马；既引，遣使赠于郭门之外，皆有束帛，一品加璧。五品以上葬，给营墓夫。有司仪六人，府二人，史四人，掌设十八人，斋郎三十人，掌固四人，幕士六十人。

司农寺　卿一人，从三品；少卿二人，从四品上，掌仓储委积之事。总上林、太仓、钩盾、䕫官四署及诸仓、司竹、诸汤、宫苑、盐池、诸屯等监。凡京都百司官吏禄禀、朝会、祭祀扫须，皆供焉。藉田，则进末耜。

丞六人，从六品上，总判寺事。凡租及藁秸至京都者，阅而纳焉。官户奴婢有技能者配诸司，妇人入掖庭，以类相偶，行宫监牧及赐王公、公主皆取之。凡孳生鸡彘，以户奴婢课养。俘口则配轻使，始至给禀食。

主簿二人，从七品上；录事二人。龙朔二年，改司农寺曰司稼寺。有府三十八人，史七十六人，计史三人，亭长九人，掌固七人。

上林署令二人，从七品下；丞四人，从八品下，掌苑囿园池。植果蔬，以供朝会、祭祀及尚食诸司常料。季冬，藏冰千段，先立春三日纳之冰井，以黑牡、秬黍祭司寒。仲春启冰亦如之。监事十人。有府七人，史十四人，典事二十四人，掌固五人。

太仓署令三人，从七品下；丞五人，从八品下；监事八人，掌廪藏之事。有府十人，史二十人，典事二十四人，掌固八人。

钩盾署令二人，正八品上；丞四人，正九品上；监事十人，掌供薪炭、鹅鸭、蒲蔺、陂池薮泽之物，以给祭祀、朝会、飨燕宾客。有府七人，史十四人，典事十九人，掌固五人。

䃺官署令二人，正八品下；丞四人，正九品上；监事十人，掌䃺择米麦。凡九谷，皆随精粗差其耗损而供焉。有府八人，史十六人，典事二十四人，掌固五人。初有御细仓督、曲面仓督，贞观中省。

太原、永丰、龙门等仓，每仓监一人，正七品下；丞二人，从八品上，掌仓廪储积。凡出纳帐籍，岁终上寺。有录事一人，府三人，史六人，典事八人，掌固六人。龙门等仓，减府一人，史、典事、掌固各减二人。

司竹监一人，从六品下；副监一人，正七品下；丞二人，正八品上，掌植竹、苇，供宫中百司帘笼之属，岁以笋供尚食。有录事一人，府二人，史四人，典事三十人，掌固四人，苇园匠一百人。

庆善、石门、温泉汤等监，每监监一人，从六品下；丞一人，正七品下，掌汤池、宫禁、防堰及俟粟刍、修调度，以备供奉。王公以下汤馆，视贵贱为差。凡近汤所润瓜蔬，先时而熟者，以荐陵庙。有录事一人，府一人，史二人，掌固四人。

京都诸宫苑总监，监各一人，从五品下；副监各一人，从六品下；丞各二人，从七品下；主簿各二人，从九品上。掌苑内宫馆、园池、禽鱼果木。凡官属人畜出入，皆有籍。有录事各二人，府各八人，史各十六人，亭长各四人，掌固各六人，兽医各五人。

京都诸园苑监苑四面监,监各一人,从六品下;副监各一人,从七品下;丞各二人,正八品下;掌完葺苑面、宫馆、园池与种莳、蕃养六畜之事。显庆二年,改青城宫监曰东都苑北面监,明德宫监曰东都苑南面监,洛阳宫农圃监曰东都苑东面监,仓货监曰东都苑西面监。有录事各一人,府各三人,史各六人,典事各六人,掌固各六人。

九成宫总监监一人,从五品下;副监一人,从六品下;丞一人,从七品下;主簿一人,从九品上,掌修完宫苑,供进炼饵之事。有录事一人,府三人,自监以下,品同宫苑。武德初,改隋仁寿宫监曰九成宫监。

诸盐池监监一人,正七品下,掌盐功簿帐。有录事一人,史二人。

诸屯监一人,从七品下;丞一人,从八品下,掌营种屯田,句会功课及畜产簿帐,以水旱蝾蝗定课。屯主劝率营农,督敛地课。有录事一人,府一人,史二人,典事二人,掌固四人。每屯主一人,屯副一人,主簿一人,录事一人,府三人,史五人。

太府寺　卿一人,从三品;少卿二人,从四品上,掌财货、廪藏、贸易,总京都四市、左右藏、常平七署。凡四方贡赋、百官俸秩,谨其出纳。赋物任土所出,定精粗之差,祭祀币帛皆供焉。龙朔二年,改太府寺曰外府寺。武后光宅元年,改曰司府寺。中宗即位,复曰太府寺。有府二十五人,史五十人,计史四人,亭长七人,掌固七人。

丞四人,从六品上,掌判寺事。凡元日、冬至以方物陈于庭者,受而进之。会赐及别敕六品以下赐者,给于朝堂。以一人主左、右藏署帐,凡在署为簿,在寺为帐,三月一报金部。

主簿二人,从七品上,掌印,省钞目,句检稽失。平权衡度量,岁以八月印署,然后用之。录事二人。

两京诸市署令一人,从六品上;丞二人,正八品上,掌财货交易、度量器物,辨其真伪轻重。市肆皆建标筑土为候,禁榷固及参市自殖者。凡市,日中击鼓三百以会众,日入前七刻,击钲三百而散。有果毅巡澶。平货物为三等之直,十日为簿。车驾行幸,则立市于顿侧互市,有卫士五十人,以察非常。有录事一人,府三人,史七人,典事三人,掌固一人。

左藏署令三人,从七品下;丞五人,从八品下;监事八人,掌钱帛、杂彩,天下赋调,卿及御史监阅。有府九人,史十八人,典事十二人,掌固八人。

右藏署令二人,正八品上;丞三人,正九品上;监事四人,掌金玉、珠宝、铜铁、骨角、齿毛、彩画。有府五人,史十二人,典事七人,掌固十人。

常平署令一人,从七品上;丞二人,从八品下;监事五人,掌平籴、仓储、出纳。有府四人,史八人,典事五人,掌固六人。显庆三年,置署。武后时,东郊亦置署。

国子监 祭酒一人,从三品;司业二人,从四品下,掌儒学训导之政,总国子、太学、广文、四门、律、书、算凡七学。天子视学,皇太子齿冑,则讲义。释奠,执经论议,奏京文武七品以上观礼。凡授经,以《周易》、《尚书》、《周礼》、《仪礼》、《礼记》、《毛诗》、《春秋左氏传》、《公羊传》、《谷梁传》各为一经,兼习《孝经》、《论语》、《老子》。岁终,考学官训导多少为殿最。

丞一人,从六品下,掌判监事。每岁,七学生业成,与司业、祭酒莅试,登第者上于礼部。

主簿一人,从七品下,掌印,句督监事。七学生不率教者,举而免之。录事一人,从九品下。武德初,以国子监曰国子学,隶太常寺。贞观二年复曰监。龙朔二年,改国子监曰司成馆,祭酒曰大司成,司业曰少司成。咸亨元年复曰监。垂拱元年,改国子监曰成均监。有府七人,史十三人,亭长六人,掌固八人。

国子学博士五人,正五品上,掌教三品以上及国公子孙、从二品以上曾孙为生者。五分其经以为业:《周礼》、《仪礼》、《礼记》、《毛诗》、《春秋左氏传》各六十人,暇则习录书、《国语》、《说文》、《字林》、《三仓》、《尔雅》。每岁通两经。求仁者,上于监,秀才、进士亦如之。学生以长幼为序。习正业之外,教吉、凶二礼,公私有事则相仪。龙朔二年,改博士曰宣业。有大成十人,学生八十人,典学四人,庙干二人,掌固四人,东都学生十五人。

助教五人,从六品上,掌佐博士分经教授。

直讲四人,掌佐博士、助教以经术讲授。

五经博士各二人,正五品上,掌以其经之学教国子。《周易》、《尚书》、《毛诗》、《左氏春秋》、《礼记》为五经,《论语》、《孝经》、《尔雅》不立学官,附中经而已。

太学博士六人,正六品上;助教六人,从七品上,掌教五品以上及郡县公子孙、从三品曾孙为生者。五分其经以为业,每经百人。有学生七十人,典学四人,掌固六人,东都学生十五人。

广文馆博士四人,助教二人,掌领国子学生业进士者。有学生六十人,东都十人。天宝九载,置广文馆,有知进士助教,后罢知进士之名。

四门馆博士六人,正七品上;助教六人,从八品上;直讲四人。掌教七品以上、侯伯子男子为生及庶人子为俊士生者。有学生三百人,典学四人,掌固六人。东都学生五十人。

律学博士三人,从八品下;助教一人,从九品下,掌教八品以下及庶人子为生者。律令为颛业,兼习格式法例。隋,律学录大理寺,博士八人。武德初,录国子监,寻废。贞观六年复置,显庆三年又废,以博士以下录大理寺。龙朔二年复置。有学生二十人,典学二人。元和初,东都置学生五人。

书学博士二人,从九品下;助教一人,掌教八品以下及庶人子为生者。石经、《说文》、《字林》为颛业,兼习余书。武德初,废书学,贞观二年复置。显庆三年又废,以博士以下录秘书省,龙朔二年复。有学生十人,典学二人,东都学生三人。

算学博士二人,从九品下;助教一人,掌教八品以下及庶人子为生者。二分其经以为业:《九章》、《海岛》、《孙子》、《五曹》、《张丘建》、《夏侯阳》、《周髀》、《五经算》、《缀术》、《缉古》为颛业,兼习《记遗》、《三等数》。

凡六学束修之礼、督课、试举,皆如国子学,助教以下所掌亦如之。唐废算学,显庆元年复置,三年又废,以博士以下录太史局。龙朔二年复。有学生十人,典学二人,东都学生二人。

少府　监一人,从三品;少监二人,从四品下,掌百工技巧之政。总中尚、左尚、右尚、织染、掌冶五署及诸冶、铸钱、互市等监。供天子器御、后妃服饰及郊庙圭玉、百官仪物。凡武库袍襦,皆识其轻重乃藏之,冬至、元日以给卫士。诸州市牛皮角以供用,牧畜角筋脑革悉输焉。细镂之工,教以四年;车路乐器之工,三年;平漫刀稍之工,二年,矢镞竹漆屈柳之工半焉;冠冕弁帻之工,九月。教作者传家技,四季以令丞试之,岁终以监试之,皆物勒工名。

丞六人,从六品下,掌判监事。给五署所须金石、齿革、羽毛、竹木。所入之物,各以名数州土为籍。工役众寡难易有等差,而均其劳逸。

主簿二人,从七品下;录事二人,从九品上。武德初,废监,以诸署录太府寺。贞观元年复置。龙朔二年改日内府监,武后垂拱元年日尚方监。有府二十七人,史十七人,计史三人,亭长八人,掌固六人,短蕃匠五千二十九人,绫锦坊巧儿三百六十五人,内作使绫匠八十三人,掖庭绫匠百五十人,内作巧儿四十二人,配京都诸司诸使杂匠百二十五人。

中尚署令一人,从七品下;丞二人,从八品下,掌供郊祀圭璧及天子器玩、后妃服饰雕文错彩之制。凡金木齿革羽毛,任土以时而供。赦日,树金鸡于仗南,竿长七丈,有鸡高四尺,黄金饰首,衔绛幡长七尺,承以彩盘,维以绛绳,将作监供焉。击枹鼓千声,集百官、父老、囚徒。坊小儿得鸡首者以钱购,或取绛幡而已。岁二月,献牙尺。寒食,献球。五月,献绶带。夏至,献雷车。七月,献钿针。腊日,献口脂。唯笔、琴瑟弦,月献。金银暨纸,非旨不献。制鱼袋以给百官。蕃客赐宝钿带鱼袋,则授鸿胪寺丞、主簿。监作四人,从九品下。凡监作,皆同品。有府九人,史十八人,典事四人,掌固四人。唐改内尚方署日中尚方署。武后改少府监日尚方监,而中左右尚方、织染方、掌冶方五署,皆去方以避监,自是不改矣。有金银作坊院。

左尚署令一人，从七品下；丞五人，从八品下，掌供翟扇、盖伞、五路、五副、七辇、十二车，及皇太后、皇太子、公主、王妃、内外命妇、王公之车路。凡画素刻镂与宫中蜡炬杂作，皆领之。监作六人。有府七人，史二十人，典事十八人，掌固十四人。

右尚署令二人，从七品下；丞四人，从八品下，掌供十二闲马之籥。每岁取于京兆、河南府，加饰乃进。凡五品三部之帐，刀剑、斧铖、甲胄、纸笔、茵席、履舄，皆傝其用，皮毛之工亦领焉。监作六人。有府七人，史二十人，典事十三人，掌固十人。

织染署令一人，正八品上；丞二人，正九品上，掌供冠冕、组绶及织纴、色染。锦、罗、纱、縠、绫、绸、絁、绢、布，皆广尺有八寸，四丈为匹。布五丈为端，绵六两为屯，丝五两为绚，麻三斤为缏。凡绫锦文织，禁示于外。高品一人专莅之，岁奏用度及所织。每掖庭经锦，则给酒羊。七月七日，祭杼。监作六人。有府六人，史十四人，典事十一人，掌固五人。

掌冶署令一人，正八品上；丞二人，正九品上，掌范熔金银铜铁及涂饰琉璃玉作。铜铁人得采，而官收以税，唯镴官市。边州不置铁冶，器用所须皆官供。凡诸冶成器，上数于少府监，然后给之。监作二人。有府六人，史十二人，典事二十三人，掌固四人。

诸冶监令各一人，正七品下；丞各一人，从八品上，掌铸兵农之器，给军士、屯田居民。唯兴农冶颛供陇右监牧。监作四人。有录事一人，府一人，史二人，典事二人，掌固四人。太原冶，减监作二人。

诸铸钱监监各一人，副监各二人，丞各一人。以所在都督、刺史判焉；副监，上佐；丞，以判司；监事以参军及县尉为之。监事各一人。有录事各一人，府各三人，史各四人，典事各五人。凡铸钱有七监，会昌中，增至八监，每道置铸钱坊一。大中初，三监废。

互市监，每监监一人，从六品下；丞一人，正八品下，掌蕃国交易之事。隋以监录四方馆。唐录少府。贞观六年，改交市监曰互市监，副监曰丞。武后垂拱元年曰通市监。有录事一人，府二人，史四人，价人四人，掌固八人。

　　将作监　监一人,从三品;少监二人,从四品下,掌土木工匠之政,总左校、右校、中校甄官等署,百工等监。大明、兴庆、上阳宫,中书、门下、六军仗舍、闲厩,谓之内作;郊庙、城门、省、寺、台、监、十六卫、东宫、王府诸廨,谓之外作。自十月距二月,休冶功;自冬至距九月,休土功。凡治宫庙,太常择日以闻。

　　丞四人,从六品下,掌判监事。凡外营缮、大事则听制敕,小事则须省符。功有长短,役有轻重。自四月距七月,为长功;二月、三月、八月、九月,为中功;自十月距正月,为短功。长上匠,州率资钱以酬雇。军器则勒岁月与工姓名。武德初,改令曰大匠,少令曰少匠。龙朔二年,改将作监曰缮工监,大匠曰大监,少匠曰少监。咸亨元年,缮工监曰营缮监。天宝十一载,改大匠曰大监,少匠曰少监。有府十四人,史二十八人,计史三人,亭长四人,掌固六人,短蕃匠一万二千七百四十四人,明资匠二百六十人。

　　主簿二人,从七品下,掌官吏粮料、俸食,假使必由之。诸司供署监物有阙,举焉。录事二人,从九品上。

　　左校署令二人,从八品下;丞一人,正九品下,掌梓匠之事。乐县、簨簴、兵械、丧葬仪物皆供焉。宫室之制,自天子至士庶有等差,宫修者左校为之。监作十人。有府六人,史十二人,监作十二人。

　　右校署令二人,正八品下;丞三人,正九品下,掌版筑、涂泥、丹垩、匽厕之事。有所须,则审其多少而市之。监作十人。有府五人,史十人,典事二十四人。

　　中校署令一人,从八品下;丞三人,正九品下,掌供舟军、兵械、杂器。行幸陈设则供竿柱,闲厩系秣则供行槽,祷祀则供棘葛,内外营作所须皆取焉。监牧车牛,有年支刍豆,则受之以给车坊。监事四人。武后时,改曰营缮署。垂拱元年复旧,寻废。开元初复置。有府三人,史六人,典事八人,掌固二人。

　　甄官署令一人,从八品下;丞二人,正九品下,掌琢石、陶土之事,供石磬、人、兽、碑、柱、碾、硙、瓶、缶之器。敕葬则供明器。监作四人。有府五人,史十人,典事十八人。

百工、就谷、库谷、斜谷、太阴、伊阳监监各一人，正七品下；副监一人，从七品下；丞一人，正八品上，掌采伐材木。监作四人。武德初，置百工监，掌舟车及营造杂作，有监、少监各一人，丞四人，主簿一人。又置就谷、库谷、斜谷、太阴、伊阳五监。贞观中，废百工监。高宗置百工署，掌东都土木瓦石功。开元十五年为监。有录事一人，府一人，史三人，典事二十人。

军器监　监一人，正四品上；丞一人，正七品上，掌缮甲弩，以时输武库。总署二：一曰弩坊，二曰甲坊。主簿一人，正八品下；录事一人，从九品下。武德初，有武器监一人，正八品下，掌兵仗、厩牧。少监一人，丞二人，主簿一人。七年废军器监，八年复置，九年又废，贞观六年，废武器监。开元以前，军器皆出右尚署，三年置军器监，十一年复废为甲弩坊，录少府，十六年复为监。有府八人，史十二人，亭长二人，掌固四人。

弩坊署令一人，正八品下；丞一人，正九品下，掌出纳矛矟、弓矢、排弩、刃镞、杂作及工匠。监作二人。有府二人，史五人，典事二人，贞观六年，改弓弩箭署为弩坊署，甲铠署为甲坊署。

甲坊署令一人，正八品下；丞一人，正九品下，掌出纳甲胄、绥绳、筋角、杂作及工匠。监作二人。有府二人，史五人，典事二人。

都水监　使者二人，正五品上，掌川泽、津梁、渠堰、陂池之政，总河渠、诸津监署。凡渔捕有禁；溉田自远始，先稻后陆，渠长、斗门长节其多少而均焉。府县以官督察。

丞二人，从七品上，掌判监事。凡京畿诸水，因灌溉盗费者有禁。水入内之余，则均王公百官。

主簿一人，从八品下，掌运漕、渔捕程，会而纠举之。武德初，废都水监为署。贞观六年复为监，改令曰使者。龙朔二年，改都水监曰司津监，使者曰监。武后垂拱元年，改都水监曰水衡监，使者曰都尉。开元二十五年，不录将作监。有录事一人，府五人，史十人，亭长一人，掌固四人。初，贞观六年，置舟楫署，有令一人，正八品下，掌舟楫、运漕；漕正一人，府三人，史六人，监漕一人，漕史二人，典事六人，掌固八人。上元二年，置丞二人，正九品下，掌运漕隐失。开元二十六年，署废。

河渠署令一人，正八品下；丞一人，正九品上，掌河渠、陂池、堤堰、鱼醢之事。凡沟渠开塞，渔捕时禁，皆颛之。飨宗庙，则供鱼鲅；祀昊天上帝，有司摄事，则供腥鱼。日供尚食及给中书、门下，岁供诸司及东宫之冬藏。渭河三百里内渔钓者，五坊捕治之。供祠祀，则自便桥至东渭桥禁民渔。三元日，非供祠不采鱼。唐有河堤使者。贞观初改曰河堤谒者。有府三人，史六人，典事三人，每渠及斗门有长一人，掌固三人，鱼师十二人。初，有监漕十人，从九品上，大历后省。兴成、五门、六门、龙首、泾堰、滋堤，凡六堰，皆有丞一人，从九品下。府一人，史二人，典事二人，掌固二人，贞观六年皆废。

河堤谒者六人，正八品下，掌完堤堰、利沟渎、渔捕之事。泾、渭、白渠、以京兆少尹一人督视。

诸津令各一人，正九品上；丞二人，从九品下，掌天下津济舟梁。灞桥、永济桥，以勋官散官一人莅之；天津桥、中桥，则以卫士拚扫。凡舟渠之备，皆先拟其半，袽塞、竹篂，所在供焉。唐改津尉曰令，有录事一人，府一人，史二人，典事三人，津吏五人，桥丁各三十人，匠各八人。京兆、河南诸津，录都水监；便桥、渭桥、万年三桥，有丞一人，从九品下；府一人，史十人，典事二人，掌固二人。贞观中废。

唐书卷四九上

志第三九上

百官四上

十六卫　东宫官

　　十六卫　左右卫上将军各一人,从二品;大将军各一人,正三品;将军各二人,从三品,掌宫禁宿卫,凡五府及外府皆总制焉。凡五府三卫及折冲府骁骑番上者,受其名簿而配以职。皇帝御正殿,则守诸门及内厢宿卫仗。非上日,亦将军一人押仗,将军缺,以中郎将代将军,掌贰上将军之事。左右骁卫、左右武卫、左右威卫、左右领军、左右金吾、左右监门卫上将军以下,品同。武德五年,改左右翊卫曰左右卫府,左右骁骑卫曰左右骁骑府,左右屯卫曰左右威卫,左右御卫曰左右领军府,左右备身府曰左右府,唯左右武卫府、左右监门府、左右候卫仍隋不改。显庆五年,改左右府曰左右千牛府。龙朔二年,左右卫府、骁卫府、武卫府,皆省"府"字,左右威卫曰左右武威卫,左右领军卫曰左右戎卫,左右候卫曰左右金吾卫,左右监门府曰左右监门卫,左右千牛府曰左右奉宸卫,后又曰左右千牛卫。咸亨元年,改左右戎卫曰领军卫。武后光宅元年,改左右骁卫曰左右武威,左右武卫曰左右鹰扬卫,左右威卫曰左右豹韬卫,左右领军卫曰左右玉钤卫。贞元二年,初置十六卫上将军。左右卫有录事一人,府一人,史二人,亭长八人,掌固四人。

　　长史各一人,从六品上,掌判诸曹、五府、外府禀禄,卒伍、军团之名数,器械、车马之多少,小事得专达,每岁秋,赞大将军考课。录事参军事各一人,正八品上。掌受诸曹及五府之外府事,句稽抄目,印给纸笔。

仓曹参军事各二人,正八品下,掌五府文官勋考、假使、禄俸、公廨、田园、食料、医药、过所。自仓曹以下同品。有府二人,史四人。兵曹,府四人,史七人。骑曹,府二人,史四人。胄曹,府三人,史三人。武后长安初,改铠曹曰胄曹,中宗即位复旧,先天元年又曰胄曹。开元初,诸卫司仓、司兵、骑兵参军,改曰仓曹、兵曹、骑曹、胄曹参军事。

兵曹参军事各二人,掌五府武官宿卫番第,受其名数,而大将军配焉。

骑曹参军事各一人,掌外府杂畜簿帐、牧养。凡府马承直,以远近分七番,月一易之。以敕出宫城者,给马。

胄曹参军事各一人,掌兵械、公廨兴缮、罚谪。大朝会行从,则受黄质甲铠、弓矢于卫尉。

奉车都尉,掌驭副车。有其名而无其人,大陈设则它官摄。驸马都尉无定员,与奉车都尉皆从五品下。司阶各二人,正六品上;中候各三人,正七品下;司戈各五人,正八品下;执戟各五人,正九品下;长上各二十五人,从九品下。武后天授二年,置诸卫司阶、中候、司戈、执戟,谓之四色官。

亲卫之府一:曰亲府。勋卫之府二:一曰勋一府,二曰勋二府。翊卫之府二:一曰翊一府,二曰翊二府。凡五府。每府,中郎将一人,正四品下;左右郎将一人,正五品上。亲卫,正七品上;勋卫,从七品上;翊卫,正八品上,总四千九百六十三人。兵曹参军事各一人,正九品上;校尉各五人,正六品上。每校尉有旅帅二人,从六品上;每旅帅各有队正二十人,正七品上,副队正二十人,正七品下。

五府中郎将掌领校尉、旅帅、亲卫、勋卫之属宿卫者,而总其府事;左右郎将贰焉。番上者,以名簿上于大将军而配以职。武德、贞观世重资荫,二品、三品子,补亲卫;二品曾孙、三品孙、四品子、职事官五品子若孙、勋官三品以上有封及国公子,补勋卫及率府亲卫;四品孙、五品及上柱国子,补翊卫及率府勋卫;勋官二品及县男以上、散官五品以上子若孙,补诸卫及率府翊卫。王府执仗亲事、执乘亲事,每月番上者数千人,宿卫内庑及城门,给禀食。执扇三卫三百人,择少壮肩膊齐、仪容整美者,本卫印臂,送殿中省肄习。仗下,每番三卫一人,为太仆寺引辂。其后入官路艰,三卫非权势子弟辄退番,柱国子有白首不得进者。流外虽鄙,不数年给禄禀,故三卫益贱,人罕趋之一人。有录事府一人,史三人。唐亲卫、勋卫置骠骑将军、车骑将军,翊卫置车骑将军。武德七年,改骠骑将军为中郎将,车骑将军皆为郎将,分左右,以亲卫曰一府,勋卫、翊卫曰二府,谓之三府卫。诸卫翊卫及率府亲、勋卫,亦曰三卫。永徽三年,避太子讳,改中郎将曰旅贲郎,郎将曰翊军郎。太子废,复旧。

左右骁卫上将军各一人,大将军各一人,将军各二人,掌同左右卫。凡翊府之翊卫、外府豹骑番上者,分配之。凡分兵守诸门,在皇城四面、宫城内外,则与左右卫分知助铺。

长史各一人,录事参军事各一人,仓曹参军事各二人,兵曹参军事各二人,骑曹参军事各一人,胄曹参军事各一人,左右司阶各二人,左右中候各三人,左右司戈各五人,左右执戟各五人。

左右翊中郎将府中郎将各一人,左郎将各一人,右郎将各一人,兵曹参军事各一人,校尉各五人,旅帅各十人,队正各二十人,副队正各二十人。有录事一人,史二人,亭长二人,掌固四人。仓曹,府二人,史二人;兵曹,府三人,史五人;骑曹,府二人,史四人;胄曹,府三人,史三人。左右翊中郎将府录事一人,府一人、史二人。

左右武卫上将军各一人,大将军各一人,将军各二人,掌同左右卫。凡翊府之翊卫、外府熊渠番上者,分配之。

长史各一人,录事参军事各一人,仓曹参军事各二人,兵曹参军事各二人,骑曹参军事各一人,胄曹参军事各一人,左右司阶各二人,左右中候各三人,左右司戈各五人,左右执戟各五人,长上各二十五人。左右翊中郎将府官,同骁骑。有称长二人,录事一人,史二人,亭长二人,掌固四人。仓曹,府二人,史四人;兵曹,府三人,史五人;骑曹,府二人,史四人;胄曹,府三人,史三人。称长掌唱警,为应跸之节。

左右威卫上将军各一人,大将军各一人,将军各二人,掌同左右卫。凡翊府之翊卫、外府羽林番上者,分配之。凡分兵主守,则知皇城东面助铺。

长史各一人,录事参军事各一人,仓曹参军事各二人,兵曹参军事各二人,骑曹参军事各一人,胄曹参军事各一人,左右司阶各二人,左右中候各三人,左右司戈各五人,左右执戟各五人,长上各二十五人。左右翊中郎将府官,同骁骑。有录事一人,史二人,亭长二人,掌固四人。仓曹,府二人,史四人;兵曹,府三人,史五人;骑曹,府二人,史四人;胄曹,府三人,史三人。

左右领军卫上将军各一人,大将军各一人,将军各二人,掌同左右卫。凡翊府之翊卫、外府射声番上者,分配之。凡分兵主守,则知皇城西面助铺及京城、苑城诸门。

长史各一人,录事参军事各一人,仓曹参军事各二人,兵曹参军事各二人,骑曹参军事各一人,胄曹参军事各一人,左右司阶各二人,左右中候各三人,左右司戈各五人,左右执戟各五人,长上各二十五人。左右翊中郎将府官,同骁卫。有录事一人,史二人,亭长二人,掌固四人。仓曹,府二人,史四人;兵曹,府三人,史五人;骑曹,府二人,史四人;胄曹,府三人,史三人。

左右金吾卫上将军各一人,大将军各一人,将军各二人,掌宫中、京城巡警,烽候、道路、水草之宜。凡翊府之翊卫及外府佽飞番上,皆属焉。师田,则执左右营之禁,南卫宿卫官将军以下及千牛番上者,皆配以职。大功役,则与御史循行。凡敝幕、故毡,以给病坊。兵曹参军事,掌翊府、外府武官,兼猎师。骑曹参军事,掌外府杂畜簿帐、牧养之事。胄曹参军事,掌同左右卫。大朝会行从,给青龙旗、𥬭稍于卫尉。

长史各一人,录事参军事各一人,仓曹参军事各二人,兵曹参军事各二人,骑曹参军事各一人,胄曹参军事各一人,左右司阶各二人,左右中候各三人,左右司戈各五人,左右执戟各五人,左右街使各一人,判官各二人。左右翊中郎将府官,如骁卫。有录事一人,史二人。仓曹,府二人,史四人;兵曹,府三人,史五人;骑曹,府二人,史四人;胄曹,府三人,史三人。左右街典二人,引驾仗三卫六十人,引驾佽飞六十六人,大角手六百人。隋有察非掾,至唐废。

左右翊中郎将府中郎将,掌领府属,督京城左右六街铺巡警,以果毅二人助巡探。入阁日,中郎将一人升殿受状,卫士六百为大角手,六番阅习,吹大角为昏明之节,诸营垒候以进退。

左右街使,掌分察六街徼巡。凡城门坊角,有武候铺,卫士、矿骑分守,大城门百人,大铺三十人,小城门二十人,小铺五人。日暮,鼓八百声而门闭;乙夜,街使以骑卒循行叫呼,武官暗探;五更二点,鼓自内发,诸街鼓承振,坊市门皆启,鼓三千挝,辨色而止。

左右监门卫上将军各一人,大将军各一人,将军各二人,掌诸门禁卫及门籍。文武官九品以上,每月送籍于引驾仗及监门卫,卫以帐报内门。凡朝参、奏事、待诏官及伞扇仪仗出入者,阅其数。以物货器用入官者,有籍有傍。左监门将军判入,右监门将军判出,月一易其籍。行幸,则率属于衙门监守。

长史,掌判诸曹及禁门,巡视出入而司其籍、傍。余同左右卫。兵曹参军事兼掌仓曹,胄曹兼掌骑曹。

左右翊中郎将府中郎将,掌莅宫殿城门,皆左出右出。中郎将各四人,长史各一人,录事参军事各一人,兵曹参军事各一人,胄曹参军事各一人。有录事一人,史二人,亭长二人,掌固二人。兵曹,府三人,史五人;胄曹,府三人,史四人。监门校尉三百二十人,直长六百八十人,长入长上二十人,直长长上二十人。监门校尉掌叙出入。唐改监门府郎将为将军。

左右千牛卫上将军各一人,大将军各一人,将军各二人,掌侍卫及供御兵仗。以千牛备身左右执弓箭宿卫,以主仗守戎器。朝日,领备身左右升殿列侍。亲射，则率属以从。胄曹参军事，掌甲仗。凡御仗之物二百一十有九，羽仪之物三百，自千牛以下分掌之。上日，执御弓箭者亦自备以入宿。主仗每月上，则配以职，行从则兼骑曹。

中郎将各二人，长史各一人，录事参军事各一人，兵曹参军事各一人，胄曹参军事各一人。唐改备身郎将曰将军，备身将曰中郎将，千牛左右、备身左右曰千牛备身。初置备身主仗。有录事一人，史二人，亭长二人，掌固四人。兵曹，府一人，史二人；胄曹，府一人，史一人。千牛备身十二人，备身左右十二人，备身一百人，主仗一百五十人。千牛备身掌执御刀，服花钿绣衣绿，执象笏，宿卫侍从。备身左右掌执御弓矢，宿卫侍从。备身，掌宿卫侍从。主仗，掌守供御兵仗。

左右翊中郎将府中郎将，掌供奉侍卫。凡千牛及备身左右以御刀仗升殿供奉者，皆上将军领之，中郎将佐其职。有口敕，通事舍人承传，声不下闻者，中郎将宣告。

诸卫折冲都尉府每府折冲都尉一人，上府正四品上，中府从四品下，下府正五品下。左右果毅都尉各一人，上府从五品下，中府正六品上，下府正六品下。别将各一人，上府正七品下，中府从七品上，下府从七品下。长史各一人，上府正七品下，中府从七品上，下府从七品下。兵曹参军事各一人，上府正八品下，中府正九品下，下府从九品上。校尉五人，从七品下。旅帅十人，从八品上。队正二十人，正九品下；副队正二十人，从九品下。

折冲都尉掌领属备宿卫，师役则总戎具、资粮，点习以三百人为团，一校尉领之。捉铺持更者，晨夜有行人必问，不应则弹弓而向之，复不应则旁射，又不应则射之。昼以排门人远望，暮夜以持更人远听。有众而嚣，则告主帅。

左右果毅都尉，掌贰都尉。每府有录事一人，府一人，史二人。兵曹，府二人，史三人。每队正领兵五十人。武德元年，改鹰扬郎将曰军头，正四品下；鹰击郎将曰府副，正五品上；司马曰长史，正八品下；校尉，正六品下；旅帅，正七品下。废越骑、步兵二校尉及察非掾。又改军头曰骠骑将军，府副曰车骑将军，皆为府。诸率府置骠骑将军五人，车骑将军十人。二年，以车骑将军府隶骠骑府,置十二军,分关内诸府皆隶焉。每军,将军一人,副一人。至六年废。七年,改骠骑将军府为统军府,车骑将军为别将。八年,复置十二军。贞观十年,改统军府曰折冲都尉,别将曰果毅都尉。军坊置坊主一人,检校户口,劝课农桑,以本坊五品勋官为之。三辅及近畿州都督府皆置府,凡六百三十三。永徽中,废长史,置司马一人,总司兵、司骑二局。武后垂拱中,以千二百人为上府,千人为中府,八百人为下府,赤县为赤府,畿县为畿府。圣历元年,废司马,置长史、兵曹参军事,又有别将一人,从六品下,居果毅都尉之次,其后分左右各一人,寻废。久之,复置一人,降其品。开元初,卫士为武士,诸卫折冲、果毅、别将,择有行者为展仗押官。右羽林军十五人,左羽林军二十五人,衣服同色。诸卫有弩手,左右骁卫各八十五人,余卫各八十三人。

　　左右羽林军大将军各一人,正三品;将军各三人,从三品,掌统北衙禁兵骑番上者,配其职。有敕上南衙者,大将军承墨敕,白移于金吾,引驾仗官与监门奏覆,降墨敕,然后乃得入。

　　长史各一人,从六品上;录事参军事各一人,正八品上;仓曹参军事各一人,兼总骑曹事;兵曹参军事各一人;胄曹参军事各一人。自仓曹参军以下,皆正八品下。司阶各二人,正六品上;中候各三人,正七品下;司戈各五人,正八品上;执戟各五人,正九品下;长上各十人。

　　左右翊卫中郎将府中郎将一人,正四品下;左右中郎一人,左右郎将一人,皆正五品上;兵曹参军事一人,正九品上;校尉五人,旅帅十人,队正二十人,副队正二十人。有录事一人,史二人,亭长二人,掌固四人。仓曹、兵曹各府二人,史四人;胄曹,府、史各二人。左右翊中郎将府,录事一人,府一人,史二人;仓曹、兵曹各府二人,史四人;胄曹,府、史各二人。

　　左右龙武军大将军各一人,正二品;统军各一人,正三品;将军三人,从三品,掌同羽林。

　　长史、录事参军事、仓曹参军事、兵曹参军事、胄曹参军事各一人,司阶各二人,中候各三人,司戈、执戟各五人,长上各十人。景云元年,置龙武将军。兴元元年,六军各置统军。贞元三年,龙武军增将军一员,有录事一人,史二人,亭长二人,掌固四人。仓曹,府二人,史四人;兵曹,府二人,史四人;胄曹,府、史各二人。

左右神武军大将军各一人,正二品;统军各一人,正三品;将军三人,从三品,总衙前射生兵。

长史、录事参军事、仓曹参军事、兵曹参军事、胄曹参军事各一人,司阶各二人,中候各三人,司戈、执戟各五人,长上各十人。有录事一人,史二人。仓曹、兵曹、胄曹府、史,皆如神武军。开元二十六年,分羽林置左右神武军,寻废。至德二年复置。

左右神策军大将军各一人,正二品;统军各二人,正三品;将军各四人,从三品,掌卫兵及内外八镇兵。

护军中尉各一人,中护军各一人,判官各三人,都句判官二人,句覆官各一人,表奏官各一人,支计官各一人,孔目官各二人,驱使官各二人。

自长史以下,员数如龙武军。左右龙武、左右神武、左右神策,号六军。贞元二年,神策军置大将军、将军,十四年置统军,品秩同六军。始,殿前左右神威军,有大将军二人,正二品;统军二人,从三品;将军二人,从五品。元和初,为一军,号天威军。八年废,以军录神策,有马军、步军将军及指挥使等,以马军大将军知军事。天复三年废神策军,四年复置神策军。

东宫官　太子太师、太傅、太保,各一人,从一品,掌辅导皇太子。每见,迎拜殿门,三师答拜,每门必让,三师坐,太子乃坐。与三师书,前名惶恐,后名惶恐再拜。太子出,则乘路备卤簿以从。

少师、少傅、少保各一人,从二品,掌晓三师德行,以谕皇太子,奉太子以观三师之道德。自太师以下唯其人,不必备。先天元年开府,置令、丞各一人,录詹事府。寻废。

太子宾客四人,正三品,掌侍从规谏,赞相礼仪,宴会则上齿。侍读,无常员,掌讲导经学。贞观十八年,以宰相兼宾客。开元中,定员四人，太宗时，晋王府有侍读，及为太子，亦置焉。其后，或置或否。开元初，十王宅引辞学工书者入教，亦为侍读。

　　詹事府太子詹事一人，正三品；少詹事一人，正四品上，掌统三寺、十率府之政，少詹事为之贰。皇太子书称令，庶子以下署名奉行，书案、画日。丞二人，正六品上，掌判府事，知文武官簿、假使。凡敕令及尚书省、二坊符牒下东宫诸司者，皆废焉。主簿一人，从七品上；录事二人，正九品下。隋废詹事府。武德初复置。龙朔二年曰端尹府，詹事曰端尹，少詹事曰少尹。武后光宅元年改曰宫尹府，詹事曰宫尹，少詹事曰少尹。有令史九人，书令史十八人。

　　司直二人，正七品上，掌纠劾宫寮及率府之兵。皇太子朝，则分知东西班；监国，则詹事、庶子为三司，使司直一人与司议郎、舍人分日受理启、状。太子出，则分察卤簿之内。有令史一人，书令史二人，亭长四人，掌固六人。

　　左春坊左庶子二人，正四品上；中允二人，正五品下，掌侍从赞相，驳正启奏。总司经、典膳、药藏、内直、典设、宫门六局。皇太子出，则版奏外办、中严，入则解严。凡令书下，则与中允、司议郎等画诺、覆审，留所画以为案，更写印署，注令诺，送詹事府。

　　司议郎二人，正六品上，掌侍从规谏，驳正启奏。凡皇太子出入、朝谒、从祀、释奠、讲学、监国之命，可传于史册者，录为记注；宫坊祥眚，官长除拜、薨卒，岁终则录送史馆。左谕德一人，正四品下，掌谕皇太子以道德，随事讽赞。皇太子朝宫臣，则列侍左阶，出入骑从。左赞善大夫五人，正五品上，掌传令，讽过失，赞礼仪，以经教授诸郡王。录事二人，从八品下；主事三人，从九品下。隋有内允。武德三年改曰中舍人，录门下坊。贞观初曰中允，十八年置司议郎。永徽三年，避皇太子名，复改中允曰内允。太子废，复旧。龙朔二年，改门下坊曰左春坊，左庶子曰左中护，中允曰左赞善大夫，司议郎分左右，置左右谕德各一人，咸亨元年，皆复旧，司议郎不分左右，其后谕德废而司议郎复分。仪凤四年，置左右赞善大夫各十人，以同姓为之。景云二年，始兼用庶姓，改门下坊曰左春坊，复置谕德，庶子以比侍中，中允以比门下侍郎，司议郎以比给事中，赞善大夫以比谏议大夫，谕德以比散骑常侍。右坊，则庶子以比中书令，中舍人以比中书侍郎，太子监国则庶子比尚书令。有令史六人，书令史十二人，传令四人，掌仪二人，赞者三人，亭长三人，掌固十人。

崇文馆学士二人，掌经籍图书，教授诸生，课试举送如弘文馆。校书郎二人，从九品下，掌校理书籍。贞观十三年置崇贤馆。显庆元年，置学生二十人。上元二年，避太子名，改曰崇文馆。有学士、直学士及雠校，皆无常员，无其人则庶子领馆事。开元七年，改雠校曰校书郎。乾元初，以宰相为学士，总馆事。贞元八年，录左春坊。有馆生十五人，书直一人，令史二人，书令史二人，典书二人，拓书手二人，楷书手十人，熟纸匠一人，装潢匠二人，笔匠一人。

司经局洗马二人，从五品下，掌经籍，出入侍从。图书上东宫者，皆受而藏之。文学三人，正六品下，分知经籍，侍奉文章。校书四人，正九品下；正字二人，从九品上，掌校刊经史。唐改太子正书曰正字。龙朔三年，改司经局曰桂坊，罢录左春坊，领崇贤馆，比御史台；以詹事一人为令，比御史大夫，司直二人比侍御史，以洗马为司经大夫。置文学四人，录事一人，正九品下。三年，改司经大夫曰桂坊大夫，纠正违失。咸亨元年，复录左春坊，省录事。有书令史二人，书吏二人，典书四人，楷书二十五人，掌固六人，装潢匠二人，熟纸匠、笔匠各一人。

典膳局典膳郎二人，从六品下；丞二人，正八品上，掌进膳、尝食，丞为之贰。每夕，更直于厨。龙朔二年，改典膳监曰典膳郎。有书令史二人，书吏四人，主食六人，典食二百人，掌固四人。

药藏局药藏郎二人，从六品下；丞二人，正八品上。掌和医药，丞为之贰。皇太子有疾，侍医诊候议方。药将进，宫臣莅尝，如尚药局之职。有书令史一人，书吏二人，侍医四人，典药二人，药童六人，掌固四人。

内直局内直郎二人，从六品下；丞二人，正八品下，掌符玺、衣服、伞扇、几案、笔砚、垣墙。龙朔二年，改监曰内直郎，副监曰丞。有令史一人，书吏三人，典服十二人，典扇八人，典翰八人，掌固六人。武德中，有典玺四人，开元中废。

典设局典设郎四人，从六品下；丞二人，正八品下，掌汤沐、灯烛、汛扫、铺设。凡皇太子散斋别殿、致斋正殿,前一日设幄坐于东序及室内,张帷前楹。龙朔二年,改斋帅局曰典设局,斋帅曰郎。有书令史二人,书吏四人,幕士二百四十五人,掌固十二人。

宫门局宫门郎二人,从六品下;丞二人,正八品下,掌宫门管龠。凡夜漏尽,击漏鼓而开;夜漏上水一刻,击漏鼓而闭。岁终行傩,则先一刻而启。皇太子不在,则阖正门;还仗,如常。凡宫中,明时不鼓。龙朔三年,改宫门监曰宫门郎。有书令史一人,书吏二人,门仆百人,掌固四人。

右春坊右庶子二人,正四品下;中舍人二人,正五品下,掌侍从、献纳、启奏,中舍人为之贰。皇太子监国,下令书则画日,至春坊则庶子宣传,中舍人奉行。太子舍人四人,正六品上,掌行令书、表启。诸臣上皇太子,大事以笺,小事以启,其封题皆上右春坊通事舍人以进。通事舍人八人,正七品下,掌导宫臣辞见,承令劳问。右谕德一人,右赞善大夫五人,录事一人,主事二人,品皆如左春坊。隋内舍人录典书坊,武德初改曰中舍人,管记舍人曰太子舍人。永徽元年,避太子名,复改中舍人曰内舍人。龙朔二年,改典书坊曰右春坊,右庶子曰右中护,中舍人曰右赞善大夫,舍人曰右司议郎。有令史九人,书令史十八人,传令四人,典谒四人,亭长六人,掌固十人。

家令寺家令一人,从四品上,掌饮膳、仓储。总食官、典仓、司藏三署。皇太子出入,则乘辂车为导;祭祀、宾客,则供酒食;赐予,则奉金玉、货币。凡床几、茵席、器物,非取于将作、少府者,皆供焉。丞二人,从七品下,掌判寺事。凡三署出纳,皆刺于詹事。庄宅、田园,审肥瘠为收敛之数。宫、朝、坊、府土木营缮,则下于司藏。主簿一人,正九品下。唐改司府令曰家令。龙朔二年,改家令寺曰宫府寺,家令曰大夫。有录事一人,府十人,史二十人,亭长四人,掌固四人,杂匠百人。

食官署令一人,从八品下;丞二人,从九品下,掌饮膳、酒醴。凡四时供送设食皆颛焉。供六品以下元日、寒食、冬至食于家令厨者。有府二人,史四人,掌膳四人,供膳百四十人,奉觯三十人。

典仓署令一人，从八品下；丞二人，从九品下，掌九谷、醢醯、庶羞、器皿、灯烛。凡园圃树艺，皆受令焉。每月籍出纳上于寺，岁终上詹事府。给户奴婢、番户、杂户资粮衣服。有府三人，史五人；园丞二人，史二人。

司藏署令一人，从八品下；丞二人，从九品下，掌库藏财货出纳、营缮。有府三人，史四人，计史一人。

率更寺令一人，从四品上，掌宗族次序、礼乐、刑罚及漏刻之政。太子释奠、讲学、齿胄，则总其仪；出入，乘轺车为导，居家令之次。坊、寺、府有罪者，论罚庶人杖，以下皆送大理。皇太子未立，判断于大理。

丞一人，从七品上，掌贰令事。宫臣有犯理于率更者，躬问蔽罪而上于詹事。主簿一人，正九品下，掌印句。凡宗族不序，礼仪不节，音律不谐，漏刻不审，刑名不法，皆举而正之。决囚，则与丞同莅。龙朔二年，改曰司更寺，令曰司更大夫。有录事一人，府三人，史四人，漏刻博士三人，掌漏六人，漏童二十人，典钟、典鼓各十二人，亭长四人，掌固四人。漏刻博士掌教漏刻。

仆寺仆一人，从四品上，掌车舆、乘骑、仪仗、丧葬，总厩牧署。太子出，则率厩牧令进路，亲驭。丞一人，从七品上，掌判寺事。凡马畜刍粟，岁以季夏上于詹事，以时出入而节其数。主簿一人，正九品下，掌厩牧畜养、车骑驾驭、仪仗。龙朔二年，改曰驭仆寺，仆曰大夫。有进马十一人，录事一人，府三人，史五人，亭长三人，掌固三人。

厩牧署令一人，从八品下；丞二人，从九品下，掌车马、闲厩、牧畜。皇太子出，则率典乘先期习路马，率驾士驭车乘，既出，进路，式路车于西阁外，南向以俟。凡群牧录东宫者，皆受其职事。典乘四人，从九品下。有府三人，史六人，翼驭十人，驾士十五人，掌闲六百人，兽医十人，主酪三十人。翼驭掌调马执驭。

太子左右率府率各一人，正四品上；副率各二人，从四品上，掌兵仗、仪卫。凡诸曹及三府、外府皆录焉。元日、冬至，皇太子朝宫臣、诸方使，则率卫府之属为卫。每月三府三卫及五府超乘番上者，配以职。武德五年，改左右侍率曰左右卫率府，左右武侍卫率曰左右宗卫率府，左右宫门将曰左右监门率府。龙朔二年，改左右卫率府曰左右典戎卫，左右宗卫率府曰左右司御率府，左右虞候率府曰左右清道卫，左右内率府曰左右奉裕卫，左右监门率府曰左右崇掖卫。武后垂拱中，改左右监门率府曰左右鹤禁卫。神龙元年，改左右司御率府曰左右宗卫府，左右清道卫曰左右虞候率府。景云二年，左右宗卫府复曰左右司御率府。开元初，左右虞候率府复曰左右清道率府。

长史各一人，正七品上，掌判诸曹府。季秋以属官功状上于率，而为考课。

录事参军事各一人，从八品上；仓曹参军事、兵曹参军事、胄曹参军事、骑曹参军事各一人，从八品下。仓曹掌文官簿书，兵曹掌武官簿书，胄曹掌器械、公廨营缮。司皆各一人，从六品上；中候各二人，从七品下；司戈各二人，从八品上；执戟各三人，散长上各十人，从九品下。左右司御、清道、监门、内率府，自率以下品同。有录事一人，府一人，史一人。仓曹，府一人，史二人；兵曹、胄曹，各府二人、史三人；骑曹，府五人，史七人。亭长、掌固各二人。

亲府、勋府、翊府三府每府中郎将各一人，从四品上；左右郎将各一人，正五品下。中郎将、郎将，掌其府校尉、旅帅及亲、勋、翊卫之属宿卫，而总其事。兵曹参军事各一人，从九品上，掌判句。大朝会及皇太子出，则从卤簿而莅其仪。亲卫从七品上，勋卫正八品上，翊卫从八品上，员皆亡。校尉各五人，从六品上；旅帅各十人，正七品下；队正各二十人，从八品上。武德元年，改功曹曰亲卫，义曹曰勋卫，良曹曰翊卫，置三府，有录事一人，府、史各一人。

太子左右司御率府率各一人，正四品上；副率各二人，从四品上，掌同左右卫。凡诸曹及外府旅贲番上者录焉。

长史各一人，正七品上；录事参军事各一人，从八品上；仓曹参军事、兵曹参军事、胄曹参军事、骑曹参军事,各一人,从八品下;司阶各一人,中候各二人,司戈各二人,执戟各三人。亲卫、勋卫、翊卫三府中郎将以下,如左右卫率府。有录事一人,史二人。仓曹,府一人,史二人;兵曹,府二人,史三人;胄曹,府、史各二人。亭长一人,掌固二人。

太子左右清道率府率各一人,副率各二人,掌昼夜巡警。凡诸曹及外府直荡番上者录焉。皇太子出入,则以清游队先导,后拒队为殿。

长史各一人,录事参军事各一人,从八品上;仓曹参军事、兵曹参军事、胄曹参军事各一人,从八品下;左右司阶各一人,左右中候各二人,左右司戈各一人,左右执戟各三人。亲卫、勋卫、翊卫三府中郎将以下,如左右卫率府。有录事一人,史二人,亭长二人,掌固二人。仓曹,府一人,史二人;兵曹,府二人,史三人;胄曹,府二人,史二人。细引押仗五十人。

太子左右监门率府率各一人,副率各二人,掌诸门禁卫。凡财物、器用,出者有籍。

长史各一人,录事参军事各一人,正九品上;兵曹参军事各一人,正九品下,兼领仓曹;胄曹参军事各一人,正九品下;监门直长七十八人,从七品下。唐改宫门将曰监门率,直事曰直长。有录事一人,史二人,亭长一人,掌固二人。兵曹,府二人,史二人;胄曹,府二人,史三人。

太子左右内率府率各一人,副率各一人,掌千牛供奉之事。皇太子坐日,领千牛升殿。射于射宫,则千牛奉弓矢立东阶,西面;率奉弓,副率奉矢、决拾。北面张弓,左执弣,右执箫以进,副率以弓拂矢而进,各退立于位。既射,左内率启其中否。

长史各一人,录事参军事各一人,正九品上;兵曹参军事各一人,正九品下,兼领仓曹;胄曹参军事各一人,正九品下;千牛各四十四人,从七品上。唐置兵曹,改司使左右复曰千牛备身,主射左右复曰备身左右,弓箭备身去弓箭之名。龙朔二年,改千牛备身曰奉裕。开元中,千牛备身、备身左右,并为千牛。有备身二十八人,主仗四十人,录事一人,史二人。兵曹,府一人,史二人;胄曹,府一人,史一人。

唐书卷四九下

志第三九下

百官四下

王府官　外官

王府官　傅一人,从三品,掌辅正过失。谘议参军事一人,正五品上,掌讦谋议事。友一人,从五品下,掌侍游处,规讽道义。侍读,无定员;文学一人,从六品上,掌校典籍,侍从文章。东西阁祭酒各一人,从七品上,掌礼贤良、导宾客。自祭酒以上为王官。武德中,置师一人,常侍二人,侍郎四人,皆掌表启书疏,赞相礼仪;舍人四人,掌通传引纳。谒者二人,舍人二人,谘议参军事,友,皆正五品下;文学、祭酒,皆正六品下。高宗、中宗时,相王府长史以宰相兼之,魏、雍、卫王府以尚书兼之,徐、韩二王为刺史,府官同外官,资望愈下。永淳以前,王未出阁则不开府。天授二年,置皇孙府官。玄宗诸子多不出阁,王官益轻而员亦减矣。景云二年,改师曰傅,开元二年废,寻复置,废常侍、侍郎、谒者、舍人。开成元年,改诸王侍读曰奉诸王讲读,大中初复旧。

长史一人,从四品上;司马一人,从四品下,皆掌统府僚,纪纲职务。掾一人,掌通判功曹、仓曹、户曹事,属一人,皆正六品上,掌通判兵曹、骑曹、法曹、士曹事。主簿一人,掌覆省书教,记室参军事二人,掌表启书疏,录事参军事一人,皆从六品上,掌付事、句稽,省署钞目。录事一人,从九品下。功曹参军事掌文官簿书、考课、陈设;仓曹参军事掌禄廪、厨膳、出内、市易、畋渔、刍藁;户曹参军事掌封户、僮仆、弋猎、过所;兵曹参军事掌武官簿书、考课、仪卫、假使;骑曹参军事掌厩牧、骑乘、文物、器械；法曹参军事掌按讯、决刑；士曹参军事掌土功、公廨。自功曹以下各一人，正七品上。参军事二人，正八品下；行参军事四人，从八品上，皆掌出使杂检校。典签二人，从八品下，掌宣传书教。武德中，改功曹以下书佐、法曹行书佐士曹佐皆曰参军事，长兼行书佐曰行参军，废城局参军事。又有铠曹参军事二人，掌仪卫兵伏；田曹参军事一人，掌公廨、职田、弋猎；水曹参军事二人，掌舟船、渔捕、刍草，皆正七品下。家吏二人，百司问事谒者一人，正七品下。司阁一人，正九品下。贞观中，废铠曹、田曹、水曹。武后时，家吏以下皆废。主簿、记室有史二人；录事、功曹、仓曹、兵曹、骑曹、法曹、士曹，各府一人，史二人；户曹府、史各一人。自典签以上为府官。郡王、嗣王不置长史。

　　亲事府典军二人，正五品上；副典军二人，从五品上，皆掌校尉以下守卫、陪从，兼知鞍马。校尉五人，从六品上；旅帅，从七品下；队正，从八品下；队副，从九品下，皆掌领亲事、帐内陪从。自旅帅以下，视亲事多少乃置。

　　帐内府典军二人，正五品上；副典军二人，从五品上。自校尉以下，员、品如亲事府。初，典军以武官及流外为之，领执伏、帐内等。秦王、齐王府置左右六护军府、左右亲军府、左右帐内府。左一、右一护军府，护军各一人，副护军各二人，长史、录事参军事，仓曹、兵曹、铠曹参军事，各一人，统军各五人别将各一人。左二、右二护军府，左三、右三护军府，减统军三人，别将六人。左右亲军府，统军各一人，长史各一人，录事参军事，兵曹、铠曹参军事，左别将，右别将，各一人。帐内府职员，与护军府同。又有库直，录亲事府；驱咥直，录帐内府。选材勇为之。贞观中，库直以下皆废。亲事府有府一人，史二人；执伏亲事十六人，执弓伏；执乘亲事十六人，掌供骑乘；亲事三百三十人。帐内府有府一人，史一人，帐内六百六十七人。

　　亲王国令一人，从七品下；大农一人，从八品下，掌判国司。尉一人，正九品下；丞一人，从九品下。学官长、丞各一人，掌教授内人；食官长、丞各一人，掌营膳食；厩牧长、丞各二人，掌畜牧；典府长、丞各二人，掌府内杂事。长皆正九品下，丞皆从九品下。有典卫八人，掌守卫、陪从。舍人四人，录事一人，府四人，史八人。

公主邑司令一人,从七品下;丞一人,从八品下,掌公主财货、禀积、田园。主簿一人,正九品下;录事一人,从九品下,督封租、主家财货出入。有史八人,谒者二人,舍人二人,家史二人。

外官　天下兵马元帅、副元帅、都统、副都统、行军长史、行军司马、行军左司马、行军右司马、判官、掌书记、行军参谋、前军兵马使、中军兵马使、后军兵马使、中军都虞候各一人。元帅、都统、招讨使,掌征伐,兵罢则省。都统总诸道兵马,不赐旌节。高祖起兵,置左右领军大都督,各总三军。及定京师,置左右元帅、太原道行军元帅、西讨元帅,皆亲王领之。天宝末,置天下兵马元帅,都统朔方、河东、河北、平卢节度使,招讨、都统之名,始于此。大历八年,罢天下兵马元帅。建中四年,以李希烈反,置诸军行营兵马都元帅;兴元元年,置副都统。会昌中,置灵、夏六道元帅。黄巢之难,置诸道行营都都统。天福二年,置诸道兵马都元帅,寻复改曰天下兵马元帅。行军司马,掌弼戎政。居则习搜狩,有役则申战守之法,器械、粮糒、军籍、赐予皆专焉。武德元年,改赞治曰治中。高宗即位,曰司马,下州亦置焉。显庆二年,置洛州司马。武后大足元年,东都、北都、雍、荆、扬、益州置左右司马,神龙二年省。太极元年,雍、洛四大都督府增司马一人,亦分左右。掌书记,掌朝觐、聘问、慰荐、祭祀、祈祝之文与号令升绌之事。行军参谋,关豫军中机密。景龙元年,置掌书记。开元十二年,罢行军参谋,寻复置。

节度使、副大使知节度事、行军司马、副使、判官、支使、掌书记、推官、巡官、衙推各一人,同节度副使十人,馆驿巡官四人,府院法直官、要籍、逐要亲事各一人,随军四人。节度使封郡王,则有奏记一人;兼观察使,又有判官、支使、推官、巡官、衙推各一人;又兼安抚使,则有副使、判官各一人;兼支度、营田、招讨、经略使,则有副使、判官各一人。支度使复有遣运判官、巡官各一人。节度使掌总军旅,颛诛杀。初授,具帑抹兵仗诣兵部辞见,观察使亦如之。辞日,赐双旌双节。行则建节、树六纛,中官祖送,次一驿辄上闻。入境,州县筑节楼,迎以鼓角,衙仗居前,旌幢居中,大将鸣珂,金钲鼓角居后，州县斋印迎于道左。视事之日，设礼案，高尺有二寸，方八尺，判三案，节度使判宰相，观察使判节度使，团练使判观察使。三日洗印，视其刓缺。岁以八月考其治否，销兵为上考，足食为中考，边功为下考。观察使以丰稔为上考，省刑为中考，办税为下考。团练使以安民为上考，惩奸为中考，得情为下考。防御使以无虞为上考，清苦为中考，政成为下考。经略使以计度为上考，集事为中考，修造为下考。罢秩则交厅，以节度使印自随，留观察使、营田等印，以郎官主之。镵节楼、节堂，以节院使主之，祭奠以时。入朝未见，不入私第。

京兆、河南牧，大都督，大都护，皆亲王遥领。两府之政，以尹主之；大都督府之政，以长史主之；大都护府之政，以副大都护主之，副大都护则兼王府长史。其后有持节为节度、副大使知节度事者，正节度也。诸王拜节度大使者，皆留京师。

观察使、副使、支使、判官、掌书记、推官、巡官、衙推、随军、要籍、进奏官，各一人。团练使、副使、判官、推官、巡官、衙推，各一人。防御使、副使、判官、推官、巡官，各一人。观察处置使，掌察所部善恶，举大纲。凡奏请，皆属于州。贞观初，遣大使十三人巡省天下诸州，水旱则遣使，有巡察、安抚、存抚之名。神龙二年，以五品以上二十人为十道巡察使，按举州县，再周而代。景云二年，置都督二十四人，察刺史以下善恶，置司举从事二人，秩比侍御史。扬、益、并、荆四州为大都督，汴、兖、魏、冀、蒲、绵、秦、洪、润、越十州为中都督，皆正三品；齐、鄜、泾、襄、安、潭、遂、通、梁、夔十州为下都督，从三品。当时以为权重难制，罢之，唯四大都督府如故。置十道按察使，道各一人。开元二年，曰十道按察采访处置使，至四年罢。八年复置十道按察使，秋、冬巡视州县，十年又罢。十七年复置十道、京都、两畿按察使，二十年曰采访处置使，分十五道，天宝末，又兼黜陟使，乾元元年，改曰观察处置使。

西都、东都、北都牧各一人，从二品；西都、东都、北都、凤翔、成都、河中、江陵、兴元、兴德府尹各一人，从三品，掌宣德化，岁巡属县，观风俗，录囚，恤鳏寡。亲王典州，则岁以上佐巡县。武德元年，雍州置牧一人，以亲王为之，然常以别驾领州事。永徽中，改尹曰长史。初，太宗伐高丽，置京城留守，其后车驾不在京都，则置留守，以右金吾大将军为副留守；开元元年，改京兆、河南府长史复为尹，通判府务，牧缺则行其事；十一年，太原府亦置尹及少尹，以尹为留守，少尹为副留守：谓之三都留守。三都大都督府有典狱十八人，问事十二人，白直二十四人。典狱以防守囚系，问事以行罚。中府、上州，典狱十四人，问事八人，白直二十人；下府、中州，典狱十二人，问事六人，白直十六人；下州，典狱八人，问事四人，白直十六人。自三都以下，皆有执刀十五人。少尹二人，从四品下，掌贰府州之事，岁终则更次入计。

司录参军事二人，正七品上。录事四人，从九品上。功曹、仓曹、户曹、田曹、兵曹、法曹、士曹参军事各二人，皆正七品下。参军事六人，正八品下。六府录事参军事以下减一人。录事参军事，掌正违失，莅符印。武德初，改州主簿曰录事参军事，开元元年，改曰司录，有史十人。大都督府有史四人，中府有史三人，下府、都护府、上州、中州、下州各有史二人。

功曹司功参军事，掌考课、假使、祭祀、礼乐、学校、表疏、书启、禄食、祥异、医药、卜筮、陈设、丧葬。武德初，司功、司仓、司户、司兵、司法、司士书佐皆为司功等参军事，有府四人，史十人。大都督府有府三人、史六人；中府有府二人，史三人；下府有府一人，史三人。大都护府有府一人，史二人。上府有府、史各二人。上州有佐二人，史五人；中州减史二人。

仓曹司仓参军事，掌租调、公廨、庖厨、仓库、市肆。有府五人，史十三人。大都督府有府四人，史六人。中府、下府，各有府三人，史五人。都护府有府、史各二人。上州有佐二人，史五人；中州、下州减史二人。

户曹司户参军事，掌户籍、计帐、道路、过所、蠲符、杂徭、逋负、良贱、刍藁、逆旅、婚姻、田讼、旌别孝悌。有府八人，史十六人，帐史二人，知籍，按帐目捉钱。大都督府有府四人，史七人，帐史二人；中府有府三人，史五人，帐史一人；下府有府二人，史五人，帐史一人。上州有佐四人，史六人，帐史一人；中州有佐三人，史五人，帐史一人；下州有佐二人，史四人，帐史一人。都护府有府、史各二人，帐史一人。

田曹司田参军事，掌园宅、口分、永业及荫田。景龙三年，初置司田参军事，唐隆元年省，上元二年复置。有府四人，史十八人。大都督府有府二人，史六人；中府有府、史各二人；下府有府一人，史二人，上州有佐二人，史五人；中州、下州减史二人。

兵曹司兵参军事，掌武官选、兵甲、器仗、门禁、管钥、军防、烽候、传驿、畋猎。有府六人，史十四人。大都督府有府四人，史八人；中府有府三人，史六人；下府有府二人，史五人。都护府有府三人，史四人。上州有佐二人，史五人；中州减史二人。

法曹司法参军事，掌鞫狱丽法、督盗贼、知赃贿没入。有府六人，史十四人。大都督府有府三人，史八人；中府有府三人，史六人；下府有府二人，史五人。上州有佐四人，史七人；中州有佐一人，史四人；下州有佐一人，史三人。

士曹司士参军事，掌津梁、舟车、舍宅、工艺。有府五人，史十一人。大都督府有府四人，史八人；中府、下府有府三人，史六人。上州有佐二人，史五人；中州有佐一人，史四人。

参军事，掌出使、赞导。武德初，改行书佐曰行参军，寻又改曰参军事。初有亶使十五人，后省。

文学一人，从八品上，掌以五经授诸生。县则州补，州则授于吏部。然无职事，衣冠耻之。武德初，置经学博士、助教、学生。德宗即位，改博士曰文学。元和六年，废中州、下州文学。京兆等三府，助教二人，学生八十人。大都督府、上州，各助教一人；中都督府，学生五十人；下府、下州，各四十人。

医学博士一人，从八品上，掌疗民疾。贞观三年，置医学，有医药博士及学生。开元元年，改医药博士为医学博士，诸州置助教，写《本草》、《百一集验方》藏之。未几，医学博士、学生皆省，僻州少医药者如故。二十七年，复置医学生，掌州境巡疗。永泰元年，复置医学博士。三都、都督府、上州、中州各有助教一人。三都学生二十人，都督府、上州二十人，中州、下州十人。

大都督府都督一人，从二品；长史一人，从三品；司马二人，从四品下；录事参军事一人，正七品上；录事二人，从九品上；功曹参军事、仓曹参军事、户曹参军事、田曹参军事、兵曹参军事、法曹参军事、士曹参军事各一人，正七品下；参军事五人，正八品下；市令一人，从九品上；文学一人，正八品下；医学博士一人，从八品上。

中都督府都督一人，正三品；别驾一人，正四品下；长史一人，正五品上；司马一人，正五品下；录事参军事一人，正七品下；录事二人，从九品上；功曹参军事、仓曹参军事、户曹参军事、田曹参军事、兵曹参军事、法曹参军事、士曹参军事各一人，从七品上；参军事四人，从八品上；市令一人，从九品上；文学一人，从八品上；医学博士一人，正九品上。

下都督府都督一人，从三品；别驾一人，从四品下；长史一人，从五品上；司马一人，从五品下；录事参军事一人，从七品上；录事二人，从九品上；功曹参军事、仓曹参军事、户曹参军事、田曹参军事、兵曹参军事、法曹参军事、士曹参军事各一人，从七品下；参军事三人，从八品下；文学一人，从八品下；医学博士一人，正九品上。

都督掌督诸州兵马、甲械、城隍、镇戍、粮廪，总判府事。武德初，边要之地总管以统军，加号使持节，盖汉刺史之任。有行台，有大行台。其员有尚书省令一人，正二品，掌管内兵民，总判省事。有仆射一人，从二品，掌贰令事。自左右丞以下，诸司郎中略如京省。又有食货监一人，丞二人，掌膳羞、财物、宾客、帐具、音乐、医药；有农圃监一人，丞四人，掌仓廪、园圃、薪炭、刍藁、运漕；有武器监一人，丞二人，掌兵械、厩牧；有百工监一人，丞四人，掌舟车、营作。监皆正八品下，丞正九品下。七年，改总管曰都督，总十州者为大都督。贞观二年，去"大"字，凡大都督府有刺史以下如故，然大都督又兼刺史，而不检校州事。其后都督加使持节，则为将，诸将亦通以都督称，唯朔方犹称大总管。边州别置经略使。沃衍有屯田之州，则置营田使。武后圣历元年，以夏州都督领盐州防御使。及安禄山反，诸郡当贼冲者，皆置防御守捉使。乾元元年，置团练守捉使、都团练守捉使，大者领州十余，小者二三州。代宗即位，废防御使，唯山南西道如故。元载秉政，思结人心，刺史皆得兼团练守捉使。杨绾为相，罢团练守捉使，唯沣、朗、峡、兴、凤如故。建中后，行营亦置节度使、防御使、都团练使。大率节度、观察、防御、团练使，皆兼所治州刺史，都督府则领长史，都护府则领都护，或亦别置都护。都督府有掾，有属，有记室参军事，有典签，武德中省。

市令一人，从九品上，掌交易，禁奸非，通判市事。贞观十七年废市令，垂拱元年复置。都督府、三都、诸州，各有市丞一人，佐一人，史二人，帅三人，分行检察；仓督二人，颛莅出纳；史二人。下州省丞。

大都护府大都护一人，从二品；副大都护二人，从三品；副都护二人，正四品上；长史一人，正五品上；司马一人，正五品下；录事参军事一人，正七品上；录事二人，从九品上；功曹参军事、仓曹参军事、户曹参军事、兵曹参军事、法曹参军事各一人，正七品下；参军事三人，正八品下。

上都护一人，正三品；副都护二人，从四品上；长史一人，正五品上；司马一人，正五品下；录事参军事一人，正七品下；功曹参军事、仓曹参军事、户曹参军事、兵曹参军事各一人，从七品上；参军事三人，从八品上。

都护掌统诸蕃，抚慰、征讨、叙功、罚过，总判府事。

上州刺史一人，从三品，职同牧尹；别驾一人，从四品下。武德元年，改太守曰刺史，加使持节，丞曰别驾。十年，改雍州别驾曰长史。高宗即位，改别驾皆为长史。上元二年，诸州复置别驾，以诸王子为之，永隆元年省，永淳元年复置。景云二年，始参用庶姓。天宝元年，改刺史曰太守。八载，诸郡废别驾，下郡置长史一员。上元二年，诸州复置别驾。德宗时，复省。元和、长庆之际，两河用兵，裨将有功者补东宫王府官，久次当进及受代居京师者常数十人，诉宰相以求官。文宗世，宰相韦处厚建议，复置两辅、六雄、十望、十紧州别驾。

长史一人，从五品上；司马一人，从五品下；录事参军事一人，从七品上；录事二人，从九品下；司功参军事一人、司仓参军事一人、司户参军事二人、司田参军事一人、司兵参军事一人、司法参军事二人、司士参军事一人，皆从七品下；参军事四人，从八品下；市令一人，从九品上，丞一人从九品下；文学一人，从八品下；医学博士一人，从九品下。

中州刺史一人，正四品下；录事参军事一人，正八品上；录事一人，从九品上；司功参军事、司仓参军事、司户参军事、司田参军事、司兵参军事、司法参军事、司士参军事各一人，正八品下；参军事三人，正九品下；医学博士一人，从九品下。

下州刺史一人，正四品下；别驾一人，从五品上；司马一人，从六品上；录事参军事一人，从八品上；录事一人，从九品下；司仓参军事、司户参军事、司田参军事、司法参军事各一人，从八品下；参事二人，从九品下；医学博士一人，从九品下。

诸军各置使一人，五千人以上有副使一人，万人以上有营田副使一人。军皆有仓、兵、胄三曹参军事。刺史领使，则置副使、推官、衙官、州衙推、军衙推。

京县令各一人，正五品上；丞二人，从七品上；主簿二人，从八品上；录事二人，从九品下；尉六人，从八品下。畿县令各一人，正六品上；丞一人，正八品下；主簿一人，正九品上；尉二人，正九品下。上县令一人，从六品上；丞一人，从八品下；主簿一人，正九品下；尉二人，从九品上。中县，令一人，正七品上；丞一人，从八品下；主簿一人，从九品上；尉一人，从九品下。中下县，令一人，从七品上；丞一人，正九品下；主簿一人，从九品上；尉一人，从九品下。下县令一人，从七品下；丞一人，正九品下；主簿一人，从九品上；尉一人，从九品下。

县令掌导风化，察冤滞，听狱讼。凡民田收授，县令给之。每岁季冬，行乡饮酒礼。籍帐、传驿、仓库、盗贼、堤道，虽有专官，皆通知。县丞为之贰，县尉分判众曹，收率课调。武德元年，改书佐曰县尉，寻改曰正。诸县置主簿，以流外为之。京县、上县，丞皆一人，畿县、上县，正皆四人。七年，改县正复曰尉。贞观初，诸县置录事。开元，上县万户、中县四千户以上，增尉一人。京兆、河南府诸县，户三千以上置市令一人，户一万以上置义仓督三人。其后畿县户不及四千，亦置尉二人，万户增一人。凡县有司功佐、司仓佐、司户佐、司兵佐、司法佐、司士佐、典狱、门事等，畿县减司兵，上县有司户、司法而已。凡县皆有经学博士、助教各一人。京县学生五十人，畿县四十人，中县以下各二十五人。

上镇，将一人，正六品下；镇副二人，正七品下；仓曹参军事、兵曹参军事各一人，从八品下。中镇，将一人，正七品上；镇副一人，从七品上；兵曹参军事一人，正九品下。下镇，将一人，正七品下；镇副一人，从七品下；兵曹参军事一人，从九品下。每镇又有使一人、副使一人。凡军镇，二万人以上置司马一人，正六品上；增仓曹、兵曹参军事各一人，从七品下。不及二万者，司马从六品上，仓曹、兵曹参军事正八品上。

上戍，主一人，正八品下；戍副一人，从八品下。中戍，主一人，从八品下。下戍，主一人，正九品下。

镇将、镇副、戍主、戍副，掌捍防守御。凡上镇二十，中镇九十，下镇一百三十五；上戍十一，中戍八十六，下戍二百四十五。仓曹参军事，掌仪式、仓库、饮膳、医药、付事、句稽、省署钞目、监印、给纸笔、市易、公廨。中镇则兵曹兼掌。兵曹参军事，掌防人名帐、戎器、管钥、马驴、土木、谪罚之事。上镇有录事一人，史一人；仓曹佐一人，史二人；兵曹佐、史各二人；仓督一人，史二人。中镇，录事一人，兵曹佐一人，史四人；仓督一人，史二人。下镇，录事一人，兵曹佐一人，史二人，仓督一人，史一人。凡军镇，五百人有押官一人，千人有子总管一人，五千人又有府三人，史四人。上戍，佐一人，史二人；中戍，史二人；下戍，史一人。唐废戍子，每防人五百人为上镇，三百人为中镇，不及者为下镇；五十人为上戍，三十人为中戍，不及者为下戍。开元十五年，朔方五城各置田曹参军事一人，品同诸军判司，专莅营田。永泰后，诸镇官颇增减开元之旧。

五岳、四渎，令各一人，正九品上，掌祭祀。有祝史三人，斋郎各三十人。

上关，令一人，从八品下；丞二人，正九品下。中关，令一人，正九品下；丞一人，从九品下。下关，令一人，亦从九品下。掌禁末游，察奸慝。凡行人车马出入，据过所为往来之节。凡关二十有六，京四面关有驿道者为上关，无驿道者为中关，余为下关。丞掌付事、句稽、监印、省署钞目，通判关事。上关，录事一人，府二人，史四人，典事六人。中关,录事一人,府三人,史二人,典事四人。下关,府一人,史、典事各二人。典事掌巡薙及杂当。初,诸关置都尉,亦有官它官奉敕监者。上津置尉一人,掌舟梁之事;府一人,史二人,津长四人。下津,尉一人,府一人,史二人,津长二人。永徽中,废津尉,上关置津吏八人。永泰元年,中关置津吏六人,下关四人,无津者不置。

唐书卷五〇
志第四〇

兵

　　之有天下国家者,其兴亡治乱,未始不以德,而自战国、秦、汉以来,鲜不以兵。夫兵岂非重事哉!然其因时制变,以苟利趋便,至于无所不为,而考其法制,虽可用于一时,而不足施于后世者多矣。惟唐立府兵之制,颇有足称焉。

　　盖古者兵法起于井田。自周衰,王制坏而不复。至于府兵,始一寓之于农,其居处、教养、畜材、待事、动作、休息,皆有节目,虽不能尽合古法,盖得其大意焉,此高祖、太宗之所以盛也。到其后世,子孙骄弱,不能谨守,屡变其制。夫置兵所以止乱,及其弊也,适足为乱,又其甚也,至困天下以养乱,而遂至于亡焉。

　　盖唐有天下二百余年,而兵之大势三变。其始盛时有府兵,府兵后废而为彍骑,彍骑又废,而方镇之兵盛矣。及其末也,强臣悍将兵布天下,而天子亦置兵于京于京师,曰禁军。其后天子弱,方镇强,而唐遂以亡灭者,措置之势使然也。若乃将卒、营阵、车旗、器械、征防、守卫,凡兵之事不可以悉记,记其废置、得失、终始、治乱、兴灭之迹,以为后世戒云。

　　府兵之制,起自西魏、后周,而备于隋,唐兴因之。隋制十二卫,曰翊卫,曰骁骑卫,曰武卫,曰屯卫,曰御卫,曰侯卫,为左右,皆有将军以分统诸府之兵。府有郎将、副郎将、坊主、团主,以相统治。又有骠骑、车骑二府,皆有将军。后更骠骑曰鹰扬郎将,车骑曰副郎将。别置折冲、果毅。

　　自高祖初起，开大将军府，以建成为左领大都督，领左三军；敦煌公为右领大都督，领右三军；元吉统中军。发自太原，有兵三万人。及诸起义以相降属与群盗，得兵二十万。武德初，始置军府，以骠骑、车骑两将军府领之。析关中为十二道，曰：万年道、长安道、富平道、醴泉道、同州道、华州道、宁州道、岐州道、豳州道、西麟州道、泾州道、宜州道，皆置府。三年，更以万年道为参旗军，长安道为鼓旗军，富平道为玄戈军，醴泉道为井钺军，同州道为羽林军，华州道为骑官军，宁州道为折威军，岐州道为平道军，豳州道为招摇军，西麟州道为苑游军，泾州道为天纪军，宜州道为天节军。军置将，副各一人，以督耕战，以车骑府统之。六年，以天下既定，遂废十二军，改骠骑曰统军，车骑曰别将。居岁余，十二军复，而军置将军一人；军有坊，置主一人，以检察户口，劝课农桑。

　　太宗贞观十年，更号统军为折冲都尉，别将为果毅都尉，诸府总曰折冲府。凡天下十道，置府六百三十四，皆有名号，而关内二百六十有一，皆以录诸卫。凡府三等：兵千二百人为上，千人为中，八百人为下。府置折冲都尉一人，左右果毅都尉各一人，长史、兵曹、别将各一人，校尉六人。士以三百人为团，团有校尉；五十人为队，队有正；十人为火，火有长。火备六驮马。凡火，具乌布幕、铁马盂、布槽、锸钁、锹、凿、碓、筐、斧、钳、锯皆一，甲床二，镰二。队具火钻一，胸马绳一，首羁、足绊皆三。人具弓一，矢三十，胡禄、横刀、砺石、大觿、毡帽、毡装、行縢皆一，麦饭九斗，米二斗，皆自备，并其介胄、戎具藏于库。有所征行，则视其入而出给之。其番上宿卫者，惟给弓矢、横刀而已。

　　凡民年二十为兵，六十而免。其能骑而射者为越骑。其余为步兵、武骑、排穳手、步射。

　　每岁季冬，折冲都尉率五校兵马之在府者，置左右二校尉，位相距百步。每校为步队十，骑队一，皆卷矟幡，展刃旗，散立以俟。角手吹大角一通，诸校皆敛人骑为队；二通，偃旗矟，解幡；三通，旗矟举。左右校击鼓，二校之人合噪而进。右校击钲，队少却，左校进逐至右校立所；左校击钲，少却，右校进逐至左校立所；右校复击钲，队还，左校复薄战；皆击钲，队各还。大角复鸣一通，皆卷幡、摄矢、驰弓、匣刃；二通，旗稍举，队皆进；三通，左右校皆引还。是日也，因纵猎，获各入其人。

其隶于卫也，左、右卫皆领六十府，诸卫领五十至四十，其余以隶东宫六率。

凡发府兵，皆下符契，州刺史与折冲勘契乃发。若全府发，则折冲都尉以下皆行；不尽，则果毅行；少则别将行。当给马者，官予其直市之，每匹予钱二万五千。刺史、折卫、果毅岁阅不任战事者鬻之，以其钱更市，不足则一府共足之。

凡当宿卫者番上，后部以远近给番，五百里为五番，千里七番，一千五百里八番，二千里十番，外为十二番，皆一月上。若简留直卫者，五百里为七番，千里八番，二千里十番，外为十二番，亦月上。

先天二年诏曰："往者分建府卫，计户充兵，裁足周事，二十一入募，六十一出军，多惮劳以规避匿。今宜取年二十五以上，五十而免。屡征镇者，十年免之。"虽有其言，而事不克行。玄宗开元六年，始诏折冲府兵每六岁一简。自高宗、武后时，天下久不用兵，府兵之法寖坏，番役更代多不以时，卫士稍稍亡匿，至是益耗散，宿卫不能给。宰相张说乃请一切募士宿卫。十一年，取京兆、蒲、同、岐、华府兵及白丁，而益以潞州长从兵，共十二万，号"长从宿卫"，岁二番，命尚书左丞萧嵩与州吏共选之。明年，更号曰"彍骑。"又诏："诸州府马阙，官私共补之。今兵贫难致，乃给以监牧马。"然自是诸府士益多不补，折冲将又积岁不得迁，士人皆耻为之。

十三年，始以彍骑分隶十二卫，总十二万，为六番，每卫万人。京兆彍骑六万六千，华州六千，同州九千，蒲州万二千三百，绛州三千六百，晋州千五百，岐州六千，河南府三千，陕、虢、汝、郑、怀、汴六州各六百，内弩手六千。其制：皆择下户白丁、宗丁、品子强壮五尺七寸以上,不足则兼以户八等五尺以上,皆免征镇、赋役。为四籍,兵部及州、县、卫分掌之。十人为火,五火为团,皆有首长。又择材勇者为番头,颇习弩射。又有羽林军飞骑,亦习弩。凡伏远弩自能施攻,纵矢三百步,四发而二中;擘张弩二百三十步,四发而二中;角弓弩二百步,四发而三中;单弓弩百六十步,四发而二中:皆为及第。诸军皆近营为埘,士有便习者,教试之,及第者有赏。

自天宝以后,彍骑之法又稍变废,士皆失拊循。八载,折冲诸府至无兵可交,李林甫遂请停上下鱼书。其后徒有兵额、官吏,而戎器、驮马、锅幕、糗粮并废矣。故时,府人目番上宿卫者曰侍官,言侍卫天子;至是,卫佐悉以假人为童奴,京师人耻之,至相骂辱必曰“侍官”。而六军宿卫皆市人,富者贩缯彩、食粱肉,壮者为角觗、拔河、翘木、扛铁之戏,及禄山反,皆不能受甲矣。

初,府兵之置,居无事时耕于野,其番上者,宿卫京师而已。若四方有事,则命将以出,事解辄罢,兵散于府,将归于朝。故士不失业,而将帅无握兵之重,所以防微渐、绝祸乱之萌也。及府兵法坏而方镇盛,武夫悍将虽无事时,据要险,专方面,既有其土地,又有其人民,又有其甲兵,又有其财赋,以布列天下。然则方镇不得不强,京师不得不弱,故曰措置之势使然者,以此也。

夫所谓方镇者,节度使之兵也。原其始,起于边将之屯防者。唐初,兵之戍边者,大曰军,小曰守捉,曰城,曰镇,而总之者曰道。若卢龙军一,东军等守捉十一,曰平卢道。横海、北平、高阳、经略、安塞、纳降、唐兴、渤海、怀柔、威武、镇远、静塞、雄武、镇安、怀远、保定军十六,曰范阳道。天兵、大同、天安、横野军四,岢岚等守捉五,曰河东道。朔方经略、丰安、定远、新昌、天柱、宥州经略、横塞、天德、天安军九,三受降、丰宁、保宁、乌延等六城,新泉守捉一,曰关内道。赤水、大斗、白亭、豆卢、墨离、建康、宁寇、玉门、伊吾、天山军十,乌城等守捉十四,曰河西道。瀚海、清海、静塞军三,沙钵等守捉十,曰北庭道。保大军一,鹰娑都督一,兰城等守捉八,曰安西道。镇西、天成、振威、安人、绥戎、河源、白水、天威、榆林、临洮、莫门、神策、宁边、威胜、金天、武宁、曜武、积石军十八，平夷、绥和、合川守捉三，曰陇右道。威戎、安夷、昆明、宁远、洪源、通化、松当、平戎、天保、威远军十，羊灌田等守守捉十五，新安等城三十二，犍为等镇三十八，曰剑南道。岭南、安南、桂管、邕管、容管经略、清海军六，曰岭南道。福州经略军一，曰江南道。平海军一，东牟、东莱守捉二，蓬莱镇一，曰河南道。此自武德至天宝以前边防之制。

其军、城、镇、守捉皆有使，而道有大将一人，曰大总管，已而更曰大都督。至太宗时，行军征讨曰大总管，在其本道曰大都督。自高宗永徽以后，都督带使持节者，始谓之节度使，然犹未以名官。景云二年，以贺拔延嗣为凉州都督、河西节度使。自此而后，接乎开元，朔方、陇右、河东、河西诸镇，皆置节度使。

及范阳节度使安禄山反，犯京师，天子之兵弱不能抗，遂陷两京。肃宗起灵武，而诸镇之兵共起诛贼。其后禄山子庆绪及史思明父子继起，中国大乱，肃宗命李光弼等讨之，号"九节度之师"。久之，大盗既灭，而武夫战卒以功起行阵，列为侯王者，皆除节度使。由是方镇相望于内地，大者连州十余，小者犹兼三四。故兵骄则逐帅，帅强则叛上。或父死子握其兵而不肯代；或取舍由于士卒，往往自择将吏，号为"留后"，以邀命于朝。天子顾力不能制，则忍耻含垢，因而抚之，谓之姑息之政。盖姑息起于兵骄，兵骄由于方镇，姑息愈甚，而兵将愈俱骄。由是号令自出，以相侵击，虏其将帅，并其土地，天子熟视不知所为，反为和解之，莫肯听命。

始时为朝廷患者，号"河朔三镇"。及其末，朱全忠以梁兵、李克用以晋兵更犯京师。而李茂贞、韩建近据岐、华，妄一喜怒，兵已至于国门，天子为杀大臣、罪己悔过，然后去。及昭宗用崔胤召梁兵以诛宦官，劫天子奔岐，梁兵围之逾年。当此之时，天下之兵无复勤王者。向之所谓三镇者，徒能始祸而已。其他大镇，南则吴、浙、荆、湖、闽、广，西则岐、蜀，北则燕、晋，而梁盗据其中，自国门以外，皆分裂于方镇矣。

故兵之始重于外也,土地、民赋非天子有;既其盛也,号令、征伐非其有;又其甚也,至无尺土,而不能庇其妻子宗族,遂以亡灭。语曰:"兵犹火也,弗戢将自焚。"夫恶危乱而欲安全者,庸君常主之能知,至于措置之失,则所谓困天下以养乱也。唐之置兵,既外柄以授人,而末大本小,方区区自为捍卫之计,可不哀哉!

夫所谓天子禁军者,南、北衙兵也。南衙,诸卫兵是也;北衙者,禁军也。

初,高祖以义兵起太原,已定天下,悉罢遣归,其愿留宿卫者三万人。高祖以渭北白渠旁民弃腴田分给之,号"元从禁军"。后老不任事,以其子弟代,谓之"父子军"。及贞观初,太宗择善射者百人,为二番于北门长上,曰"百骑",以从田猎。又置北衙七营,选材力骁壮,月以一营番上。十二年,始置左右屯营于玄武门,领以诸卫将军,号"飞骑"。其法:取户二等以上、长六尺阔壮者,试弓马四次上、翘关举五、负米五斛行三十步者。复择马射为百骑,衣五色袍,乘六闲驳马,虎皮鞯,为游幸翊卫。

高宗龙朔二年,始取府兵越骑、步射置左右羽林军,大朝会则执仗以卫阶陛,行幸则夹驰道为内仗。武后改百骑曰"千骑"。中宗又改千骑曰"万骑",分左、右营。及玄宗以万骑平韦氏,改为左右龙武军,皆用唐元功臣子弟,制若宿卫兵。是时,良家子避征戍者,亦皆纳资隶军,分日更上如羽林。开元十二年,诏左右羽林军、飞骑阙,取京旁州府士,以户部印印其臂,为二籍,羽林、兵部分掌之。末年,禁兵寖耗,及禄山反,天子西驾,禁军从者裁千人。肃宗赴灵武,士不满百,及即位,稍复调补北军。至德二载,置左右神武军,补元从、扈从官子弟,不足则取它色,带品者同四军,亦曰"神武天骑",制如羽林。总曰"北衙六军"。又择便骑者置衙前射生手千人,亦曰"供奉射生官",又曰"殿前射生",分左、右厢,总号曰"左右英武军"。乾元元年,李辅国用事,请选羽林骑士五百人徼巡。李揆曰:"汉以南、北军相制,故周勃以北军安刘氏。朝廷置南、北衙,文武区列,以相察伺。今用羽林代金吾警,忽有非常,何以制之?"遂罢。

上元中,以北衙军使卫伯玉为神策军节度使,镇陕州,中使鱼朝恩为观军容使,监其军。初,哥舒翰破吐蕃临洮西之磨环川,即其地置神策军,以成如璆为军使。及禄山反,如璆以伯玉将兵千人赴难,伯玉与朝恩皆屯于陕。时边土陷蹙,神策故地沦没,即诏伯玉所部兵,号"神策军",以伯玉为节度使,与陕州节度使郭英乂皆绵镇陕。其后伯玉罢,以英乂兼神策军节度。英乂入为仆射,军遂统于观军容使。

代宗即位,以射生军入禁中清难,皆赐名"宝应功臣",故射生军又号"宝应军"。广德元年,代宗避吐蕃幸陕,朝恩举在陕兵与神策军迎扈,悉号"神策军"。天子幸其营。及京师平,朝恩遂以军归禁中,自将之,然尚未与北军齿也。永泰元年,吐蕃复入寇,朝恩又以神策军屯苑中,自是寖盛,分为左、右厢,势居北军右,遂为天子禁军,非它军比。朝恩乃以观军容宣慰处置使知神策军兵马使。大历四年,请以京兆之好畤,凤翔之麟游、普润,皆隶神策军。明年,复以兴平、武功、扶风、天兴隶之,朝廷不能遏。又用爱将刘希暹为神策虞候,主不法,遂置北军狱,募坊市不逞,诬捕大姓,没产为赏,至有选举旅寓而挟厚赀多横死者。朝恩得罪死,以希暹代为神策军使。是岁,希暹复得罪,以朝恩旧校王驾鹤代将。十数岁,德宗即位,以白志贞代之。是时,神策兵虽处内,而多以裨将将兵征伐,往往有功。

及李希烈反,河北盗且起,数出禁军征伐,神策之士多斗死者。建中四年下诏募兵,以志贞为使,搜补峻切。郭子仪之婿端王傅吴仲孺殖赀累巨万,以国家有急不自安,请以子率奴马从军。德宗喜甚,为官其子五品。志贞乃请节度、都团练、观察使与世尝任者家,皆出子弟马奴装铠助征,授官如仲孺子。于是豪富者缘为幸,而贫者苦之。神策兵既发殆尽,志贞阴以市人补之,各隶籍而身居市肆。及泾卒溃变,皆戢伏不出,帝遂出奔。初,段秀实见禁兵寡弱,不足备非常,上疏曰:"天子万乘,诸侯千,大夫百,盖以大制小,十制一也,尊君卑臣强干弱支之道。今外有不廷之虏,内有梗命之臣,而禁兵不精,其数削少,后有猝故,何以待之?猛虎所以百兽畏者,爪牙也,爪牙废,则孤豚特犬悉能为敌。愿少留意。"至是方以秀实言为然。

及志贞等流贬,神策都虞候李晟与其军之它将,皆自飞狐道西兵赴难,遂为神策行营节度,屯渭北,军遂振。贞元二年,改神策左右厢为左右神策军,特置监句当左右神策军,以宠中官,而益置大将军以下。又改殿前射生左右厢曰殿前左右射生军,亦置大将军以下。三年,诏射生、神策、六军将士,府县以事办治,先奏乃移军,勿辄逮捕。兆尹郑叔则建言:"京剧轻猾所聚,愍作不常,俟奏报,将失罪人,请非昏田,皆以时捕。"乃可之。俄改殿前左右射生军曰左右神威军,置监左右神威军使。左右神策军皆加将军二员,左右龙武军加将军一员,以待诸道大将有功者。

自肃宗以后,北军增置威武、长兴等军,名类颇多,而废置不一。惟羽林、龙武、神武、神策、神威最盛,总曰左右十军矣。其后京畿之西,多以神策军镇之,皆有屯营。军司之人,散处甸内,皆恃势凌暴,民间苦之。自德宗幸梁还,以神策兵有劳,皆叼"兴元元从奉天定难功臣",恕死罪。中书、御史府、兵部乃不能岁比其籍,京兆又不敢总举名实。三辅人假比于军,一牒至十数。长安奸人多寓占两军,身不宿卫,以钱代行,谓之纳课户。益肆为暴,吏稍禁之,辄先得罪,故当时京尹、赤令皆为之敛屈。十年,京兆尹杨于陵请置挟名敕,五丁许二丁居军,余差以条限,繇是豪强少畏。

十二年,以监句当左神策军、左监门卫大将军、知内侍省事窦文场为左神策军护军中尉,监句当右神策军、右监门卫将军、知内侍省事霍仙鸣为右神策军护军中尉,监右神威军使、内侍兼内谒者监张尚进为右神威军中护军,监左神威军使、内侍兼内谒者监焦希望为左神威军中护军。护军中尉、中护军皆古官,帝既以禁卫假宦官,又以此宠之。十四年,又诏左右神策置统军,以崇亲卫,如六军。时边兵衣饷多不赡,而戍卒屯防,药茗蔬酱之给最厚。诸将务为诡辞,请遥隶神策军,禀赐遂赢旧三倍,繇是塞上往往称神策行营,皆内统于中人矣,其军乃至十五万。故事,京城诸司、诸使、府、县,皆季以御史巡囚。后以北军地密,未尝至。十九年,监察御史崔薳不知近事,遂入右神策,中尉奏之,帝怒,杖薳四十,流崖州。顺宗即位,王叔文用事,欲取神策兵柄,乃用故将范希朝为左右神策、京西诸城镇行营兵马节度使,以夺宦者权而不克。元和二年,省神武军。明年,又废左右神威军,合为一,曰"天威军"。八年,废天威军,以其兵骑分隶左右神策军。及僖宗幸蜀,田令孜募神策新军为五十四都,离为十军,令孜自为左右神策十军兼十二卫观军容使,以左右神策大将军为左右神策诸都指挥使,诸都又领以都将,亦曰"都头"。

景福二年,昭宗以藩臣跋扈、天子孤弱,议以宗室典禁兵。及伐李茂贞,乃用嗣覃王允为京西招讨使,神策诸都指挥使李铧副之,悉发五十四军兴平。已而兵自溃,茂贞逼京师,昭宗为斩神策中尉西门重遂、李周谤,乃引去。乾宁元年,王行瑜、韩建及茂贞连兵犯阙,天子又杀宰相韦昭度、李磎,乃去。太原李克用以其兵伐行瑜等,同州节度使王行实入迫神策中尉骆全瓘、刘景宣请天子幸邠州,全瓘、景宣及子继晟与行实纵火东市,帝御承天门,敕诸王率禁军捍之。捧日都头李筠以其军卫楼下,茂贞将阎圭攻筠,矢及楼扉,帝乃与亲王、公主幸筠军,扈跸都头李君实亦以兵至,侍帝出幸莎城、石门。诏嗣薛王知柔入长安收禁军、清宫室,月余乃还。又诏诸王阅亲军,收拾神策亡散,得数万。益置安圣、捧宸、保宁、安化军,曰"殿后四军",嗣覃王允与嗣延王戒丕将之。三年,茂贞再犯阙,嗣覃王战败,昭宗幸华州。明年,韩建畏诸王有兵,请皆归十六宅,留殿后兵三十人,为控鹤排马官,隶飞龙坊,余悉散之;且列甲围行宫,于是四军二万余人皆罢。又请诛都头李筠,帝恐,为斩于大云桥。俄遂杀十一王。

及还长安,左右神策军复稍置之,以六千人为定。是岁,左右神策中尉刘季述、王仲先以其兵千人废帝,幽之。季述等诛。已而昭宗召朱全忠兵入诛宦官，宦官觉，劫天子幸凤翔。全忠围之岁余，天子乃诛中尉韩全诲、张弘彦等二十余人，以解梁兵，乃还长安。于是悉诛宦官，而神策左右军繇此废矣。诸司悉归尚书省郎官，两军兵皆隶六军，而以崔胤判六军十二卫事。六军者，左右龙武、神武、羽林，其名存而已。自是军司以宰相领。

及全忠归，留步骑万人屯故两军，以子友伦为左右军宿卫都指挥使，禁卫皆汴卒。崔胤乃奏："六军名存而兵亡，非所以壮京师。军皆置步军四将，骑军一将。步将皆兵二百五十人，骑将皆百人，总六千六百人。番上如故事。"乃令六军诸卫副使京兆尹郑元规立格募兵于市，而全忠阴以汴人应之。胤死，以宰相裴枢判左三军，独孤损判右三军，向所募士悉散去。全忠亦兼判左右六军十二卫。及东迁，唯小黄门打球供奉十数人、内园小儿五百人从。至谷水，又尽屠之，易以汴人，于是天子无一人之卫。昭宗遇弑，唐乃亡。

马者，兵之用也；监牧，所以蕃马也，其制起于近世。唐之初起，得突厥马二千匹，又得隋马三千于赤岸泽，徙之陇右，监牧之制始于此。其官领以太仆；其属有牧监、副监；监有丞，有主簿、直司、团官、牧尉、排马、牧长、群头，有正，有副；凡群置长一人，十五长置尉一人，岁课功，进排马。又有掌闲，调马习上。又以尚乘掌天子之御。左右六闲：一曰飞黄，二曰吉良，三曰龙媒，四曰騊駼，五曰駃騠，六曰天苑。总十有二闲为二厩，一曰祥麟，二曰凤苑，以系饲之。其后禁中又增置飞龙厩。

初，用太仆少卿张万岁领群牧。自贞观至麟德四十年，马七十万六千，置八坊岐、豳、泾、宁间，地广千里，一曰保乐，二曰甘露，三曰南普闰，四曰北普闰，五曰岐阳，六曰太平，七曰宜禄，八曰安定。八坊之田，千二百三十顷，募民耕之，以给刍秣。八坊之马为四十八监，而马多地狭不能容，又析八监列布河西丰旷之野。凡马五千为上监，三千为中监，余为下监。监皆有左、右，因地为之名。方其时，天下以一缣易一马。万岁掌马久，恩信行于陇右。

后以太仆少卿鲜于匡俗检校陇右牧监。仪凤中,以太仆少卿李思文检校陇右诸牧监使,监牧有使自是始。后又有群牧都使,有闲厩使,使皆置副,有判官。又立四使:南使十五,西使十六,北使七,东使九。诸坊若泾川、亭川、阙水、洛、赤城,南使统之;清泉、温泉,西使统之;乌氏,北使统之;木硖、万福,东使统之。它皆失传。其后益置八监于盐州,三监于岚州。盐州使八,统白马等坊;岚州使三,统楼烦、玄池、天池之监。

凡征伐而发牧马,先尽强壮,不足则取其次。录色、岁、肤第印记、主名送军,以帐驭之,数上于省。

自万岁失职,马政颇废,永隆中,夏州牧马之死失者十八万四千九百九十。景云二年,诏群牧岁出高品,御史按察之。开元初,国马益耗,太常少卿姜晦乃请以空名告身市马于六胡州,率三十匹酬一游击将军。命王毛仲领内外闲厩。九年又诏:“天下之有马者,州县皆先以邮递军旅之役,定户复缘以升之。百姓畏苦,乃多不畜马,故骑射之士减曩时。自今诸州民勿限有无荫,能家畜十马以下,免帖驿邮递征行,定户无以马为赀。”毛仲既领闲厩,马稍稍复,始二十四万,至十三年乃四十三万。其后突厥款塞,玄宗厚抚之,岁许朔方军西受降城为互市,以金帛市马,于河东、朔方、陇右牧之。既杂胡种,马乃益壮。

天宝后,诸军战马动以万计。王侯、将相、外戚牛驼羊马之牧布诸道,百倍于县官,皆以封邑号名为印自别。将校亦备私马。议谓秦、汉以来,唐马最盛,天子又锐志武事,遂弱西北蕃。十一载,诏二京旁五百里勿置私牧。十三载,陇右群牧都使奏:马牛驼羊总六十万五千六百,而马三十二万五千七百。

安禄山以内外闲厩都使兼知楼烦监,阴选胜甲马归范阳,故其兵力倾天下而卒反。肃宗收兵至彭原,率官吏马抵平凉,搜监牧及私群,得马数万,军遂振。至凤翔,又诏公卿百寮以后乘助军。其后边无重兵,吐蕃乘隙陷陇右,苑牧畜马皆没矣。乾元后,回纥恃功,岁入马取缯,马皆病弱不可用。永泰元年,代宗欲亲击虏,鱼朝恩乃请大搜城中百官、士庶马输官,曰"团练马",下制禁马出城者,已而复罢。德宗建中元年,市关辅马三万实内厩。贞元三年,吐蕃、羌、浑犯塞,诏禁大马出潼、蒲、武关者。元和十一年伐蔡,命中使以绢二万市马河曲。其始置四十八监也,据陇西、金城、平凉、天水,员广千里,繇京度陇,置八坊为会计都领,其间善水草腴田皆隶之。后监牧使与坊皆废,故地存者一归闲厩,旋以给贫民及军吏,间又赐佛寺、道馆几千顷。十二年,闲厩使张茂宗举故事,尽收岐阳坊地,民失业者甚众。十三年,以蔡州牧地为龙陂监。十四年,置临汉监于襄州,牧马三千二百,费田四百顷。穆宗即位,岐人叩阙讼茂宗所夺田,事下御史按治,悉予民。

大和七年,度支盐铁使言:"银州水甘草丰,请诏刺史刘源市马三千,河西置银川监,以源为使。"襄阳节度使裴度奏停临汉监。开成二年,刘源奏:"银川马已七千,若水草乏,则徙牧绥州境。今绥南二百里,四隅险绝,寇路不能通,以数十人守要,畜牧无它患。"乃以隶银川监。

其后阙,不复可纪。

唐书卷五一
志第四一

食货一

　　古之善治其国而爱养斯民者,必立经常简易之法,使上爱物以养其下,下勉力以事其上,上足而下不困。故量人之力而授之田,量地之产而取以给公上,量其入而出之以为用度之数。是三者常相须以济而不可失,失其一则不能守其二。及暴君庸主,纵其佚欲,而苟且之吏从之,变制合时以取宠于其上。故用于上者无节,而取于下者无限,民竭其力而不能供,由是上愈不足而下愈困,则财利之说兴,而聚敛之臣用。《记》曰:"宁畜盗臣。"盗臣诚可恶,然一人之害尔。聚敛之臣用,则经常之法坏,而下不胜其弊焉。

　　唐之始时,授人以口分、世业田,而取之以租、庸、调之法,其用之也有节。盖其畜兵以府卫之制,故兵虽多而无所损;设官有常员之数,故官不滥而易禄。虽不及三代之盛时,然亦可以为经常之法也。及其弊也,兵冗官滥,为之大蠹。自天宝以来,大盗屡起,方镇数叛,兵革之兴,累世不息,而用度之数,不能节矣。加以骄君昏主,奸吏邪臣,取济一时,屡更其制,而经常之法,荡然尽矣。由是财利之说兴,聚敛之臣进。盖口分、世业之田坏而为兼并,租、庸、调之法坏而为两税。至于盐铁、转运、屯田、和籴、铸钱、括苗、榷利、借商、进奉、献助,无所不为矣。盖愈烦而愈弊,以至于亡焉。

　　唐制:度田以步,其阔一步,其长二百四十步为亩,百亩为顷。凡民始生为黄,四岁为小,十六为中,二十一为丁,六十为老。授田之制，丁及男年十八以上者，人一顷，其八十亩为口分，二十亩为永业；老及笃疾、废疾者，人四十亩，寡妻妾三十亩，当户者增二十亩，皆以二十亩为永业，其余为口分。永业之田，树以榆、枣、桑及所宜之木，皆有数。田多可以足其人者为宽乡，少者为狭乡。狭乡授田，减宽乡之半。其地有薄厚，岁一易者，倍之。宽乡三易者，不倍授。工商者，宽乡减半，狭乡不给。凡庶人徙乡及贫无以葬者，得卖世业田。自狭乡而徙宽乡者，得并卖口分田。已卖者，不复授。死者收之，以授无田者。凡收授皆以岁十月。授田先贫及有课役者。凡田，乡有余以给比乡，县有余以给比县，州有余以给近州。

凡授田者，丁岁输粟二斛，稻三斛，谓之租。丁随乡所出，岁输绢二匹，绫、絁二丈，布加五之一，绵三两，麻三斤，非蚕乡则输银十四两，谓之调。用人之力，岁二十日，闰加二日，不役者日为绢三尺，谓之庸。有事而加役二十五日者免调，三十日者租、调皆免。通正役不过五十日。

自王公以下，皆有永业田。太皇太后、皇太后、皇后缌麻以上亲，内命妇一品以上亲，郡王及五品以上祖父兄弟，职事、勋官三品以上有封者若县男父子，国子、太学、四门学生、俊士，孝子、顺孙、义夫、节妇同籍者，皆免课役。凡主户内有课口者为课户。若老及男废疾、笃疾、寡妻妾、部曲、客女、奴婢及视九品以上官，不课。

凡里有手实，岁终具民之年与地之阔狭，为乡帐。乡成于县，县成于州，州成于户部。又有计帐，具来岁课役以报度支。国有所须，先奏而敛。凡税敛之数，书于县门、村坊，与众知之。水、旱、霜、蝗耗十四者，免其租；桑麻尽者，免其调；田耗十之六者，免租调；耗七者，诸役皆免。凡新附之户，春以三月免役，夏以六月免课，秋以九月课役皆免。徙宽乡者，县覆于州，出境则覆于户部，官以闲月达之。自畿内徙畿外，自京县徙余县，皆有禁。四夷降户，附以宽乡，给复十年。奴婢纵为良人，给复三年。没外蕃人，一年还者给复三年，二年者给复四年，三年者给复五年。浮民、部曲、客女、奴婢纵为良者附宽乡。

　　贞观中,初税草以给诸闲,而驿马有牧田。

　　太宗方锐意于治,官吏考课,以鳏寡少者进考,如增户法。失劝导者以减户论。配租以敛获早晚、险易、远近为差;庸、调输以八月,发以九月;同时输者先远民,皆自概量。州府岁市土所出为贡,其价视绢之上下,无过五十匹。异物、滋味、口马、鹰犬,非有诏不献。有加配,则以代租赋。

　　其凶荒则有社仓赈给,不足则徙民就食诸州。尚书左丞戴胄建议:"自王公以下,计垦田秋熟,所在为义仓,岁凶以给民。"太宗善之,乃诏:"亩税二升,粟、麦、秔、稻,随土地所宜。宽乡敛以所种,狭乡据青苗簿而督之。田耗十四者免其半,耗十七者皆免之。商贾无田者,以其户为九等,出粟自五石至于五斗为差。下下户及夷獠不取焉。岁不登,则以赈民;或贷为种子,则至秋而偿。"其后洛、相、幽、徐、齐、并、秦、蒲州又置常平仓,粟藏九年,米藏五年;下湿之地,粟藏五年,米藏三年,皆著于令。

　　贞观初,户不及三百万,绢一匹易米一斗。至四年,米斗四五钱,外户不闭者数月,马牛被野,人行数千里不赍粮,民物蕃息,四夷降附者百二十万人。是岁,天下断狱,死罪者二十九人,号称太平。此高祖、太宗致治之大略,及其成效如此。

　　高宗承之,海内艾安。太尉长孙无忌等辅政,天下未见失德。数引刺史入阁,问民疾苦。即位之岁,增户十五万。及中书令李义府、侍中许敬宗既用事,役费并起。永淳以后,给用益不足。加以武后之乱,纪纲大坏,民不胜其毒。

　　玄宗初立求治,蠲徭役者给蠲符,以流外及九品京官为蠲使,岁再遣之。开元八年,颁庸调法于天下,好不过精,恶不至滥,阔者一尺八寸,长者四丈。然是时天下户未尝升降。监察御史宇文融献策:括籍外羡田、逃户,自占者给复五年,每丁税钱千五百,以摄御史分行括实。阳翟尉皇甫憬上书言其不可。玄宗方任用融,乃贬憬为盈川尉。诸道所括得客户八十余万,田亦称是。州县希旨张虚数,以正田为羡,编户为客,岁终,籍钱数百万缗。十六年,乃诏每三岁以九等定籍。而庸调折租所取华好，州县长官劝织，中书门下察滥恶以贬官吏，精者褒赏之。二十二年，诏男十五女十三以上得嫁娶。州县岁上户口登耗，采访使覆实之，刺史、县令以为课最。初，永徽中禁买卖世业、口分田。其后豪富兼并，贫者失业，于是诏买者还地而罚之。先是杨州租、调以钱，岭南以米，安南以丝，益州以罗、绸、绫、绢供春彩。因诏江南亦以布代租。中书令李林甫以租庸、丁防、和籴、春彩、税草无定法，岁为旨符，遣使一　，费纸五十余万。条目既多，覆问逾年，乃与采访、朝集使议革之，为长行旨，以授朝集使及送旨符使，岁有所支，进画附驿以达，每州不过二纸。

凡庸、调、租、资课，皆任土所宜，州县长官苔定粗良，具上中下三物之样输京都。有滥恶，督中物之直。二十五年，以江、淮输运有河、洛之艰，而关中蚕桑少，菽粟常贱，乃命庸、调、资课皆以米，凶年乐输布绢者亦从之。河南、北不通运州，租皆为绢，代关中庸、课，诏度支减转运。明年，又诏民三岁以下为黄，十五以下为小，二十以下为中。又以民间户高丁多者，率与父母别籍异居，以避征戍，乃诏十丁以上免二丁，五丁以上免一丁，侍丁孝者免徭役。天宝三载，更民十八以上为中男，二十三以上成丁。五载，诏贫不能自济者，每乡免三十丁租庸。男子七十五以上、妇人七十以上，中男一人为侍；八十以上以令式从事。是时，海内富实，米斗之价钱十三，青、齐间斗才三钱，绢一匹钱二百。道路列肆，具酒食以待行人；店有驿驴，行千里不持尺兵。天下岁入之物，租钱二百余万缗，粟千九百八十余万斛，庸、调绢七百四十万匹，绵百八十余万屯，布千三十五万余端。天子骄于佚乐而用不知节，大抵用物之数，常过其所入。于是钱谷之臣，始事朘刻。太府卿杨崇礼句剥分铢，有欠折溃损者，州县督送，历年不止。其子慎矜专知太府，次子慎名知京仓，亦以苛刻结主恩。王鉷为户口色役使，岁进钱百亿万缗，非租庸正额者，积百宝大盈库，以供天子燕私。及安禄山反，司空杨国忠以为正库物不可以给士，遣侍御史崔众至太原纳钱度僧尼道士，旬日得百万缗而已。自两京陷没，民物耗弊，天下萧然。

肃宗即位,遣御史郑叔清等籍江淮、蜀汉富商右族訾畜,十收其二,谓之率贷。诸道亦税商贾以澹军,钱一千者有税。于是北海郡录事参军第五琦以钱谷得见,请于江淮置租庸使。吴盐、蜀麻、铜冶皆有税,市轻货由江陵、襄阳、上津路转至凤翔。明年,郑叔清与宰相裴冕建议,以天下用度不充,诸道得召人纳钱,给空名告身,授官勋邑号。度道士僧尼不可胜计;纳钱百千,赐明经出身;商贾助军者,给复。及两京平,又于关辅诸州纳钱度道士僧尼万人。而百姓残于兵盗,米斗至钱七千,籴籺为粮,民行乞食者属路。乃诏能赈贫乏者,宠以爵秩。

故事,天下财赋归左藏,而太府以时上其数,尚书比部覆其出入。是时,京师豪将假取不能禁,第五琦为度支盐铁使,请皆归大盈库,供天子给赐,主以中官。自是天下之财为人君私藏,有司不得程其多少。

广德元年,诏一户三丁者免一丁,凡亩税二升,男子二十五为成丁,五十五为老,以优民。而强寇未夷,民耗敛重。及吐蕃逼京师,近甸屯兵数万,百官进俸钱,又率户以给军粮。至大历元年,诏流民还者,给复二年,田园尽,则授以逃田。天下苗一亩税钱十五,市轻货给百官手力课。以国用急,不及秋,方苗青即征之,号"青苗钱"。又有'地头钱',每亩二十,通名为青苗钱。又诏上都秋税分二等,上等亩税一斗,下等六升,荒田亩税二升。五年,始定法:夏,上田亩税六升,下田亩四升;秋,上田亩税五升,下田亩三升;荒田如故;青苗钱亩加一倍,而地头钱不在焉。

初,转运使掌外,度支使掌内。永泰二年,分天下财赋、铸钱、常平、转运、盐铁,置二使。东都畿内、河南、淮南、江东西、湖南、荆南、山南东道,以转运使刘晏领之;京畿、关内、河南、剑南、山南西道,以京兆尹、判度支第五琦领之。及琦贬,以户部侍郎、判度支韩滉与晏分治。

时回纥有助收西京功,代宗厚遇之,与中国婚姻,岁送马十万匹,酬以缣帛百余万匹。而中国财力屈竭,岁负马价。河、湟六镇既

陷,岁发防秋兵三万戍京西,资粮百五十余万缗。而中官鱼朝恩方
恃恩擅权,代宗与宰相元载日夜图之。及朝恩诛,帝复与载贰,君臣
猜间不协,边计兵食置而不议者几十年。而诸镇擅地,结为表里,日
治兵缮垒,天子不能绳以法,顾留意祠祷、焚币玉、写浮屠书,度支
禀赐僧巫,岁以巨万计。然帝性俭约,身所御衣,必浣染至再三,欲
以先天下。然生日、端午,四方贡献至数千万者,加以恩泽,而诸道
尚侈丽以自媚。朝多留事,经岁不能遣,置客省以居。上封事不足
采者、蕃夷贡献未报及失职未叙者,食度支数千百人。德宗即位,用
宰相崔祐甫,拘客省者出之,食度支者遣之,岁省费万计。

唐书卷五二
志第四二

食货二

　　租庸调之法，以人丁为本。自开元以后，天下户籍久不更造，丁口转死，田亩卖易，贫富升降不实。其后国家侈费无节，而大盗起，兵兴，财用益屈，而租庸调法弊坏。

　　自代宗时，始以亩定税，而敛以夏秋。至德宗相杨炎，遂作两税法，夏输无过六月，秋输无过十一月。置两税使以总之，量出制入。户无主、客，以居者为簿；人无丁、中，以贫富为差。商贾税三十之一，与居者均役。田税视大历十四年垦田之数为定。遣黜陟使按比诸道丁产等级，免鳏寡恂孑独不济者。敢有加敛，以枉法论。议者以租、庸、调，高祖、太宗之法也，不可轻改。而德宗方信用炎，不疑也。旧户三百八十万五千，使者按比得主户三百八十万，客户三十万。天下之民，不土断而地著，不更版籍而得其虚实。岁敛钱二千五十余万缗，米四百万斛，以供外钱九百五十余万缗，米千六百余万斛，以供京师。

　　税法既行，民力未及宽，而朱滔、王武俊、田悦合从而叛，用益不给，而借商之令出。初，太常博士韦都宾、陈京请借富商钱，德宗以问度支杜佑，以为军费裁支数月，幸得商钱五百万缗，可支半岁。乃以户部侍郎赵赞判度支，代佑行借钱令，约罢兵乃偿之。京兆少尹韦桢、长安丞薛萃，搜督甚峻，民有不胜其冤自经者，家若被盗。

然总京师豪人田宅、奴婢之估，裁得八十万缗。又取僦柜纳质钱及粟麦粜于市者，四取其一，长安为罢市。市民相率遮邀宰相哭诉，卢杞疾驱而过。韦桢惧，乃请钱不及百缗、粟麦不及五十斛者免，而所获裁二百万缗。淮南节度使陈少游增其本道税钱，每缗二百，因诏天下皆增之。

自太宗时置义仓及常平仓以备凶荒，高宗以后，稍假义仓以给他费，至神龙中略尽。玄宗即位，复置之。其后第五琦请天下常平仓皆置库，以畜本钱。至是赵赞又言："自军兴，常平仓废垂三十年，凶荒溃散，喂死相食，不可胜纪。陛下即位，京城两市置常平官，虽频年少雨，米不腾贵。可推而广之，宜兼储布帛。请于两都、江陵、成都、扬、汴、苏、洪置常平轻重本钱，上至百万缗，下至十万，积米、粟、布、帛、丝、麻，贵则下价而出之，贱则加估而收之。诸道津会置吏，阅商贾钱，每缗税二十，竹、木、茶、漆税十之一，以澹常平本钱。"德宗纳其策。属军用迫蹙，亦随而耗竭，不能备常平之积。

是时，诸道讨贼，兵在外者，度支给出界粮，每军以台省官一人为粮料使，主供亿。士卒出境，则给酒肉。一卒出境，兼三人之费。将士利之，逾境而屯。

赵赞复请税间架，算除陌。其法：屋二架为间，上间钱二千，中间一千，下间五百；匿一间，杖六十，告者赏钱五万。除陌法：公私贸易，千钱旧算二十，加为五十；物两相易者，约直为率。而民益愁怨。及泾原兵反，大呼长安市中曰："不夺尔商户僦质，不税尔间架、除陌矣。"于是间架、除陌、竹、木、茶、漆、铁之税皆罢。

朱泚平，天下户口三耗其二。贞元四年，诏天下两税审等第高下，三年一定户。自初定两税，货重钱轻，乃计钱而输绫绢。既而物价愈下，所纳愈多，绢匹为钱三千二百。其后一匹为钱一千六百，输一者过二，虽赋不增旧，而民愈困矣。度支以税物颁诸司，皆增本价为虚估给之，而缪以滥恶督州县剥价，谓之折纳。复有"进奉"、"宣索"之名，改科役曰"召雇"，率配曰"和市"，以巧避微文，比大历之数再倍。又疠疫水旱，户口减耗，刺史析户，张虚数以宽责。逃死阙税，取于居者，一室空而四邻亦尽。户版不缉，无浮游之禁，州县行小惠以倾诱邻境，新收者优假之。唯安居不迁之民，赋役日重。帝以问宰相陆贽，贽上疏请厘革其甚害者，大略有六，其一曰：

国家赋役之法，曰租、曰调、曰庸。其取法远，其敛财均，其域人固。有田则有租，有家则有调，有身则有庸。天下法制均壹，虽转徙莫容其奸，故人无摇心。天宝之季，海内波荡，版图隳于避地，赋法坏于奉军。赋役旧法，行之百年，人以为便。兵兴，供亿不常，诛求隳制，此时弊，非法弊也。时有弊而未理，法无弊而已更。两税新制，竭耗编氓，日日滋甚。陛下初即位，宜损上益下，啬用节财。而摘郡邑，验簿书，州取大历中一年科率多者为两税定法，此总无名之暴赋而立常规也。夫财之所生，必因人力。两税以资产为宗，不以丁身为本，资产少者税轻，多者税重。不知有藏于襟怀囊箧，物贵而人莫窥者；有场圃、囷仓，直轻而众以为富者；有流通蕃息之货，数寡而日收其赢者；有庐舍器用，价高而终岁利寡者。计估算缗，失平长伪，挟轻费转徙者脱徭税，敦本业者困敛求。此诱之为奸，驱之避役也。今徭赋轻重相百，而以旧为准，重处流亡益多，轻处归附益众。有流亡则摊出，已重者愈重；有归附则散出，已轻者愈轻。人婴其弊。愿诏有司与宰相量年支，有不急者罢之，广费者节之。军兴加税，诸道权宜所增，皆可停。税物估价，宜视月平，至京与色样符者，不得虚称折估。有滥恶，罪官吏，勿督百姓。每道以知两税判官一人与度支参计户数，量土地沃瘠、物产多少为二等，州等下者配钱少，高者配钱多。不变法而逋逃渐息矣。

其二曰：

播殖非力不成，故先王定赋以布、麻、缯、纩、百谷，勉人功也。又惧物失贵贱之平，交易难准，乃定货泉以节轻重。盖为国之利权，守之在官，不以任下。然则谷帛，人所为也；钱货，官所为也。人所为者，租税取焉；官所为者，赋敛舍焉。国朝著令，税出谷,庸出绢,调出缯、纩、布、麻,曷尝禁人铸钱而以钱为赋?今两税效算缗之末法,估资产为差,以钱谷定税,折供杂物,岁目颇殊。所供非所业,所业非所供,增价以市所无,减价以贸所有,耕织之力有限,而物价贵贱无常。初定两税,万钱为绢三匹,价贵而数不多。及给军装,计数不计价,此税少国用不充也。近者万钱为绢六匹,价贱而数加。计口蚕织不殊,而所输倍,此供税多人力不给也。宜令有司覆初定两税之岁绢、布定估,为布帛之数,复庸、调旧制,随土所宜,各修家技。物甚贱,所出不加;物甚贵,所入不减。且经费所资,在钱者独月俸、资课,以钱数多少给布,广铸而禁用铜器,则钱不乏。有籴盐以入直,榷酒以纳资,何虑无所给哉!

其三曰:

廉使奏吏之能者有四科,一曰户口增加,二曰田野垦辟,三曰税钱长数,四曰率办先期。夫贵户口增加,诡情以诱奸浮,苛法以析亲族,所诱者将议薄征则遽散,所析者不胜重税而亡,有州县破伤之病。贵田野垦辟,率民殖荒田,限年免租,新亩虽辟,旧畲芜矣。人以免租年满,复为污莱,有稼穑不增之病。贵税钱长数,重困疲羸,捶骨沥髓,苟媚聚敛之司,有不恤人之病。贵率办先期,作威残人,丝不容织,粟不暇舂,贫者奔迸,有不恕物之病。四病缘考核不切事情之过。验之以实,则租赋所加,固有受其损者,此州若增客户,彼郡必减居人。增处邀赏而税数加,减处惧罪而税数不降。国家设考课之法,非欲崇聚敛也。宜命有司详考课绩,州税有定,徭役有等,覆实然后报户部。若人益阜实,税额有余,据户均减十三为上课,减二次之,减一又次之。若流亡多,加税见户者,殿亦如之。民纳租以去岁输数为常,罢据额所率者。增辟勿益租,废耕不降数。定户之际,视杂产以校之。田既有常租,则不宜复入两税。如此,不督课而人人乐耕矣。

其四曰:

　　　　明君不厚所资而害所养,故先人事而借其暇力,家给然后敛余财。今督收迫促,蚕事方兴而输缣,农功未艾而敛谷。有者急卖而耗半直,无者求假费倍。定两税之初,期约未详,属征役多,故率先限以收。宜定税期,随风俗时候,务于纾人。

其五曰:

　　　　顷师旅亟兴,官司所储,唯给军食,凶荒不遑赈救。人小乏则取息利,大乏则鬻田庐。敛获始毕,执契行贷。饥岁室家相弃,乞为奴仆,犹莫之售,或缢死道途。天灾流行,四方代有。税茶钱积户部者,宜计诸道户口均之。谷麦熟则平籴,亦以义仓为名,主以巡院。时稔伤农,则优价广籴,谷贵而止;小歉则借贷。循环敛散,使聚谷幸灾者无以牟大利。

其六曰:

　　　　古者百亩地号一夫,盖一夫授田不得过百亩,欲使人不废业,田无旷耕。今富者万亩,贫者无容足之居,依托强家,为其私属,终岁服劳,常患不充。有田之家坐食租税,京畿田亩税五升,而私家收租亩一石,官取一,私取十,穑者安得足食?宜为占田条限,裁租价,损有余,优不足,此安富恤穷之善经,不可舍也。

赘言虽切,以谗逐,事无施行者。

十二年,河南尹齐抗复论其弊,以为:“军兴,国用稍广,随要而税,吏扰人劳。陛下变为两税,督纳有时,贪暴无容其奸。二十年间,府库充牣。但定税之初,钱轻货重,故陛下以钱为税。今钱重货轻,若更为税名,以就其轻,其利有六:吏绝其奸,一也;人用不扰,二也;静而获利,三也;用不乏钱,四也;不劳而易知,五也;农桑自劝,六也。百姓本出布帛,而税反配钱,至输时复取布帛,更为三估计折,州县升降成奸。若直定布帛,无估可折。盖以钱为税,则人力竭而有司不之觉。今两税出于农人,农人所有,唯布帛而已。用布帛处多,用钱处少,又有鼓铸以助国计,何必取于农人哉?”疏入,亦不报。

初，德宗居奉天，储畜空窘。尝遣卒视贼，以苦寒乞襦裤，帝不能致，剔亲王带金而鬻之。朱泚既平，于是帝属意聚敛，常赋之外，进奉不息。剑南西川节度使韦皋有"日进"，江西观察使李兼有"月进"，淮南节度使杜亚、宣歙观察使刘赞、镇海节度使王纬、李锜皆徼射恩泽，以常赋入贡，名为"羡余"。至代易又有"进奉"。当是时，户部钱物，所在州府及巡院皆得擅留，或矫密旨加敛，谪官吏、刻禄廪，增税通津、死人及蔬果。凡代易进奉，取于税入，十献二三，无敢问者。常州刺史裴肃鬻薪炭案纸为进奉，得迁浙东观察使。刺史进奉，自肃始也。刘赞卒于宣州，其判官严绶倾军府为进奉，召为刑部员外郎。判官进奉，自绶始也。自裴延龄用事，益为天子积私财，而生民重困。延龄死，而人相贺。是时，宫中取物于市，以中官为宫市使。两市置"白望"数十百人，以盐估、敝衣，绢帛尺寸分裂，酬其直。又索进奉门户及脚价钱，有赍物入市而空归者。每中官出，沽浆卖饼之家皆彻肆塞门。谏官御史数上疏谏，不听，人不堪其弊。户部侍郎苏弁言："京师游手数千万家，无生业者仰宫市以活，奈何罢？"帝悦，以为然。京兆尹韦凑奏："小人因宫市为奸，真伪难辨，宜下府县供送。"帝许之。中官言百姓赖宫市以养者也，凑反得罪。

顺宗即位，乃罢宫市使及盐铁使月进。宪宗又罢除官受代进奉及诸道两税外榷率；分天下之赋以为三，一曰上供，二曰送使，三曰留州。宰相裴垍又令诸道节度、观察调费取于所治州，不足则取于属州，而属州送使之余与其上供者，皆输度支。是时，因德宗府库之积，颇约费用，天子身服浣濯。及刘辟、李锜既平，訾藏皆入内库。山南东道节度使于頔、河东节度使王锷进献甚厚，翰林学士李绛尝谏曰："方镇进献，因缘为奸，以侵百姓，非圣政所宜。"帝喟然曰："诚知非至德事。然两河中夏贡赋之地，朝觐久废；河、湟陷没，烽候列于郊甸。方刷祖宗之耻，不忍重敛于人也。"然独不知进献之取于人者重矣。及讨淮西，判度支杨于陵坐馈饷不继贬，以司农卿皇甫镈代之，由是益为刻剥。司农卿王遂、京兆尹李翛号能聚敛，乃以为宣歙、浙西观察使，予之富饶之地，以办财赋。盐铁使王播言：“刘晏领使时，自按租庸，然后知州县钱谷利病虚实。”乃以副使程异巡江、淮，核州府上供钱谷。异至江、淮，得钱百八十五万贯。其年，遂代播为盐铁使。是时，河北兵讨王承宗，于是募人入粟河北、淮西者，自千斛以上皆授以官。度支盐铁与诸道贡献尤甚，号“助军钱”。及贼平，则有贺礼及助赏设物。群臣上尊号，又有献贺物。

穆宗即位，一切罢之，两税外加率一钱者，以枉法赃论。然自在藩邸时，习见用兵之弊，以谓戎臣武卒，法当姑息。及即位，自神策诸军，非时赏赐，不可胜纪。已而幽州兵囚张弘靖，镇州杀田弘正，两镇用兵，置南北供军院。而行营军十五万，不能亢两镇万余之众。而馈运不能给，帛粟未至而诸军或强夺于道。

盖自建中定两税而物轻钱重，民以为患，至是四十年。当时为绢二匹半者为八匹，大率加三倍。豪家大商，积钱以逐轻重，故农人日困，末业日增。帝亦以货轻钱重，民困而用不充，诏百官议革其弊。而议者多请重挟铜之律。户部尚书杨于陵曰：“王者制钱以权百货，贸迁有无，通变不倦，使物无甚贵甚贱，其术非它，在上而已。何则？上之所重，人必从之。古者权之于上，今索之于下；昔散之四方，今藏之公府；昔广铸以资用，今减炉以废功；昔行之于中原，今泄之于边裔。又有闾井送终之啥，商贾贷举之积，江湖压覆之耗，则钱焉得不重，货焉得不轻？开元中，天下铸钱七十余炉，岁盈百万，今才十数炉，岁入十五万而已。大历以前，淄青、太原、魏博杂铅铁以通时用，岭南杂以金、银、丹砂、象齿，今一用泉货，故钱不足。今宜使天下两税、榷酒、盐利，上供及留州、送使钱，悉输以布帛谷粟，则人宽于所求，然后出内府之积，收市廛之滞，广山铸之数，限边裔之出，禁私家之积，则货日重而钱日轻矣。”宰相善其议。由是两税、上供、留州，皆易以布帛、丝纩，租、庸、课、调不计钱而纳布帛。唯盐酒本以榷率计钱，与两税异，不可去钱。

文宗大和九年，以天下回残钱置常平义仓本钱，岁增市之。非遇水旱不增者，判官罚俸，书下考；州县假借，以枉法论。文宗尝召监仓御史崔虞问太仓粟数,对曰:"有粟二百五十万石。"帝曰:"今岁费广而所畜寡,奈何?"乃诏出使郎官、御史督察州县壅遏钱谷者。时豪民侵噬产业不移户,州县不敢徭役,而征税皆出下贫。至于依富室为奴客,役罚峻于州县。长吏岁辄遣吏巡覆田税,民苦其扰。

武宗即位,废浮图法,天下毁寺四千六百、招提兰若四万,籍僧尼为民二十六万五千人,奴婢十五万人,田数千万顷,大秦、穆护、袄二千余人。上都、东都每街留寺二,每寺僧三十人。诸道留僧以三等,不过二十人。腴田鬻钱送户部,中下田给寺家奴婢丁壮者为两税户,人十亩。以僧尼既尽,两京悲田养病坊给寺田十顷,诸州七顷,主以耆寿。

自会昌末,置备边库,收度支、户部、盐铁钱物。宣宗更号延资库。初以度支郎中判之,至是以属宰相,其任益重。户部岁送钱帛二十万,度支盐铁送者三十万,诸道进奉助军钱皆输焉。

懿宗时,云南蛮数内寇,徙兵戍岭南。淮北大水,征赋不能办,人人思乱。及庞勋反,附者六七万。自关东至海大旱,冬蔬皆尽,贫者以蓬子为面,槐叶为面。乾符初,大水,山东饥。中官田令孜为神策中尉,怙权用事,督赋益急。王仙芝、黄巢等起,天下遂乱,公私困竭。昭宗在凤翔,为梁兵所围,城中人相食,父食其子,而天子食粥,六宫及宗室多饿死。其穷至于如此,遂以亡。

初,乾元末,天下上计百六十九州,户百九十三万三千一百二十四,不课者百一十七万四千五百九十二;口千六百九十九万三百八十六,不课者千四百六十一万九千五百八十七。减天宝户五百九十八万二千五百八十四,口三千五百九十二万八千七百二十三。元和中,供岁赋者,浙西、浙东、宣歙、淮南、江西、鄂岳、福建、湖南八道,户百四十四万,比天宝才四之一。兵食于官者八十三万,加天宝三之一,通以二户养一兵。京西北、河北以屯兵广,无上供。至长庆,户三百三十五万,而兵九十九万,率三户以奉一兵。至武宗即位,户二百一十一万四千九百六十。会昌末，户增至四百九十五万五千一百五十一。宣宗既复河、湟，天下两税、榷酒茶盐钱，岁入九百二十二万缗，岁之常费率少三百余万，有司远取后年乃济。及群盗起，诸镇不复上计云。

唐书卷五三
志第四三

食货三

　　唐都长安，而关中号称沃野，然其土地狭，所出不足以给京师，备水旱，故常转漕东南之粟。高祖、太宗之时，用物有节而易赡，水陆漕运，岁不过二十万石，故漕事简。自高宗已后，岁益增多，而功利繁兴，民亦罹其弊矣。

　　初，江淮漕租米至东都输含嘉仓，以车或驮陆运至陕。而水行来远，多风波覆溺之患，其失尝十七八，故其率一斛得八斗为成劳。而陆运至陕，才三百里，率两斛计佣钱千。民送租者，皆有水陆之直，而河有三门底柱之险。显庆元年，苑西监褚朗议凿三门山为梁，可通陆运。乃发卒六千凿之，功不成。其后，将作大匠杨务廉又凿为栈，以挽漕舟。挽夫系二铁于胸，而绳多绝，挽夫辄坠死，则以逃亡报，因系其父母妻子，人以为苦。

　　开元十八年，宣州刺史裴耀卿朝集京师，玄宗访以漕事，耀卿条上便宜曰：“江南户口多，而无征防之役。然送租、庸、调物，以岁二月至扬州入斗门，四月已后，始渡淮入汴，常苦水浅。六七月乃至河口，而河水方涨。须八九月水落始得上河入洛，而漕路多梗，船樯阻隘。江南之人，不习河事，转雇河师水手，重为劳费。其得行日少，阻滞日多。今汉、隋漕路，濒河仓廪，遗迹可寻。可于河口置武牢仓，巩县置洛口仓，使江南之舟不入黄河，黄河之舟不入洛口。而河阳、柏崖、太原、永丰、渭南诸仓，节级转运，水通则舟行，水浅则寓于仓以待,则舟无停留,而物不耗失。此甚利也。"玄宗初不省。二十一年,耀卿为京兆尹,京师雨水,谷踊贵,玄宗将幸东都,复问耀卿漕事,耀卿因请"罢陕陆运。而置仓河口。使江南漕舟至河口者,输粟于仓而去,县官雇舟以分入河、洛。置仓三门东西,漕舟输其东仓,而陆运以输西仓,复以舟漕,以避三门之水险。"玄宗以为然。乃于河阴置河阴仓,河西置柏崖仓,三门东置集津仓,西置盐仓,凿山十八里以陆运。自江、淮漕者,皆输河阴仓。自河阴西至太原仓,谓之北运,自太原仓浮渭以实关中。玄宗大悦,拜耀卿为黄门侍郎、同中书门下平章事、兼江淮都转运使,以郑州刺史崔希逸、河南少尹萧炅为副使,益漕晋、绛、魏、濮、邢、贝、济、博之租输诸仓,转而入渭。凡三岁,漕七百万石,省陆运佣钱三十万缗。是时,民久不罹兵革,物力丰富,朝廷用度亦广,不计道里之费,而民之输送所出水陆之直,增以"函脚"、"营窖"之名,民间传言用斗钱运斗米,其糜耗如此。及耀卿罢相,北运颇艰,米岁至京师才百万石。二十五年,遂罢北运。而崔希逸为河南陕运使,岁运百八十万石。其后以太仓积粟有余,岁减漕数十万石。

　　二十九年,陕郡太守李齐物凿砥柱为门以通漕,开其山颠为挽路,烧石沃醯而凿之。然弃石入河,激水益湍怒,舟不能入新门,候其水涨,以人挽舟而上。天子疑之,遣宦者按视,齐物厚赂使者,还言便。齐物入为鸿胪卿,以长安令韦坚代之,兼水陆运使。坚治汉、隋运渠,起关门,抵长安,通山东租赋。乃绝灞、浐,并渭而东,至永丰仓与渭合。又于长乐坡濒苑墙凿潭于望春楼下,以聚漕舟。坚因使诸舟各揭其郡名,陈其土地所产宝货诸奇物于栿上。先时民间唱俚歌曰"得体纥那邪"。其后得宝符于桃林,于是陕县尉崔成甫更《得体歌》为《得宝弘农野》。坚命舟人为吴、楚服,大笠、广袖、芒屦以歌之。成甫又广之为歌辞十阕,自衣缺后绿衣、锦半臂、红抹额,立第一船为号头以唱,集两县妇女百余人,鲜服靓妆,鸣鼓吹笛以和之。众艘以次辏楼下,天子望见大悦,赐其潭名曰广运潭。是岁,漕山东粟四百万石。自裴耀卿言漕事,进用者常兼转运之职,而韦坚为最。

初,耀卿兴漕路,请罢陆运,而不果废。自景云中,陆运北路分八递,雇民车牛以载。开元初,河南尹李杰为水陆运使,运米岁二百五十万石,而八递用车千八百乘。耀卿罢久之,河南尹裴迥以八递伤牛,乃为交场两递,滨水处为宿场,分官总之,自龙门东山抵天津桥为石堰以遏水。其后大盗起,而天下匮矣。

肃宗末年,史朝义兵分出宋州,淮运于是阻绝,租庸盐铁溯汉江而上。河南尹刘晏为户部侍郎,兼句当度支、转运、盐铁、铸钱使,江淮粟帛繇襄、汉越商于以输京师。

及代宗出陕州,关中空窘,于是盛转输以给用。广德二年,废句当度支使,以刘晏颛领东都、河南、淮西、江南东西转运、租庸、铸钱、盐铁,转输至上都。度支所领诸道租庸观察使,凡漕事亦皆决于晏。晏即盐利顾佣,分吏督之,随江、汴、河、渭所宜。故时转运船繇润州陆运至扬子,斗米费钱十九,晏命囊米而载以舟,减钱十五;繇扬州距河阴,斗米费钱百二十,晏为歇艎支江船二千艘,每船受千斛,十船为纲,每纲三百人,篙工五十,自扬州遣将部送至河阴,上三门,号"上门填阙船",米斗减钱九十。调巴、蜀、襄、汉麻枲竹筱为绹挽舟,以朽索腐材代薪,物无弃者。未十年,人人习河险。江船不入汴,汴船不入河,河船不入渭;江南之运积扬州,汴河之运积河阴,河船之运积渭口,渭船之运入太仓。岁转粟百一十万石,无升斗溺者。轻货自扬子至汴州,每驮费钱二千二百,减九百,岁省十余万缗。又分官吏主丹杨湖,禁引溉,自是河漕不涸。大历八年,以关内丰穰,减漕十万石,度支和籴以优农。晏自天宝末掌出纳,监岁运,知左右藏,主财谷三十余年矣。及杨炎为相,以旧恶罢晏,转运使复归度支,凡江淮漕米,以库部郎中崔河图主之。

及田悦、李惟岳、李纳、梁崇义拒命,举天下兵讨之,诸军仰给京师。而李纳、田悦兵守涡口,梁崇义扼襄、邓,南北漕引皆绝,京师大恐。江淮水陆转运使杜佑以秦、汉运路出浚仪十里入琵琶沟,绝蔡河,至陈州而合。自隋凿汴河,官漕不通,若导流培岸,功用甚寡;

疏鸡鸣冈首尾,可以通舟,陆行才四十里,则江、湖、黔中、岭南、蜀、汉之粟可方舟而下,縰白沙趣东关,历颍、蔡,涉汴抵东都,无浊河溯淮之阻,减故道二千余里。会李纳将李洧以徐州归命,淮路通而止。户部侍郎赵赞又以钱货出淮迂缓,分置汴州东西水陆运两税盐铁使,以度支总大纲。

贞元初,关辅宿兵,米斗千钱,太仓供天子六宫之膳不及十日,禁中不能酿酒,以飞龙驼负永丰仓米给禁军,陆运牛死殆尽。德宗以给事中崔造敢言,为能立事,用为相。造以江、吴素嫉钱谷诸使颛利罔上,乃奏诸道观察使、刺史选官部送两税至京师,废诸道水陆转运使及度支巡院、江淮转运使,以度支、盐铁归尚书省,宰相分判六尚书事。以户部侍郎元琇判诸道盐铁、榷酒,侍郎吉中孚判度支诸道两税。增江淮之运,浙江东、西岁运米七十五万石,复以两税易米百万石,江西、湖南、鄂岳、福建、岭南米亦百二十万石,诏浙江东、西节度使韩滉,淮南节度使杜亚运至东、西渭桥仓。诸道有盐铁处,复置巡院。岁终宰相计课最。崔造厚元琇,而韩滉方领转运,奏国漕不可改。帝亦雅器滉,复以为江淮转运使。元琇嫉其刚,不可共事,因有隙。琇称疾罢,而滉为度支、诸道盐铁转运使,于是崔造亦罢。滉遂劾琇常饟米淄青、河中,而李纳、怀光倚以构叛。贬琇雷州司户参军,寻赐死。

是时,汴宋节度使春夏遣官监汴水,察盗灌溉者。岁漕经底柱,覆者几半。河中有山号“米堆”,运舟入三门,雇平陆人为门匠,执标指麾,一舟百日乃能上。谚曰:“古无门匠墓”,谓皆溺死也。陕虢观察使李泌益凿集津仓山西迳为运道,属于三门仓,治上路以回空车,费钱五万缗,下路减半;又为入渭船,方五板,输东渭桥太仓米至凡百三十万石,遂罢南路陆运。其后诸道盐铁转运使张滂复置江淮巡院。及浙西观察使李锜领使,江淮堰埭隶浙西者,增私路小堰之税,以副使潘孟阳主上都留后。李巽为诸道转运盐铁使,以堰埭归盐铁使,罢其增置者。自刘晏后,江淮米至渭桥寝减矣,至巽乃复如晏之多。

　　初,扬州疏太子港、陈登塘,凡三十四陂,以益漕河,辄复埋塞。淮南节度使杜亚乃浚渠蜀冈,疏句城湖、爱敬陂,起堤贯城,以通大舟。河溢庳,水下走淮,夏则舟不得前。节度使李吉甫筑平津堰,以泄有余,防不足,漕流遂通。然漕益少,江淮米至渭桥者才二十万斛。诸道盐铁转运使卢坦籴以备一岁之费,省冗职八十员。自江以南,补署皆刺属院监,而漕米亡耗于路颇多。刑部侍郎王播代坦,建议米至渭桥五百石亡五十石者死。其后判度支皇甫镈议万斛亡三百斛者偿之,千七百斛者流塞下,过者死;盗十斛者流,三十斛者死。而覆船败挽,至者不得十之四五。部吏、舟人相挟为奸,榜笞号苦之声闻于道路,禁锢连岁,赦下而狱死者不可胜数。其后贷死刑,流天德五城。人不畏法,运米至者十亡七八。盐铁转运使柳公绰请如王播议加重刑。大和初,岁旱河涸,掊沙而进,米多耗,抵死甚众,不待覆奏。秦、汉时故漕兴成堰,东达永丰仓,咸阳县令韩辽请疏之,自咸阳抵潼关三百里,可以罢车挽之劳。宰相李固言以为非时,文宗曰:"苟利于人,阴阳拘忌,非朕所顾也。"议遂决。堰成。罢挽车之牛以供农耕,关中赖其利。

　　故事,州县官充纲,送轻货四万,书上考。开成初,为长定纲,州择清强官送两税,至十万迁一官,往来十年者授县令。江淮钱积河阴,转输岁费十七万余缗,行纲多以盗抵死。判度支王彦威置县递群畜万三千三百乘,使路傍民养以取佣,日役一驿,省费甚博。而宰相亦以长定纲命官不以材,江淮大州,岁授官者十余人,乃罢长定纲,送五万者书上考,七万者减一选,五十万减三选而已。及户部侍郎裴休为使,以河濒县令董漕事,自江达渭,运米四十万石。居三岁,米至渭桥百二十万石。

　　凡漕达于京师而足国用者,大略如此。其他州、县、方镇,漕以自资,或兵所征行,转运以给一时之用者,皆不足纪。

　　唐开军府以捍要冲,因隙地置营田,天下屯总九百九十二。司农寺每屯三顷,州、镇诸军每屯五十顷。水陆腴瘠、播殖地宜与其功庸烦省、收率之多少，皆决于尚书省。苑内屯以善农者为屯官、屯副，御史巡行莅输。上地五十亩，瘠地二十亩，稻田八十亩，则给牛一。诸屯以地良薄与岁之丰凶为三等，具民田岁获多少，取中熟为率。有警，则以兵若夫千人助收。隶司农者，岁三月，卿、少卿循行，治不法者。凡屯田收多者，褒进之。岁以仲春籍来岁顷亩、州府军镇之远近，上兵部，度便宜遣之。开元二十五年，诏屯官叙功以岁丰凶为上下。镇戍地可耕者，人给十亩以供粮。方春，屯官巡行，谪作不时者。天下屯田收谷百九十余万斛。

初，度支岁市粮于北都，以赡振武、天德、灵武、盐、夏之军，费钱五六十万缗，溯河舟溺甚众。建中初，宰相杨炎请置屯田于丰州，发关辅民凿陵阳渠以增溉。京兆尹严郢尝从事朔方，知其利害，以为不便，疏奏不报。郢又奏："五城旧屯，其数至广，以开渠之粮贷诸城，约以冬输；又以开渠功直布帛先给田者，据估转谷。如此则关辅免调发，五城田辟，比之浚渠利十倍也。"时杨炎方用事，郢议不用，而陵阳渠亦不成。然振武、天德良田，广袤千里。

元和中，振武军饥，宰相李绛请开营田，可省度支漕运及绝和籴欺隐。宪宗称善，乃以韩重华为振武、京西营田、和籴、水运使，起代北，垦田三百顷。出赃罪吏九百余人，给以耒耜、耕牛，假种粮，使偿所负粟。二岁大熟。因募人为十五屯，每屯百三十人，人耕百顷。就高为堡，东起振武，西逾云州，极于中受降城，凡六百余里，列栅二十，垦田三千八百余里，岁收粟二十万石，省度支钱二千余万缗。重华入朝，奏请益开田五千顷，法用人七千，可以尽给五城。会李绛已罢，后宰相持其议而止。宪宗末，天下营田皆雇民或借庸以耕，又以瘠地易上地，民间苦之。穆宗即位，诏还所易地，而耕以官兵。耕官地者，给三之一以终身。灵武、邠宁，土广肥而民不知耕。大和末，王起奏立营田。后党项大扰河西，邠宁节度使毕诚亦募士开营田，岁收三十万斛，省度支钱数百万缗。

　　贞观、开元后，边土西举高昌、龟兹、焉耆、小勃律，北抵薛延陀故地。缘边数十州戍重兵，营田及地租不足以供军，于是初有和籴。牛仙客为相，有彭果者献策广关辅之籴，京师粮廪益羡，自是玄宗不复幸东都。天宝中，岁以钱六十万缗赋诸道和籴，斗增三钱，每岁短递输京仓者百余万斛。米贱则少府加估而籴，贵则贱价而粜。贞元初，吐蕃劫盟，召诸道兵十七万戍边。关中为吐蕃蹂躏者二十年矣，北至河曲，人户无几，诸道戍兵月给粟十七万斛，皆籴于关中。宰相陆贽以"关中谷贱，请和籴，可至百余万斛。计诸县船车至太仓，谷价四十有余，米价七十，则一年和籴之数当转运之二年，一斗转运之资当和籴之五斗。减转运以实边，存转运以备时要。江淮米至河阴者罢八十万斛，河阴米至太原仓者罢五十万，太原米至东渭桥者罢二十万。以所减米粜江淮水菑州县，斗减时五十以救乏。京城东渭桥之籴，斗增时三十以利农。以江淮粜米及减运直市绢帛送上都。"帝乃命度支增估籴粟三十三万斛，然不能尽用贽议。宪宗即位之初，有司以岁丰熟，请畿内和籴。当时府、县配户督限，有稽违则迫蹙鞭挞，甚于税赋，号为和籴，其实害民。

唐书卷五四

志第四四

食货四

　　唐有盐池十八,井六百四十,皆隶度支。蒲州安邑、解县有池五,总曰"两池",岁得盐万斛,以供京师。盐州五原有乌池、白池、瓦池、细项池,灵州有温泉池、两井池、长尾池、五泉池、红桃池、回乐池、弘静池,会州有河池,三州皆输米以代盐。安北都护府有胡落池,岁得盐万四千斛,以给振武、天德。黔州有井四十一,成州、巂州井各一,果、阆、开、通井百二十三,山南西院领之。邛、眉、嘉有井十三,剑南西川院领之。梓、遂、绵、合、昌、渝、泸、资、荣、陵、简有井四百六十,剑南东川院领之。皆随月督课。幽州、大同横野军有盐屯,每屯有丁有兵,岁得盐二千八百斛,下者千五百斛。负海州岁免租为盐二万斛以输司农。青、楚、海、沧、棣、杭、苏等州,以盐价市轻货,亦输司农。

　　天宝、至德间,盐每斗十钱。乾元元年,盐铁、铸钱使第五琦初变盐法,就山海井灶近利之地置监院,游民业盐者为亭户,免杂徭。盗鬻者论以法。及琦为诸州榷盐铁使,尽榷天下盐,斗加时价百钱而出之,为钱一百一十。

　　自兵起,流庸未复,税赋不足供费,盐铁使刘晏以为因民所急而税之,则国足用。于是上盐法轻重之宜,以盐吏多则州县扰,出盐乡因旧监置吏,亭户粜商人,纵其所之。江、岭去盐远者,有常平盐,每商人不至,则减价以粜民,官收厚利而人不知贵。晏又以盐生霖潦则卤薄,暵旱则土溜坟,乃随时为令,遣吏晓导,倍于劝农。吴、越、扬、楚盐廪至数千,积盐二万余石。有涟水、湖州、越州、杭州四场,嘉兴、海陵、盐城、新亭、临平、兰亭、永嘉、大昌、候官、富都十监,岁得钱百余万缗,以当百余州之赋。自淮北置巡院十三,曰扬州、陈许、汴州、庐寿、白沙、淮西、甬桥、浙西、宋州、泗州、岭南、兖郓、郑滑,捕私盐者,奸盗为之衰息。然诸道加榷盐钱,商人舟所过有税。晏奏罢州县率税,禁堰埭邀以利者。晏之始至也,盐利岁才四十万缗,至大历末,六百余万缗。天下之赋,盐利居半,宫闱服御、军饷、百官禄俸皆仰给焉。明年而晏罢。

贞元四年,淮西节度使陈少游奏加民赋,自此江淮盐每斗亦增二百,为钱三百一十。其后复增六十,河中两池盐每斗为钱三百七十。江淮豪贾射利,或时倍之,官收不能过半,民始怨矣。刘晏盐法既成,商人纳绢以代盐利者,每缗加钱二百,以备将士春服。包佶为汴东水陆运、两税、盐铁使,许以漆器、瑇瑁、绫绮代盐价,虽不可用者亦高估而售之,广虚数以罔上。亭户冒法,私鬻不绝,巡捕之卒,遍于州县。盐估益贵,商人乘时射利,远乡贫民困高估,至有淡食者。巡吏既多,官冗伤财,当时病之。其后军费日增,盐价寖贵,有以谷数斗易盐一升。私枭犯法,未尝少息。

顺宗时始减江淮盐价,每斗为钱二百五十;河中两池盐,斗钱三百。增云安、涣阳、涂耆三监。其后盐铁使李锜奏江淮盐斗减钱十以便民,未几复旧。方是时,锜盛贡献以固宠,朝廷大臣,皆饵以厚货,盐铁之利,积于私室。而国用耗屈,榷盐法大坏,多为虚估,率千钱不满百三十而已。兵部侍郎李巽为使,以盐利皆归度支,物无虚估,天下粜盐税茶,其赢六百六十五万缗。初岁之利,如刘晏之季年,其后则三倍晏时矣。两池盐利,岁收百五十余万缗。四方豪商猾贾,杂处解县,主以郎官,其佐贰皆御史。盐民田园籍于县,而令不得以县民治之。

宪宗之讨淮西也,度支使皇甫镈加剑南东西两川、山南西道盐估以供军。贞元中,盗鬻两池盐一石者死,至元和中,减死流天德五城。铸奏论死如初。一斗以上杖背，没其车驴，能捕斗盐者赏千钱；节度观察使以判官、州以司录录事参军察私盐，漏一石以上罚课料；鬻两池盐者，坊市居邸主人、市侩皆论坐；盗刮硷土一斗，比盐一升。州县团保相察，比于贞元加酷矣。自兵兴，河北盐法羁縻而已。至皇甫铸又奏置榷盐使，如江淮榷法，犯禁岁多。及田弘正举魏博归朝廷，穆宗命河北罢榷盐。户部侍郎张平叔议榷盐法弊，请粜盐可以富国，诏公卿议其可否。中书舍人韦处厚、兵部侍郎韩愈条诘之，以为不可，平叔屈服。是时奉天卤池生水柏，以灰一斛得盐十二斤，利倍硷卤。文宗时，采灰一斗，比盐一斤论罪。开成末，诏私盐月再犯者，易县令，罚刺史俸；十犯，则罚观察、判官课料。宣宗即位，茶、盐之法益密。粜盐少、私盗多者谪观察、判官，不计十犯。户部侍郎、判度支卢弘止以两池盐法敝，遣巡院官司空舆更立新法，其课倍入，迁榷盐使。以壕篱者，盐池之堤禁，有盗坏与鬻碱皆死，盐盗持弓矢者亦皆死刑。兵部侍郎、判度支周墀又言："两池盐盗贩者，迹其居处，保、社按罪。鬻五石，市二石，亭户盗粜二石，皆死。"是时江、吴群盗，以所剽物易茶盐，不受者焚其室庐，吏不敢枝梧，镇戍、场铺、堰埭以关通致富。宣宗乃择尝更两畿辅望县令者为监院官。户部侍郎裴休为盐铁使，上盐法八事，其法皆施行，两池榷课大增。

其后兵遍天下，诸镇擅利，两池为河中节度使王重荣所有，岁贡盐三千车。中官田令孜募新军五十四都，饷转不足，乃倡议两池复归盐铁使。而重荣不奉诏，至举兵反，僖宗为再出，然而卒不能夺。

唐初无酒禁。乾元元年，京师酒贵，肃宗以禀食方屈，乃禁京城酤酒，期以麦熟如初。二年，饥，复禁酤，非光禄祭祀、燕蕃客，不御酒。广德二年，定天下酤户以月收税。建中元年，罢之。三年，复禁民酤，以佐军费，置肆酿酒，斛收直三千，州县总领，醨薄私酿者论其罪。寻以京师四方所凑，罢榷。贞元二年，复禁京城、畿县酒，天下置肆以酤者,斗钱百五十,免其徭役,独淮南、忠武、宣武、河东榷曲而已。元和六年,罢京师酤肆,以榷酒钱随两税青苗敛之。大和八年,遂罢京师榷酤。凡天下榷酒为钱百五十六万余缗,而酿费居三之一,贫户逃酤不在焉。昭宗世,以用度不足,易京畿近镇曲法,复榷酒以赡军。凤翔节度使李茂贞方颛其利,按兵请入奏利害,天子遽罢之。

初,德宗纳户部侍郎赵赞议,税天下茶、漆、竹、木,十取一,以为常平本钱。及出奉天,乃悼悔,下诏亟罢之。及朱泚平,佞臣希意兴利者益进。贞元八年,以水灾减税。明年,诸道盐铁使张滂奏:出茶州县若山及商人要路,以三等定估,十税其一,自是岁得钱四十万缗,然水旱亦未尝拯之也。穆宗即位,两镇用兵,帑藏空虚。禁中起百尺楼,费不可胜计。盐铁使王播图宠以自幸,乃增天下茶税,率百钱增五十。江淮、浙东西、岭南、福建、荆襄茶,播自领之,两川以户部领之,天下茶加斤至二十两,播又奏加取焉。右拾遗李珏上疏谏曰:“榷率起于养兵,今边境无虞,而厚敛伤民,不可一也。茗饮,人之所资,重税则价必增,贫弱益困,不可二也。山泽之饶,其出不訾,论税以售多为利,价腾踊则市者稀,不可三也。”其后王涯判二使,置榷茶使,徙民茶树于官场,焚其旧积者,天下大怨。令狐楚代为盐铁使兼榷茶使,复令纳榷,加价而已。李石为相,以茶税皆归盐铁,复贞元之制。武宗即位,盐铁转运使崔珙又增江淮茶税。是时茶商所过州县有重税,或掠夺舟车,露积雨中,诸道置邸以收税,谓之“拓地钱”,故私贩益起。大中初,盐铁转运使裴休著条约:私鬻三犯皆三百斤,乃论死;长行群旅,茶虽少皆死;雇载三犯至五百斤、居舍侩保四犯至千斤者,皆死;园户私鬻百斤以上,杖背,三犯,加重徭;伐园失业者,刺史、县令以纵私盐论。庐、寿、淮南皆加半税,私商给自首之帖,天下税茶增倍贞元。江淮茶为大摸,一斤至五十两。诸道盐铁使于悰每斤增税钱五,谓之“剩茶钱”,自是斤两复旧。

凡银、铜、铁、锡之冶一百六十八。陕、宣、润、饶、衢、信五州,银冶五十八,铜冶九十六,铁山五,锡山二,铅山四。汾州矾山七。麟德二年,废陕州铜冶四十八。开元十五年,初税伊阳五重山银、锡。德宗时户部侍郎韩洄建议,山泽之利宜归王者,自是皆隶盐铁使。元和初,天下银冶废者四十,岁采银万二千两,铜二十六万六千斤,铁二百七万斤,锡五万斤,铅无常数。开成元年,复以山泽之利归州县,刺史选吏主之。其后诸州牟利以自殖,举天下不过七万余缗,不能当一县之茶税。及宣宗增河、湟戍兵衣绢五十二万余匹,盐铁转运使裴休请复归盐铁使以供国用,增银冶二、铁山七十一、废铜冶二十七、铅山一。天下岁率银二万五千两、铜六十五万五千斤、铅十一万四千斤、锡万七千斤、铁五十三万二千斤。

隋末行五铢白钱,天下盗起,私铸钱行。千钱初重二斤,其后愈轻,不及一斤,铁叶、皮纸皆以为钱。高祖入长安,民间行线环钱,其制轻小,凡八九万才满半斛。

武德四年,铸"开元通宝",径八分,重二铢四参,积十钱重一两,得轻重大小之中,其文以八分、篆、隶三体。洛、并、幽、益、桂等州皆置监。赐秦王、齐王三炉,右仆射裴寂一炉以铸。盗铸者论死,没其家属。其后盗铸渐起。

显庆五年,以恶钱多,官为市之,以一善钱售五恶钱,民间藏恶钱以待禁弛。乾封元年,改铸"乾封泉宝"钱,径寸,重二铢六分,以一当旧钱之十。逾年而旧钱多废,明年,以商贾不通,米帛踊贵,复行开元通宝钱,天下皆铸之。然私钱犯法日蕃,有以舟筏铸江中者。诏所在纳恶钱,而奸亦不息。仪凤中,濒江民多私铸钱为业,诏巡江官督捕,载铜、锡、镴过百斤者没官。四年,命东都粜米粟,斗别纳恶钱百,少府、司农毁之。是时铸多钱贱,米粟踊贵,乃罢少府铸,寻复旧。永淳元年,私铸者抵死,邻、保、里、坊、村正皆从坐。武后时,钱非穿穴及铁锡铜液,皆得用之,熟铜、排斗、沙涩之钱皆售。自是盗铸蜂起,江淮游民依大山陂海以铸,吏莫能捕。先天之际,两京钱益滥,郴、衡钱才有轮郭,铁锡五铢之属皆可用之。或熔锡摸钱,须臾百十。

开元初,宰相宋璟请禁恶钱,行二铢四参钱,毁旧钱不可用者。江淮有官炉钱、偏炉钱、棱钱、时钱。遣监察御史萧隐之使江淮,率户出恶钱,捕责甚峻,上青钱皆输官,小恶者沈江湖,市井不通,物价益贵,隐之坐贬官。宋璟又请出米十万斛收恶钱,少府毁之。十一年,诏所在加铸,禁卖铜锡及造铜器者。二十年,千钱以重六斤四两为率,每钱重二铢四参。禁缺顿、沙涩、荡染、白强、黑强之钱,首者,官为市之。铜一斤为钱八十。二十二年,宰相张九龄建议:"古者以布帛菽粟不可尺寸抄勺而均,乃为钱以通贸易。官铸所入无几,而工费多,宜纵民铸。"议下百官,宰相裴耀卿、黄门侍郎李林甫、河南少尹萧炅、秘书监崔沔皆以为"严断恶钱则人知禁,税铜折役则官冶可成,计估度庸则私钱以利薄而自息。若许私铸,则下皆弃农而竞利矣"。左监门卫录事参军事刘秩曰:"今之钱,古之下币也。若舍之任人,则上无以御下,下无以事上,不可一也。物贱伤农,钱轻伤贾,物重则钱轻,钱轻由乎物多,多则作法收之使少,物少则作法布之使轻,奈何假人?不可二也。铸钱不杂铅铁则无利,杂则钱恶。今塞私铸之路,人犹冒死,况设陷阱诱之?不可三也。铸钱无利则人不铸,有利则去南亩者众,不可四也。人富则不可以赏劝,贫则不可以威禁。法不行,人不理,繇贫富不齐。若得铸钱,贫者服役于富室,富室乘而益恣,不可五也。夫钱重繇人日滋于前,而炉不加旧。公钱与铜价颇等,故破重钱为轻钱。铜之不赡,在采者众也。铜之为兵不如铁,为器不如漆。禁铜则人无所用,盗铸者少,公钱不破,人不犯死,钱又日增,是一举而四美兼也。"是时公卿皆以纵民铸为不便,于是下诏禁恶钱而已。信安郡王祎复言国用不足,请纵私铸。议者皆畏祎帝弟之贵,莫敢与抗,独仓部郎中韦伯阳以为不可,祎议亦格。

二十六年,宣、润等州初置钱监,两京用钱稍善,米粟价益下。其后钱又渐恶。诏出铜所在置监,铸开元通宝钱,京师库藏皆满。天下盗铸益起，广陵、丹杨、宣城尤甚，京师权豪，岁岁取之，舟车相属。江淮偏炉钱数十种，杂以铁锡，轻漫无复钱形。公铸者号官炉钱，一以当偏炉钱七八，富商往往藏之，以易江淮私铸者。两京钱有鹅眼、古文、线环之别，每贯重不过三四斤，至翦铁而缗之。宰相李林甫请出绢布三百万匹，平估收钱，物价踊贵，诉者日万人。兵部侍郎杨国忠欲招权以市恩，扬鞭市门曰："行当复之。"明日，诏复行旧钱。天宝十一载，又出钱三十万缗易两市恶钱，出左藏库排斗钱，许民易之。国忠又言钱非铁锡、铜沙、穿穴、古文，皆得用之。是时增调农人铸钱，既非所习，皆不聊生。内作判官韦伦请厚价募工，繇是役用减而鼓铸多。天下炉九十九：绛州三十，扬、润、宣、鄂、蔚皆十，益、郴皆五，洋州三，定州一。每炉岁铸钱三千三百缗，役丁匠三十，费铜二万一千二百斤、镴三千七百斤、锡五百斤。每千钱费钱七百五十。天下岁铸三十二万七千缗。

　　肃宗乾元元年，经费不给，铸钱使第五琦铸"乾元重宝"钱，径一寸，每缗重十斤，与开元通宝参用，以一当十，亦号"乾元十当钱"。先是，诸炉铸钱窳薄。熔破钱及佛像，谓之"盘陀"，皆铸为私钱，犯者杖死。第五琦为相，复命绛州诸炉铸重轮乾元钱，径一寸二分，其文亦曰"乾元重宝"，背之外郭为重轮，每缗重十二斤，与开元通宝钱并行，以一当五十。是时民间行三钱，大而重棱者亦号"重棱钱"。法既屡易，物价腾踊，米斗钱至七千，饿死者满道，初有"虚钱"。京师人人私铸，并小钱，坏钟、像，犯禁者愈众。郑叔清为京兆尹，数月榜死者八百余人。肃宗以新钱不便，命百官集议，不能改。上元元年，减重轮钱以一当三十，开元旧钱与乾元十当钱，皆以一当十。碾碙鬻受，得为实钱，虚钱交易皆用十当钱。由是钱有虚实之名。

　　史思明据东都，亦铸"得一元宝"钱，径一寸四分，以一当开元通宝之百。既而恶"得一"非长祚之兆，改其文曰"顺天元宝"。

　　代宗即位，乾元重宝钱以一当二，重轮钱以一当三，凡三日而大小钱皆以一当一。自第五琦更铸，犯法者日数百，州县不能禁止，至是人甚便之。其后民间乾元、重棱二钱铸为器，不复出矣。当时议者以为"自天宝至今，户九百余万。《王制》：上农夫食九人，中农夫七人。以中农夫计之，为六千三百万人。少壮相均，人食米二升，日费米百二十六万斛，岁费四万五千三百六十万斛，而衣倍之，吉凶之礼再倍。余三年之储以备水旱凶灾，当米十三万六千八十万斛。以贵贱丰俭相当，则米之直与钱钧也。田以高下肥瘠丰耗为率，一顷出米五十余斛，当田二千七百二十一万六千顷。而钱亦岁毁于棺瓶埋藏焚溺，其间铜贵钱贱，有铸以为器者。不出十年钱几尽，不足周当世之用。"诸道盐铁转运使刘晏以江、岭诸州，任土所出，皆重粗贱弱之货，输京师不足以供道路之直。于是积之江淮，易铜铅薪炭，广铸钱，岁得十余万缗，输京师及荆、扬二州，自是钱日增矣。大历七年，禁天下铸铜器。

建中初，户部侍郎韩洄以商州红崖冶铜多，请复洛源废监，起十炉，岁铸钱七万二千缗，每千钱费九百。德宗从之。江淮多铅锡钱，以铜荡外，不盈斤两，帛价益贵。销千钱为铜六斤，铸器则斤得钱六百，故销钱者多，而钱益耗。判度支赵赞采连州白铜铸大钱，一当十，以权轻重。贞元初，骆谷、散关禁行人以一钱出者。诸道盐铁使张滂奏禁江淮铸铜为器，惟铸鉴而已。十年，诏天下铸铜器，每器一斤，其直不得过百六十，销钱者以盗铸论。然而民间钱益少，缯帛价轻，州县禁钱不出境，商贾皆绝。浙西观察使李若初请通钱往来，而京师商贾赍钱四方贸易者，不可胜计。诏复禁之。二十年，命市井交易，以绫、罗、绢、布、杂货与钱兼用。

宪宗以钱少复禁用铜器。时商贾至京师，委钱诸道进奏院及诸军、诸使富家，以轻装趋四方，合券乃取之，号"飞钱"。京兆尹裴武请禁与商贾飞钱者，廋索诸坊，十人为保。盐铁使李巽以郴州平阳铜坑二百八十余，复置桂阳监，以两炉日铸钱二十万。天下岁铸钱十三万五千缗。命商贾蓄钱者，皆出以市货。天下有银之山必有铜，唯银无益于人。五岭以北，采银一两者流他州，官吏论罪。元和四年，京师用钱缗少二十及有铅锡钱者，捕之；非交易而钱行衢路者，不问。复诏采五岭银坑,禁钱出岭。六年,贸易钱十缗以上者,参用布帛。蔚州三河冶距飞狐故监二十里而近,河东节度使王锷置炉,疏拒马河水铸钱,工费尤省。以刺史李听为使,以五炉铸,每炉月铸钱三十万,自是河东锡钱皆废。自京师禁飞钱,家有滞藏,物价寖轻。判度支卢坦、兵部尚书判户部事王绍、盐铁使王播请许商人于户部、度支、盐铁三司飞钱,每千钱增给百钱,然商人无至者。复许与商人敌贯而易之,然钱重帛轻如故。宪宗为之出内库钱五十万缗市布帛,每匹加旧估十之一。会吴元济、王承宗连衡拒命,以七道兵讨之,经费屈竭。皇甫镈建议,内外用钱每缗垫二十外,复抽五十送度支以澹军。十二年,复给京兆府钱五十万缗市布帛,而富家钱过五千贯者死,王公重贬,没入于官,以五之一赏告者。京师区肆所积,皆方镇钱,少亦五十万缗,乃争市第宅。然富贾倚左右神策军官钱为名,府县不敢劾问。民间垫陌有至七十者,铅锡钱益多,吏捕犯者,多属诸军、诸使,呼集市人强夺,殴伤吏卒。京兆尹崔元略请犯者本军、本使莅决,帝不能用,诏送本军、本使,而京兆府遣人莅决。

穆宗即位,京师鬻金银十两亦垫一两,籴米盐百钱垫七八。京兆尹柳公绰以严法禁止之。寻以所在用钱垫陌不一,诏从俗所宜,内外给用,每缗垫八十。

宝历初,河南尹王起请销钱为佛像者以盗铸钱论。大和三年,诏佛像以铅、锡、土、木为之,饰带以金银、鍮石、乌油、蓝铁,唯鉴、磬、钉、钚、钮得用铜,余皆禁之,盗铸者死。是时峻铅锡钱之禁,告千钱者赏以五千。四年,诏积钱以七千缗为率,十万缗者期以一年出之,二十万以二年。凡交易百缗以上者,匹帛米粟居半。河南府、扬州、江陵府以都会之剧,约束如京师。未几皆罢。八年,河东锡钱复起,盐铁使王涯置飞狐铸钱院于蔚州。天下岁铸钱不及十万缗。

文宗病币轻钱重,诏方镇纵钱谷交易。时虽禁铜为器,而江淮、岭南列肆鬻之,铸千钱为器,售利数倍。宰相李珏请加炉铸钱,于是禁铜器,官一切为市之。天下铜坑五十,岁采铜二十六万六千斤。

及武宗废浮屠法,永平监官李郁彦请以铜像、钟、磬、炉、铎皆归巡院,州县铜益多矣。盐铁使以工有常,力不足以加铸,许诸道观察使皆得置钱坊。淮南节度使李绅请天下以州名铸钱,京师为京钱,大小径寸,如开元通宝,交易禁用旧钱。会宣宗即位,尽黜会昌之政,新钱以字可辨,复铸为像。

昭宗末,京师用钱八百五十为贯,每百才八十五,河南府以八十为百云。

唐书卷五五
志第四五

食货五

　　武德元年，文武官给禄，颇减隋制，一品七百石，从一品六百石，二品五百石，从二品四百六十石，三品四百石，从三品三百六十石，四品三百石，从四品二百六十石，五品二百石，从五品百六十石，六品百石，从六品九十石，七品八十石，从七品七十石，八品六十石，从八品五十石，九品四十石，从九品三十石，皆以岁给之。外官则否。

　　一品有职分田十二顷，二品十顷，三品九顷，四品七顷，五品六顷，六品四顷，七品三顷五十亩，八品二顷五十亩，九品二顷，皆给百里内之地。诸州都督、都护、亲王府官二品十二顷，三品十顷，四品八顷，五品七顷，六品五顷，七品四顷，八品三顷，九品二顷五十亩。镇戍、关津、岳渎官五品五顷，六品三顷五十亩，七品三顷，八品二顷，九品一顷五十亩。三卫中郎将、上府折冲都尉六顷，中府五顷五十亩，下府及郎将五顷；上府果毅都尉四顷，中府三顷五十亩，下府三顷；上府长史、别将三顷，中府、下府二顷五十亩；亲王府典军五顷五十亩，副典军四顷；千牛备身左右、太子千牛备身三顷；折冲上府兵曹二顷，中府、下府一顷五十亩。外军校尉一顷二十亩，旅帅一顷，队正、副八十亩。

　　亲王以下又有永业田百顷，职事官一品六十顷，郡王、职事官从一品五十顷，国公、职事官从二品三十五顷，县公、职事官三品二十五顷，职事官从三品二十顷，侯、职事官四品十二顷，子、职事官五品八顷，男、职事官从五品五顷，六品、七品二顷五十亩，八品、九品二顷。上柱国三十顷，柱国二十五顷，上护军二十顷，护军十五顷，上轻车都尉十顷，轻车都尉七顷，上骑都尉六顷，骑都尉四顷，骁骑、飞骑尉八十亩，云骑、武骑尉六十亩。散官五品以上给同职事官。五品以上受田宽乡，六品以下受于本乡。解免者追田，除名者受口分之田，袭爵者不别给。流内九品以上口分田终其身，六十以上停私乃收。

凡给田而无地者，亩给粟二斗。

京司及州县皆有公廨田。供公私之费。其后以用度不足，京官有俸赐而已。诸司置公廨本钱，以番官贸易取息，计员多少为月料。

贞观初，百官得上考者，给禄一季。未几，又诏得上下考给禄一年，出使者禀其家，新至官者计日给粮。中书舍人高季辅言："外官卑品贫匮，宜给禄养亲。"自后以地租春秋给京官，岁凡五十万一千五百余斛。外官降京官一等，一品以五十石为一等，二品、三品以三十石为一等，四品、五品以二十石为一等，六品、七品以五石为一等，八品、九品以二石五斗为一等。无粟则以盐为禄。

十一年，以职田侵渔百姓，诏给逃还贫户，视职田多少，每亩给粟二升，谓之"地子"。是岁，以水旱复罢之。十二年，罢诸司公廨本钱，以天下上户七千人为胥士，视防阁制而收其课，计官多少而给之。十五年，复置公廨本钱，以诸司令史主之，号"捉钱令史"。每司九人，补于吏部，所主五万钱以下，市肆贩易，月纳息钱四千，岁满受官。谏议大夫褚遂良上疏："京七十余司，更一二载，捉钱令史六百余人受职。太学高第，诸州进士，拔十取五，犹有犯禁罹法者，况廛肆之人，苟得无耻，不可使其居职。"太宗乃罢捉钱令史，复诏给百官俸。十八年，以京兆府、岐、同、华、邠、坊州隙地陂泽可垦者，复给京官职田。二十二年，置京诸司公廨本钱，捉以令史、府史、胥士。永徽元年，废之，以天下租脚直为京官俸料。其后又薄敛一岁税，以高户主之，月收息给俸。寻颛以税钱给之，岁总十五万二千七百三十缗。

一品月俸八千,食料一千八百,杂用一千二百。二品月俸六千五百,食料一千五百,杂用一千。三品月俸五千一百,杂用九百。四品月俸三千五百,食料、杂用七百。五品月俸三千,食料、杂用六百。六品月俸二千,食料、杂用六百。六品月俸二千,食料、杂用四百。七品月俸一千七百五十,食料、杂用三百五十。八品月俸一千三百,食料三百,杂用二百五十。九品月俸一千五十,食料二百五十,杂用二百。行署月俸一百四十,食料三十。

职事官又有防阁、庶仆:一品防阁九十六人,二品七十二人,三品四十八人,四品三十二人,五品二十四人;六品庶仆十五人,七品四人,八品三人,九品二人。公主有邑士八十人,郡主六十人,县主四十人。外官以州、府、县上下中为差,少尹、长史、司马及丞减长官之半,参军、博士减判司三之二,主簿、县尉减丞三之二,录事、市令以参军职田为轻重,京县录事以县尉职田为轻重。羁縻州官,给以土物。关监官,给以年支轻货。折冲府官则有仗身:上府折冲都尉六人,果毅四人,长史、别将三人,兵曹二人,中、下府各减一人,皆十五日而代。开府仪同三司、特进、光禄大夫同职事官,公廨、杂用不给。员外官、检校、判、试、知给禄料食粮之半,散官、勋官、卫官减四之一,致仕五品以上给半禄,解官充侍亦如之。四夷宿卫同京官。

天下置公廨本钱,以典史主之,收赢十之七,以供佐史以下不赋粟者常食,余为百官俸料。京兆、河南府钱三百八十万,太原及四大都督府二百七十五万,中都督府、上州二百四十二万,下都督、中州一百五十四万,下州八十八万;京兆、河南府京县一百四十三万,太原府京县九十一万三千,京兆、河南府畿县八十二万五千,太原府畿县、诸州上县七十七万,中县五十五万,中下县、下县三十八万五千;折冲上府二十万,中府减四之一,下府十万。

麟德二年,给文官五品以上仗身,以掌闲、幕士为之。咸亨元年,与职事官皆罢。乾封元年,京文武官视职事品给防阁、庶仆。百官俸出于租调,运送之费甚广。公廨出举,典史有彻垣墉、鬻田宅以免责者。又以杂职供薪炭，纳直倍于正丁。仪凤三年，王公以下率口出钱，以充百官俸食、防阁、庶仆、邑士、仗身、封户。调露元年，职事五品以上复给仗身。

光宅元年，以京官八品、九品俸薄，诏八品岁给庶仆三人，九品二人。文武职事三品以上给亲事、帐内。以六品、七品子为亲事，以八品、九品子为帐内，岁纳钱千五百，谓之“品子课钱”。三师、三公、开府仪同三司百三十人；嗣王、郡王百八人；上柱国领二品以上职事九十五人，领三品职事六十九人；柱国领二品以上职事七十三人，领三品职事五十五人；护军领二品以上职事六十二人，领三品职事三十六人。二品以下又有白直、执衣：二品白直四十人，三品三十二人，四品二十四人，五品十六人，六品十人，七品七人，八品五人，九品四人；二品执衣十八人，三品十五人，四品十三人，五品九人，六品、七品各六人，八品、九品各三人，皆中男为之。防阁、庶仆，皆满岁而代。外官五品以上亦有执衣。都护府不治州事亦有仗身：都护四人，副都护、长史、司马三人，诸曹参军事二人，上镇将四人，中下镇将、上镇副三人，中、下镇副各二人，镇仓曹、关令丞、戍主副各一人，皆取于防人卫士，十五日而代。宿卫官三品以上仗身三人，五品以上二人，六品以下及散官五品以上各一人，取于番上卫士，役而不收课。亲王出藩者，府佐史、典军、副典军有事力人，数如白直。诸司、诸使有守当及厅子，以兵及勋官为之。白直、执衣以下分三番，周岁而代，供役不逾境。后皆纳课：仗身钱六百四十，防阁、庶仆、白直钱二千五百，执衣钱一千。其后亲事、帐内亦纳课如品子之数。

州县典史捉公廨本钱者，收利十之七。富户幸免徭役，贫者破产甚众。秘书少监崔沔请计户均出，每丁加升尺，所增盖少。流亡渐复，仓库充实，然后取于正赋，罢新加者。开元十年，中书舍人张嘉贞又陈其不便，遂罢天下公廨本钱，复税户以给百官；籍内外职田，赋逃还户及贫民；罢职事五品以上仗身。十八年，复给京官职田。州县籍一岁税钱为本，以高户捉之，月收赢以给外官。复置天下公廨本钱，收赢十之六。十九年，初置职田顷亩簿，租价无过六斗，地不毛者亩给二斗。

二十四年，令百官防阁、庶仆、俸食、杂用以月给之，总称月俸：一品钱三万一千，二品二万四千，三品万七千，四品万一千五百六十七，五品九千二百，六品五千三百，七品四千一百，八品二千四百七十五，九品千九百一十七。禄米则岁再给之：一品七百斛，从一品六百斛，二品五百斛，从二品四百六十斛，三品四百斛，从三品三百六十斛，四品三百斛，从四品二百五十斛，五品二百斛，从五品百六十斛，六品百斛，自此十斛为率，至从七品七十斛，八品六十七斛，自此五斛为率，至从九品五十二斛。外官降一等。先是州县无防人者，籍十八以上中男及残疾以守城门及仓库门，谓之门夫。番上不至者，闲月督课为钱百七十，忙月二百。至是以门夫资课给州县官。

二十九年，以京畿地狭，计丁给田犹不足，于是分诸司官在都者，给职田于都畿，以京师地给贫民。是时河南、北职田兼税桑，有诏公廨、职田有桑者，毋督丝课。

天宝初，给员外郎料，天下白直岁役丁十万，有诏罢之，计数加税以供用，人皆以为便。自开元后，置使甚众，每使各给杂钱。宰相杨国忠身兼数官，堂封外月给钱百万。幽州平卢节度使安禄山、陇右节度使哥舒翰兼使所给，亦不下百万。十二载，国忠以两京百官职田送租劳民，请五十里外输于县仓，斗纳直二钱，百里外纳直三钱，使百官就请于县。然县吏欺盗盖多，而闲司有不能自直者。十四载，两京九品以上月给俸加十之二，同正员加十之一。兵兴，权臣增领诸使，月给厚俸，比开元制禄数倍。

至德初，以用物不足，内外官不给料钱，郡府县官给半禄及白直、品子课。乾元元年，亦给外官半料及职田，京官给手力课而已。上元元年，复令京官职田以时输送，受加耗者以枉法赃论。其后籍以为军粮矣。永泰末，取州县官及折冲府官职田苗子三之一，市轻货以赈京官。

大历元年，敛天下青苗钱，得钱四百九十万缗，输大盈库，封太府左、右藏，镉而不发者累岁。二年，复给京兆府及畿县官职田，以三之一供军饷。增税青苗钱，一亩至三十。权臣月俸有至九十万者，刺史亦至十万。杨绾、常衮为相，增京官正员官及诸道观察使、都团练使、副使以下料钱。初，检校官同中书门下平章事者，月给钱十二万。至是，户部侍郎判度支韩滉请同正官，从高而给之。文官一千八百五十四员，武官九百四十二员，月俸二十六万缗，而增给者居三之一。

先是，州县职田、公廨田，每岁六月以白簿上尚书省覆实；至十月输送，则有黄籍，岁一易之。后不复簿上，唯授租清望要官，而职卑者稽留不付，黄籍亦不复更矣。德宗即位，诏黄籍与白簿皆上有司。

建中三年，复减百官料钱以助军。李泌为相，又增百官及畿内官月俸，复置手力资课，岁给钱六十一万六千余缗，文官千八百九十二员，武官八百九十六员。左右卫上将军以下又有六杂给：一曰粮米，二曰盐，三曰私马，四曰手力，五曰随身，六曰春冬服。私马则有刍豆，手力则有资钱，随身则有粮米、盐，春冬服则有布、绢、紬、绵，射生、神策军大将军以下增以鞋，比大历制禄又厚矣。州县官有手力杂给钱，然俸最薄者也。李泌以度支有两税钱，盐铁使有管榷钱，可以拟经费，中外给用，每贯垫二十，号"户部除陌钱"。复有阙官俸料、职田钱，积户部，号"户部别贮钱"。御史中丞专掌之，皆以给京官，岁费不及五十五万缗。京兆和籴，度支给诸军冬衣，亦往往取之。减王公以下永业田：郡王、职事官从一品田五十顷，国公、职事官正二品田四十顷，郡公、职事官从二品田三十顷，县公、职事官正四品田十四顷，职事官从四品田十一顷。尚郡主检校四品京官者月给料钱三十万，禄百二十石。尚县主检校五品京官者料钱二十万，禄百石。

自李泌增百官俸，当时以为不可朘削矣，然有名存而职废、额去而俸在者。宰相李吉甫建议减之，遂为常法。于时祠祭、蕃夷赐宴、别设，皆长安、万年人吏主办，二县置本钱，配纳质积户收息以供费。诸使捉钱者,给牒免徭役,有罪府县不敢劾治。民间有不取本钱,立虚契,子孙相承为之。尝有殴人破首,诣闲厩使纳利钱受牒贷罪。御史中丞柳公绰奏诸使捉钱户,府县得捕役,给牒者毁之,自是不得钱者不纳利矣。议者以两省、尚书省、御史台总枢机、正百寮,而倍称息利,非驭官之体。元和九年,户部除陌钱每缗增垫五钱,四时给诸司诸使之餐,置驱使官督之,御史一人核其侵渔。起明年正月,收息五之一,号"元和十年新收置公廨本钱"。初,捉钱者私增公廨本,以防耗失,而富人乘以为奸,可督者私之,外以逋官钱迫蹙闾里,民不堪其扰。御史中丞崔从奏增钱者不得逾官本。其后两省捉钱,官给牒逐利江淮之间,鬻茶盐以桡法。十三年,以职田多少不均,每司收草粟以多少为差。其后宰相李珏、杨嗣复奏堂厨食利钱扰民烦碎,于是罢堂厨捉钱官,置库量入计费。

唐世百官俸钱,会昌后不复增减,今著其数:太师、太傅、太保,钱二百万。太尉、司徒、司空,百六十万。侍中,百五十万。中书令,门下中书侍郎,左右仆射,太子太师、太保、太傅,百四十万。尚书,御史大夫,太子少师,少保、少傅,百万。节度使,三十万。都防御使、副使,监军,十五万。观察使,十万。左右丞,侍郎,散骑常侍,谏议大夫,给事中,中书舍人,秘书、殿中、内侍监,御史中丞,太常、宗正、大理、司农、太府、鸿胪、太仆、光禄、卫尉卿,国子祭酒,将作、少府监,太子宾客、詹事,诸府尹,大都督府长史,都团练使、副使,上州刺史,八万。太常、宗正少卿,太子左右庶子,节度副使,刺史知军事,七万。六军统军,诸府少尹,少监,少卿,国子司业,少詹事,六万五千。左右卫、金吾卫上将军,六军大将军,六万。左右骁卫、武卫、威卫、领军卫、监门卫、千牛卫上将军,上州别驾,五万五千。郎中,司天监,太子左右谕德、家令寺、仆寺、率更寺令,亲王傅,别敕判官,观察、团练判官掌书记,上州长史、司马,五万。左右卫、金吾卫大将军,怀化大将军,诸府、大都督司录参军事,鹘赤县令,四万五千。员外郎,起居郎,通事舍人,起居舍人,著作郎,内常侍,侍御史,殿中侍御史，太常、宗正、殿中、秘书丞，大理正，国子博士，京都宫苑总监监，都水使者，太子中舍、中允，王府长史，归德将军，节度推官、支使，防御判官，上州录事参军事，畿县、上县令，四万。怀化中郎将，三万七千。左右骁卫、武卫、威卫、领军卫、监门卫、千牛卫、殿前左右射生军、神策军大将军，左右卫、金吾卫将军，三万六千。补阙，殿中侍御史，诸府、大都督府判官，赤县丞，三万五千。怀化郎将，三万二千。拾遗，司天少监，六局奉御，内常侍，监察御史，御史台主簿，太常博士，陵署令，大理司直，中书主书，门下录事，太子赞善、典内、洗马、司议郎，王府司马，骁卫、武卫、威卫、领军卫、监门卫、六军、射生、神策军将军，归德中郎将，观察防御团练推官巡官，鹑赤县丞，两赤县主簿、尉，上州功曹参军以下，上县丞，三万。城门郎，秘书郎，著作佐郎，六局直长，十六卫、六军、诸府、十率府长史，怀化司阶，畿县丞，鹑赤县主簿、尉，二万五千。归德司阶，二万三千。五官正，太常寺协律郎，陵署丞，诸寺监主簿，国子、太学、广文助教，都水监丞，詹事府司直，太子通事舍人，文学、三寺丞、五局郎，王府咨议参军、友，畿县上县主簿、尉，二万。怀化中候，万八千。十六卫六军十率府率、副率、中郎、中郎将，万七千三百五十。归德中候，万七千。四门助教，十六卫佐，秘书省、崇文、弘文馆校书郎、正字，太常寺奉礼郎、太祝，郊社、太乐、鼓吹署令，四门助教，京都宫苑总监副监，九成宫总监监、主事，十六卫、六军卫佐，尚书省都事，万六千。十六卫、六军中候，太子内率府千牛，六千一百七十四。内寺伯，怀化司戈，诸府大都督府参军事、文学、博士、录事，上州参军事、博士，万五千。归德司戈，万四千。十六卫、六军、十率府左右郎将，亲王府典军、副典军，万三千八百。司戈、内率府备身、仆寺进马，三千七百一十二。符宝郎，内谒者监，九寺诸监，詹事府丞，太医署令，太学、广文、四门博士，中书门下主事，太子文学，侍医，诸府、都督府医博士、法直，两赤县录事，上州录事，市令，万三千。怀化执戟长上，万一千。门下省典仪，侍御医，司天台丞，都水监主簿，率府卫佐，诸司主事、御史台主事，万二千。司医，太医署丞，归德执戟长上，一万。医佐，大理寺评事，太常宗正寺詹事府主簿、寺监，内侍省司天台左右春坊詹事府录事、主事，八千。司阶，千牛备身左右，七千九百九十。京都园苑四面监监，两京诸市、中尚、武库、武成王庙署令，王府掾、属、主簿、记室、录事参军事，七千。司天台主簿、灵台郎、保章正，上局署令，七品陵庙令，京都宫苑总监丞，司竹、温泉监监，太子内坊丞，王府功曹以下参军事，亲王国令，公主邑司令，六千。奚官、内仆、内府局令，司竹、温泉副监，五千。书、算、律学博士，内谒者，中局署令，上局署丞，五官挈壶正，京都园苑四面监、九成宫总监副监，医、针博士，医监，陵庙令，司竹、温泉监丞，太子药藏局丞，王府参军事，王国大农，公主邑司丞，四千。狱丞，国子监直讲，掌客，司仪，中局署丞，监膳，监作，监事，食医，尚辇，进马，奉乘，主乘，典乘，司库，司廪，十六卫、十率府录事，亲、勋、翊府兵曹参军事，司天台司辰、司历、监候，内坊典直，宫教博士，乐正，医正，卜正，按摩、咒禁、卜博士，针、医、卜、书、算助教，陵庙、太乐、鼓吹署丞，京都园苑四面监、九成宫总监丞，诸总监主簿，太子典膳、内直、典设、宫门局丞，三寺主簿，亲王国尉、丞，三千。十六卫、六军、十率府执戟、长上、左右中郎将，二千八百五十。

唐书卷五六

志第四六

刑　法

　　古之为国者，议事以制，不为刑辟，惧民之知争端也。后世作为刑书，惟恐不备，俾民之知所避也。其为法虽殊，而用心则一，盖皆欲民之无犯也。然未知夫导之以德、齐之以礼，而可使民迁善远罪而不自知也。

　　唐之刑书有四，曰：律、令、格、式。令者，尊卑贵贱之等数，国家之制度也；格者，百官有司之所常行之事也；式者，其所常守之法地。凡邦国之政，必从事于此三者。其有所违及人之为恶而入于罪戾者，一断以律。律之为书，因隋之旧，为十有二篇：一曰名例，二曰卫禁，三曰职制，四曰户婚，五曰厩库，六曰擅兴，七曰贼盗，八曰斗讼，九曰诈伪，十曰杂律，十一曰捕亡，十二曰断狱。其用刑有五：一曰笞。笞之为言耻也。凡过之小者，捶挞以耻之。汉用竹，后世更以楚。《书》曰"扑作教刑"是也。二曰杖。杖者，持也，可持以击也。《书》曰"鞭作官刑"是也。三曰徒。徒者，奴也，盖奴辱之。《周礼》曰：其奴，男子入于罪隶，任之以事，置之圜土而教之，量其罪之轻重，有年数而舍。四曰流。《书》云"流宥五刑"，谓不忍刑杀，宥之于远也。五曰死，乃古大辟之刑也。自隋以前，死刑有五，曰：磬、绞、斩、枭、裂。而流、徒之刑，鞭笞兼用，数皆逾百。至隋始定为：笞刑五，自十至于五十；杖刑五，自六十至于百；徒刑五，自一年至于三年；流刑三，自一千里至于二千里；死刑二，绞、斩。除其鞭刑及枭首、镮裂之酷。又有议、请、减、赎、当、免之法。唐皆因之。然隋文帝性刻深,而炀帝昏乱,民不胜其毒。

唐兴,高祖入京师,约法十二条,惟杀人、劫盗、背军、叛逆者死。及受禅,命纳言刘文静等损益律令。武德二年,颁新格五十三条,唯吏受赇、犯盗、诈冒府库物,赦不原。凡断屠日及正月、五月、九月不行刑。四年,高祖躬录囚徒,以人因乱冒法者众,盗非劫伤其主及征人逃亡、官吏枉法,皆原之。已而又诏仆射裴寂等十五人更撰律令,凡律五百,丽以五十三条。流罪三,皆加千里;居作三岁至二岁半者悉为一岁。余无改焉。

太宗即位,诏长孙无忌、房玄龄等复定旧令,议绞刑之属五十,皆免死而断右趾。既而又哀其断毁支体,谓侍臣曰:"肉刑,前代除之久矣。今复断人趾,吾不忍也。"王珪、萧瑀、陈叔达对曰:"受刑者当死而获生,岂惮去一趾?去趾,所以使见者知惧。今以死刑为断趾,盖宽之也。"帝曰:"公等更思之。"其后蜀王法曹参军裴弘献驳律令四十余事,乃诏房玄龄与弘献等重加删定。玄龄等以谓"古者五刑,刖居其一。及肉刑既废,今以笞、杖、徒、流、死为五刑,而又刖足,是六刑也"。于是除断趾法,为加役流三千里,居作二年。太宗尝览《明堂针灸图》,见人之五脏皆近背,针灸失所,则其害致死,叹曰:"夫箠者,五刑之轻;死者,人之所重。安得犯至轻之刑而或致死?"遂诏罪人无得鞭背。

五年,河内人李好德坐妖言下狱,大理丞张蕴古以为好德病狂瞀,法不当坐。治书侍御史权万纪劾蕴古相州人,好德兄厚德方为相州刺史,故蕴古奏不以实。太宗怒,遽斩蕴古,既而大悔,因诏"死刑虽令即决,皆三覆奏"。久之,谓群臣曰:"死者不可复生。昔王世充杀郑颋而犹能悔,近有府史取赇不多,朕杀之,是思之不审也。决囚虽三覆奏,而顷刻之间,何暇思虑?自今宜二日五覆奏。决日,尚食勿进酒肉,教坊太常辍教习。诸州死罪三覆奏,其日亦蔬食,务合礼撤乐、减膳之意。"故时律,兄弟分居,荫不相及,而连坐则俱死。

同州人房强以弟谋反当从坐，帝因录囚，为之动容，曰："反逆有二：兴师动众一也，恶言犯法二也。轻重固异，而均谓之反，连坐皆死，岂定法耶？"玄龄等议曰："礼，孙为父尸，故祖有荫孙令，是祖孙重而兄弟轻。"于是令：反逆者，祖孙与兄弟缘坐，皆配没；恶言犯法者，兄弟配流而已。玄龄等遂与法司增损隋律，降大辟为流者九十二，流为徒者七十一，以为律；定令一千五百四十六条，以为令；又删武德以来敕三千余条为七百条，以为格；又取尚书省列曹及诸寺、监、十六卫计帐以为式。

凡州县皆有狱，而京兆、河南狱治京师。其诸司有罪及金吾捕者又有大理狱。京师之囚，刑部月一奏，御史巡行之。每岁立春至秋及大祭祀、致斋、朔望、上下弦、二十四气、雨及夜未明、假日、断屠月，皆停死刑。

京师决死，莅以御史、金吾，在外则上佐，余皆判官莅之。五品以上罪论死，乘车就刑，大理正莅之，或赐死于家。凡囚已刑，无亲属者，将作给棺，瘗于京城七里外，圹有砖铭，上揭以榜，家人得取以葬。

诸狱之长官，五日一虑囚。夏置浆饮，月一沐之。疾病给医药，重者释械，其家一人入侍，职事散官三品以上，妇女子孙二人入侍。天下疑狱谳大理寺不能决，尚书省众议之，录可为法者送秘书省。奏报不驰驿。经覆而决者，刑部岁以正月遣使巡覆，所至，阅狱囚枷校、粮饷，治不如法者。枷校钳锁皆有长短广狭之制，量囚轻重用之。囚二十日一讯，三讯而止，数不过二百。

凡杖，皆长三尺五寸，削去节目。讯杖，大头径三分二厘，小头二分二厘。常行杖，大头二分七厘，小头一分七厘。笞杖，大头二分，小头一分有半。

死罪校而加枷，官品勋阶第七者，锁禁之。轻罪及十岁以下至八十以上者、废疾、侏儒、怀妊皆颂系以待断。

居作者著钳若校，京师隶将作，女子隶少府缝作。旬给假一日，腊、寒食二日，毋出役院。病者释钳校，给假，疾差陪役。谋反者男女奴婢没为官奴婢，隶司农，七十者免之。凡役，男子入于蔬圃，女子入于厨饎。

流移人在道疾病，妇人免乳，祖父母、父母丧，男女奴婢死，皆给假，授程粮。

非反逆缘坐，六岁纵之，特流者三岁纵之，有官者得复仕。

初，太宗以古者断狱，讯于三槐、九棘，乃诏："死罪，中书、门下五品以上及尚书等平议之；三品以上犯公罪流，私罪徒，皆不追身。"凡所以纤悉条目，必本于仁恕。然自张蕴古之死也，法官以失出为诫。有失入者，又不加罪，自是吏法稍密。帝以问大理卿刘德威，对曰："律，失入减三等，失出减五等。今失入无辜，而失出为大罪，故吏皆深文。"帝矍然，遂命失出入者皆如律，自此吏亦持平。十四年，诏流罪无远近皆徙边要州。后犯者寖少。十六年，又徙死罪以实西州，流者戍之，以罪轻重为更限。广州都督党仁弘尝率乡兵二千助高祖起，封长沙郡公。仁弘交通豪酋，纳金宝，没降獠为奴婢，又擅赋夷人。既还，有舟七十。或告其赃，法当死。帝哀其老且有功，因贷为庶人，乃召五品以上，谓曰："赏罚所以代天行法，今朕宽仁弘死，是自弄法以负天也。人臣有过，请罪于君；君有过，宜请罪于天。其令有司设藁席于南郊三日，朕将请罪。"房玄龄等曰："宽仁弘不以私而以功，何罪之请？"百僚顿首三请，乃止。太宗以英武定天下，然其天姿仁恕。初即位，有劝以威刑肃天下者，魏徵以为不可，因为上言王政本于仁恩，所以爱民厚俗之意。太宗欣然纳之，遂以宽仁治天下，而于刑法尤慎。四年，天下断死罪二十九人。六年，亲录囚徒，闵死罪者三百九十人，纵之还家，期以明年秋即刑。及期，囚皆诣朝堂，无后者，太宗嘉其诚信，悉原之。然尝谓群臣曰："吾闻语曰'一岁再赦，好人喑哑'。吾有天下未尝数赦者，不欲诱民于幸免也。"自房玄龄等更定律、令、格、式，讫太宗世，用之无所变改。

高宗初即位，诏律学之士撰《律疏》。又诏长孙无忌等增损格敕，其曹司常务曰《留司格》，颁之天下曰《散颁格》。龙朔、仪凤中，司刑太常伯李敬玄、左仆射刘仁轨相继又加刊正。

武后时，内史裴居道、凤阁侍郎韦方质等又删武德以后至于垂拱诏敕为新格，藏于有司，曰《垂拱留司格》。神龙元年，中书令韦安石又续其后至于神龙，为《散颁格》。睿宗即位，户部尚书岑羲等又著《太极格》。

玄宗开元三年，黄门监卢怀慎等又著《开元格》。至二十五年，中书令李林甫又著新格，凡所损益数千条；明年，吏部尚书宋璟又著后格，皆以开元名书。天宝四载，又诏刑部尚书萧炅稍复增损之。

肃宗、代宗无所改造。至德宗时，诏中书门下选律学之士，取至德以来制敕奏谳，掇其可为法者藏之，而不名书。

宪宗时，刑部侍郎许孟容等删天宝以后敕为《开元格后敕》。

文宗命尚书省郎官各删本司敕，而丞与侍郎覆视，中书门下参其可否而奏之，为《大和格后敕》。开成三年，刑部侍郎狄兼谟采开元二十六年以后至于开成制敕，删其繁者，为《开成详定格》。

宣宗时，左卫率府仓曹参军张戣以刑律分类为门，而附以格敕，为《大中刑律统类》，诏刑部颁行之。

此其当世所施行而著见者，其余有其书而不常行者，不足纪也。《书》曰："慎乃出令。"盖法令在简，简则明，行之在久，久则信。而中材之主，庸愚之吏，常莫克守之，而喜为变革。至其繁积，则虽有精明之士不能遍习，而吏得上下以为奸，此刑书之弊也。盖自高宗以来，其大节鲜可纪，而格令之书，不胜其繁也。

高宗既昏懦，而继以武氏之乱，毒流天下，几至于亡。自永徽以后，武氏已得志，而刑滥矣。当时大狱，以尚书刑部、御史台、大理寺杂按，谓之"三司"。而法吏以惨酷为能，至不释枷而笞棰以死者，皆不禁。律有杖百，凡五十九条，犯者或至死而杖未毕，乃诏除其四十九条,然无益也。武后已称制,惧天下不服,欲制以威,乃修后周告密之法,诏官司受讯,有言密事者,驰驿奏之。自徐敬业、越王贞、琅邪王冲等起兵讨乱,武氏益恐。乃引酷吏周兴、来俊臣辈典大狱,与侯思止、王弘义、郭弘霸、李敬仁、康晰、卫遂忠等集告事数百人,共为罗织,构陷无辜。自唐之宗室与朝廷之士,日被告捕,不可胜数。天下之人,为之仄足,如狄仁杰、魏元忠等皆几不免。左台御史周矩上疏曰:“比奸慝告讦,习以为常。推劾之吏,以深刻为功,凿空争能,相矜以虐。泥耳囊头,摺胁签爪,县发熏耳,卧邻秽溺,刻害支体,糜烂狱中,号曰‘狱持’;闭绝食饮,昼夜使不得眠,号曰‘宿囚’。残贼威暴,取快目前。被诬者苟求得死,何所不至?为国者以仁为宗,以刑为助,周用仁而昌,秦用刑而亡。愿陛下缓刑用仁,天下幸甚!”武后不纳。麟台正字陈子昂亦上书谏,不省。及周兴、来俊臣等诛死,后亦老,其意少衰,而狄仁杰、姚崇、宋璟、王及善相与论垂拱以来酷滥之冤,太后感寤,由是不复杀戮。然其毒虐所被,自古未之有也。大足元年,乃诏法司及推事使敢多作辩状而加语者,以故入论。中宗、韦后继以乱败。

玄宗自初即位,励精政事,常自选太守、县令,告戒以言。而良吏布州县,民获安乐。二十年间,号称治平,衣食富足,人罕犯法。是岁刑部所断天下死罪五十八人。往时大理狱,相传鸟雀不栖,至是有鹊巢其庭树,群臣称贺,以为几致刑措。然而李林甫用事矣,自来俊臣诛后,至此始复起大狱,以诬陷所杀数十百人,如韦坚、李邕等皆一时名臣,天下冤之。而天子亦自喜边功,遣将分出以击蛮夷,兵数大败,士卒死伤以万计,国用耗乏。而转漕输送,远近烦费,民力既弊,盗贼起而狱讼繁矣。天子方恻然,诏曰:“徒非重刑,而役者寒暑不释械系;杖,古以代肉刑也,或犯非巨蠹而棰以至死,其皆免以配诸军自效。民年八十以上及重疾有罪,皆勿坐。侍丁犯法,原之俾终养。”以此施德其民。然巨盗起,天下被其毒,民莫蒙其赐也。

安、史之乱,伪官陆大钧等背贼来归;及庆绪奔河北,胁从者相率待罪阙下,自大臣陈希烈等合数百人。以御史大夫李岘、中丞崔器等为三司使，而肃宗方喜刑名，器亦刻深，乃以河南尹达奚珣等三十九人为重罪，斩于独柳树者十一人，珣及韦恒腰斩，陈希烈等赐自尽于狱中者七人，其余决重杖死者二十一人。以岁除日行刑，集百官临视，家属流窜。初，史思明、高秀岩等皆自拔归命，闻珣等被诛，惧不自安，乃复叛。而三司用刑连年，流贬相继。及王玙为相，请诏三司推核未已者，一切免之。然河北叛人畏诛不降，兵连不解，朝廷屡起大狱。肃宗后亦悔，叹曰："朕为三司所误。"临崩，诏天下流人皆释之。

代宗性仁恕，常以至德以来用刑为戒。及河、洛平，下诏河北、河南吏民任伪官者，一切不问。得史朝义将士妻子四百余人，皆赦之。仆固怀恩反，免其家，不缘坐。剧贼高玉聚徒南山，啖人数千，后擒获。会赦，代宗将贷其死，公卿议请为菹醢，帝不从，卒杖杀之。谏者常讽帝政宽，故朝廷不肃。帝笑曰："艰难时无以逮下，顾刑法峻急，有威无恩，朕不忍也。"即位五年，府县寺狱无重囚。故时，别敕决人捶无数。宝应元年，诏曰："凡制敕与一顿杖者，其数止四十；至到与一顿及重杖一顿、痛杖一顿者，皆止六十。"

德宗性猜忌少恩，然用刑无大滥。刑部侍郎班宏言："谋反、大逆及叛、恶逆四者，十恶之大也，犯者宜如律。其余当斩、绞刑者，决重杖一顿处死，以代极法。"故时，死罪皆先决杖，其数或百或六十，于是悉罢之。

宪宗英果明断，自即位数诛方镇，欲治僭叛，一以法度，然于用刑喜宽仁。是时，李吉甫、李绛为相。吉甫言："治天下必任赏罚，陛下频降赦令，蠲逋负，赈饥民，恩宥至矣。然典刑未举，中外有懈怠心。"绛曰："今天下虽未大治，亦未甚乱，乃古平国用中典之时。自古欲治之君，必先德化。至暴乱之世，始专任刑法。吉甫之言过矣。"宪宗以为然。司空于頔亦讽帝用刑以收威柄，帝谓宰相曰："頔怀奸谋，欲朕失人心也。"元和八年，诏："两京、关内、河东、河北、淮南、山南东西道死罪十恶、杀人、铸钱、造印，若强盗持仗劫京兆界中及它盗赃逾三匹者，论如故。其余死罪皆流天德五城，父祖子孙欲随者,勿禁。"盖刑者,政之辅也。政得其道,仁义兴行而礼让成俗。然犹不敢废刑,所以为民防也,宽之而已。今不隆其本、顾风俗谓何而废常刑,是弛民之禁,启其奸,由积水而决其防。故自玄宗废徒杖刑,至是又废死刑,民未知德,而徒以为幸也。

穆宗童昏,然颇知慎刑法,每有司断大狱,令中书舍人一人参酌而轻重之,号"参酌院"。大理少卿崔杞奏曰:"国家法度,高祖、太宗定制二百余年矣。《周礼》正月布刑,张之门闾及都鄙邦国,所以屡丁宁,使四方谨行之。大理寺,陛下守法之司也。今别设参酌之官,有司定罪,乃议其出入,是与夺系于人情,而法官不得守其职。昔子路问政,孔子曰:'必也正名乎。'臣以为参酌之名不正,宜废。"乃罢之。

大和六年,兴平县民上官兴以醉杀人而逃,闻械其父,乃自归。京兆尹杜悰、御史中丞宇文鼎以其就刑免父,请减死。诏两省议,以为杀人者死,百王所守,若许以生,是诱之杀人也。谏官亦以为言。文宗以兴免父囚,近于义,杖流灵州,君子以为失刑。文宗好治,躬自谨畏,然阉宦肆孽不能制。至诛杀大臣,夷灭其族,滥及者不可胜数,心知其冤,为之饮恨流涕,而莫能救止。盖仁者制乱,而弱者纵之。然则刚强非不仁,而柔弱者仁之贼也。

武宗用李德裕诛刘稹等,大刑举矣,而性严刻。故时,窃盗无死,所以原民情迫于饥寒也。至是赃满千钱者死,至宣宗乃罢之。而宣宗亦自喜刑名,常曰:"犯我法,虽子弟不宥也。"然少仁恩,唐德自是衰矣。

盖自高祖、太宗除隋虐乱,治以宽平,民乐其安,重于犯法,致治之美,几乎三代之盛时。考其推心恻物,其可谓仁矣!自高宗、武后以来,毒流邦家,唐祚绝而复续。玄宗初励精为政,二十年间,刑狱减省,岁断死罪才五十八人。以此见致治虽难,勉之则易,未有为而不至者。自此以后,兵革遂兴,国家多故,而人主规规,无复太宗之志。其虽有心于治者,亦不能讲考大法,而性有宽猛,凡所更革,一切临时苟且，或重或轻，徒为繁文，不足以示后世。而高祖、太宗之法，仅守而存。故自肃宗以来，所可书者几希矣。懿宗以后，无所称焉。

唐书卷五七
志第四七

艺文一

　　自《六经》焚于秦而复出于汉，其师传之道中绝，而简编脱乱讹缺，学者莫得其本真，于是诸儒章句之学兴焉。其后传注、笺解、义疏之流，转相讲述，而圣道粗明，然其为说固已不胜其繁矣。至于上古三皇五帝以来世次，国家兴灭终给，僭窃伪乱，史官备矣。而传记、小说，外暨方言、地理、职官、氏族，皆出于史官之流也。自孔子在时，方修明圣经以绌缪异，而老子著书论道德。接乎周衰，战国游谈放荡之士，田骈、慎到、列、庄之徒，各极其辩；而孟轲、荀卿始专修孔氏，以折异端。然诸子之论，各成一家，自前世皆存而不绝也。夫王迹熄而《诗》亡，《离骚》作而文辞之士兴。历代盛衰，文章与时高下。然其变态百出，不可穷极，何其多也。自汉以来，史官列其名氏篇第，以为六艺、九种、七略；至唐始分为四类，曰经、史、子、集。而藏书之盛，莫盛于开元，其著录者，五万三千九百一十五卷；而唐之学者自为之书者，又二万八千四百六十九卷。呜呼，可谓盛矣！

　　《六经》之道，简严易直而天人备，故其愈久而益明。其余作者众矣，质之圣人，或离或合。然其精深闳博，各尽其术，而怪奇伟丽，往往震发于其间，此所以使好奇博爱者不能忘也。然凋零磨灭，亦不可胜数，岂其华文少实，不足以行远欤？而俚言俗说，猥有存者，亦其有幸不幸者欤？今著于篇，有其名而亡其书者，十盖五六也，可不惜哉。

初，隋嘉则殿书三十七万卷。至武德初，有书八万卷，重复相
糅。王世充平，得隋旧书八千余卷，太府卿宋遵贵监运东都，浮舟溯
河，西致京师，经砥柱舟覆，尽亡其书。贞观中，魏徵、虞世南、颜师
古继为秘书监，请购天下书，选五品以上子孙工书者为书手，缮写
藏于内库，以宫人掌之。玄宗命左散骑常侍、昭文馆学士马怀素为
修图书使，与右散骑常侍、崇文馆学士褚无量整比。会幸东都，乃就
乾元殿东序检校。无量建议：御书以宰相宋璟、苏颋同署，如贞观故
事。又借民间异本传录。及还京师，迁书东宫丽正殿，置修书院于
著作院。其后大明宫光顺门外、东都明福门外，皆创集贤书院，学士
通籍出入。既而太府月给蜀郡麻纸五千番，季给上谷墨三百三十六
丸，岁给河间、景城、清河、博平四郡兔千五百皮为笔材。两都各聚
书四部，以甲、乙、丙、丁为次，列经、史、子、集四库。其本有正有副，
轴带帙签皆异色以别之。

安禄山之乱，尺简不藏。元载为相，奏以千钱购书一卷，又命拾
遗苗发等使江淮括访。至文宗时，郑覃侍讲，进言经籍未备，因诏秘
阁搜采，于是四库之书复完，分藏于十二库。黄巢之乱，存者盖鲜。
昭宗播迁，京城制置使孙惟晟敛书本军，寓教坊于秘阁，有诏还其
书，命监察御史韦昌范等诸道求购，及徙洛阳，荡然无遗矣。

甲部经录，其类十一：一曰《易》类，二曰《书》类，三曰《诗》类，
四曰《礼》类，五曰《乐》类，六曰《春秋》类，七曰《孝经》类，八曰《论
语》类，九曰谶纬类，十曰经解类，十一曰小学类。凡著录四百四十
家，五百九十七部，六千一百四十五卷。不著录一百一十七家，三千
三百六十卷。

《连山》十卷

司马膺注《归藏》十三卷

《周易》卜商《传》二卷

孟喜《章句》十卷

京房《章句》十卷

费直《章句》四卷

马融《章句》十卷

荀爽《章句》十卷

郑玄注《周易》十卷

刘表《注》五卷

董遇《注》十卷

宋忠《注》十卷

王肃《注》十卷

王弼《注》七卷

　　又《大衍论》三卷

虞翻《注》九卷

陆绩《注》十三卷

姚信《注》十卷

荀辉《注》十卷

蜀才《注》十卷

王廙《注》十卷

干宝《注》十卷

　　又《爻义》一卷

黄颖《注》十卷

崔浩《注》十卷

崔觐《注》十三卷

何胤《注》十卷

卢氏《注》十卷

傅氏《注》十四卷

王又玄《注》十卷

王凯冲《注》十卷

荀氏《九家集解》十卷

马、郑、二王《集解》十卷

王弼、韩康伯《注》十卷

二王《集解》十卷

张璠《集解》十卷

　　又《略论》一卷

谢万注《系辞》二卷

桓玄注《系辞》二卷

荀谚注《系辞》二卷

荀柔之注《系辞》二卷

宋褰注《系辞》二卷

宋明帝注《义疏》二十卷

张该等《群臣讲易疏》二十卷

梁武帝《大义》二十卷

　　又《大义疑问》二十卷

萧伟《发义》一卷

　　又《几义》一卷

萧子政《义疏》十四卷

　　又《系辞义》二卷

张讥《讲疏》三十卷

何妥《讲疏》十三卷

褚仲都《讲疏》十六卷

梁蕃《文句义疏》二十卷

　　又《开题论序疏》十卷

　　《释序义》三卷

刘瓛《系辞义疏》二卷

　　又《乾坤义疏》一卷

钟会《周易论》四卷

范氏《周易论》四卷

应吉甫《明易论》一卷

邹湛《统略论》三卷

　阮长成、阮仲容《难答论》二卷

　宋处宗《通易论》一卷

　宣聘《通易象论》一卷

　栾肇《通易象论》一卷

　袁宏《略谱》一卷

　杨乂《卦序论》一卷

　沈熊《周易谱》一卷

　《杂音》三卷

　任希古注《周易》十卷

《周易正义》十六卷国子祭酒孔颖达、颜师古、司马才章、王恭、太学博士马嘉运、太学助教赵乾叶、王谈、于志宁等奉诏撰，四门博士苏德融、赵弘智覆审。

　陆德明《周易文句义疏》二十四卷

　　　《文外大义》二卷

　阴弘道《周易新传疏》十卷颢子，临涣令。

　薛仁贵《周易新注本义》十四卷

　王勃《周易发挥》五卷

　玄宗《周易大衍论》三卷

　李鼎祚集注《周易》十七卷

　东乡助《周易物象释疑》一卷

　僧一行《周易论》卷亡。

　　　又《大衍玄图》一卷

　　　《义决》一卷

　　　《大衍论》二十卷

　崔良佐《易忘象》卷亡。

　元载集注《周易》一百卷

　李吉甫注《一行易》卷亡。

　卫元嵩《元包》十卷苏源明传，李江注。

　高定《周易外传》二十二卷郢子，京兆府参军。

裴通《易书》一百五十卷字又玄，士淹子。文宗访以《易》义，令进所撰书。

卢行超《易义》五卷字孟起，大中六合丞。

陆希声《周易传》二卷

右《易》类七十六家，八十八部，六百六十五卷。失姓名一家。李鼎祚以下不著录十一家，三百二十九卷。

《古文尚书》孔安国《传》十三卷

谢沈《注》十三卷

王肃《注》十卷

又《释驳》五卷

范宁《注》十卷

李颙《集注》十卷

又《新释》二卷

《要略》二卷

姜道盛《集注》十卷

徐邈注《逸篇》三卷

伏胜注《大传》三卷

又《畅训》一卷

刘向《洪范五行传论》十一卷

马融《传》十卷

王肃《孔安国问答》三卷

郑玄注《古文尚书》九卷

又《注释问》四卷王粲问，田琼、韩益正。

吕文优《义注》三卷

伊说《释义》四卷

顾欢《百问》一卷

巢猗《百释》三卷

又《义疏》十卷

费尪《义疏》十卷

任孝恭《古文大义》二十卷

蔡大宝《义疏》三十卷

刘焯《义疏》三十卷

顾彪《古文音义》五卷

　　又《文外义》一卷

刘炫《述义》二十卷

王俭《音义》四卷

王玄度注《尚书》十三卷

《今文尚书》十三卷，开元十四年，玄宗以《洪范》"无偏无颇"声不协，诏改为"无偏无陂"。天宝三载，又诏集贤学士卫包改古文从今文。

《尚书正义》二十卷国子祭酒孔颖达、大学博士王德韶、四门助教李子云等奉诏撰。四门博士朱长才、苏德融、太学助教隋德素、四门助教王士雄、赵弘智覆审。太尉扬州都督长孙无忌、司空李勣、左仆射于志宁、右仆射张行成、吏部尚书侍中高季辅、吏部尚书褚遂良、中书令柳奭、弘文馆学士谷那律、刘伯庄、太学博士贾公彦、范义頵、齐威、太常博士柳士宣、孔志约、四门博士赵君赞、右内率府长史弘文馆直学士薛伯珍、国子助教史士弘、太学助教郑祖玄、周玄达、四门助教李玄植、王真儒与王德韶、隋德素等刊定。

王元感《尚书纠缪》十卷

穆元休《洪范外传》十卷

陈正卿《续尚书》纂汉至唐十二代诏策、章疏、歌颂、符檄、论议成书，开元末上之。卷亡。

崔良佐《尚书演范》卷亡。

右《书》类二十五家，三十三部，三百六卷。王元感以下不著录四家，二十卷。

《韩诗》卜商《序》韩婴《注》二十二卷

　　又《外传》十卷

卜商《集序》二卷

　　又《翼要》十卷

毛苌《传》十卷

郑玄笺《毛诗诂训》二十卷

又《谱》三卷

王肃《注》二十卷

又《杂义驳》八卷

《问难》二卷

叶遵《注》二十卷号《叶诗》。

崔灵恩《集注》二十四卷

《义注》五卷

刘桢《义问》十卷

王基《毛诗驳》五卷

《毛诗杂答问》五卷

《杂义难》十卷

孙毓《异同评》十卷

杨乂《毛诗辨》三卷

陈统《难孙氏诗评》四卷

又《表隐》二卷

元延明《谊府》三卷

张氏《义疏》五卷

陆玑《草本鸟兽鱼虫疏》二卷

谢沈《释义》十卷

刘氏《序义》一卷

刘炫《述义》三十卷

鲁世达《音义》二卷

郑玄等《诸家音》十五卷

王玄度注《毛诗》二十卷

《毛诗正义》四十卷孔颖达、王德韶、齐威等奉诏撰，赵乾叶、四门助教贾普曜、赵弘智等覆正。

许叔牙《毛诗纂义》十卷

成伯玙《毛诗指说》一卷

又《断章》二卷

《毛诗草木虫鱼图》二十卷开成中，文宗命集贤院修撰并绘物象，大学士杨嗣复、学士张次宗上之。

右《诗》类二十五家，三十一部，三百二十二卷。失姓名三家。许叔牙以下不著录三家，三十三卷。

《大戴德礼记》十三卷

又《丧服变除》一卷

郑玄注《小戴圣礼记》二十卷

又《礼议》二十卷

《礼记音》三卷曹耽解。

《三礼目录》一卷

注《周官》十三卷

《音》三卷

注《仪礼》十七卷

《丧服变除》一卷

注《丧服纪》一卷

卢植注《小戴礼记》二十卷

马融《周官传》十二卷

又注《丧服记》一卷

王肃注《小戴礼记》三十卷

又注《周官》十二卷

注《仪礼》十七卷

《音》二卷

《丧服要记》一卷

注《丧服纪》一卷

郑小同《礼记义记》四卷

袁准注《仪礼》一卷

孔伦《注》一卷

陈铨《注》一卷

蔡超宗《注》二卷

田僧绍《注》二卷

傅玄《周官论评》十二卷陈邵驳。

杜预《丧服要集议》三卷

贺循《丧服谱》一卷

　　　又《丧服要记》五卷谢微注。

干宝注《周官》十二卷；

　　　又《答周官驳难》五卷孙略问。

李轨《小戴礼记音》二卷

尹毅《音》二卷

徐邈《音》三卷

徐爰《音》二卷

司马伷《周官宁朔新书》八卷

　　　又《礼记宁朔新书》二十卷并王懋约注。

戴颙《月令章句》十二卷

　　　又《中庸传》二卷

《缑氏要钞》六卷

王逡之注《丧服五代行要记》十卷

徐广《礼论问答》九卷

范宁《礼问》九卷

　　　又《礼论答问》九卷

射慈《小戴礼记音》二卷

　　　又《丧服天子诸侯图》一卷

崔游《丧服图》一卷

蔡谟《丧服谱》一卷

《丧服要难》一卷赵成问，袁祈答。

伊说注《周官》十卷

孙炎注《礼记》三十卷

叶遵《注》十二卷

董勋《问礼俗》十卷

刘俊《礼记评》十卷

吴商《杂礼义》十一卷

何承天《礼论》三百七卷

颜延之《礼逆降议》三卷

任预《礼论条牒》十卷

　　又《礼论帖》三卷

《礼论钞》六十六卷

庚蔚之《礼记略解》十卷

　　又注《丧服要记》五卷

《礼论钞》二十卷

王俭《礼仪答问》十卷

　　又《礼杂答问》十卷

　　《丧服古今集记》三卷

荀万秋《礼杂钞略》二卷

傅隆《礼议》一卷

梁武帝《礼大义》十卷

周舍《礼疑义》五十卷

何佟之《礼记义》十卷

　　又《礼答问》十卷

戚寿《杂礼义问答》四卷

贺玚《礼论要钞》一百卷

贺述《礼统》十二卷

崔灵恩《周官集注》二十卷

　　又《三礼义宗》三十卷

元延明《三礼宗略》二十卷

皇侃《礼记讲疏》一百卷

又《义疏》五十卷

《丧服文句义》十卷

沈重《周礼义疏》四十卷

又《礼记义疏》四十卷

熊安生《义疏》四十卷

刘芳《义证》十卷

沈文阿《丧服经传义疏》四卷

又《丧服发题》二卷

夏侯伏朗《三礼图》十二卷

《礼记隐》二十六卷

《礼类聚》十卷

《礼仪杂记故事》十一卷

《礼统郊祀》六卷

《礼论要钞》十三卷

《区分》十卷

《礼论钞略》十三卷

《礼记正义》七十卷孔颖达、国子司业朱子奢、国子助教李善信、贾公彦、柳士宣、范义頵、魏王参军事张权等奉诏撰,与周玄达、赵君赞、王士雄、赵弘智覆审。

贾公彦《礼记正义》八十卷

又《周礼疏》五十卷

《仪礼疏》五十卷

魏徵《次礼记》二十卷亦曰《类礼》。

王玄度《周礼义决》三卷

又注《礼记》二十卷

元行冲《类礼义疏》五十卷

《御刊定礼记月令》一卷集贤院学士李林甫、陈希烈、徐安贞、直学士刘光谦、齐光乂、陆善经、修撰官史玄晏、待制官梁令瓒等注解。自第五易为第一。

成伯玙《礼记外传》四卷

王元感《礼记绳愆》三十卷

王方庆《礼经正义》十卷

《礼杂问答》十卷

李敬玄《礼论》六十卷

张镒《三礼图》九卷

陆质《类礼》二十卷

韦彤《五礼精义》十卷

丁公著《礼志》十卷

《礼记字例异同》一卷元和十三年诏定。

丘敬伯《五礼异同》十卷

孙玉汝《五礼名义》十卷

杜肃《礼略》十卷

张频《礼粹》二十卷

　　右《礼》类六十九家，九十六部，一千八百二十七卷。失姓名七家。元行冲以下不著录十六家，二百九十五卷。

桓谭《乐元起》二卷

　　　　又《琴操》二卷

孔衍《琴操》二卷

荀勖《太乐杂歌辞》三卷

　　　　又《太乐歌辞》二卷

　　《乐府歌诗》十卷

谢灵运《新录乐府集》十一卷

信都芳删注《乐书》九卷

留进《管弦记》十二卷

凌秀《管弦志》十卷

公孙崇《钟磬志》二卷

梁武帝《乐社大义》十卷

又《乐论》三卷

沈重《钟律》五卷

释智匠《古今乐录》十三卷

郑译《乐府歌辞》八卷

又《乐府声调》六卷

苏夔《乐府志》十卷

李玄楚《乐经》三十卷

元殷《乐略》四卷

又《声律指归》一卷

翟子《乐府歌诗》十卷

又《三调相和歌辞》五卷

刘氏、周氏《琴谱》四卷

陈怀《琴谱》二十一卷

《汉魏吴晋鼓吹曲》四卷

《琴集历头拍簿》一卷

《外国伎曲》三卷

又一卷

《论乐事》二卷

《历代曲名》一卷

《推七音》一卷

《十二律谱义》一卷

《鼓吹乐章》一卷

李守真《古今乐记》八卷

萧吉《乐谱集解》二十卷

武后《乐书要录》十卷

赵邪利《琴叙谱》九卷

张文收《新乐书》十二卷

刘贶《太乐令壁记》三卷

徐景安《历代乐仪》三十卷

崔令钦《教坊记》一卷

吴兢《乐府古题要解》一卷

郗昂《乐府古今题解》三卷一作王昌龄。

段安节《乐府杂录》一卷文昌孙。

窦琎《正声乐调》一卷

玄宗《金风乐》一卷

萧祐《无射商九调谱》一卷

赵惟暕《琴书》三卷

陈拙《大唐正声新址琴谱》十卷

吕渭《广陵止息谱》一卷

李良辅《广陵止息谱》一卷

李约《东杓引谱》一卷勉子，兵部员外郎。

齐嵩《琴雅略》一卷

王大力《琴声律图》一卷

陈康士《琴谱》十三卷字安道，僖宗时人。

　　　　又《琴调》四卷

　　　　《琴谱》一卷

　　　　《离骚谱》一卷

赵邪利《琴手势谱》一卷

南卓《羯鼓录》一卷

右《乐》类三十一家，三十八部，二百五十七卷。失姓名九家。张文收以下不著录二十家，九十三卷。

左丘明《春秋外传国语》二十卷

董仲舒《春秋繁露》十七卷

《春秋谷梁传》十五卷尹更始注。

《春秋公羊传》五卷严彭祖述。

贾逵《春秋左氏长经章句》二十卷

又《解诂》三十卷

《春秋三家训诂》十二卷

董遇《左氏经传章句》三十卷

王肃《注》三十卷

又《国语章句》二十二卷

王朗注《左氏》十卷

士燮注《春秋经》十一卷

杜预《左氏经传集解》三十卷

又《释例》十五卷

《音》三卷

郑众《牒例章句》九卷

颍容《释例》七卷

刘寔《条例》十卷

方范《经例》六卷

何休《左氏膏肓》十卷郑玄箴。

又《公羊解诂》十三卷

《春秋汉议》十卷麋信注，郑玄驳。

《公羊条传》一卷

《墨守》一卷郑玄发。

《谷梁废疾》三卷郑玄释，张靖成。

服虔《左氏解谊》三十卷

又《膏肓释疴》五卷

《春秋成长说》七卷

《塞难》三卷

《音隐》一卷

《驳何氏春秋汉议》十一卷

王玢《达长义》一卷

孙毓《左氏传义注》三十卷

又《贾服异同略》五卷

梁简文帝《左氏传例苑》十八卷

干宝《春秋义函传》十六卷

《序论》一卷

殷兴《左氏释滞》十卷

何始真《春伙左氏区别》十二卷

张冲《春秋左氏义略》三十卷

严彭祖《春秋图》七卷

吴略《春秋经传诡例疑隐》一卷

京相璠《春秋土地名》三卷

王延之《旨通》十卷

顾启期《大夫谱》十一卷

李谥《丛林》十二卷

崔灵恩《立义》十卷

《申先儒传例》十卷

沈宏《经传解》六卷

　　又《文苑》六卷

　　《嘉语》六卷

沈文阿《义略》二十七卷

刘炫《攻昧》十二卷

　　又《规过》三卷

　　《述议》三十七卷

高贵乡公《左氏音》三卷

曹耽、荀讷《音》四卷

李轨《音》三卷

孙邈《音》三卷

王元规《音》三卷

孔氏《公羊集解》十四卷

王愆期注《公羊》十二卷

　　又《难答论》一卷庚翼难。

高袭《传记》十二卷

荀爽、徐钦《答问》五卷

刘实《左氏牒例》二十卷

　　　又《公羊违义》三卷刘晏注。

王俭《音》二卷

《春秋谷梁传》段肃《注》十三卷

唐固注《谷梁》十二卷

　　　又注《国语》二十一卷

糜信注《谷梁》十二卷

　　　又《左氏传说要》十卷

张靖《集解》十一卷

程阐《经传集注》十六卷

孔衍《训注》十三卷

范宁《集注》十二卷

徐乾《注》十三卷

徐邈《注》十二卷；

　　　又《传义》十卷

　　　《音》一卷

沈仲义《集解》十卷

萧邕《问传义》三卷

刘兆《三家集解》十一卷

韩益《三传论》十卷

胡讷集撰《三传经解》十一卷

　　　又《三传评》十卷

潘叔度《春秋成集》十卷

　　　又《合三传通论》十卷

江熙《公羊谷梁二传评》三卷

李铉《春秋二传异同》十二卷

虞翻注《国语》二十一卷

韦昭《注》二十一卷

孔晁《解》二十一卷

《春秋辨证明经论》六卷

《左氏音》十二卷

《左氏钞》十卷

《春秋辞苑》五卷

《杂义难》五卷

《左氏杜预评》二卷

《春秋正义》三十六卷孔颖达、杨士勋、朱长才奉诏撰。马嘉运、王德韶、苏德融与隋德素覆审。

杨士勋《谷梁疏》十二卷

王玄度注《春秋左氏传》卷亡。

卢藏用《春秋后语》十卷

高重《春秋纂要》四十卷字文明，士谦五代孙，文宗时翰林侍讲学士。帝好《左氏春秋》，命重分诸国各为书，别名《经传要略》。历国子祭酒。

许康佐等集《左氏传》三十卷一作文宗御集。

徐文远《左传义疏》六十卷

　　　又《左传音》三卷

阴弘道《春秋左氏传序》一卷

李氏《三传异同例》十三卷开元中，右威卫录事参军，失名。

冯伉《三传异同》三卷

刘轲《三传指要》十五卷

韦表微《春秋三传总例》二十卷

王元感《春秋振滞》二十卷

韩滉《春秋通》一卷

陆质集注《春秋》二十卷

　　　又集传《春秋纂例》十卷

　　　《春秋微旨》二卷

　　　《春秋辨疑》七卷

樊宗师《春秋集传》十五卷

  《春秋加减》一卷元和十三年，国子监修定。

李瑾《春秋指掌》十五卷

张杰《春秋图》五卷

  又《春秋指元》十卷

裴安时《左氏释疑》七卷字适之，大中江陵少尹。

第五泰《左传事类》二十卷字伯通，青州益都人，咸通鄂州文学。

成玄《公谷总例》十卷字又玄，咸通山阳令。

陆希声《春秋通例》三卷

陈岳《折衷春秋》三十卷唐末钟传江西从事。

郭翔《春秋义鉴》三十卷

柳宗元《非国语》二卷

 右《春秋》类六十六家，一百部，一千一百六十三卷。失姓名五家。王玄度以下不著录二十二家，四百三卷。

《古文孝经》孔安国《传》一卷

 刘邵《注》一卷

 《孝经》王肃《注》一卷

 郑玄《注》一卷

 韦昭《注》一卷

 孙熙《注》一卷

 苏林《注》一卷

 谢万《注》一卷

 虞盘佐《注》一卷

 孔光《注》一卷

 殷仲文《注》一卷

 殷叔道《注》一卷

 徐整《默注》二卷

 车胤《讲孝经义》四卷

荀勖《讲孝经集解》一卷

皇侃《义疏》三卷

何约之《大明中皇太子讲义疏》一卷

梁武帝《疏》十八卷

太史叔明《发题》四卷

刘炫《述义》五卷

张士儒《演孝经》十二卷

《应瑞图》一卷

贾公彦《孝经疏》五卷

魏克己注《孝经》一卷

任希古《越王孝经新义》十卷

《今上孝经制旨》一卷玄宗。

元行冲《御注孝经疏》二卷

尹知章注《孝经》一卷

孔颖达《孝经义疏》卷亡。

王元感注《孝经》一卷

李嗣真《孝经指要》一卷

平贞慎《孝经议》卷亡。

徐浩《广孝经》十卷浩称四明山人,乾元二年上,授校书郎。

右《孝经》二十七家,三十六部,八十二卷。失姓名一家。尹知章以下不著录六家,一十三卷。

《论语》郑玄《注》十卷

　　　又注《论语释义》一卷

　　　《论语篇目弟子》一卷

王弼《释疑》二卷

王肃注《论语》十卷

　　　又注《孔子家语》十卷

李充注《论语》十卷

梁觊《注》十卷

孟厘《注》九卷

袁乔《注》十卷

尹毅《注》十卷

张氏《注》十卷

何晏《集解》十卷

孙绰《集解》十卷

盈氏《集义》十卷

江熙《集解》十卷

徐氏《古论语义注谱》一卷

虞喜《赞郑玄论语注》十卷

畅惠明《义注》十卷

宋明帝补《卫瓘论语注》十卷

栾肇《论语释》十卷

　　又《驳》二卷

崔豹《大义解》十卷

缪播《旨序》二卷

郭象《体略》二卷

戴诜《述议》二十卷

刘炫《章句》二十卷

皇侃《疏》十卷

褚仲都《讲疏》十卷

《义注隐》三卷

《杂义》十三卷

《剟义》十卷

徐邈《音》二卷

《孔丛》七卷

王勃《次论语》十卷

贾公彦《论语疏》十五卷

　　韩愈注《论语》十卷

　　张籍《论语注辨》二卷

　　右《论语》类三十家，三十七部，三百二十七卷。失姓名三家，韩愈以下不著录二家，十二卷。

　　宋均注《易纬》九卷

　　　　注《诗纬》十卷

　　　　注《礼纬》三卷

　　　　注《乐纬》三卷

　　　　注《春秋纬》三十八卷

　　　　注《论语纬》十卷

　　　　注《孝经纬》五卷

　　郑玄注《书纬》三卷

　　　　注《诗纬》三卷

　　右谶纬类二家，九部，八十四卷。

　　刘向《五经杂义》七卷

　　　　又《五经通义》九卷

　　　　《五经要义》五卷

　　许慎《五经异义》十卷郑玄驳。

　　谯周《五经然否论》五卷

　　杨方《五经钩沉》十卷

　　杨思《五经咨疑》八卷

　　元延明《五经宗略》四十卷

　　刘炫《五经正名》十二卷

　　沈文阿《经典玄儒大义序录》十卷

　　班固等《白虎通义》六卷

　　郑玄《六艺论》一卷

　　　　《郑志》九卷

《郑记》六卷

王肃《圣证论》十一卷

梁武帝《孔子正言》二十卷

简文帝《长春义记》一百卷

樊文深《七经义纲略论》三十卷

又《质疑》五卷

张讥《游玄桂林》二十卷

《谥法》三卷荀顗演，刘熙注。

沈约《谥例》十卷

贺琛《谥法》三卷

《集天名称》三卷

陆德明《经典释文》三十卷

颜师古《匡谬正俗》八卷

赵英《五经对决》四卷英，龙朔中汲令。

刘迅《六说》五卷

刘贶《六经外传》三十七卷

张镒《五经微旨》十四卷

韦表微《九经师授谱》一卷

裴侨卿《微言注集》二卷开元中郑县尉。

高重《经传要略》十卷

王彦威《续古今谥法》十四卷

慕容宗本《五经类语》十卷字泰初，幽州人，大中时。

刘氏《经典集音》三十卷熔，字正范，绛州正平人，咸通晋州长史。

右经解类十九家，二十六部，三百八十一卷。失姓名一家。赵英以下不著录十家，一百二十七卷。

《尔雅》李巡《注》三卷

樊光《注》六卷

孙炎《注》六卷

沈璇《集注》十卷

郭璞《注》一卷

　　又《图》一卷

　　《音义》一卷

江灌《图赞》一卷

　　又《音》六卷

李轨解《小尔雅》一卷

杨雄《别国方言》十三卷

刘熙《释名》八卷

韦昭《辨释名》一卷

李斯等《三苍》三卷郭璞解。

杜林《苍颉训诂》二卷

张揖《广雅》四卷

　　又《埤苍》三卷

　　《三苍训诂》三卷

　　《杂字》一卷

　　《古文字训》二卷

樊恭《广苍》一卷

史游《急就章》一卷曹寿解。

颜之推《注》一卷

司马相如《凡将篇》一卷

班固《在昔篇》一卷

《太甲篇》一卷

蔡邕《圣草章》一卷

　　又《劝学篇》一卷

　　《今字石经论语》二卷

崔瑗《飞龙篇篆草势合》三卷

许慎《说文解字》十五卷

吕忱《字林》七卷

杨承庆《字统》二十卷

冯干《括字苑》十三卷

贾鲂《字属篇》一卷

葛洪《要用字苑》一卷

戴规《辨字》一卷

僧宝志《文字释训》三十卷

周成《解文字》七卷

王延《杂文字音》七卷

王氏《文字要说》一卷

阮孝绪《文字集略》一卷

彭立《文字辨嫌》一卷

王愔《文字志》三卷

顾野王《玉篇》三十卷

李登《声类》十卷

吕静《韵集》五卷

阳休之《韵略》一卷

　　　又《辨嫌音》二卷

夏侯泳《四声韵略》十三卷

张谅《四声部》三十卷

赵氏《韵篇》十二卷

陆慈《切韵》五卷

郭训《字旨篇》一卷

　　　《古文奇字》二卷

卫宏《诏定古文字书》一卷

虞和《法书目录》六卷

卫恒《四体书势》一卷

萧子云《五十二体书》一卷

庚肩吾《书品》一卷

颜之推《笔墨法》一卷

僧正度《杂字书》八卷

何承天《纂文》三卷

颜延之《纂要》六卷

　　又《诘幼文》三卷

张推《证俗音》三卷

颜愍楚《证俗音略》一卷

李虔《续通俗文》二卷

李少通《俗语难字》一卷

诸葛颍《桂苑珠丛》一百卷

朱嗣卿《幼学篇》一卷

项峻《始学篇》十二卷

王羲之《小学篇》一卷

杨方《少学集》十卷

顾凯之《启疑》三卷

萧子范《千字文》一卷

周兴嗣《次韵千字文》一卷

《演千字文》五卷

《黄初篇》一卷

《吴章篇》一卷

《音隐》四卷

《难要字》三卷

《览字知源》三卷

《字书》十卷

《叙同音》三卷

《桂苑珠丛略要》二十卷

《古今八体六文书法》一卷

《古来篆隶诂训名录》一卷

《笔墨法》一卷

《鹿纸笔墨疏》一卷

《篆书千字文》一卷

《今字石经易篆》三卷

《今字石经尚书本》五卷

《今字石经郑玄尚书》八卷

《三字石经尚书古篆》三卷

《今字石经毛诗》三卷

《今字石经仪礼》四卷

《三字石经左传古篆书》十二卷

《今字石经左传经》十卷

《今字石经公羊传》九卷

蔡邕《今字石经论语》二卷

曹宪《尔雅音义》二卷

　　　又《博雅》十卷

　　《文字指归》四卷

刘伯庄《续尔雅》一卷

颜师古注《急就章》一卷

武后《字海》一百卷凡武后所著书,皆元万顷、范履冰、苗神客、周思茂、胡楚宾、卫业等撰。

李嗣真《书后品》一卷

徐浩《书谱》一卷

《古迹记》一卷

张怀瓘《书断》三卷开元中翰林院供奉。

　　　又《评书药石论》一卷

张敬玄《书则》一卷贞元中处士。

褚长文《书指论》一卷

张彦远《法书要录》十卷弘靖孙,乾符初大理卿。

裴行俭《草字杂体》卷亡。

荆浩《笔法记》一卷浩称洪谷子。

二王、张芝、张昶等书一千五百一十卷太宗出御府金帛购天下古本，命魏徵、虞世南、褚遂良定真伪，凡得羲之真行二百九十纸，为八十卷，又得献之、张芝等书，以"贞观"字为印。草迹命褚遂良楷书小字以影之。其古本多梁、隋官书。梁则满骞、徐僧权、沈炽文、朱异，隋总、姚察署记。帝令魏、褚卷尾各署名。开元五年，敕陆玄悌、魏哲、刘怀信检校，分益卷秩。玄宗自书"开元"字为印。

　　王方庆《宝章集》十卷

　　　　又《王氏八体书范》四卷

　　　　《王氏工书状》十五卷

　　玄宗《开元文字音义》三十卷

　　张参《五经文字》三卷

　　唐玄度《九经字样》一卷文宗时待诏。

　　颜元孙《干禄字书》一卷

　　欧阳融《经典分毫正字》一卷

　　李腾《说文字源》一卷阳冰从子。

　　僧慧力《像文玉篇》三十卷

　　萧钧《韵音》二十卷

　　孙愐《唐韵》五卷

　　武元之《韵铨》十五卷

　　玄宗《韵英》五卷天宝十四载撰，诏集贤院写附诸道采访使，传布天下。

　　颜真卿《韵海镜源》三百六十卷

　　李舟《切韵》十卷

　　僧猷智《辨体补修加字切韵》五卷

　　右小学类六十九家，一百三部，七百二十一卷。失姓名二十三家。徐浩以下不著录二十三家，二千四十五卷。

唐书卷五八
志第四八

艺文二

乙部史录，其类十三：一曰正史类，二曰编年类，三曰伪史类，四曰杂史类，五曰起居注类，六曰故事类，七曰职官类，八曰杂传记类，九曰仪注类，十曰刑法类，十一曰目录类，十二曰谱牒类，十三曰地理类。凡著录五百七十一家，八百五十七部，一万六千八百七十四卷；不著录三百五十八家，一万二千三百二十七卷。

　　司马迁《史记》一百三十卷

　　裴骃集解《史记》八十卷

　　徐广《史记音义》十三卷

　　邹诞生《史记音》三卷

　　班固《汉书》一百一十五卷

　　服虔《汉书音训》一卷

　　应劭《汉书集解音义》二十四卷

　　诸葛亮《论前汉事》一卷

　　　　又《音》一卷

　　孟康《汉书音义》九卷

　　晋灼《汉书集注》十四卷

　　　　又《音义》十七卷

　　韦昭《汉书音义》七卷

崔浩《汉书音义》二卷

孔氏《汉书音义钞》二卷孔文祥。

刘嗣等《汉书音义》二十六卷

夏侯泳《汉书音》二卷·

包恺《汉书音》十二卷

萧该《汉书音》十二卷

阴景伦《汉书律历志音义》一卷

项岱《汉书叙传》八卷

刘宝《汉书驳义》二卷

陆澄《汉书新注》一卷

韦棱《汉书续训》二卷

姚察《汉书训纂》三十卷

颜游秦《汉书决疑》十二卷

僧务静《汉书正义》三十卷

李喜《汉书辨惑》三十卷

《汉书正名氏义》十二卷

《汉书英华》八卷

刘珍等《东观汉记》一百二十六卷

　　　又《录》一卷

谢承《后汉书》一百三十卷

　　　又《录》一卷

薛莹《后汉记》一百卷

司马彪《续汉书》八十三卷

　　　又《录》一卷

刘义庆《后汉书》五十八卷

华峤《后汉书》三十一卷

谢沈《后汉书》一百二卷

　　　又《外传》十卷

袁山松《后汉书》一百一卷

又《录》一卷

范晔《后汉书》九十二卷

又《论赞》五卷

刘昭补注《后汉书》五十八卷

张莹《汉南纪》五十八卷

刘熙注范晔《后汉书》一百二十二卷

萧该《后汉书音》三卷

刘芳《后汉书音》一卷

臧兢《后汉书音》三卷

王沈《魏书》四十七卷

陈寿《魏国志》三十卷

《蜀国志》十五卷

《吴国志》二十一卷并裴松之注。

韦昭《吴书》五十五卷

王隐《晋书》八十九卷

虞预《晋书》五十八卷

朱凤《晋书》十四卷

谢灵运《晋书》三十五卷

又《录》一卷

臧荣绪《晋书》一百一十卷

干宝《晋书》二十二卷

萧子云《晋书》九卷

何法盛《晋中兴书》八十卷

徐爰《宋书》四十二卷

孙严《宋书》五十八卷

沈约《宋书》一百卷

王智深《宋书》三十卷

魏收《后魏书》一百三十卷

魏澹《后魏书》一百七卷

李德林《北齐末修书》二十四卷

王劭《齐志》十七卷

　　又《隋书》八十卷

萧子显《齐书》六十卷

刘陟《齐书》十三卷

谢昊、姚察《梁书》三十四卷

顾野王《陈书》二卷

傅绰《陈书》三卷

许子儒注《史记》一百三十卷

　　又《音》三卷字文举，叔牙子也。证圣天官侍郎、颍川县男。

刘伯庄《史记音义》二十卷

《御铨定汉书》八十七卷高宗与郝处俊等撰。

顾胤《汉书古今集义》二十卷

颜师古注《汉书》一百二十卷

章怀太子贤注《后汉书》一百卷贤命刘讷言、格希玄等注。

韦机《后汉书音义》二十七卷

《晋书》一百三十卷房玄龄、褚遂良、许敬宗、来济、陆元仕、刘子翼、令狐德棻、李义府、薛元超、上官仪、崔行功、李淳风、辛丘驭、刘引之、阳仁卿、李延寿、张文恭、敬播、李安期、李怀俨、赵弘智等修，而名为御撰。

姚思廉《梁书》五十六卷

　　《陈书》三十六卷皆魏徵等同撰。

张大素《后魏书》一百卷

　　又《北齐书》二十卷

《隋书》三十二卷

李百药《北齐书》五十卷

令狐德棻《后周书》五十卷

　　《隋书》八十五卷

　　《志》三十卷颜师古、孔颖达、于志宁、李淳风、韦安化、李延寿与德棻、敬播、赵弘智、魏徵等撰。

王元感注《史记》一百三十卷

徐坚注《史记》一百三十卷

李镇注《史记》一百三十卷开元十七年上，授门下典仪。

　　又《义林》二十卷

陈伯宣注《史记》一百三十卷贞元中上。

韩琬《续史记》一百三十卷

司马贞《史记索隐》三十卷开元润州别驾。

刘伯庄又撰《史记地名》二十卷

　　《汉书音义》二十卷

张守节《史记正义》三十卷

窦群《史记名臣疏》三十四卷

敬播注《汉书》四十卷

　　又《汉书音义》十二卷

元怀景《汉书议苑》卷亡。开元右庶子，武陵陵男。谥曰文。

姚珽《汉书绍训》四十卷

沈遵《汉书问答》五卷

李善《汉书辨惑》二十卷

徐坚《晋书》一百一十卷

高希峤注《晋书》一百三十卷开元二十年上，授清池主簿。

何超《晋书音义》三卷处士。

《武德贞观两朝史》八十卷长孙无忌、令狐德棻、顾胤等撰。

吴兢又《齐史》十卷

　　《梁史》十卷

　　《陈史》五卷

　　《周史》十卷

　　《隋史》二十卷

　　《唐书》一百卷

　　又一百三十卷兢、韦述、柳芳、令狐峘、于休烈等撰。

　　《国史》一百六卷

又一百一十三卷

裴安时《史记纂训》二十卷

又《元魏书》三十卷字延之,大中江陵少尹。

凡集史五家,六部,一千二百二十二卷。高峻以下不著录三家,四百四十卷。

梁武帝《通史》六百二卷

李延寿《南史》八十卷

又《北史》一百卷

高氏《小史》一百二十卷高峻。初六十卷,其子迥厘益之。峻,元和中人。

刘氏《洞史》二十卷刘权,忠州刺史晏曾孙。

姚康复《统史》三百卷大中太子詹事。

右正史类七十家,九十部,四千八十五卷。失姓名二家,王元感以下不著录二十三家,一千七百九十卷。总七十三家,六十九部。

《纪年》十四卷汲冢书。

荀悦《汉纪》三十卷

应劭等注荀悦《汉纪》三十卷

崔浩《汉纪音义》三卷

侯瑾《汉皇德纪》三十卷

张璠《后汉纪》三十卷

袁宏《后汉纪》三十卷

张缅《后汉略》二十七卷

刘艾《汉灵献二帝纪》六卷

袁晔《汉献帝春秋》十卷

乐资《山阳公载记》十卷

习凿齿《汉晋春秋》五十四卷

《魏武本纪》四卷

孙盛《魏武春秋》二十卷

　　又《晋阳秋》二十二卷

魏澹《魏纪》十二卷

梁祚《魏书国纪》十卷

环济《吴纪》十卷

陆机《晋帝纪》四卷

干宝《晋纪》二十二卷

刘协注干宝《晋纪》六十卷

刘谦之《晋纪》二十卷

曹嘉之《晋纪》十卷

徐广《晋纪》四十五卷

邓粲《晋纪》十一卷

　　又《晋阳秋》三十二卷

檀道鸾《晋春秋》二十卷

萧景畅《晋史草》三十卷

郭季产《晋续纪》五卷

《晋录》五卷

王智深《宋纪》三十卷

裴子野《宋略》二十卷

鲍衡卿《宋春秋》二十卷

王琰《宋春秋》二十卷

沈约《齐纪》二十卷

吴均《齐春秋》三十卷

谢昊《梁典》三十九卷

刘璠《梁典》三十卷

何之元《梁典》三十卷

萧韶《梁太清纪》十卷

《皇帝纪》七卷

《梁末代记》一卷

臧严《栖凤春秋》五卷

姚最《梁昭后略》十卷

《北齐记》二十卷

王劭《北齐志》十七卷

赵毅《隋大业略记》三卷

杜延业《晋春秋略》二十卷

张大素《隋后略》十卷

柳芳《唐历》四十卷

《续唐历》二十二卷韦澳、蒋偕、李荀、张彦远、崔瑄撰，崔龟从监修。

吴兢《唐春秋》三十卷

韦述《唐春秋》三十卷

陆长源《唐春秋》六十卷

陈岳《唐统纪》一百卷

焦璐《唐朝年代记》十卷徐州从事，庞勋乱遇害。

李仁实《通历》七卷

马总《通历》十卷

王氏《五位图》十卷王起。

　　　《广五运图》卷亡。

苗台符《古今通要》四卷宣、懿时人。

贾钦文《古今年代历》一卷大中时人。

曹圭《五运录》十二卷

张敦素《建元历》二卷

刘轲《帝王历数歌》一卷字希仁，元和末进士第，洺州刺史。

封演《古今年号录》一卷天宝末进士第。

韦美《嘉号录》一卷中和中进士。

柳璨《正闰位历》三卷

李匡文《两汉至唐年纪》一卷昭宗时宗正少卿。

右编年类四十一家，四十八部，九百四十七卷。失姓名四家。柳芳
以下不著录十九家，三百五十五卷。

常璩《华阳国志》十三卷

　　又《汉之书》十卷

　　《蜀李书》九卷

和包《汉赵纪》十四卷

田融《赵石记》二十卷

　　又《二石记》二十卷

　　《苻朝杂记》一卷

王度、随翔《二石伪事》六卷

　　《二石书》十卷

范亨《燕书》二十卷

王景晖《南燕录》六卷

张诠《南燕书》十卷

高闾《燕志》十卷

段龟龙《凉记》十卷

　　《西河记》二卷

张咨《凉记》十卷

刘昞《凉书》十卷

　　又《敦煌实录》二十卷

裴景仁《秦纪》十一卷杜惠明注。

《拓拔凉录》十卷

《桓玄伪事》二卷

《邺洛鼎峙记》十卷

守节先生《天启纪》十卷

崔鸿《十六国春秋》一百二十卷

萧方《三十国春秋》三十卷

李概《战国春秋》二十卷

蔡允恭《后梁春秋》十卷

武敏之《三十国春秋》一百卷

右伪史类一十七家，二十七部，五百四十二卷。失姓名三家。

《古文锁语》四卷

《汲冢周书》十卷

子贡《越绝书》十六卷

孔晁注《周书》八卷

何承天《春秋前传》十卷

　　又《春秋前传杂语》十卷

乐资《春秋后传》三十卷

孟仪注《周载》三十卷

赵晔《吴越春秋》十二卷

杨方《吴越春秋削烦》五卷

《吴越记》六卷

刘向《战国策》三十二卷

高诱注《战国策》三十二卷

延笃《战国策论》一卷

陆贾《楚汉春秋》九卷

卫飒《史记要传》十卷

张莹《史记正传》九卷

谯周《古史考》二十五卷

王粲《汉书英雄记》十卷

葛洪《史记钞》十四卷

　　又《汉书钞》三十卷

　　《后汉书钞》三十卷

张缅《后汉书略》二十五卷

　　又《晋书钞》三十卷

范晔《后汉书缵》十三卷

孔衍《春秋时国语》十卷

　　又《春秋后国语》十卷

《汉尚书》十卷

《汉春秋》十卷

《后汉尚书》六卷

《后汉春秋》六卷

《后魏尚书》十四卷

《后魏春秋》九卷

王越客《后汉文武释论》二十卷

袁希之《汉表》十卷

张温《三史要略》三十卷

阮孝绪《正史削繁》十四卷

王延秀《史要》二十八卷

萧肃《合史》二十卷

　　　又《录》一卷

王蔑《史汉要集》二卷

司马彪《九州春秋》九卷

《后汉杂事》十卷

鱼豢《魏略》五十卷

孙寿《魏阳秋异同》八卷

《魏武本纪年历》五卷

王隐《删补蜀记》七卷

张勃《吴录》三十卷

李概《左史》六卷

胡冲《吴朝人士品秩状》八卷

　　　又《吴历》六卷

虞禹《吴士人行状名品》二卷

虞溥《江表传》五卷

徐众《三国评》三卷

王涛《三国志序评》三卷

傅畅《晋诸公赞》二十二卷

《晋历》二卷

荀绰《晋后略》五卷

贾匪之《汉魏晋帝要纪》三卷

郭颁《魏晋代说》十卷

谢绰《宋拾遗录》十卷

孔思尚《宋齐语录》十卷

阴僧仁《梁撮要》三十卷

宋孝王《关东风俗传》六十三卷

来奥《帝王本纪》十卷

环济《帝王略要》十二卷

刘滔《先圣本纪》十卷

杨晔《华夷帝王纪》三十七卷

张愔等《帝系谱》二卷

韦昭《洞纪》四卷

皇甫谧《帝王代纪》十卷

　　又《年历》六卷

何茂林《续帝王代纪》十卷

《帝王代纪》十六卷

《历纪》十卷

姚恭《年历帝纪》二十六卷

吉文甫《十五代略》十卷

《代谱》四十八卷周武帝敕撰。

诸葛耽《帝录》十卷

庾和之《历代记》三十卷

熊襄《十代记》十卷

卢元福《帝王编年录》五十一卷

　　又《共和以来甲乙纪年》二卷

赵弘礼《王业历》二卷

周树《洞历记》九卷

徐整《三五历纪》二卷

又《通历》二卷

《杂历》五卷

孔衍《国志历》五卷

《长历》十四卷

《千年历》二卷

许氏《千岁历》三卷

陶弘景《帝王年历》五卷

羊璿《分王年历》五卷

王嘉《拾遗录》三卷

又《拾遗记》十卷萧绮录。

周祗《崇安记》二卷

王韶之《崇安纪》十卷

鲍衡卿《乘舆飞龙记》二卷

萧大圆《淮海乱离志》四卷

李仁实《通历》七卷

裴矩《隋开业平陈记》十二卷

褚无量《帝王纪录》三卷

皇甫遵《吴越春秋传》十卷

卢彦卿《后魏纪》三十三卷

刘允济《鲁后春秋》二十卷

丘悦《三国典略》三十卷

元行冲《魏典》三十卷

员半千《三国春秋》二十卷

李筌《阃外春秋》十卷

李吉甫《六代略》三十卷

张绚《古五代新纪》二卷

许嵩《建康实录》二十卷

《柳氏自备》三十卷柳仲郢。

郑昕《史俊》十卷

吕才《隋记》二十卷

丘启期《隋记》十卷开元管城尉。

杜宝《大业杂记》十卷

杜儒童《隋季革命记》五卷武后时人。

《刘氏行年记》二十卷刘仁轨。

崔良佐《三国春秋》卷亡。良佐，深州安平人，日用从子。居共白鹿山，门人谥曰贞文孝父。

裴遵度《王政记》

杨岑《皇王宝运录》并卷亡。岑，宪宗时人。

　　《功臣录》三十卷

唐颖《稽典》一百三十卷开元中，颖罢临汾尉，上之。张说奏留史馆修史，兼集贤待制。

王彦威《唐典》七十卷

吴兢《唐书备阙记》十卷

《续皇王宝运录》十卷韦昭度、杨涉撰。

韩祐《续古今人表》十卷开元十七年上，授太常寺太祝。

张荐《宰辅传略》卷亡。

蒋乂《大唐宰辅录》七十卷

　　又《凌烟功臣》、《秦府十八学士》、《史臣》等传四十卷

凌璠《唐录政要》十二卷昭宗时江都尉。

南卓《唐朝纲领图》一卷字昭嗣，大中黔南观察使。

薛珰《唐圣运图》二卷

刘肃《大唐新语》十三卷元和中江都主簿。

李肇《国史补》三卷翰林学士。坐荐柏耆者，自中书舍人左迁将作少监。

林恩《补国史》十卷僖宗时进士。

　　《传载》一卷

　　《史遗》一卷

温大雅《今上王业记》六卷

李延寿《太宗政典》三十卷

吴兢《太宗勋史》一卷

又《贞观政要》十卷

李康《明皇政录》十卷

郑处诲《明皇杂录》二卷

郑棨《开天传信记》一卷

温畬《天宝乱离西幸记》一卷

宋巨《明皇幸蜀纪》一卷

姚汝能《安禄山事迹》三卷华阴尉。

包谞《河洛春秋》二卷安禄山、史思明事。

徐岱《奉天记》一卷德宗西狩事。

崔光庭《德宗幸奉天录》一卷

赵元一《奉天录》四卷

张读《建中西狩录》十卷字圣用,僖宗时吏部侍郎。

袁皓《兴元圣功录》三卷

谷况《燕南记》三卷张孝忠事。

路隋《平淮西记》一卷

杜信《史略》三十卷

又《闲居录》三十卷

郑澥《凉国公平蔡录》一卷字蕴士,李愬山南东道掌书记,开州刺史。

薛图存《河南记》一卷李师道事。

李潜用《乙卯记》一卷李训、郑注事。

《大和摧凶记》一卷

《野史甘露记》二卷

《开成纪事》二卷

李石《开成承诏录》二卷

李德裕《次柳氏旧闻》一卷

又《文武两朝献替记》三卷

《会昌伐叛记》一卷

《上党纪叛》一卷刘从谏事。

韩昱《壶关录》三卷

裴廷裕《东观奏记》三卷大顺中，诏修宣、懿、僖实录。以日历注记亡缺，因撼宣宗政事奏记于监修国史杜让能。廷裕，字膺余，昭宗时翰林学士、左散骑常侍，贬湖南，卒。

令狐澄《贞陵遗事》二卷绹子也。乾符中书舍人。

柳玭《续贞陵遗事》一卷

郑言《平剡录》一卷裘甫事。言，字垂之，浙西观察使王式从事，咸通翰林学士、户部侍郎。

张云《咸通解围录》一卷字景之，一字瑞卿，起居舍人。

郑樵《彭门纪乱》三卷庞勋事。

王坤《惊听录》一卷黄巢事。

郭廷诲《广陵妖乱志》三卷高骈事。

《乾宁会稽录》一卷董昌事。

韩偓《金銮密记》五卷

王振《汴水滔天录》一卷昭宗时拾遗。

公沙仲穆《大和野史》十卷起大和，尽龙纪。

右杂史类八十八家，一百七部，一千八百二十八卷。失姓名八家。元行冲以下不著录六十八家，八百六十一卷。

郭璞《穆天子传》六卷

《汉献帝起居注》五卷

李轨《晋泰始起居注》二十卷

　　　又《晋咸宁起居注》二十二卷

　　　《晋太康起居注》二十二卷

　　　《晋永平起居注》八卷

　　　《晋咸和起居注》十八卷

　　　《晋咸康起居注》二十二卷

刘道荟《晋起居注》三百二十卷

《晋建武大兴永昌起居注》二十二卷

《晋建元起居注》四卷

《晋永和起居注》二十四卷

《晋升平起居注》十卷

《晋隆和兴宁起居注》五卷

《晋太和起居注》六卷

《晋咸安起居注》三卷

《晋宁康起居注》六卷

《晋太元起居注》五十二卷

《晋崇宁起居注》十卷

《晋元兴起居注》九卷

《晋义熙起居注》三十四卷

《晋元熙起居注》二卷

何始真《晋起居钞》五十一卷

《晋起居注钞》二十四卷

《宋永初起居注》六卷

《宋景平起居注》三卷

《宋元嘉起居注》七十一卷

《宋孝建起居注》十七卷

《宋大明起居注》十五卷

《后魏起居注》二百七十六卷

《齐永明起居注》二十五卷

《梁大同七年起居注》十卷

《陈起居注》四十一卷

《隋开皇元年起居注》六卷

王逡之《三代起居注钞》十五卷

《流别起居注》四十七卷

温大雅《大唐创业起居注》三卷

《开元起居注》三千六百八十二卷失撰人名。

姚璹修《时政记》四十卷

凡实录二十八部,三百四十五卷。刘知几以下不著录四百五十七卷。

周兴嗣《梁皇帝实录》二卷

谢昊《梁皇帝实录》五卷

《梁太清实录》十卷

《高祖实录》二十卷敬播撰,房玄龄监修,许敬宗删改。

《今上实录》二十卷敬播、顾胤撰,房玄龄监修。

长孙无忌《贞观实录》四十卷

许敬宗《皇帝实录》三十卷

《高宗后修实录》三十卷初,令狐德棻撰,止乾封,刘知几、吴兢续成。

韦述《高宗实录》三十卷

武后《高宗实录》一百卷

《则天皇后实录》二十卷魏元忠、武三思、祝钦明、徐彦伯、柳冲、韦承庆、崔融、岑羲、徐坚撰,刘知几、吴兢删正。

宗秦客《圣母神皇实录》十八卷

吴兢《中宗实录》二十卷

刘知几《太上皇实录》十卷

吴兢《睿宗实录》五卷

张说《今上实录》二十卷说与唐颖撰,次玄宗开元初事。

《开元实录》四十七卷失撰人名。

《玄宗实录》一百卷令狐峘撰,元载监修。

《肃宗实录》三十卷元载监修。

令狐峘《代宗实录》四十卷

沈既济《建中实录》十卷

《德宗实录》五十卷蒋乂、樊绅、林宝、韦处厚,独孤郁撰,裴垍监修。

《顺宗实录》五卷韩愈、沈传师、宇文籍撰,李吉甫监修。

《宪宗实录》四十卷沈传师、郑浣、宇文籍、蒋系、李汉、陈夷行、苏景胤撰，杜元颖、韦处厚、路隋监修。景胤，弁子也，中书舍人。

《穆宗实录》二十卷苏景胤、王彦威、杨汉公、苏涤、裴休撰，路隋监修。涤，字玄献，冕子也，荆南节度使、吏部尚书。

《敬宗实录》十卷陈商、郑亚撰，李让夷监修。商，字述圣，礼部侍郎、秘书监。

《文宗实录》四十卷卢耽、蒋偕、王沨、卢告、牛丛撰，魏谟监修。耽，字子严，一字子重，历西川节度使、同中书门下平章事。沨，字中德，历东都留守。告，字子有，弘宣子也，历吏部侍郎。

《武宗实录》三十卷韦保衡监修。

凡诏令一家，一十一部，三百五卷。失姓名十家。温彦博以下不著录十一家，二百二十二卷。

《晋杂诏书》一百卷

　　　又二十八卷

　　　又六十六卷

《晋诏书黄素制》五卷

《晋定品杂制》一卷

《晋太元副诏》二十一卷

《晋崇安元兴大亨副诏》八卷

《晋义熙诏》二十二卷

《宋永初诏》六卷

《宋元嘉诏》二十一卷

宋干《诏集区别》二十七卷

温彦博《古今诏集》三十卷

李义府《古今诏集》一百卷

薛克构《圣朝诏集》三十卷

《唐德音录》三十卷

《太平内制》五卷

《明皇制诏录》一卷

《元和制集》十卷

王起《写宣》十卷

马文敏《王言会最》五卷

《唐旧制编录》六卷费氏集。

《拟状注制》十卷

右起居注类六家，三十八部，一千二百七十二卷。失姓名二十六家。《开元起居注》以下不著录三家，三千七百二十五卷。总七家，七十七部。

《秦汉以来旧事》八卷

《汉武帝故事》二卷

韦氏《三辅旧事》一卷

葛洪《西京杂记》二卷

《建武故事》三卷

《永平故事》二卷

应劭《汉朝驳》三十卷

《汉诸王奏事》十卷

《汉魏吴蜀旧事》八卷

《魏名臣奏事》三十卷

《魏台访议》三卷

《魏廷尉决事》十卷

《南台奏事》九卷

《晋太始太康故事》八卷

孔愉《晋建武咸和咸康故事》四卷

《晋建武以来故事》三卷

《晋氏故事》三卷

《晋朝杂事》二卷

《晋故事》四十三卷

《晋诸杂故事》二十二卷

《晋杂议》十卷

《晋要事》三卷

《晋宋旧事》一百三十卷

车灌《晋修复山陵故事》五卷

卢綝《晋八王故事》十二卷

　　又《晋四王起事》四卷

张敞《晋东宫旧事》十卷

范汪《尚书大事》二十一卷

《华林故事名》一卷

刘道荟《先朝故事》二十卷

《交州杂故事》九卷

《中兴伐逆事》二卷

温子升《魏永安故事》三卷

萧大圆《梁魏旧事》三十卷

僧亡名《天正旧事》三卷

应詹《江南故事》三卷

《大司马陶公故事》三卷

《郗太尉为尚书令故事》三卷

王愆期《救襄阳上都府事》一卷

《春坊旧事》三卷

武后《述圣纪》一卷

杜正伦《春坊要录》四卷

王方庆《南宫故事》十二卷

《裴矩邺都故事》十卷

马总《唐年小录》八卷

张齐贤《孝和中兴故事》三卷

卢若虚《南宫故事》三十卷

令狐德棻《凌烟阁功臣故事》四卷

　　敬播《文贞公传事》四卷

　　刘祎之《文贞故事》六卷

　　张大业《魏文贞故事》八卷

　　王方庆《文公事录》一卷

　　李仁实《卫公平突厥故事》二卷

　　谢偃《英公故事》四卷

　　刘祎之《英国贞武公故事》四卷

　　陈谏等《彭城公故事》一卷刘晏。

　　《张九龄事迹》一卷

　　《李渤事迹》一卷

　　《杜悰事迹》一卷

　　《吴湘事迹》一卷

　　丘据《相国凉公录》一卷李抱玉事。据，谏议大夫。

　　右故事类十七家，四十三部，四百九十六卷。失姓名二十五家。裴
矩以下不著录十六家，九十卷。

　　王隆《汉官解诂》三卷胡广注。

　　应劭《汉官》五卷

　　　《汉官仪》十卷

　　蔡质《汉官典仪》一卷

　　丁孚《汉官仪式选用》一卷

　　荀攸等《魏官仪》一卷

　　傅畅《晋公卿礼秩故事》九卷

　　《百官名》十四卷

　　干宝《司徒仪注》五卷

　　陆机《晋惠帝百官名》三卷

　　《晋官属名》四卷

　　《晋过江人士目》一卷

　　卫禹《晋永嘉流士》二卷

《登城三战簿》三卷

范晔《百官阶次》一卷

荀钦明《宋百官阶次》三卷

《宋百官春秋》六卷

《魏官品令》一卷

王圭之《齐职官仪》五十卷

徐勉《梁选簿》三卷

沈约《梁新定官品》十六卷

《梁百官人名》十五卷

《陈将军簿》一卷

《太建十一年百官簿状》二卷

郎楚之《隋官序录》十二卷

王道秀《百官春秋》十三卷

郭演《职令古今百官注》十卷

陶彦藻《职官要录》三十六卷

《职员旧事》三十卷

王方庆《宫卿旧事》一卷

《六典》三十卷开元十年，起居舍人陆坚被诏集集贤院修"六典"，玄宗手写六条，曰理典、教典、礼典、政典、刑典、事典。张说知院，委徐坚，经岁无规制，乃命毋煚、余钦、咸廙业、孙季良、韦述参撰，始以令式象《周礼》六官为制。萧嵩知院，加刘郑兰、萧晟、卢若虚。张九龄知院，加陆善经。李林甫代九龄，加苑咸。二十六年书成。

王方庆又撰《尚书考功簿》五卷

　　又《尚书考功状绩簿》十卷

《尚书科配簿》五卷

《五省迁除》二十卷

裴行俭《选谱》十卷

《唐循资格》一卷天宝中定。

沈既济《选举志》十卷

梁载言《具员故事》十卷

　　又《具员事迹》十卷

杜英师《职该》二卷

任戬《官品纂要》十卷

温大雅《大丞相唐王官属记》二卷

杜易简《御史台杂注》五卷

韩琬《御史台记》十二卷

韦述《御史台记》十卷

　　又《集贤注记》三卷

李构《御史台故事》三卷

刘觊《天官旧事》一卷

柳芳《大唐宰相表》三卷

马宇《凰池录》五十卷

贺兰正元《辅佐记》十卷

　　又《举选衡鉴》三卷昭义判官,贞元十三年上。

韦琯《国相事状》七卷宪宗时人。

张之绪《文昌损益》二卷德宗时人。

李肇《翰林志》一卷

李吉甫《元和国计簿》十卷

　　又《元和百司举要》一卷

王涯《唐循资格》五卷

韦处厚《大和国计》二十卷

王彦威《占额图》一卷

孙结《大唐国照图》一卷文宗时人。

《大唐国要图》五卷左仆射贾耽纂,监察御史褚璆重修。

《翰林内志》一卷

杨巨《翰林学士院旧规》一卷字文硕,收子也。昭宗时翰林学士、吏
部侍郎。

右职官类十九家,二十六部,二百六十二卷。失姓名十家。六典以

下不著录二十九家，二百八十卷。

赵岐《三辅决录》十卷挚虞注。

魏文帝《海内士品录》三卷

《海内先贤传》五卷魏明帝时撰。

李氏《海内先贤行状》三卷

韦氏《四海耆旧传》一卷

《诸国先贤传》一卷

圈称《陈留风俗传》三卷

苏林《陈留耆旧传》三卷

刘昞《敦煌实录》二十卷

陈英宗《陈留先贤传像赞》一卷

江敞《陈留人物志》十五卷

周斐《汝南先贤传》五卷

陆胤志《广州先贤传》七卷

刘芳《广州先贤传》七卷

徐整《豫章旧志》八卷

　　又《豫章烈士传》三卷

华隔《广陵烈士传》一卷

张胜《桂阳先贤画赞》五卷

朱育《会稽记》四卷

虞预《会稽典录》二十四卷

谢承《会稽先贤传》七卷

贺氏《会稽先贤传像赞》四卷

钟离岫《会稽后贤传》三卷

贺氏《会稽太守像赞》二卷

陆凯《吴国先贤传》五卷

《吴国先贤像赞》三卷

陈寿《益部耆旧传》十四卷

《益州旧杂传记》二卷

白褒《鲁国先贤传》十四卷

张方《楚国先贤传》十二卷

高范《荆州先贤传》三卷

仲长统《山阳先贤传》一卷

范瑗《交州先贤传》四卷

习凿齿《襄阳耆旧传》五卷

　　又《逸人高士传》八卷

王基《东莱耆旧传》一卷

王羲度《徐州先贤传》九卷

　　又一卷

刘义庆《徐州先贤传赞》八卷

刘彧《长沙旧邦传赞》四卷

郭缘生《武昌先贤传》三卷

虞溥《江表传》三卷

崔蔚祖《海岱志》十卷

吴均《吴郡钱塘先贤传》五卷

阳休之《幽州古今人物志》三十卷

留叔先《东阳朝堂书赞》一卷

《济北先贤传》一卷

《庐江七贤传》一卷

《零陵先贤传》一卷

萧广济《孝子传》十五卷

师觉授《孝子传》八卷

王韶之《孝子传》十五卷

　　又《赞》三卷

宗躬《孝子传》二十卷

　　又《止足传》十卷

虞盘佐《孝子传》一卷

又《高士传》二卷

徐广《孝子传》三卷

梁武帝《孝子传》三十卷

《杂孝子传》二卷

郑缉之《孝子传赞》十卷

申秀《孝友传》八卷

元怿《显忠录》二十卷

嵇康《圣贤高士传》八卷

皇甫谧《高士传》十卷

又《逸士传》一卷

《玄晏春秋》二卷

《韦氏家传》三卷

周续之《上古以来圣贤高士传赞》三卷

刘昼《高才不遇传》四卷

周弘让《续高士传》八卷

张显《逸人传》三卷

钟离儒《逸人传》七卷

袁宏《名士传》三卷

袁淑《真隐传》二卷

阮孝绪《高隐传》十卷

刘向《列士传》二卷

范晏《阴德传》二卷

齐竟陵文宣王子良《止足传》十卷

钟屼《良吏传》十卷

《先儒传》五卷

殷系《英藩可录事》三卷一云张万贤撰。

郑忱《文林馆记》十卷

张骘《文士传》五十卷

梁元帝《孝德传》三十卷

又《忠臣传》三十卷

《全德志》一卷

《丹杨尹传》十卷

《同姓名录》一卷

《怀旧志》九卷

裴怀贵《兄弟传》三卷

《悼善列传》四卷

刘昭《幼童传》十卷

卢思道《知己传》一卷

孙敏《春秋列国名臣传》九卷

《孔子弟子传》五卷

《东方朔传》八卷

《李固别传》七卷

《梁冀传》二卷

郭冲《诸葛亮隐没五事》一卷

《何颙传》一卷

《曹瞒传》一卷

《毋丘俭记》三卷

管辰《管辂传》二卷

戴逵《竹林七贤论》二卷

孟仲晖《七贤传》七卷

《桓玄传》二卷

《杂传》六十九卷

又四十卷

又九卷

任昉《杂传》一百二十卷

《荆扬二州迁代记》四卷

元晖等《秘录》二百七十卷

王孝恭《集记》一百卷

《汉明帝画赞》五十卷

姚澹《四科传赞》四卷

《七国叙赞》十卷

《益州文翁学堂图》一卷

荀伯子《荀氏家传》十卷

    又《薛常侍传》二卷

《明氏世录》六卷明粲。

《汉南庾氏家传》三卷庾守业。

《褚氏家传》一卷褚结撰,褚陶注。

《殷氏家传》三卷殷敬。

《崔氏世传》七卷崔鸿。

《邵氏家传》十卷

《王氏家传》二十一卷

《江氏家传》七卷江饶。

《暨氏家传》一卷

《虞氏家传》五卷虞览。

《裴氏家记》三卷裴松之。

《诸葛传》五卷

《曹氏家传》一卷曹毗。

《诸王传》一卷

《陆史》十五卷陆煦。

王劭《尔朱氏家传》二卷

《何妥家传》二卷

《裴若弼家传》一卷

令狐德棻《令狐家传》一卷

张大素《敦煌张氏家传》二十卷

魏徵《自古诸侯王善恶录》二卷

章怀太子《列藩正论》三十卷

郑世翼《交游传》二卷

李袭誉《忠孝图传赞》二十卷

许敬宗《文馆词林文人传》一百卷

崔玄暐《友义传》十卷；

　　　又《义士传》十五卷

傅弈《高识传》十卷

郎余令《孝子后传》二十卷

平贞慎《养德传》卷亡。

徐坚《大隐传》三卷

裴胐《续文士传》十卷开元中怀州司马。

李袭誉又撰《江东记》三十卷

李义府《宦游记》七十卷

王方庆《友悌录》十五卷

　　　又《王氏训诫》五卷

　　　《王氏列传》十五卷

　　　《王氏尚书传》五卷

　　　《魏文贞故书》十卷

唐临《冥报记》二卷

李筌《中台志》十卷

卢诜《四公记》一卷一作梁载言。

王瓘《广轩辕本纪》三卷

李渤《六贤图赞》一卷

陆龟蒙《小名录》五卷

张昌宗《古文纪年新传》三卷昌宗，冀州南宫人，太子舍人。

王绪《永宁公辅梁记》十卷绪，开元人，僧辩兄孙也。永宁即僧辩所封。

贾闰甫《李密传》三卷闰甫，密旧属。

颜师古《安兴贵家传》卷亡。

《陆氏英贤征记》三卷陆师儒。

李邕《狄仁杰传》三卷

郭湜《高氏外传》一卷力士。湜，大历大理司直。

李翰《张巡姚𬮍传》二卷

陈翃《郭公家传》八卷子仪。翃尝为其寮属，后又从事浑瑊河中幕。

殷亮《颜氏家传》一卷杲卿。

殷仲容《颜氏行状》一卷真卿。

马宇《段公别传》二卷秀实。宇，元和秘书少监，史馆修撰。

李繁《相国邺侯家传》十卷

王起《李赵公行状》一卷李吉甫。

张茂枢《河东张氏家传》三卷弘靖孙。

崔氏《唐显庆登科记》五卷失名。

姚康《科第录》十六卷字汝谐，南仲孙也。兵部郎中，金吾将军。

李弈《唐登科记》二卷

《文场盛事》一卷

张𬸦《朝野佥载》二十卷自号浮休子。

《封氏闻见记》五卷封演。

刘𫐇《国朝传记》三卷

　　《国朝旧事》四十卷

苏特《唐代衣冠盛事录》一卷

李绰《尚书故实》一卷尚书即张延赏。

《柳氏训序》一卷柳玭

武平一《景龙文馆记》十卷

萧叔和《天祚永归记》一卷睿宗事。

韦机《西征记》卷亡。

韩琬《南征记》十卷

凌准《邠志》二卷

陆贽《遣使录》一卷

裴肃《平戎记》五卷休父。

房千里《投荒杂录》一卷字鹄举，大和初进士第，高州刺史。

杜佑《宾佐记》一卷

《文宗朝备问》一卷

黄璞《闽川名士传》一卷字绍山，大顺中进士第。

魏徵《祥瑞录》十卷

徐景《玉玺正录》一卷

　　《国宝传》一卷

许康佐《九鼎记》四卷

颜师古《王会图》卷亡。

李德裕《异域归忠传》二卷

　　《西蕃会盟记》三卷

　　《西戎记》二卷

　　《英雄录》一卷

赵珫《孝行志》二十卷字盈之，晋州岳阳人，会昌中。

武谊《自古忠臣传》二十卷字子思，楚州盱眙人，咸通中州从事。

凡女训十七家，二十四部，三百八十三卷。失姓名一家。王方庆以下不著录五家，八十三卷。

刘向《列女传》十五卷曹大家注。

皇甫谧《列女传》六卷

綦母邃《列女传》七卷

刘熙《列女传》八卷

赵毋《列女传》七卷

项宗《列女后传》十卷

曹植《列女传颂》一卷

孙夫人《列女传序赞》一卷

杜预《列女记》十卷

虞通之《后妃记》四卷

　　又《妒记》二卷

诸葛亮《贞洁记》一卷

曹大家《女诫》一卷

辛德源、王劭等《内训》二十卷

徐湛之《妇人训解集》十卷

《女训集》六卷

长孙皇后《女则要录》十卷

魏徵《列女传略》七卷

武后《列女传》一百卷

　　又《孝女传》二十卷

　　《古今内范》一百卷

　　《内范要略》十卷

　　《保傅乳母传》七卷

　　《凤楼新诫》二十卷

王方庆《王氏女记》十卷

　　又《王氏王嫔传》五卷

《续妒记》五卷

尚宫宋氏《女论语》十篇

薛蒙妻韦氏《续曹大家女训》十二章韦温女。蒙，字中明，开成中进士第。

王抟妻杨氏《女诫》一卷

右杂传记类一百二十五家，一百四十六部，一千六百五十六卷。失姓名十四家。崔玄暐以下不著录五十一家，二千五百七十四卷。总一百四十七家，一百五十一部。

卫宏《汉旧仪》四卷

董巴《大汉舆服志》一卷

徐广《车服杂注》一卷

　　又《晋尚书仪曹新定仪注》四十一卷

《晋仪注》三十九卷

傅瑗《晋新定仪注》四十卷

《晋尚书仪曹吉礼仪注》三卷

《晋尚书仪曹事》九卷

《晋杂仪注》二十一卷

《宋尚书仪注》三十六卷

《宋仪注》二卷

张镜《宋东宫仪记》二十三卷

严植之《南齐仪注》二十八卷

　　　又《梁皇帝崩凶仪》十一卷

　　　《梁皇太子丧礼》五卷

　　　《梁王侯以下凶礼》九卷

　　　《士丧礼仪注》十四卷

沈约《梁仪注》十卷

　　　又《梁祭地祇阴阳仪注》二卷

鲍泉《新仪》三十卷

明山宾等《梁吉礼》十八卷

《梁吉礼仪注》四卷

　　　又十卷

《梁尚书仪曹仪注》十八卷

　　　又二十卷

《梁天子丧礼》七卷

　　　又五卷

《梁大行皇帝皇后崩仪注》一卷

《梁太子妃薨凶仪注》九卷

《梁诸侯世子卒凶仪注》九卷

《梁陈大行皇帝崩仪注》八卷

贺玚等《梁宾礼》一卷

《梁宾礼仪注》十三卷

陆琏《梁军礼》四卷

司马褧《梁嘉礼》三十五卷

　　　又《嘉礼仪注》四十五卷

《陈吉礼仪注》五十卷

《陈杂吉仪注》三十卷

《陈杂仪注》六卷

《陈诸帝后崩仪注》五卷

《陈杂仪注凶仪》十三卷

《陈皇太后崩仪注》四卷仪曹撰。

《陈皇太子妃薨仪注》五卷仪曹撰。

张彦《陈宾礼仪注》六卷

常景《后魏仪注》五十卷

赵彦深《北齐吉礼》七十二卷

　　《北齐皇太后丧礼》十卷

高颎《隋吉礼》五十四卷

牛弘、潘徽《隋江都集礼》一百二十卷

　　《大驾卤簿》一卷

周迁《古今舆服杂事》十卷

萧子云《古今舆服杂事》二十卷

《甲辰仪注》五卷

挚虞《决疑要注》一卷

崔豹《古今注》一卷

《诸王国杂仪注》十卷

《杂仪注》一百卷

范汪《杂府州郡仪》十卷；

　　又《祭典》三卷

何胤《丧服治礼仪注》九卷

何点《理礼仪注》九卷

《冠婚仪》四卷

崔皓《婚仪祭仪》二卷

何晏《魏明帝谥议》二卷

《魏氏郊丘》三卷

高堂隆《魏台杂访议》三卷

《晋谥议》八卷

《晋简文谥议》四卷

孔晁等《晋明堂郊社议》三卷

蔡谟《晋七庙议》三卷

干宝《杂议》五卷

荀颙等《晋杂议》十卷

王景之《要典》三十九卷

王逸《齐典》四卷

丘仲孚《皇典》五卷

卢谌《杂祭注》六卷

卢辨《祀典》五卷

徐爰《家仪》一卷

王俭《吉仪》二卷

　　　　又《吊答书仪》十卷

　　　《皇室书仪》七卷

鲍衡卿《皇室书仪》十三卷

谢朏《书笔仪》二十卷

谢允《书仪》二卷

唐瑾《妇人书仪》八卷

《童悟》十三卷

纪僧真《玉玺谱》一卷

姚察《传国玺》十卷

徐令言《玉玺正录》一卷

张大颐《明堂仪》一卷

姚璠等《明堂仪注》三卷

《皇太子方岳亚献仪》二卷

萧子云《东宫杂事》二十卷

陆开明、宇文恺《东宫典记》七十卷

令狐德棻《皇帝封禅仪》六卷

孟利贞《封禅录》十卷

裴守真《神岳封禅仪注》十卷

郭山恽《大享明堂仪注》二卷

《亲享太庙仪注》三卷

裴矩、虞世南《大唐书仪》十卷

窦维鋈《吉凶礼要》二十卷

韦叔夏《五礼要记》三十卷

王悫中《礼仪注》八卷

杨炯《家礼》十卷

《大唐仪礼》一百卷长孙无忌、房玄龄、魏徵、李百药、颜师古、令狐德棻、孔颖达、于志宁等撰。《吉礼》六十篇，《宾礼》四篇，《军礼》二十篇，《嘉礼》四十二篇，《凶礼》六篇，《国恤》五篇，总一百三十篇。贞观十一年上。

《永徽五礼》一百三十卷长孙无忌、侍中许敬宗、兼中书令李义府、黄门侍郎刘祥道、许圉师、太常卿韦琨、博士萧楚材、孔志约等撰。削《国恤》，以为豫凶事非臣子所宜论次，定著二百九十九篇。显庆三年上。

武后《紫宸礼要》十卷

《开元礼》一百五十卷开元中，通事舍人王岩请改《礼记》，附唐制度，张说引岩就集贤书院详议。说奏："《礼记》，汉代旧文，不可更，请修贞观、永徽五礼为《开元礼》。"命贾登、张烜、施敬本、李锐、王仲丘、陆善经、洪孝昌撰缉，萧嵩总之。

萧嵩《开元礼义镜》一百卷

《开元礼京兆义罗》十卷

《开元礼类释》二十卷

《开元礼百问》二卷

颜真卿《礼乐集》十卷礼仪使所定。

韦渠牟《贞元新集开元后礼》二十卷

柳逞《唐礼纂要》六卷

韦公肃《礼阁新仪》二十卷元和人。

王彦威《元和曲台礼》三十卷

　　又《续曲台礼》三十卷

李弘泽《直礼》一卷林甫孙，开成太府卿。

韦述《东封记》一卷

李袭誉《明堂序》一卷

员半千《明堂新礼》三卷

李嗣真《明堂新礼》十卷

王泾《大唐郊祀录》十卷贞元九年上，时为太常礼院修撰。

裴瑾《崇丰二陵集礼》卷亡。瑾，字封叔，光庭曾孙，元和吉州刺史。

王方庆《三品官祔庙礼》二卷

　　又《古今仪集》五十卷

孟诜《家祭礼》一卷

徐闰《家祭仪》一卷

范传式《寝堂时飨仪》一卷

郑正则《祠享仪》一卷

周元阳《祭录》一卷

贾顼《家荐仪》一卷

卢弘宣《家祭仪》卷亡。

孙氏《仲享仪》一卷孙日用。

刘孝孙《二仪实录》一卷

袁郊《二仪实录衣服名义图》一卷

　　又《服饰变古元录》一卷字之仪，滋子也。昭宗翰林学士。

王晋《使范》一卷

戴至德《丧服变服》一卷

张戬《丧仪纂要》九卷

孟诜《丧服正要》二卷

商价《丧礼极议》一卷

张荐《五服图》卷亡。

仲子陵《五服图》十卷贞元九年上。

裴茝《内外亲族五服仪》二卷

又,《书仪》三卷朱俦注。茝,元和太常少卿。

《葬王播仪》一卷

郑氏《书仪》二卷郑余庆。

裴度《书仪》二卷

杜有晋《书仪》二卷

右仪注类六十一家,一百部,一千四百六十七卷。失姓名三十二家。窦维鍌以下不著录四十九家,八百九十三卷。

《汉建武律令故事》三卷

《汉名臣奏》二十九卷

《廷尉决事》二十卷

《廷尉驳事》十一卷

《廷尉杂诏书》二十六卷

《南台奏事》二十二卷

应劭《汉朝议驳》三十卷

陈寿《汉名臣奏事》三十卷

《晋驳事》四卷

《晋弹事》九卷

贾充、杜预《刑法律本》二十一卷

又《晋令》四十卷

宗躬《齐永明律》八卷

蔡法度《梁律》二十卷

又《梁令》三十卷

《梁科》二卷

《条钞晋宋齐梁律》二十卷

范泉等《陈律》九卷

又《陈令》三十卷

《陈科》三十卷

赵郡王睿《北齐律》二十卷

《令》八卷

《麟趾格》四卷文襄帝时撰。

赵肃等《周律》二十五卷

苏绰《大统式》三卷

张斐《律解》二十卷

刘邵《律略论》五卷

高颎等《隋律》十二卷

牛弘等《隋开皇令》三十卷

《隋大业律》十八卷

《武德律》十二卷

又《式》十四卷

《令》三十一卷尚书左仆射裴寂、右仆射萧瑀、大理卿崔善为、给事中王敬业、中书舍人刘林甫、颜师古、王孝达、泾州别驾靖延、太常丞丁孝乌、隋大理丞房轴、天策上将府参军李桐客、太常博士徐上机等奉诏撰定。以五十三条附新律，余无增改。武德七年上。

《贞观律》十二卷

　　又《令》二十七卷

　　《格》十八卷

　　《留司格》一卷

　　《式》三十三卷中书令房玄龄、右仆射长孙无忌、蜀王府法曹参军裴弘献等奉诏撰定。凡律五百条，令一千五百四十六条，格七百条。以尚书省诸曹为目，其常务留本司者，著为《留司格》。

　　《永徽律》十二卷

　　又《式》十四卷

　　《式本》四卷

　　《令》三十卷

　　《散颁天下格》七卷

　　《留本司行格》十八卷太尉无忌、司空李勣、左仆射于志宁、右仆射张行成，侍中高季辅、黄门侍郎宇文节、柳奭、尚书右丞段宝玄、太常少卿令狐德棻、吏部侍郎高敬言、刑部侍郎刘燕客、给事中赵文恪、中书舍人李友益、少府丞张行实、太府丞王文端、大理丞元绍、刑部郎中贾敏行等奉诏撰定。分格为二部，以曹司常务为"行格"，天下所共为"散颁格"，永徽三年上。至龙朔二年，诏司刑太常伯源直心、少常伯李敬玄、司刑大夫李文礼复删定，唯改官曹局名而已，题行格曰"留本司行格中本"，散颁格曰"天下散行格中本"。

《律疏》三十卷无忌、李勣、于志宁、刑部尚书唐临、大理卿段宝玄、尚书右丞刘燕客、御史中丞贾敏行等奉诏撰，永徽四年上。

《永徽留本司格后》十一卷左仆射刘仁轨、右仆射戴至德、侍中张文瓘、中书令李敬玄、右庶子郝处俊、黄门侍郎来恒、左庶子高智周、右庶子李义琰、吏部侍郎裴行俭、马载、兵部侍郎萧德昭、裴炎、工部侍郎李义琛、刑部侍郎张楚金、金部郎中卢律师等奉诏撰，仪凤二年上。

　　赵仁本《法例》二卷

　　崔知悌《法例》二卷

　　《垂拱式》二十卷

　　　　又《格》十卷

　　《新格》二卷

　　《散颁格》三卷

　　《留司格》六卷秋官尚书裴居道、夏官尚书同凤阁鸾台三品岑长倩、凤阁侍郎同凤阁鸾台平章事韦方质、删定官袁智弘、咸阳尉王守慎奉诏撰。加计帐、勾帐二式。垂拱元年上新格，武后制序。

　　《删垂拱式》二十卷

　　　　又《散颁格》七卷中书令韦安石、礼部尚书同中书门下三品祝钦明、尚书右丞苏瓌、兵部郎中狄光嗣等删定，神龙元年上。

　　《太极格》十卷户部尚书同中书门下三品岑羲、中书侍郎同中书门下三品陆象先、右散骑常侍徐坚、右司郎中唐绍、刑部员外郎邵知新、大理寺丞陈义海、评事张名播、右卫长史张处斌、右卫率府仓曹参军罗思贞、刑部主事阎义颛等删定，太极元年上。

　　《开元前格》十卷兵部尚书兼紫微令姚崇、黄门监卢怀慎、紫微侍郎兼刑部尚书李乂、紫微侍郎苏颋、舍人吕延祚、给事中魏奉古、大理评事高智静、韩城县丞侯踠琏、瀛州司法参军阎义颛等奉诏删定,开元三年上。

　　《开元后格》十卷

　　　　又《令》三十卷

　　　　《式》二十卷吏部侍郎兼侍中宋璟、中书侍郎苏璟、尚书左丞卢从愿、吏部侍郎裴漼、慕容珣、户部侍郎杨滔、中书舍人刘令植、大理司直高智静、幽州司功参军侯踠琏等删定,开元七年上。

　　《格后长行敕》六卷侍中裴光庭、中书令萧嵩等删次,开元十九年上。

　　《开元新格》十卷

　　　　《格式律令事类》四十卷中书令李林甫、侍中牛仙客、御史中丞王敬从、左武卫胄曹参军崔晃、卫州司户参军直中书陈承信、酸枣尉直刑部俞元杞等删定,开元二十五年上。

　　《度支长行旨》五卷

　　王行先《律令手鉴》二卷

　　元泳《式苑》四卷

　　裴光庭《唐开元格令科要》一卷

　　《元和格敕》三十卷权德舆、刘伯刍等集。

　　《元和删定制敕》三十卷许孟容、韦贯之、蒋乂、柳登等集。

　　《大和格后敕》四十卷

　　《格后敕》五十卷初,前大理丞谢登纂,凡六十卷。诏刑部详定,去其繁复。大和七年上。

　　狄兼谟《开成详定格》十卷

　　《大中刑法总要格后敕》六十卷刑部侍郎刘瑑等纂。

　　张戣《大中刑律统类》十二卷

　　卢纾《刑法要录》十卷裴向上之。

　　张俋《判格》三卷

　　李崇《法鉴》八卷

　　右刑法类二十八家,六十一部,一千四卷。失姓名九家。自《开元新格》以下不著录十三家,三百二十三卷。

刘向《七略别录》二十卷

刘歆《七略》七卷

荀勖《晋中经簿》十四卷

　　又《新撰文章家集叙》五卷

丘深之《晋义熙以来新集目录》三卷

王俭《宋元徽元年四部书目录》四卷

《今书七志》七十卷贺纵补注。

阮孝绪《七录》十二卷

丘宾卿《梁天监四年书目》四卷

刘遵《梁东宫四部书目》四卷

《陈天嘉四部书目》四卷

牛弘《隋开皇四年书目》四卷

王劭《隋开皇二十年书目》四卷

殷淳《四部书目序录》三十九卷

杨松珍《史目》三卷

挚虞《文章志》四卷

宋明帝《晋江左文章志》二卷

沈约《宋世文章志》二卷

傅亮《续文章志》二卷

《名手画录》一卷

虞和《法书目录》六卷

《群书四录》二百卷殷践猷、王惬、韦述、余钦、毋煚、刘彦直、王湾、王
仲丘撰，元行冲上之。

母煚《古今书录》四十卷

韦述《集贤书目》一卷

李肇《经史释题》二卷

宗谏注《十三代史目》十卷

常宝鼎《文选著作人名目》三卷

尹植《文枢秘要目》七卷钞《文思博要》、《艺文类聚》为秘要。

《唐书叙例目录》一卷

孙玉汝《唐列圣实录目》二十五卷

《吴氏西斋书目》一卷吴兢。

《河南东斋史目》三卷

蒋彧《新集书目》一卷

杜信《东斋籍》二十卷字立言，元和国子司业。

右目录类十九家，二十二部，四百六卷。失姓名二家。母煚以下不著录十二家，一百一十四卷。

宋衷《世本》四卷

《世本别录》一卷

宋均注《帝谱世本》七卷

王氏注《世本谱》二卷

《汉氏帝王谱》二卷

《齐永元中表簿》六卷

《梁大同四年表簿》三卷

《齐梁宗簿》三卷

《梁亲表谱》五卷

《后魏皇帝宗族谱》四卷

元晖业《后魏辨宗录》二卷

《后魏谱》二卷

《后魏方司格》一卷

《齐高氏谱》六卷

《周宇文氏谱》一卷

贾冠《国亲皇太子亲传》四卷

王俭《百家集谱》十卷

王僧孺《百家谱》三十卷

　　又《十八州谱》七百一十二卷

徐勉《百官谱》二十卷

贾执《百家谱》五卷

　　又《姓氏英贤谱》一百卷

何承天《姓苑》十卷

贾希镜《氏族要状》十五卷

《官族传》十五卷

《冀州姓族谱》七卷

《洪州诸姓谱》九卷

《袁州诸姓谱》七卷

《司马氏世家》二卷

《杨氏谱》一卷

《苏氏谱》一卷

《孙氏谱记》十五卷

《韦氏谱》十卷韦鼎。

《裴氏家牒》二十卷裴守真。

《大唐氏族志》一百卷高士廉、韦挺、岑文本、令狐德棻撰。

《姓氏谱》二百卷许敬宗、李义府、孔志约、阳仁卿、史玄道、吕才撰。

柳冲《大唐姓族系录》二百卷

路敬淳《衣冠谱》六十卷

　　又《著姓略记》二十卷

王元感《姓氏实论》十卷

崔日用《姓苑略》一卷

岑羲《氏族录》卷亡。

王方庆《王氏家牒》十五卷

　　又《家谱》二十卷

　　《王氏著录》十卷

韦述《开元谱》二十卷

《国朝宰相甲族》一卷

《百家类例》三卷

《唐新定诸家谱录》一卷李林甫等。

林宝《元和姓纂》十卷

窦从一《系纂》七卷

陈湘《姓林》五卷

孔至《姓氏杂录》一卷

李利涉《唐官姓氏记》五卷初，十卷。利涉贬南方，亡其半。

　　　又《编古命氏》三卷

柳璨《姓氏韵略》六卷

萧颖士《梁萧史谱》二十卷

柳芳《永泰新谱》二十卷一作《皇室新谱》。

柳璟《续谱》十卷

《皇唐玉牒》一百一十卷开成二年，李衢、林宝撰。

《唐皇室维城录》一卷

李匡文《天潢源派谱》一卷

　　　又《唐偕日谱》一卷

　　　《玉牒行楼》一卷

　　　《皇孙郡王谱》一卷

　　　《元和县主谱》一卷

　　　《家谱》一卷

李衢《大唐皇室新谱》一卷

黄恭之《孔子系叶传》二卷

《谢氏家谱》一卷

《东莱吕氏家谱》一卷

《薛氏家谱》一卷

《颜氏家谱》一卷

《虞氏家谱》一卷

《孙氏家谱》一卷

《吴郡陆氏宗系谱》一卷陆景献。

《刘氏谱考》三卷

《刘氏家史》十五卷并刘子玄。

《纪王慎家谱》一卷

《蒋王恽家谱》一卷

《李用休家谱》二卷纪王慎之后。

《徐氏谱》一卷徐商。

《徐义伦家谱》一卷

《刘晏家谱》一卷

《刘舆家谱》一卷

《周长球家谱》一卷

《施氏家谱》二卷

《万氏谱》一卷

《荥阳郑氏家谱》一卷

《窦氏家谱》一卷懿宗时国子博士窦澄之。

《鲜于氏家谱》一卷

《赵郡东祖李氏家谱》二卷

《李氏房从谱》一卷

《韦氏诸房略》一卷韦绚。

《讳行录》一卷

右谱牒类十七家,三十九部,一千六百一十七卷。王元感以下不著录二十二家,三百三十三卷。

《三辅黄图》一卷

《三辅旧事》三卷

《汉宫阁簿》三卷

《洛阳宫殿簿》三卷

葛洪《西京杂记》二卷

薛冥《西京记》三卷

潘岳《关中记》一卷

陆机《洛阳记》一卷

戴延之《洛阳记》一卷

《后魏洛阳记》五卷

杨佺期《洛城图》一卷

邓基、陆澄《地理志》一百五十卷

任昉《地记》二百五十二卷

虞茂《区宇图》一百二十八卷

郎蔚之《隋图经集记》一百卷

《周地图》一百三十卷

《杂记》十二卷

《杂地志》五卷

《地理志书钞》十卷

《地域方丈图》一卷

《地域方尺图》一卷

《职方记》十六卷

《晋太康土地记》十卷

《太康州郡县名》五卷

《后魏诸州记》二十卷

周处《风土记》十卷

圈称《陈留风俗传》三卷

扬雄《蜀王本记》一卷

谯周《三巴记》一卷

李充《益州记》三卷

郭仲产《荆州记》二卷

鲍坚《南雍州记》三卷

阮叙之《南兖州记》一卷

山谦之《南徐州记》二卷

刘损之《京口记》二卷

孙处玄《润州图注》二十卷

雷次宗《豫章记》一卷

郑缉之《东阳记》一卷

张僧监《浔阳记》二卷

李叔布《齐州记》四卷

张勃《吴地记》一卷

晏模《齐地记》二卷

陆翔《邺中记》二卷

芳《徐地录》一卷

梁元帝《职贡图》一卷

　　又《荆南地志》二卷

王范《交广二州记》一卷

樊文深《中岳颍州志》五卷

《秣陵记》二卷

《湘州记》四卷

《湘州图副记》一卷

《京邦记》二卷

《分吴会丹杨三郡记》二卷

《西河旧事》一卷

阚骃《十三州志》十四卷

顾野王《舆地志》三十卷

　　又《十国都城记》十卷

周明帝《国都城记》九卷

郭璞注《山海经》二十三卷

　　　又《山海经图赞》二卷

　　　《山海经音》二卷

桑钦《水经》三卷一作郭璞撰。

郦道元注《水经》四十卷

僧道安《四海百川水源记》一卷

又一卷

《江图》二卷

庚仲雍《江记》五卷

又《汉水记》五卷

《寻江源记》五卷

刘澄之《永初山川古今记》二十卷

李氏《宜都山川记》一卷

沈莹《临海水土异物志》一卷

杨孚《交州异物志》一卷

陈祈畅《异物志》一卷

万震《南州异物志》一卷

朱应《扶南异物志》一卷

《京兆郡方物志》二十卷

《诸郡土俗物产记》十九卷

《凉州异物志》二卷

《庙记》一卷

薛泰《舆驾东幸记》一卷

诸葛颍《巡抚扬州记》七卷

戴祚《西征记》二卷

郭缘生《述征记》二卷

姚最《述行记》二卷

沈怀文《随王入沔记》十卷

《魏聘使行记》五卷

李彤《圣贤冢墓记》一卷

宋云《魏国以西十一国事》一卷

沈怀远《南越志》五卷

程士章《西域道里记》三卷

常骏等《赤土国记》二卷

王玄策《中天竺国行记》十卷

僧智猛《游行外国传》一卷

僧法盛《历国传》二卷

《日南传》一卷

《林邑国记》一卷

《真腊国事》一卷

《交州以来外国传》一卷

《奉使高丽记》一卷

《西南蛮入朝首领记》一卷

裴矩《高丽风俗》一卷

邓行俨《东都记》三十卷贞观著作郎。

《括地志》五百五十卷

　　又《序略》五卷魏王泰命著作郎萧德言、秘书郎顾胤、记室参军
蒋亚卿、功曹参军谢偃、苏勖撰。

《长安四年十道图》十三卷

《开元三年十道图》十卷

《剑南地图》二卷

李播《方志图》卷亡。

《西域国志》六十卷高宗遣使分往康国、吐火罗,访其风俗物产,画图
以闻,诏史官撰次,许敬宗领之,显庆三年上。

李吉甫《元和郡县图志》五十四卷

　　又《十道图》十卷

　　《古今地名》》三卷

　　《删水经》十卷

梁载言《十道志》十六卷

王方庆《九嶷山志》十卷

贾耽《地图》十卷

　　又《皇华四达记》十卷

　　《古今郡国县道四夷述》四十卷

　　《关中陇右山南九州别录》六卷

　　《贞元十道录》四卷

　　《吐番黄河录》四卷

韦澳《诸道山河地名要略》九卷一作《处分语》。

刘之推、文括《九州要略》三卷

《郡国志》十卷

马敬实《诸道行程血脉图》一卷

邓世隆《东都记》三十卷

韦机《东都记》二十卷

韦述《两京新记》五卷

《两京道里记》三卷

李仁实《戎州记》一卷

卢鸿《嵩山记》一卷天宝人。

马温《邺都故事》二卷肃、代时人。

刘公锐《邺城新记》三卷

张周封《华阳风俗录》一卷字子望,西川节度使李德裕从事,试协律郎。

卢求《成都记》五卷西川节度使白敏中从事。

郑畋《益州理乱记》三卷

李璋《太原事迹记》十四卷

张文规《吴兴杂录》七卷

房千里《南方异物志》一卷

孟琯《岭南异物志》一卷

刘恂《岭表录异》三卷

余知古《渚宫故事》十卷文宗时人。

吴从政《襄沔记》三卷

张氏《燕吴行役记》二卷宣宗时人,失名。

韦宙《零陵录》一卷

张密《庐山杂记》一卷

张容《九江新旧录》三卷咸通人。

莫休符《桂林风土记》三卷

段公路《北户杂录》三卷文昌孙。

林谞《闽中记》十卷

裴矩又撰《西域图记》三卷

顾愔《新罗国记》一卷大历中，归崇敬使新罗，愔为从事。

张建章《渤海国记》三卷

戴斗《诸蕃记》一卷

达奚通《海南诸蕃行记》一卷

袁滋《云南记》五卷

李繁《北荒君长录》三卷

高少逸《四夷朝贡录》十卷

吕述《黠戛斯朝贡图传》一卷字修业，会昌秘书少监，高州刺史。

樊绰《蛮书》十卷咸通岭南西道节度使蔡袭从事。

窦滂《云南别录》一卷

《云南行记》一卷

徐云虔《南诏录》三卷乾符中人。

右地理类六十三家，一百六部，一千二百九十二卷。失姓名三十一家。李播以下不著录五十三家，九百八十九卷。

唐书卷五九
志第四九

艺文三

丙部子录,其类十七:一曰儒家类,二曰道家类,三曰法家类,四曰名家类,五曰墨家类,六曰纵横家类,七曰杂家类,八曰农家类,九曰小说类,十曰天文类,十一曰历算类,十二曰兵书类,十三曰五行类,十四曰杂艺术类,十五曰类书类,十六曰明堂经脉类,十七曰医术类。凡著录六百九家,九百六十七部,一万七千一百五十二卷;不著录五百七家,五千六百一十五卷。

《晏子春秋》七卷晏婴。
《曾子》二卷曾参。
《子思子》七卷孔伋。
《公孙尼子》一卷
赵岐注《孟子》十四卷孟轲。
刘熙注《孟子》七卷
郑玄注《孟子》七卷
綦母邃注《孟子》七卷
《荀卿子》十二卷荀况。
《董子》一卷董无心。
《鲁连子》一卷鲁仲连。
陆贾《新语》二卷

贾谊《新书》十卷

桓宽《盐铁论》十卷

刘向《新序》三十卷

　　　又《说苑》三十卷

扬子《法言》六卷扬雄。

宋衷注《法言》十卷

李轨注《法言》三卷

陆绩注扬子《太玄经》十二卷

虞翻注《太玄经》十四卷

范望注《太玄经》十二卷

宋仲孚注《太玄经》十二卷

蔡文邵注《太玄经》十卷

桓子《新论》十七卷桓谭。

王符《潜夫论》十卷

仲长子《昌言》十卷仲长统。

荀悦《申鉴》五卷

《魏子》三卷魏朗。

魏文帝《典论》五卷

徐氏《中论》六卷徐干。

王粲《去伐论集》三卷

王肃《政论》十卷

杜氏《体论》四卷杜恕。

顾子《新论》五卷顾谭。

文礼《通语》十卷殷兴续。

诸葛亮《集诫》二卷

陆景《典训》十卷

谯子《法训》八卷

　　　又《五教》五卷谯周。

王婴《古今通论》三卷

周生《烈子》五卷

袁子《正论》二十卷

　　　又《正书》二十五卷袁准。

孙氏《成败志》三卷孙毓。

夏侯湛《新论》十卷

杨泉《物理论》十六卷

　　　又《太元经》十四卷刘缉注。

华谭《新论》十卷

虞喜《志林新书》二十卷

　　　又《后林新书》十卷

顾子《义训》十卷顾夷。

蔡洪《清化经》十卷

干宝《正言》十卷

　　　又《立言》十卷

蔡韶《闶论》二卷

吕竦《要览》五卷

周舍《正览》六卷

刘徽《鲁史欹器图》一卷

綦母氏《诫林》三卷

《颜氏家训》七卷颜之推。

李穆叔《典言》四卷

王滂《百里昌言》二卷

崔子《至言》六卷崔灵童。

卢辩《坟典》三十卷

王劭《读书记》三十二卷

王通《中说》五卷

辛德源《正训》二十卷

太宗《序志》一卷

　　　又《帝范》四卷贾行注。

高宗《天训》四卷

武后《紫枢要录》十卷

　　　又《臣轨》二卷

《百寮新诫》五卷

《青宫纪要》三十卷

《少阳政范》三十卷

《列藩正论》三十卷

章怀太子《春宫要录》十卷

　　　又《修身要览》十卷

《君臣相起发事》三卷

魏徵《谏事》五卷

　　　又《自古诸侯王善恶录》二卷

张大玄《平台百一寓言》三卷

杨相如《君臣政理论》三卷

陆善经注《孟子》七卷

张镒《孟子音义》三卷

杨倞注《荀子》二十卷汝士子，大理评事。

王涯注《太玄经》六卷

员俶《太玄幽赞》十卷开元四年京兆府童子，进书，召试及第，授散官文学，直弘文馆。

柳宗元注《杨子法言》十三卷

李袭誉《五经妙言》四十卷

郑浣《经史要录》二十卷

刘贶《续说苑》十卷

杜正伦《百行章》一卷

宪宗《前代君臣事迹》十四篇

武后《训记杂载》十卷采《青宫纪要》、《维城典训》、《古今内范》、《内范要略》等书为《杂载》云。

　　《维城典训》二十卷

褚无量《翼善记》_{卷亡。}

裴光庭《摇山往则》一卷

　　　又《维城前轨》一卷

丁公著《皇太子诸王训》十卷

《六经法言》二十卷_{韦处厚、路隋撰。}

崔郾《诸经纂要》十卷

于志宁《谏苑》二十卷

王方庆《谏林》二十卷

杨浚《圣典》三卷_{校书郎，开元中上。}

张九龄《千秋金镜录》五卷

唐次《辨谤略》三卷

《元和辨谤略》十卷_{令狐楚、沈传师、杜元颖撰。}

裴潾《大和新修辨谤略》三卷

李仁实《格论》三卷

赵冬曦《王政》三卷_{景龙二年上。}

冯中庸《政录》十卷_{开元十九年上，授氾水尉。}

《贾子》一卷_{开元中蓝田尉。失名。}

储光羲《正论》十五卷_{兖州人，开元进士第，又诏中书试文章，历监察御史。安禄山反，陷贼，自归。}

牛希济《理源》二卷

陆质《君臣图翼》二十五卷

李吉甫《古今说苑》十一卷

李德裕《御臣要略》_{卷亡。}

丘光庭《康教论》一卷

《元子》十卷

　　　又，《浪说》七篇

　　　《漫说》七篇_{元结。}

杜信《元和子》二卷

林慎思《伸蒙子》三卷_{咸通中人。}

《冀子》五卷冀重，字子泉，定州容城人。广明修武令。

崔悫《儒玄论》三卷字敬之，后魏白马侯浩七世孙，中和光禄丞。

右儒家类六十九家，九十二部，七百九十一卷。陆善经以下不著录三十九家，三百七十一卷。

《鬻子》一卷鬻熊。

《老子道德经》二卷李耳。

又三卷

河上公注《老子道德经》二卷

王弼注《新记玄言道德》二卷

　　又《老子指例略》二卷

蜀才注《老子》二卷

钟会《注》二卷

羊祜《注》二卷

　　　又《解释》四卷

孙登注《老子》二卷

王尚《注》二卷

袁真《注》二卷

张凭《注》二卷

刘仲融《注》二卷

陶弘景《注》四卷

树钟山《注》二卷

李允愿《注》二卷

陈嗣古《注》二卷

僧惠琳《注》二卷

惠严《注》二卷

鸠摩罗什《注》二卷

义盈《注》二卷

程韶《集注》二卷

任真子《集解》四卷

张道相《集注》四卷

卢景裕、梁旷等《注》二卷

安丘望之《老子章句》二卷

　　　又《道德经指趣》三卷

王肃《玄言新记道德》二卷

梁旷《道德经品》四卷

严遵《指归》十四卷

何晏《讲疏》四卷

　　　又《道德问》二卷

梁武帝《讲疏》四卷

　　　又《讲疏》六卷

顾欢《道德经义疏》四卷

　　　又《义疏治纲》一卷

孟智周《义疏》五卷

戴诜《义疏》六卷

葛洪《老子道德经序诀》二卷

韩庄《玄旨》八卷

刘遗民《玄谱》一卷

《节解》二卷

《章门》一卷

李轨《老子音》一卷

《鹖冠子》三卷

张湛注《列子》八卷列御寇。

郭象注《庄子》十卷庄周。

向秀《注》二十卷

崔譔《注》十卷

司马彪《注》二十一卷

　　　又《注音》一卷

李颐《集解》二十卷

王玄古《集解》二十卷

李充《释庄子论》二卷

冯廓《老子指归》十三卷

　　又《庄子古今正义》十卷

梁简文帝《讲疏》三十卷

王穆《疏》十卷

　　又《音》一卷

《庄子疏》七卷

《文子》十二卷

《广成子》十二卷_{商洛公撰,张太衡注。}

《唐子》十卷_{唐滂。}

《苏子》七卷_{苏彦。}

《宣子》二卷_{宣聘。}

《陆子》十卷_{陆云。}

《抱朴子内篇》二十卷_{葛洪。}

《孙子》十二卷_{孙绰。}

《苻子》三十卷_{苻朗。}

《贺子》十卷_{贺道养。}

《牟子》二卷_{牟融。}

傅弈注《老子》二卷

杨上善注《老子道德经》二卷

　　又注《庄子》十卷

《老子指略论》二卷_{太子文学。}

辟闾仁谞注《老子》二卷_{圣历司礼博士。}

贾大隐《老子述义》十卷

陆德明《庄子文句义》二十卷

玄宗注《道德经》二卷

　　又《疏》八卷_{天宝中加号《玄通道德经》,世不称之。}

卢藏用注《老子》二卷

　　又注《庄子内外篇》十二卷

邢南和注《老子》开元二十一年上。

冯朝隐注《老子》

白履忠注《老子》

李播注《老子》

尹知章注《老子》

傅弈《老子音义》并卷亡。

陆德明《老子疏》十五卷

逢行圭注《鬻子》一卷郑县尉。

陈庭玉《老子疏》开元二十年上，授校书郎。卷亡。

陆希声《道德经传》四卷

吴善经注《道德经》二卷贞元中人。

杨上善《道德经三略论》三卷

道士成玄英注《老子道德经》二卷

　　又《开题序诀义疏》七卷

　　注《庄子》三十卷

　　《疏》十二卷玄英，字子实，陕州人，隐居东海。贞观五年，召至京师。永徽中，流郁州。书成，道王元庆遣文学贾鼎就授大义，嵩高山人李利涉为序，唯《老子注》、《庄子疏》著录。

张游朝《南华象罔说》十卷

　　又《冲虚白马非马证》八卷张志和父

孙思邈注《老子》卷亡。

　　又注《庄子》

柳纵注《庄子》开元二十年上，授章怀太子庙丞。

尹知章注《庄子》并卷亡。

甘晖、魏包注《庄子》卷亡。开元末奉诏注。

元载《南华通微》十卷

张志和《太易》十五卷

又《玄真子》十二卷韦诣作《内解》。

陈庭玉《庄子疏》卷亡。

道士李含光《老子庄子周易学记》三卷

又《义略》三卷含光，扬州江都人，本姓弘，避孝敬皇帝讳改焉，天宝间人。

张隐居《庄子指要》三十三篇名九垓，号浑沦子，代、德时人。

师夜光《三玄异义》三十卷幽州人。开元二十年上，授校书郎，直国子监。

徐灵府注《文子》十二卷

李暹训注《文子》十二卷

王士元《亢仓子》二卷天宝元年，诏号《庄子》为《南华真经》，《列子》为《冲虚真经》，《文子》为《通玄真经》，《亢桑子》为《洞灵真经》。然《亢桑子》求之不获，襄阳处士王士元谓：“《庄子》作‘庚桑子’，太史公、《列子》作‘亢仓子’，其实一也。”取诸子文义类者补其亡。

《无能子》三卷不著人名氏，光启中隐民间。

凡神仙三十五家，五十部，三百四十一卷。失姓名十三家。自《道藏音义》以下不著录六十二家，二百六十五卷。

尹喜《高士老君内传》三卷

玄景先生《老子道德简要义》五卷

梁简文帝《老子私记》十卷

戴诜《老子西升经义》一卷

韦处玄集解《老子西升经》二卷

《老子黄庭经》一卷

《老子探真经》一卷

《老君科律》一卷

《老子宣时诫》一卷

《老子入室经》一卷

《老子华盖观天诀》一卷

《老子消水经》一卷

《老子神策百二十条经》一卷

鬼谷先生《关令尹喜传》一卷四皓注。

《清虚真人王君内传》一卷

王苌《三天法师张君内传》一卷

李遵《茅君内传》一卷

吕先生《太极左仙公葛君内传》一卷

华峤《紫阳真人周君传》一卷

赵升等《仙人马君阴君内传》一卷

郑云千《清虚真人裴君内传》一卷

范邈《紫虚元君南岳夫人内传》一卷

项宗《紫虚元君魏夫人内传》一卷

王羲之《许先生传》一卷

《九华真妃内记》一卷

宋都能《嵩高少室寇天师传》三卷

《王乔传》一卷

《汉武帝传》二卷

刘向《列仙传》二卷

葛洪《神仙传》十卷

见素子《洞仙传》十卷

东方朔《神异经》二卷张华注。

　　又《十洲记》一卷

周季通《苏君记》一卷

梁旷《南华仙人庄子论》三十卷

《南华真人道德论》三卷

《任子道论》十卷任嘏。

《顾道士论》三卷顾谷。

姮威《浑舆经》一卷

杜夷《幽求子》三十卷

张讥《玄书通义》十卷

陶弘景《登真隐诀》二十五卷

　　　又《真诰》十卷

张湛《养生在集》十卷

《养性传》二卷

张太衡《无名子》一卷

刘道人《老子玄谱》一卷

刘无待《同光子》八卷_{侯偘注。}

《灵人辛玄子自序》一卷

《华阳子自序》一卷_{茅处玄。}

《无上秘要》七十二卷

《道要》三十卷

马枢《学道传》二十卷

郭宪《汉武帝别国洞冥记》四卷

《道藏音义目录》一百一十三卷_{崔湜、薛稷、沈佺期、道士史崇玄等撰。}

《集注阴符经》一卷_{太公、范蠡、鬼谷子、张良、诸葛亮、李淳风、李筌、李洽、李鉴、李锐、杨晟。}

李靖《阴符机》一卷

道士李少卿《十异九迷论》一卷

道士刘进喜《老子通诸论》一卷

　　　又《显正论》一卷

张果《阴符经太无传》一卷

　　　又《阴符经辨命论》一卷

　　　《气诀》一卷

　　　《神仙得道灵药经》一卷

　　　《罔象成名图》一卷

　　　《丹砂诀》一卷_{开元二十二年上。}

韦弘《阴符经正卷》一卷

李筌《骊山母传阴符玄义》一卷筌，号少室山达观子，于嵩山虎口岩石壁得《黄帝阴符》本，题云："魏道士寇谦之传诸名山。"筌至骊山。老母传其说。

叶静能《太上北帝灵文》三卷

李淳风注《泰乾秘要》三卷

杨上器注《太上玄元皇帝圣纪》十卷

崔少元《老子心镜》一卷

《皇天原太上老君现迹记》一卷文明元年老子降事。

《吕氏老子昌言》二卷

王方庆《神仙后传》十卷

《玄晋苏元明太清石壁记》三卷乾元中，剑州司马纂，失名。

《议化胡经状》一卷万岁通天元年，僧惠澄上言乞毁《老子化胡经》，敕秋官侍郎刘如璇等议状。

《宁州通真观二十七宿真形图赞》一卷记天宝中，宁州罗川县金华洞获玉像，皆列宿之真，唯少氐宿，改县为宁真事。

道士令狐见尧《正一真人二十四治图》一卷贞元人。

孙思邈《马阴二君内传》一卷

又《太清真人炼云母诀》二卷

《摄生真录》一卷

《养生要录》一卷

《气诀》一卷

《烧炼秘诀》一卷

《龙虎通元诀》一卷

《龙虎乱日篇》一卷

《幽传福寿论》一卷

《枕中素书》一卷

《会三教论》一卷

《龙虎篇》一卷青罗子周希彭，少室山人孺登同注。

朱少阳《道引录》三卷浮山隐士，代、德时人。

张志和《玄真子》二卷

戴简《真教元符》三卷

杨嗣复《九微心戒》一卷

裴煜《延寿赤书》一卷

纥干臮《序通解录》一卷字咸一，大中江西观察使。

《守真子秦鉴语》一卷

道士张仙庭《三洞琼纲》三卷

段世贵《演正一炁化图》三卷

女子胡愔《黄庭内景图》一卷

道士司马承祯《坐忘论》一卷

又《修生养气诀》一卷

《洞元灵宝五岳名山朝仪经》一卷

贾参寥《庄子通真论》三卷垂拱中，隐武陵。

白履忠注《黄庭内景经》卷亡。

又《三玄精辨论》一卷

吴筠《神仙可学论》一卷

又《玄纲论》三卷

《明真辨伪论》一卷

《辅正除邪论》一卷

《辨方正惑论》一卷

《道释优劣论》一卷

《心目论》一卷

《复淳化论》一卷

《著生论》一卷

《形神可固论》一卷

李延章集《郑绰录中元论》一卷大和人。

施肩吾《辨疑论》一卷睦州人，元和进士第，隐洪州西山。

道士令狐见尧《玉笥山记》一卷

道士李冲昭《南岳小录》一卷

沈汾《续神仙传》三卷

道士胡慧超《神仙内传》一卷

《晋洪州西山十二真君内传》一卷

李渤《真系传》一卷

李遵《茅三君内传》一卷

道士胡法超《许逊修行传》一卷

张说《洪崖先生传》一卷张氲先生，唐初人。

冲虚子《胡慧超传》一卷失名。慧超，高宗时道士。

《潘尊师传》一卷师正。

《蔡尊师传》一卷名南玉，字叔宝，宋祠部尚书廓七世孙，历金部员外郎，弃官入道。大历中卒。

刘谷神《叶法善传》二卷

正元师《谪仙崔少元传》二卷

阴日用《傅仙宗行记》一卷仙宗，开元资阳道士。

谢良嗣《吴天师内传》一卷吴筠。

温造《瞿童述》一卷大历辰溪童子瞿柏庭升仙，造为朗州刺史，追述其事。

李坚《东极真人传》一卷果州谢自然。

江积《八仙传》一卷大中后事。

王仲丘《摄生纂录》一卷

高福《摄生录》三卷

郭霁《摄生经》一卷

上官翼《养生经》一卷

康仲熊《服内元气诀》一卷

《气经新旧服法》三卷

《康真人气诀》一卷

《太无先生炁诀》一卷失名。大历中，遇罗浮王公传气术。

《菩提达磨胎息诀》一卷

李林甫《唐朝炼大丹感应颂》一卷

崔元真《灵沙受气用药诀》一卷

又《云母论》二卷天宝隐岷山。

刘知古《日月元枢》一卷

海蟾子《元英还金篇》一卷

还阳子《太还丹金虎白龙论》一卷隐士，失姓名。

陈少微《大洞炼真宝经修伏丹砂妙诀》一卷

严静《大丹至论》一卷

凡释氏二十五家，四十部，三百九十五卷。失姓名一家。玄琬以下不著录七十四家，九百四十一卷。

萧子良《净注子》二十卷王融颂。

僧僧佑《法苑集》十五卷

又《弘明集》十四卷

《释迦谱》十卷

《萨婆多师资传》四卷

虞孝敬《高僧传》六卷

又《内典博要》三十卷

僧贤明《真言要集》十卷

郭瑜《修多罗法门》二十卷

骆子义《经论纂要》十卷

顾欢《夷夏论》二卷

甄鸾《笑道论》三卷

卫元嵩《齐三教论》七卷

杜乂《甄正论》三卷

李思慎《心镜论》十卷

裴子野《名僧录》十五卷

僧宝唱《名僧传》二十卷

又《比丘尼传》四卷

僧惠皎《高僧传》十四卷

僧道宗《续高僧传》三十二卷

陶弘景《草堂法师传》一卷

萧回理《草堂法师传》一卷

《裯禅师传》一卷

阳衒之《洛阳伽蓝记》五卷

费长房《历代三宝记》三卷长房，成都人，隋翻经学士。

僧彦琮《崇正论》六卷

　　　　又集《沙门不拜俗议》六卷

　　　　《福田论》一卷

道宣《统略净住子》二卷

　　　　又《通惑决疑录》二卷

　　　　《广弘明集》三十卷

　　　　《集古今佛道论衡》四卷

　　　　《续高僧传》二十卷起梁初，尽贞观十九年。

　　　　《后集续高僧传》十卷

　　　　《东夏三宝感通录》三卷

　　　　《大唐贞观内典录》十卷

义净《大唐西域求法高僧传》二卷

法琳《辨正论》八卷陈子良注。

　　　　又《破邪论》二卷琳，姓陈氏。太史令傅弈请废佛法，琳诤之，放死蜀中。

复礼《十门辨惑论》二卷永隆二年，答太子文学权无二《释典稽疑》。

杨上善《六趣论》六卷

　　　　又《三教铨衡》十卷

僧玄琬《佛教后代国王赏罚三宝法》一卷

　　　　又《安养苍生论》一卷

　　　　《三德论》一卷姓杨氏，新丰人。贞观十年上。

　　　　《入道方便门》二卷

　　　　《众经目录》五卷

　　　　《镜谕论》一卷

　　　　《无碍缘起》一卷

　　　　《十种读经仪》一卷

　　　　《无尽藏仪》一卷

　　　　《发戒缘起》二卷

　　　　《法界僧图》一卷

　　　　《十不论》一卷

　　　　《忏悔罪法》一卷

　　　　《礼佛仪式》二卷

李师政《内德论》一卷_{上党人，贞观门下典仪。}

僧法云《辨量三教论》三卷

　　　　又《十王正业论》十卷_{绛州人。}

道宣又撰《注戒本》二卷

　　　　《疏记》四卷

　　　　《注羯磨》二卷

　　　　《疏记》四卷

　　　　《行事删补律仪》三卷_{或六卷。}

　　　　《释门正行忏悔仪》三卷

　　　　《释门亡物轻重仪》二卷

　　　　《释门章服仪》二卷

　　　　《释门归敬仪》二卷

　　　　《释门护法仪》二卷

　　　　《释氏谱略》二卷

　　　　《圣迹见在图赞》二卷

　　　　《佛化东渐图赞》二卷

　　　　《释迦方志》二卷

僧彦琮《大唐京寺录传》十卷

　　　　又《沙门不敬录》六卷_{龙朔人，并隋有二彦琮。}

玄应《大唐众经音义》二十五卷

玄恽《敬福论》十卷

　　又《略论》二卷

　　《大小乘观门》十卷

　　《法苑珠林集》一百卷

　　《四分律僧尼讨要略》五卷

　　《金刚般若经集注》三卷

　　《百愿文》一卷玄恽，本名道世。

玄范注《金刚般若经》一卷

　　又注《二帝三藏圣教序》一卷太宗、高宗。

慧觉《华严十地维摩缵义章》十三卷姓范，武德人。

行友《已知沙门传》一卷序僧海顺事。

道岳《三藏本疏》二十二卷姓孟氏，河阳人，贞观中。

道基《杂心玄章并钞》八卷

　　又《大乘章钞》八卷姓吕氏，东平人，贞观时。

智正《华严疏》十卷姓白氏，安喜人，贞观中。

慧净《杂心玄文》三十卷姓房，隋国子博士徽远从子。

　　又《俱舍论文疏》三十卷

　　《大庄严论文疏》三十卷

　　《法华经缵述》十卷

那提《大乘集议论》四十卷

《释疑论》一卷

《注金刚般若经》一卷

《诸经讲序》一卷

玄会《义源文本》四卷

　　又《时文释钞》四卷

　　《涅盘义章句》四卷字怀默，姓席氏，安定人，贞观中。

慧休《杂心玄章钞疏》卷亡。姓乐氏，瀛州人。

灵润《涅盘义疏》十三卷

　　又《玄章》三卷

《遍摄大乘论义钞》十三卷

《玄章》三卷姓梁氏，虞乡人。

辩相《摄论疏》五卷辩相，居净影寺。

玄奘《大唐西域记》十二卷姓陈氏，缑氏人。

辩机《西域记》十二卷

清彻《金陵塔寺记》三十六卷

师哲《前代国王修行记》五卷尽中宗时。

《大唐内典录》十卷西明寺僧撰。

母煚《开元内外经录》十卷道、释书二千五百余部，九千五百余卷。

智矩《宝林传》十卷

法常《摄论义疏》八卷

又《玄章》五卷姓张氏，南阳人，贞观末。

慧能《金刚般若经口诀正义》一卷姓卢氏，曲江人。

僧灌顶《私记天台智者词旨》一卷

又《义记》一卷字法云，姓吴氏，章安人。

道绰《净土论》二卷姓卫氏，并州文水人。

道绰《行图》一卷

智首《五部区分钞》二十一卷姓皇甫氏。

法砺《四分疏》十卷

又《羯磨疏》三卷

《舍忏仪》一卷

《轻重仪》一卷姓李氏，赵郡人。

慧满《四分律疏》二十卷姓梁氏，京兆长安人。

慧旻《十诵私记》十三卷

又《僧尼行事》三卷

《尼众羯磨》二卷

《菩萨戒义疏》四卷字玄素，河东人。

空藏《大乘要句》三卷姓王氏，新丰人。

道宗《续高僧传》三十二卷

玄宗注《金刚般若经》一卷

道氤《御注金刚般若经疏宣演》三卷

《高僧懒残传》一卷天宝人。

元伟《真门圣胄集》五卷

僧法海《六祖法宝记》一卷

辛崇《僧伽行状》一卷

神楷《维摩经疏》六卷

灵湍《摄山栖霞寺记》一卷

《破胡集》一卷会昌沙汰佛法诏敕。

法藏《起信论疏》二卷

《法琳别传》二卷

《大唐京师寺录》卷亡。

玄觉《永嘉集》十卷庆州刺史魏靖编次。

怀海《禅门规式》一卷

希运《传心法要》一卷裴休集。

玄嶷《甄正论》三卷

光瑶注《僧肇论》二卷

李繁《玄圣蘧庐》一卷

白居易《八渐通真议》一卷

《七科义状》一卷云南国使段立之问，僧悟达答。

《栖贤法隽》一卷僧惠明与西川节度判官郑愚、汉州刺史赵璘论佛书。

《禅关八问》一卷杨士达问，唐宗美对。

僧一行《释氏系录》一卷

宗密《禅源诸诠集》一百一卷

　　　又《起信论》二卷

　　　《起信论钞》三卷

　　　《原人论》一卷

　　　《圆觉经大小疏钞》各一卷

楚南《般若经品颂偈》一卷

又《破邪论》一卷大顺中人。

希还《参同契》一卷

良价《大乘经要》一卷

又《激励道俗颂偈》一卷

光仁《四大颂》一卷

又《略华严长者论》一卷

无殷《垂诫》十卷

神清《参元语录》十卷

智月《僧美》三卷

惠可《达摩血脉》一卷

靖迈《古今译经图纪》四卷

智升《续古今译经图纪》一卷

又《续大唐内典录》一卷

《续古今佛道论衡》一卷

《对寒山子诗》七卷天台隐士。台州刺史闾丘胤序，僧道翘集。寒山子隐唐兴县寒山岩，于国清寺与隐者拾得往还。

庞蕴《诗偈》三卷字道玄，衡州衡阳人，贞元初人，三百余篇。

智闲《偈颂》一卷二百余篇。

李吉甫《一行传》一卷

王彦威《内典目录》十二卷

右道家类一百三十七家，七十四部，一千二百四十卷。失姓名三家。玄宗以下不著录一百五十八家，一千二百三十八卷。总一百三十七家，一百七十四部。

《管子》十九卷管仲。

《商君书》五卷商鞅。或作《商子》。

《慎子》十卷慎到撰，滕辅注。

《申子》三卷申不害。

《韩子》二十卷韩非。

《晁氏新书》七卷晁错。

董仲舒《春秋决狱》十卷黄氏正。

《崔氏政论》六卷崔实。

《刘氏政论》五卷刘廙。

《阮子政论》五卷阮武。

《刘氏法论》十卷刘邵。

《桓氏世要论》十二卷桓范。

《陈子要言》十四卷陈融。

李文博《治道集》十卷

邯郸绰《五经析疑》三十卷

尹知章注《管子》三十卷

　　　又注《韩子》卷亡。

杜佑《管氏指略》二卷

李敬玄《正论》三卷

右法家类十五家，十五部，一百六十六卷。尹知章以下不著录三家，三十五卷。

《邓析子》一卷

《尹文子》一卷

《公孙龙子》三卷

陈嗣古注《公孙龙子》一卷

刘邵《人物志》三卷

刘炳注《人物志》三卷

姚信《士纬》十卷

魏文帝《士操》一卷

卢毓《九州人士论》一卷

范谧《辨名苑》十卷

僧远年《兼名苑》二十卷

贾大隐注《公孙龙子》一卷

赵武孟《河西人物志》十卷

杜周士《广人物志》三卷

宋璲《吴兴人物志》十卷字胜之，吴兴乌程人，大中时。

右名家类十二家，十二部，五十五卷。赵武孟以下不著录三家，二十三卷。

《墨子》十五卷墨翟。

《随巢子》一卷

《胡非子》一卷

右墨家类三家，三部，一十七卷。

《鬼谷子》二卷苏秦。

乐台注《鬼谷子》三卷

梁元帝《补阙子》十卷

尹知章注《鬼谷子》三卷

右纵横家类四家，四部，一十五卷。尹知章不著录。

《尉缭子》六卷

《尸子》二十卷尸佼。

《吕氏春秋》二十六卷吕不韦撰，高诱注。

许慎注《淮南子》二十一卷淮南王刘安。

高诱注《淮南子》二十一卷

　　又《淮南鸿烈音》二卷

严尤《三将军论》一卷

王充《论衡》三十卷

应劭《风俗通义》三十卷

《蒋子万机论》十卷蒋济。

杜恕《笃论》四卷

钟会《刍荛论》五卷

《傅子》一百二十卷傅玄。

张俨《默记》三卷

　　又《嘿论》三十卷

裴玄《新言》五卷

苏道《立言》十卷

刘钦《新义》十八卷

《秦子》三卷秦菁。

张明《折言论》二十卷

《古训》十卷

孔衍《说林》五卷

《抱朴子外篇》二十卷葛洪。

杨伟《时务论》十二卷

范泰《古今善言》三十卷

徐益寿《记闻》三卷

《何子》五卷何楷。

《刘子》十卷刘勰。

梁元帝《金楼子》十卷

朱澹远《语丽》十卷

　　又《语对》十卷

《张公杂记》一卷张华。

陆士衡《要览》三卷

郭义恭《广志》二卷

崔豹《古今注》三卷

伏侯《古今注》三卷

江邃《释文》十卷

卢辩《称谓》五卷

谢昊《物始》十卷

任昉《文章始》一卷张绩补。

姚察《续文章始》一卷

庾肩吾《采壁》三卷

韦道孙《新略》十卷

徐陵《名数》十卷

沈约《袖中记》二卷

范谧《典坟数集》十卷

侯亶《祥瑞图》八卷

孟众《张掖郡玄石图》一卷

高堂隆《张掖郡玄石图》一卷

孙柔之《瑞应图记》三卷

熊理《瑞应图赞》三卷

顾野王《符瑞图》十卷

　　又《祥瑞图》十卷

王劭《皇隋灵感志》十卷

许善心《皇隋瑞文》十四卷

何望之《谏林》十卷

虞通之《善谏》二卷

孟仪《子林》二十卷

沈约《子钞》三十卷

庾仲容《子钞》三十卷

殷仲堪《论集》九十六卷

崔宏《帝王集要》三十卷

陆澄《述正论》十三卷

　　又《缺文》十卷

徐陵《文府》七卷宗道宁注。

刘守敬《四部言心》十卷

《新旧传》四卷

《古今辨作录》三卷

《博览》十五卷

《部略》十五卷

《翰墨林》十卷

魏徵《群书治要》五十卷

《麟阁词英》六十卷高宗时敕撰。

朱敬则《十代兴亡论》十卷

薛克构《子林》三十卷

虞世南《帝王略论》五卷

刘伯庄《群书治要音》五卷

张大素《说林》二十卷

王方庆《续世说新书》十卷

韩潭《统载》三十卷夏绥银节度使。贞元十三年上。

熊执易《化统》五百卷执易类九经为书，三十年乃成。未及上，卒于西川，武元衡将为写进，妻薛藏之不许。

李文成《博雅志》十三卷安国公兴贵子。

元怀景《属文要义》十卷

崔玄暐《行己要范》十卷

卢藏用《子书要略》一卷

马总《意林》三卷

《魏氏手略》二十卷魏谟。

辛之谔《叙训》二卷开元十七年上，授长社尉。

《博闻奇要》二十卷开元武功县人徐圈上，诏试文章，留集贤院校理。

周蒙《续古今注》三卷

薛洪《古今精义》十五卷

赵蕤《长短要术》十卷字太宾，梓州人，开元召之不赴。

杜佑《理道要诀》十卷

贺兰正元《用人权衡》十卷贞元十三年上。

樊宗师《魁纪公》三十卷

　　又《樊子》三十卷

郭昭度《治书》十卷

朱朴《致理书》十卷

苏源《治乱集》三卷唐末人。

张荐《江左寓居录》卷亡。

张楚金《绅诫》三卷

冯伉《谕蒙》一卷

庾敬休《谕善录》七卷

萧佚《牧宰政术》二卷耒阳令。

鲁人初《公侯政术》十卷鲁人名初不著姓,大中人。

李知保《检志》三卷代宗信州司仓参军。

王范《续蒙求》三卷

白廷翰《唐蒙求》三卷广明人。

李伉《系蒙》二卷

卢景亮《三足记》二卷

右杂家类六十四家,七十五部,一千一百三卷。失姓名六家。虞世南以下不著录三十四家,八百一十六卷。

《范子计然》十五卷范蠡问,计然答。

《尹都尉书》三卷

《氾胜之书》二卷

崔实《四人月令》一卷

贾思协《齐民要术》十卷

宗懔《荆楚岁时记》一卷

杜公赡《荆楚岁时记》二卷

杜台卿《玉烛宝典》十二卷

王氏《四时录》十二卷

戴凯之《竹谱》一卷

顾烜《钱谱》一卷

浮丘公《相鹤经》一卷

尧须跋《鸷击录》二十卷

《相马经》三卷

伯乐《相马经》一卷

徐成等《相马经》二卷

诸葛颖《种植法》七十七卷

　　　又《相马经》六十卷

宁戚《相牛经》一卷

范蠡《养鱼经》一卷

《禁苑实录》一卷

《鹰经》一卷

《蚕经》一卷

　　　又二卷

《相贝经》一卷

武后《兆人本业》三卷

王方庆《园庭草木疏》二十一卷

《孙氏千金月令》三卷孙思邈。

李淳风《演齐人要术》卷亡。

李邕《金谷园记》一卷

薛登《四时记》二十卷

裴澄《乘舆月令》十二卷国子司业。贞元十一年上。

王涯《月令图》一轴

李绰《秦中岁时记》一卷

韦行规《保生月录》一卷

韩鄂《四时纂要》五卷

《岁华纪丽》二卷

　　右农家类十九家，二十六部，二百三十五卷。失姓名六家。王方庆以下不著录十一家，六十六卷。

《燕丹子》一卷燕太子。

邯郸淳《笑林》三卷

裴子野《类林》三卷

张华《博物志》十卷

　　　又《列异传》一卷

贾泉注《郭子》三卷 郭澄之。

刘义庆《世说》八卷

　　　又《小说》十卷

刘孝标《续世说》十卷

殷芸《小说》十卷

刘齐《释俗语》八卷

萧贲《辨林》二十卷

刘炫《酒孝经》一卷

庾元威《座右方》三卷

侯白《启颜录》十卷

《杂语》五卷

戴祚《甄异传》三卷

袁王寿《古异传》三卷

祖冲之《述异记》十卷

刘质《近异录》二卷

干宝《搜神记》三十卷

刘之遴《神录》五卷

梁元帝《妍神记》十卷

祖台之《志怪》四卷

孔氏《志怪》四卷

荀氏《灵鬼志》三卷

谢氏《鬼神列传》二卷

刘义庆《幽明录》三十卷

东阳无疑《齐谐记》七卷

吴均《续齐谐记》一卷

王延秀《感应传》八卷

陆果《系应验记》一卷

王琰《冥祥记》一卷

王曼颖《续冥祥记》十一卷

刘泳《因果记》十卷

颜之推《冤魂志》三卷

      又《集灵记》十卷

      《征应集》二卷

侯君素《旌异记》十五卷

唐临《冥报记》二卷

李恕《诫子拾遗》四卷

《开元御集诫子书》一卷

王方庆《王氏神通记》十卷

狄仁杰《家范》一卷

《卢公家范》一卷卢僎。

苏瓌《中枢龟镜》一卷

姚元崇《六诫》一卷

《事始》三卷刘孝孙、房德懋。

刘睿《续事始》三卷

元结《猗犴子》一卷

赵自勔《造化权舆》六卷

《通微子十物志》一卷

吴筠《两同书》一卷

李涪《刊误》二卷

李匡文《资暇》三卷

《炙毂子杂录注解》五卷王睿。

苏鹗《演义》十卷

      又《杜阳杂编》三卷字德祥,光启中进士第。

《柳氏家学要录》二卷柳珵。

卢光启《初举子》一卷字子忠,相昭宗。

刘讷言《俳谐集》十五卷

陈翱《卓异记》一卷宪、穆时人。

裴紫芝《续卓异记》一卷

薛用弱《集异记》三卷字中胜，长庆光州刺史。

李玫《纂异记》一卷大中时人。

李亢《独异志》十卷

谷神子《博异志》三卷

沈如筠《异物志》三卷

《古异记》一卷

刘悚《传记》三卷一作《国史异纂》。

牛肃《纪闻》十卷

陈鸿《开元升平源》一卷字大亮，贞元主客郎中。

张荐《灵怪集》二卷

陆长源《辨疑志》三卷

李繁《说纂》四卷

戴少平《还魂记》一卷贞元待诏。

牛僧孺《玄怪录》十卷

李复言《续玄怪录》五卷

陈翰《异闻集》十卷唐末屯田员外郎。

郑遂《洽闻记》一卷

钟辂《前定录》一卷

赵自勤《定命论》十卷天宝秘书监。

吕道生《定命录》二卷大和中，道生增赵自勤之说。

温畬《续定命录》一卷

胡璩《谭宾录》二卷字子温，文、武时人。．

韦绚《刘公嘉话录》一卷绚，字文明，执谊子也，咸通义武军节度使。刘公，禹锡也。

《戎幕闲谈》一卷

赵璘《因话录》六卷字泽章，大中衢州刺史。

袁郊《甘泽谣》一卷

温庭筠《乾馔子》三卷

　　又《采茶录》一卷

段成式《酉阳杂俎》三十卷

《庐陵官下记》二卷

康骈《剧谈录》三卷字驾言,乾符进士第。

高彦休《阙史》三卷

　　　《庐子史录》卷亡。

　　　又《逸史》三卷大中时人。

李隐《大唐奇事记》十卷咸通中人。

陈劭《通幽记》一卷

范摅《云溪友议》三卷咸通时,自称五云溪人。

李跃《岚斋集》二十五卷

尉迟枢《南楚新闻》三卷并唐末人。

张固《幽闲鼓吹》一卷

《常侍言旨》一卷柳珵。

《卢氏杂说》一卷

《桂苑丛谭》一卷冯翊子子休。

《树萱录》一卷

《会昌解颐》四卷

《松窗录》一卷

《芝田录》一卷

《玉泉子见闻真录》五卷

张读《宣室志》十卷

柳祥《潇湘录》十卷

皇甫松《醉乡日月》三卷

何自然《笑林》三卷

焦璐《穷神秘苑》十卷

裴铏《传奇》三卷高骈从事。

刘轲《牛羊日历》一卷牛僧孺、杨虞卿事。檀栾子皇甫松序。

《补江总白猿传》一卷

郭良辅《武孝经》一卷

陆羽《茶经》三卷

张又新《煎茶水记》一卷

封演《续钱谱》一卷

右小说家类三十九家,四十一部,三百八卷。失姓名二家。李恕以下不著录七十八家,三百二十七卷。

赵婴注《周髀》一卷

甄鸾注《周髀》一卷

张衡《灵宪图》一卷

　　　又《浑天仪》一卷

王蕃《浑天象注》一卷

姚信《昕天论》一卷

《石氏星经簿赞》一卷石申。

虞喜《安天论》一卷

《甘氏四七法》一卷甘德。

刘表《荆州星占》二卷

刘睿《荆州星占》二十卷

《天文集占》三卷

祖暅之《天文录》三十卷

韩杨《天文要集》四十卷

高文洪《天文横图》一卷

吴云《天文杂占》一卷

陈卓《四方星占》一卷

　　　又《五星占》一卷

　　　《天文集占》七卷

孙僧化等《星占》三十三卷

史崇《十二次二十八宿星占》十二卷

庾季才《灵台秘苑》一百二十卷

逄行圭《玄机内事》七卷

《论二十八宿度数》一卷

《五星兵法》一卷

《黄道略星占》一卷

《孝经内记星图》一卷

《周易分野星国》一卷

李淳风《释周髀》二卷

　　　　又《乙巳占》十二卷

　　　　《天文占》一卷

　　　　《大象元文》一卷

　　　　《乾坤秘奥》七卷

　　　　《法象志》七卷

　　　　《太白会运逆兆通代记图》一卷淳风与袁天纲集。

武密《古今通占镜》三十卷

《大唐开元占经》一百一十卷瞿昙悉达集。

董和《通乾论》十五卷和，本名纯，避宪宗名改。善历算。裴胄为荆南节度，馆之，著是书云。

《长庆算五星所在宿度图》一卷司天少监徐升。

黄冠子李播《天文大象赋》一卷李台集解。

王希明《丹元子步天歌》一卷

右天文类二十家，三十部，三百六卷。失姓名六家。李淳风《天文占》以下不著录六家，一百七十五卷。

刘向《九章重差》一卷

徐岳《九章算术》九卷

　　　　又《算经要用百法》一卷

　　　　《数术记遗》一卷甄鸾注。

张丘建《算经》一卷甄鸾注。

董泉《三等数》一卷甄鸾注。

夏侯阳《算经》一卷甄鸾注。

甄鸾《九章算经》九卷

　　　　又《五曹算经》五卷

　　　　《七曜本起历》五卷

　　　　《七曜历算》二卷

　　　　《历术》一卷

韩延《夏侯阳算经》一卷

　　　　又《五曹算经》五卷

宋泉之《九经术疏》九卷

刘徽《海岛算经》一卷

　　　　又《九章重差图》一卷

刘祐《九章杂算文》二卷

阴景愉《七经算术通义》七卷

信都芳《器准》三卷

《黄钟算法》四十卷

刘歆《三统历》一卷

《四分历》一卷

《推汉书律历志术》一卷

刘洪《乾象历术》三卷阚泽注。

《乾象历》三卷

杨伟《魏景初历》三卷

何承天《宋元嘉历》二卷

　　　　又《刻漏经》一卷

虞𠛱《梁大同历》一卷

吴伯善《陈七曜历》五卷

孙僧化《后魏永安历》一卷

李业兴《后魏甲子历》送

《后魏武定历》一卷

宋景业《北齐天保历》一卷

《北齐甲子元历》一卷

王琛《周大象历》二卷

马显《周甲寅元历》一卷

《周甲子元历》一卷

刘孝孙《隋开皇历》一卷

　　又《七曜杂术》二卷

李德林《隋开皇历》一卷

张胄玄《隋大业历》一卷

　　又《玄历术》一卷

　　《七曜历疏》三卷

刘焯《皇极历》一卷

赵𫖳《河西壬辰元历》一卷

《河西甲寅元历》一卷

刘智《正历》四卷薛夏训。

《姜氏历术》三卷

崔浩《律历术》一卷

《历日义统》一卷

《历日吉凶注》一卷

朱史《刻漏经》一卷

宋景《刻漏经》一卷

李淳风注《周髀算经》二卷

　　又注《九章算术》九卷

　　注《九章算经要略》一卷

　　注《五经算术》二卷

　　注《张丘建算经》三卷

　　注《海岛算经》一卷

　　注《五曹孙子等算经》二十卷

　　注《甄鸾孙子算经》三卷

释祖冲之《缀术》五卷

《皇极历》一卷

傅仁均《大唐戊寅历》一卷

《唐麟德历》一卷

《麟德历出生记》十卷

王孝通《缉古算术》四卷太史丞李淳风注。

《算经表序》一卷

南宫说《光宅历草》十卷

瞿昙谦《大唐甲子元辰历》一卷

《大唐刻漏经》一卷

王勃《千岁历》卷亡。

谢察微《算经》三卷

江本《一位算法》二卷

陈从运《得一算经》七卷

鲁靖《新集五曹时要术》三卷

邢和璞《颍阳书》三卷隐颍阳石堂山。

僧一行《开元大衍历》一卷

　　　又《历议》十卷

　　　《历立成》十二卷

　　　《历草》二十卷

　　　《七政长历》三卷

　　　《心机算术括》一卷黄栖岩注。

《宝应五纪历》四十卷

《建中正元历》二十八卷

曹士芛《七曜符天历》一卷建中时人。

《七曜符天人元历》三卷

龙受《算法》二卷贞元人。

《长庆宣明历》三十四卷

《长庆宣明历要略》一卷

《宣明历超捷例要略》一卷

边冈《景福崇玄历》四十卷冈称处士。

《大衍通元鉴新历》三卷贞元至大中。

《大唐长历》一卷

《都利聿斯经》二卷贞元中，都利术士李弥乾传自西天竺，有璩公者
译其文。

陈辅《聿斯四门经》一卷

右历算类三十六家，七十五部，二百三十七卷。失姓名五家。王勃
以下不著录十九家，二百二十六卷。

《黄帝问玄女法》三卷

《黄帝用兵法诀》一卷

《黄帝兵法孤虚推记》一卷

《黄帝太一兵历》一卷

《黄帝太公三宫法要诀》一卷

《太公阴谋》三卷

又《阴谋三十六用》一卷

《金匮》二卷

《六韬》六卷

《当敌》一卷

《周书阴符》九卷

《周吕书》一卷

田穰苴《司马法》三卷

魏武帝注《孙子》三卷

　　又《续孙子兵法》二卷

《兵书接要》七卷孙武。

孟氏解《孙子》二卷

沈友注《孙子》二卷

贾诩注《吴子兵法》一卷吴起。

《吴孙子三十二垒经》一卷

伍子胥《兵法》一卷

黄石公《三略》三卷

　　　又《阴谋乘斗魁刚行军秘》一卷

成氏《三略训》三卷

《张良经》一卷

《张氏七篇》七卷张良。

魏文帝《兵书要略》十卷

宋高祖《兵法要略》一卷

司马彪《兵记》十二卷

孔衍《兵林》六卷

葛洪《兵法孤虚月时秘要法》一卷

梁武帝《兵法》一卷

梁元帝《玉韬》十卷

刘祐《金韬》十卷

萧吉《金海》四十七卷

陶弘景《真人水镜》十卷

《握镜》三卷

王略《武林》一卷

《许子新书军胜》十卷

乐产《王佐秘书》五卷

后周齐王宪《兵书要略》十卷

隋高祖《新撰兵书》三十卷

解忠鲠《龙武玄兵图》二卷

《新兵法》二十四卷

《用兵要术》一卷

《太一兵法》一卷

《兵法要诀》一卷

《承神兵书》八卷

《兵机》十五卷

《兵书要略》十卷

《用兵撮要》二卷

《兵春秋》一卷

《兽斗亭亭》一卷

《玉帐经》一卷

《三阴图》一卷

《兵法云气推占》一卷

《武德图五兵八阵法要》一卷

李靖《六军镜》三卷

员半千《临戎孝经》二卷

李淳风《县镜》十卷

李筌注《孙子》二卷

　　　又《太白阴经》十卷

　　　《青囊括》一卷

杜牧注《孙子》三卷

陈皞注《孙子》一卷

贾林注《孙子》一卷

孙镐注《吴子》一卷

裴行俭《安置军营行阵等四十六诀》一卷

李峤《军谋前鉴》十卷

郭元振《定远安边策》三卷

吴兢《兵家正史》九卷

李处祐《兵法》开元中左卫中郎将，奉诏撰。卷亡。

郑虔《天宝军防录》卷亡。

刘秩《止戈记》七卷

《至德新议》十二卷

董承祖《至德元宝玉函经》十卷

李光弼《统军灵辖秘策》一卷一作《武记》。

裴守一《军诫》三卷

《裴子新令》二卷裴绪。

韩滉《天事序议》一卷

韦皋《开复西南夷事状》十七卷

范传正《西陲要略》三卷

王公亮《兵书》十八卷长庆元年上。商州刺史。

《行师类要》七卷

燕僧利正《长庆人事军律》三卷

李渤《御戎新录》二十卷

李德裕《西南备边录》十三卷

杜希全《新集兵书要诀》三卷

张道古《兵论》一卷字子美，景福进士第。

右兵书类二十三家，六十部，三百一十九卷。失姓名十四家。李筌以下不著录二十五家，一百六十三卷。

史苏《沈思经》一卷

《焦氏周易林》十六卷焦赣。

《京氏周易四时候》二卷京房。

　　　又《周易飞候》六卷

　　　《周易混沌》四卷

　　　《周易错卦》八卷

　　　《逆刺》三卷

《费氏周易逆刺占灾异》十二卷费直。

　　　又《周易林》二卷

《崔氏周易林》十六卷崔篆。

郑玄注《九宫行棋经》三卷

管辂《周易林》四卷

　　　又《鸟情逆占》一卷

张满《周易林》七卷

《许氏周易杂占》七卷许峻。

尚广《周易杂占》八卷

《武氏周易杂占》八卷

魏伯阳《周易参同契》二卷

又《周易五相类》一卷

《徐氏周易筮占》二十四卷徐苗。

伏曼容《周易集林》十二卷

伏氏《周易集林》一卷

杜氏《新易林占》三卷

梁运《周易杂占筮诀文》二卷

虞翻《周易集林律历》一卷

郭璞《周易洞林解》三卷

梁元帝《连山》三十卷

又《洞林》三卷

郭氏《易脑》一卷

《周易立成占》六卷

《易林》十四卷

《周易新林》一卷

《易律历》一卷

《周易服药法》一卷

《易三备》三卷

又三卷

《易髓》一卷

《周易问》十卷

《周易杂图序》一卷

《周易八卦斗内图》一卷

又三卷

《周易内卦神筮法》二卷

《周易杂筮占》四卷

《老子神符易》一卷

《孝经元辰》二卷

《推元辰厄命》一卷

《元辰章》三卷

《元辰》一卷

《杂元辰录命》二卷

《洴河录命》二卷

孙僧化《六甲开天历》一卷

翼奉《风角要候》一卷

王琛《风角六情诀》一卷

　　　　又《推产妇河时产法》一卷

　　　　《九宫行棋立成》一卷

　　　　《禄命书》二卷

　　　　《遁甲开山图》一卷

刘孝恭《风角鸟情》二卷

　　　　又《禄命书》二十卷

《鸟情占》一卷

《风角》十卷

《九宫经解》三卷

《婚嫁书》二卷

《登坛经》一卷

《太一大游历》二卷

《大游太一历》一卷

《曜灵经》一卷

《七政历》一卷

《六壬历》一卷

《六壬择非经》六卷

《灵宝登图》一卷

梁主荣《光明符》十二卷

《推二十四气历》一卷

《太一历》一卷

曹氏《黄帝式经三十六用》一卷

《玄女式经要诀》一卷

董氏《大龙首式经》一卷

《桓公式经》一卷

宋琨《式经》一卷

《六壬式经杂占》九卷

《雷公式经》一卷

《太一式经》二卷

《太一式经杂占》十卷

《黄帝式用常阳经》一卷

《黄帝龙首经》二卷

《黄帝集灵》三卷

《黄帝降国》一卷

《黄帝斗历》一卷

《太史公万岁历》一卷司马谈。

《万岁历祠》二卷

任氏《千岁历祠》二卷

《举百事要略》一卷

张衡《黄帝飞鸟历》一卷

《太一飞鸟历》一卷

《太一九宫杂占》十卷

《九宫经》三卷

《堪舆历注》二卷

殷绍《黄帝四序堪舆》一卷

《地节堪舆》二卷

伍子胥《遁甲文》一卷

信都芳《遁甲经》二卷

葛洪《三元遁甲图》三卷

许昉《三元遁甲》六卷

杜仲《三元遁甲》一卷

荣氏《遁甲开山图》二卷

《遁甲经》十卷

《遁甲囊中经》一卷

《遁甲推要》一卷

《遁甲秘要》一卷

《遁甲九星历》一卷

《遁甲万一诀》三卷

《三元遁甲立成图》二卷

《遁甲立成法》三卷

《遁甲九宫八门图》一卷

《遁甲三奇》三卷

《阳遁甲》九卷

《阴遁甲》九卷

《遁甲三元九甲立成》一卷

《白泽图》一卷

《武王须臾》二卷

《师旷占书》一卷

《东方朔占书》一卷

《淮南王万毕术》一卷

乐产《神枢灵辖》十卷

柳彦询《龟经》三卷

柳世隆《龟经》三卷

刘宝真《龟经》一卷

王弘礼《龟经》一卷

庄道名《龟经》一卷

萧吉《五行记》五卷

又《五姓宅经》二十卷

《葬经》二卷

王璨《新撰阴阳书》三十卷

《青乌子》三卷

《葬经》八卷

又十卷

《葬书地脉经》一卷

《墓书五阴》一卷

《杂墓图》一卷

《墓图立成》一卷

《六甲冢名杂忌要诀》二卷

郭氏《五姓墓图要诀》五卷

《坛中伏尸》一卷

胡君《玄女弹五音法相冢经》一卷

《百怪书》一卷

《祠灶经》一卷

《解文》一卷

周宣《占梦书》三卷

又二卷

孙思邈《龟经》一卷

又《五兆算经》一卷

《龟上五兆动摇经诀》一卷

《福禄论》三卷

李淳风《四民福禄论》三卷

又《玄悟经》三卷

《太一元鉴》五卷

《占灯经》一卷

《注郑玄九旗飞变》一卷

《三元经》一卷

《太一枢会赋》一卷玄宗注。

崔知悌《产图》一卷

吕才《阴阳书》五十三卷

《广济阴阳百忌历》一卷

《大唐地理经》十卷贞观中上。

袁天纲《相书》七卷

《要诀》三卷

陈恭钊《天宝历》二卷天宝中诏定。

赵同珍《坛经》一卷

黎干《蓬瀛书》三卷

贾耽《唐七圣历》一卷

李远《龙纪圣异历》一卷

窦维鋈《广古今五行记》三十卷

濮阳夏樵子《五行志》五卷

《禄命人元经》三卷

杨龙光《推计禄命厄运诗》一卷

王希明《太一金镜式经》十卷开元中诏撰。

僧一行《天一太一经》一卷

　　　又《遁甲十八局》一卷

　　　《太一局遁甲经》一卷

　　　《五音地理经》十五卷

　　　《六壬明镜连珠歌》一卷

　　　《六壬髓经》三卷

马先《天宝太一灵应式记》五卷

李鼎祚《连珠明镜式经》十卷开耀中上之。

萧君靖《遁甲图》开元仆寺主簿,奉诏撰。卷亡。

司马骧《遁甲符宝万岁经国历》一卷骧与弟裕同撰。

曹士芳《金匮经》三卷

马雄《绛囊经》一卷雄称居士。

李靖《玉帐经》一卷

李筌《六壬大玉帐歌》十卷

王叔政《推太岁行年吉凶厄》一卷

由吾公裕《葬经》三卷

孙季邕《葬范》三卷

卢重元《梦书》四卷开元人。

柳璨《梦隽》一卷

右五行类六十家，一百六十部，六百四十七卷。失姓名六十五家。
袁天纲以下不著录二十五家，一百三十二卷。

郝冲、虞谭法《投壶经》一卷

魏文帝《皇博经》一卷

《大小博法》二卷

《大博经行棋戏法》二卷

鲍宏《小博经》一卷

《博塞经》一卷

《杂博戏》五卷

隋炀帝《二仪簿经》一卷

范汪等注《棋品》五卷

梁武帝《棋评》一卷

《棋势》六卷

《围棋后九品序录》一卷

《竹苑仙棋图》一卷

周武帝《象经》一卷

何妥《象经》一卷

王褒《象经》一卷

王裕注《象经》一卷

《今古术艺》十五卷

《名手画录》一卷

李嗣真《画后品》一卷

《礼图等杂画》五十六卷

汉王元昌画《汉贤王图》

阎立德画《文成公主降蕃图》

《玉华宫图》

《斗鸡图》

阎立本画《秦府十八学士图》

《凌烟阁功臣二十四人图》

范长寿画《风俗图》

《醉道士图》

王定画《本草训诫图》贞观尚方令。

檀智敏画《游春戏艺图》振武校尉。

殷崇、韦无忝画《皇朝九圣图》

　　　《高祖及诸王图》

　　　《宗自定辇上图》

　　　《开元十八学士图》开元人。

董萼画《盘车图》开元人,字重照。

曹元廓画《后周北齐梁陈隋武德贞观永徽等朝臣图》

　　　《高祖太宗诸子图》

　　　《秦府学士图》

　　　《凌烟图》武后左尚方令。

杨升画《望贤宫图》

　　　《安禄山真》

张萱画《少女图》

　　　《乳母将婴儿图》

　　　《按羯鼓图》

　　　《秋千图》并开元馆画直。

谈皎画《武惠妃舞图》

《佳丽寒食图》

《佳丽伎乐图》

韩干画《龙朔功臣图》

　　《姚宋及安禄山图》

　　《相马图》

　　《玄宗试马图》

　　《宁王调马打球图》大梁人，太府寺丞。

陈宏画《安禄山图》

　　《玄宗马射图》

　　《上党十九瑞图》永王府长史。

王象画《卤簿图》

田琦画《洪崖子橘木图》德平子，汝南太守。

窦师纶画《内库瑞锦对雉斗羊翔凤游麟图》字希言，太宗秦王府咨议、相国录事参军，封陵阳公。

韦鷗画《天竺胡僧渡水放牧图》銮子。

周昉画《扑蝶》、《按筝》、《杨真人降真》、《五星》等图各一卷字景玄。

张彦远《历代名画记》十卷

姚最《续画品》一卷

裴孝源《画品录》一卷中书舍人，记贞观、显庆年事。

顾况《画评》一卷

朱景玄《唐画断》三卷会昌人。

窦蒙《画拾遗》卷亡。

吴恬《画山水录》卷亡。恬一名玢，字建康，青州人。

王琚《射经》一卷

张守忠《射记》一卷

任权《弓箭论》一卷

上官仪《投壶经》一卷

王积薪《金谷园九局图》一卷开元待诏。

韦珽《棋图》一卷

吕才《大博经》二卷

董叔经《博经》一卷贞元中上。

李郃《骰子选格》三卷字中玄，贺州刺史。

右杂艺术类十一家，二十部，一百四十二卷。失姓名八家。张彦远以下不著录一十六家，一百一十七卷。

何承天并合《皇览》一百二十二卷

徐爰并合《皇览》八十四卷

刘孝标《类苑》一百二十卷

刘杳《寿光书苑》二百卷

徐勉《华林遍略》六百卷

祖孝征等《修文殿御览》三百六十卷

虞绰等《长洲玉镜》二百三十八卷

诸葛颍《玄门宝海》一百二十卷

张氏《书图泉海》七十卷

《要录》六十卷

《检事书》一百六十卷

《帝王要览》二十卷

《文思博要》一千二百卷

《目》十二卷右仆射高士廉、左仆射房玄龄、特进魏徵、中书令杨师道、兼中书侍郎岑文本、礼部侍郎颜相时、国子司业朱子奢、博士刘伯庄、太学博士马嘉运、给事中许敬宗、司文郎中崔行功、太常博士吕才、秘书丞李淳风、起居郎褚遂良、晋王友姚思廉、太子舍人司马宅相等奉诏撰，贞观十五年上。

许敬宗《摇山玉彩》五百卷孝敬皇帝令太子少师许敬宗、司议郎孟利贞、崇贤馆学士郭瑜、顾胤、右史董思恭等撰。

《累璧》四百卷

又《目录》四卷许敬宗等撰，龙朔元年上。

《东殿新书》二百卷许敬宗、李义府奉诏于武德内殿修撰。其书自《史记》至《晋书》删其繁辞。龙朔元年上，高宗制序。

欧阳询《艺文类聚》一百卷令狐德棻、袁朗、赵弘智等同修。

虞世南《北堂书钞》一百七十三卷

张大素《策府》五百八十二卷

武后《玄览》一百卷

《三教珠英》一千三百卷

《目》十三卷张昌宗、李峤、崔湜、阎朝隐、徐彦伯、张说、沈佺期、宋之问、富嘉谟、乔侃、员半千、薛曜等撰。开成初改为《海内珠英》，武后所改字并复旧。

孟利贞《碧玉芳林》四百五十卷

《玉藻琼林》一百卷

王义方《笔海》十卷

《玄宗事类》一百三十卷

又《初学记》三十卷张说类集要事以教诸王，徐坚、韦述、余钦、施敬本、张烜、李锐、孙季良等分撰。

是光义《十九部书语类》十卷开元末，自秘书省正字上，授集贤院修撰，后赐姓齐。

刘秩《政典》三十五卷

杜佑《通典》二百卷

苏冕《会要》四十卷

《续会要》四十卷杨绍复、裴德融、崔瑑、薛逢、郑言、周肤敏、薛廷望、于珪、于求等撰，崔铉监修。

陆贽《备举文言》二十卷

刘绮庄《集类》一百卷

高丘《词集类略》三十卷

陆羽《警年》十卷

张仲素《词圃》十卷字绘之，元和翰林学士、中书舍人。

《元氏类集》三百卷元稹。

《白氏经史事类》三十卷白居易。一名《六帖》。

《王氏千门》四十卷王洛宾。

于立政《类林》十卷

郭道规《事鉴》五十卷

马幼昌《穿杨集》四卷判目。

盛均《十三家贴》均，字之材，泉州南安人，终昭州刺史。以《白氏六帖》未备而广之，卷亡。

窦蒙《青囊书》十卷国子司业。

韦稔《瀛类》十卷

《应用类对》十卷

高测《韵对》十卷

温庭筠《学海》三十卷

王博古《修文海》十七卷

李途《记室新书》三十卷

孙翰《绵绣谷》五卷

张楚金《翰苑》七卷

皮氏《鹿门家钞》九十卷皮日休，字袭美，咸通太常博士。

刘扬名《戚苑纂要》十卷

《戚苑英华》十卷袁说重修。

右类书类十七家，二十四部，七千二百八十八卷。失姓名三家。王义方以下不著录三十二家，一千三百三十八卷。

皇甫谧《皇帝三部针经》十二卷

张子存《赤乌神针经》一卷

《黄帝针灸经》十二卷

《黄帝杂注针经》一卷

《黄帝针经》十卷

《玉匮针经》十二卷

龙衔素《针经并孔穴虾蟆图》三卷

徐叔向《针灸要钞》一卷

《黄帝明堂经》三卷

《黄帝明堂》三卷

杨玄注《黄帝明堂经》三卷

《黄帝内经明堂》十三卷

《黄帝十二经脉明堂五藏图》一卷

曹氏《黄帝十二经明堂偃侧人图》十二卷

秦承祖《明堂图》三卷

《明堂孔穴》五卷

秦越人《黄帝八十一难经》二卷

全元起注《黄帝素问》九卷

灵宝注《黄帝九灵经》十二卷

《黄帝甲乙经》十二卷

《黄帝流注脉经》一卷

《三部四时五藏辨候诊色脉经》一卷

《脉经》十卷

又二卷

徐氏《脉经诀》三卷

王子颙《脉经》二卷

歧伯《灸经》一卷

雷氏《灸经》一卷

《五藏诀》一卷

《五藏论》一卷

贾和光《铃和子》十卷

王冰注《黄帝素问》二十四卷

　　《释文》一卷冰号启元子。

杨上善注《黄帝内经明堂类成》十三卷

　　又《黄帝内经太素》三十卷

甄权《脉经》一卷

《针经钞》三卷

《针方》一卷

《明堂人形图》一卷

米遂《明堂论》一卷

右明堂经脉类一十六家，三十五部，二百三十一卷。失姓名十六家。甄权以下不著录二家，七卷。

《神农本草》三卷

雷公集撰《神农本草》四卷

《吴氏本草因》六卷吴普。

《李氏本草》三卷

原平仲《灵秀本草图》六卷

殷子严《本草音义》二卷

《本草用药要妙》九卷

《本草病源合药节度》五卷

《本草要术》三卷

《疗痈疽耳眼本草要妙》五卷

《桐君药录》三卷

徐之才《雷公药对》二卷

僧行智《诸药异名》十卷

《药类》二卷

《药目要用》二卷

《四时采取诸药及合和》四卷

《名医别录》三卷

吴景《诸病源候论》五十卷

《巢氏诸病源候论》五十卷巢元方。

徐嗣伯《杂病论》一卷

又《徐氏落年方》三卷

《彭祖养性经》一卷

张湛《养生要集》十卷

《延年秘录》十二卷

秦承祖《药方》四十卷

吴普集《华氏药方》十卷华佗。

葛洪《肘后救卒方》六卷

梁武帝《坐右方》十卷

《如意方》十卷

陶弘景集注《神农本草》七卷

　　又《效验方》十卷

　　《补肘后救卒备急方》六卷

　　《太清璇石丹药要集》三卷

　　《太清诸草木方集要》三卷

隋炀帝敕撰《四海类聚单方》十六卷

王叔和《张仲景药方》十五卷

　　又《伤寒卒病论》十卷

《阮河南方》十六卷阮炳。

尹穆纂《范东阳杂药方》一百七十卷范汪。

《胡居士治百病要方》三卷胡洽。

徐叔向《杂疗方》二十卷

　　又《体疗杂病方》六卷

　　《脚弱方》八卷

　　《解寒食方》十五卷

　　《阮河南药方》十七卷

褚澄《杂药方》十二卷

陈山提《杂药方》十卷

谢泰《黄素方》二十五卷

孝思《杂汤丸散方》五十七卷

谢士太《删繁方》十二卷

徐之才《徐王八代效验方》十卷

　　又《家秘方》三卷

范世英《千金方》三卷

姚僧垣《集验方》十卷

陈延之《小品方》十二卷

苏游《玄感传尸方》一卷

　　又《太一铁胤神丹方》三卷

《俞氏治小儿方》四卷

俞宝《小女节疗方》一卷

僧僧深《集方》三十卷

僧鸾《调气方》一卷

龚庆宣《刘涓子男方》十卷

甘浚之《疗痈疽金疮要方》十四卷

甘伯齐《疗痈疽金疮要方》十二卷

《杂药方》六卷

《杂丸方》一卷

《名医集验方》三卷

《百病膏方》十卷

《杂汤方》八卷

《疗目方》五卷

《寒食散方并消息节度》二卷

《妇人方》十卷

又二十卷

《少女方》十卷

《少女杂方》二十卷

《类聚方》二千六百卷

《种芝经》九卷

《芝草图》一卷

诸葛颖《淮南王食经》一百三十卷

《音》十三卷

《食目》十卷

卢仁宗《食经》三卷

崔浩《食经》九经

竺暄《食经》四卷

又十卷

赵武《四时食法》一卷

《太官食法》一卷

《太官食方》十九卷

《四时御食经》一卷

抱朴子《太清神仙服食经》五卷

冲和子《太清璇玑文》七卷

《太清神丹中经》三卷

《太清神仙服食经》五卷

《太清诸丹药要录》四卷

京里先生《金匮仙药录》三卷

《神仙服食经》十二卷

《神仙药食经》一卷

《神仙服食方》十卷

《神仙服食药方》十卷

《服玉法并禁忌》一卷

《寒食散论》二卷

葛仙公录《狐子方金诀》二卷

《狐子杂诀》三卷

明月公《陵阳子秘诀》一卷

黄公《神临药秘经》一卷

《黄白秘法》一卷

又二十卷

葛氏《房中秘术》一卷

冲和子《玉房秘诀》十卷张鼎

《本草》二十卷

《目录》一卷

《药图》二十卷

《图经》七卷显庆四年，英国公李勣、太尉长孙无忌、兼侍中辛茂将、太子宾客弘文馆学士许敬宗、礼部郎中兼太子洗马弘文馆大学士孔志约、尚药奉御许孝崇、胡子象、蒋季璋、尚药局直长蔺复珪、许弘直、侍御医巢孝俭、太子药藏监蒋季瑜、吴嗣宗、丞蒋义方、太医令蒋季琬、许弘、丞蒋茂昌、太常丞吕才、贾文通、太史令李淳风、潞王府参军吴师哲、礼部主事颜仁楚、右监门府长史苏敬等撰。

孔志约《本草音义》二十卷

苏敬《新修本草》二十一卷

　　　又《新修本草图》二十六卷

　　　《本草音》三卷

　　　《本草图经》七卷

甄立言一作权。《本草音义》七卷

　　　又《本草药性》三卷

　　　《古今录验方》五十卷

孟诜《食疗本草》三卷

　　　又《补养方》二卷

　　　《必效方》十卷

宋侠《经心方》十卷

《崔氏纂要方》十卷崔行功。

崔知悌《骨蒸病灸方》一卷

王方庆《新本草》四十一卷

　　　又《药性要袂》五卷

　　　《袖中备急要方》三卷

　　　《岭南急要方》二卷

　　　《针灸服药禁忌》五卷

李含光《本草音义》二卷

陈藏器《本草拾遗》十卷开元中人。

郑虔《胡本草》七卷

孙思邈《千金方》三十卷

　　又《千金髓方》二十卷

　　《千金翼方》三十卷

　　《神枕方》一卷

　　《医家要妙》五卷

《杨太仆医方》一卷失名。天授二年上。

卫嵩《医门金宝鉴》三卷

许咏《六十四问》一卷

段元亮《病源手镜》一卷

《伏氏医苑》一卷伏适。

甘伯宗《名医传》七卷

王超《仙人水镜图诀》一卷贞观人。

吴兢《五藏论应象》一卷

裴玶《五藏论》一卷

刘清海《五藏类合赋》五卷

裴王廷《五色傍通五藏图》一卷

张文懿《藏府通元赋》一卷

段元亮《五藏镜源》四卷

喻义纂《疗痈疽要诀》一卷

《疮肿论》一卷

沈泰之《痈疽论》二卷

青溪子《万病拾遗》三卷

　　又《消渴论》一卷

　　《脚气论》三卷

李暄《岭南脚气论》一卷

　　又《方》一卷

《脚气论》一卷苏鉴、徐玉等编集。

郑景岫《南中四时摄生论》一卷

苏游《铁粉论》一卷

陈元《北京要术》一卷元为太原少尹。

司空舆《发焰录》一卷图父,大中时商州刺史。

青罗子《道光通元秘要术》三卷失姓,咸通人。

《乾宁晏先生制伏草石论》六卷晏封。

江承宗《删繁药咏》三卷凤翔节度要籍。

玄宗《开元广济方》五卷

刘贶《真人肘后方》三卷

王焘《外台秘要方》四十卷

　　　又《外台要略》十卷

德宗《贞元集要广利方》五卷

《陆氏集验方》十五卷陆贽。

贾耽《备急单方》一卷

薛弘庆《兵部手集方》三卷兵部尚书李绛所传方。弘庆,大和河中少
尹。

薛景晦《古今集验方》十卷元和刑部郎中,贬道州刺史。

刘禹锡《传信方》二卷

崔玄亮《海上集验方》十卷

《杨氏产乳集验方》三卷杨归厚,元和中,自左拾遗贬凤州司马、虢州
刺史。方九百一十一。

郑注《药方》一卷

《韦氏集验独行方》十二卷韦宙。

张文仲《随身备急方》三卷

苏越《群方秘要》三卷

李继皋《南行方》三卷

白仁叙《唐兴集验方》五卷

包会《应验方》一卷

许孝宗《箧中方》三卷

梅崇《献方》五卷

姚和众《童子秘诀》三卷

又《众童延龄至宝方》十卷

孙会《婴孺方》十卷

邵英俊《口齿论》一卷

又《排玉集》二卷口齿方。

李昭明《嵩台集》三卷

阳晔《膳夫经手录》四卷

严龟《食法》十卷震之后，镇西军节度使譔子也。昭宗时宣慰汴寨。

右医术类六十四家，一百二十部，四千四十六卷。失姓名三十八家。王方庆以下不著录五十五家，四百八卷。

唐书卷六〇
志第五〇

艺文四

丁部集录，其类三：一曰《楚辞》类，二曰别集类，三曰总集类。凡著录八百一十八家，八百五十六部，一万一千九百二十三卷；不著录四百八家，五千八百二十五卷。

王逸注《楚辞》十六卷

郭璞注《楚辞》十卷

杨穆《楚辞九悼》一卷

刘杳《离骚草木虫鱼疏》二卷

孟奥《楚辞音》一卷

徐邈《楚辞音》一卷

僧道骞《楚辞音》一卷

右《楚辞》类七家，七部，三十二卷。

赵《荀况集》二卷

楚《宋玉集》二卷

汉《武帝集》二卷

《淮南王安集》二卷

《贾谊集》二卷

《枚乘集》二卷

《司马迁集》二卷

《东方朔集》二卷

《董仲舒集》二卷

《李陵集》二卷

《司马相如集》二卷

《孔臧集》二卷

《魏相集》二卷

《张敞集》二卷

《韦玄成集》二卷

《刘向集》五卷

《王褒集》五卷

《谷永集》五卷

《杜邺集》五卷

《师丹集》五卷

《息夫躬集》五卷

《刘歆集》五卷

《杨雄集》五卷

《崔篆集》一卷

《东平王苍集》二卷

《桓谭集》二卷

《史岑集》二卷

《王文山集》二卷

《朱勃集》二卷

《梁鸿集》二卷

《黄香集》二卷

《冯衍集》五卷

《班彪集》三卷

《杜笃集》五卷

《傅毅集》五卷

《班固集》十卷

《崔骃集》十卷

《贾逵集》二卷

《刘騊骎集》二卷

《崔瑗集》五卷

《苏顺集》二卷

《窦章集》二卷

《胡广集》二卷

《高彪集》二卷

《王逸集》二卷

《桓驎集》二卷

《边韶集》二卷

《皇甫规集》二卷

《张奂集》二卷

《朱穆集》二卷

《赵壹集》二卷

《张升集》二卷

《侯瑾集》二卷

《郦炎集》二卷

《卢植集》二卷

《刘珍集》二卷

《杨厚集》二卷

《张衡集》十卷

《葛龚集》五卷

《李固集》十卷

《马融集》五卷

《崔琦集》二卷

《延笃集》二卷

《刘陶集》二卷

《荀爽集》二卷

《刘梁集》二卷

《郑玄集》二卷

《蔡邕集》二十卷

《应劭集》四卷

《士孙瑞集》二卷

《张邵集》五卷

《祢衡集》二卷

《孔融集》十卷

《潘勖集》二卷

《阮瑀集》五卷

《陈琳集》十卷

《张纮集》一卷

《繁钦集》十卷

《杨修集》二卷

《王粲集》十卷

魏《武帝集》三十卷

《文帝集》十卷

《明帝集》十卷

《高贵乡公集》二卷

《陈思王集》二十卷
又三十卷

《华歆集》三十卷

《王朗集》三十卷

《邯郸淳集》二卷

《袁涣集》五卷

《应玚集》二卷

《徐干集》五卷

《刘桢集》二卷

《路粹集》二卷

《丁仪集》二卷

《丁廙集》二卷

《刘廙集》二卷

《吴质集》五卷

《孟达集》三卷

《陈群集》三卷

《王修集》三卷

《管宁集》二卷

《刘邵集》二卷

《麋元集》五卷

《李康集》二卷

《孙该集》二卷

《卞兰集》二卷

《傅巽集》二卷

《高堂隆集》十卷

《缪袭集》五卷

《殷褒集》二卷

《韦诞集》三卷

《曹羲集》五卷

《傅嘏集》二卷

《桓范集》二卷

《夏侯霸集》二卷

《钟毓集》五卷

《江奉集》二卷

《夏侯惠集》二卷

《毌丘俭集》二卷

《王弼集》五卷

《吕安集》二卷

《王昶集》五卷

《王肃集》五卷

《何晏集》十卷

《应瑗集》十卷

《杜挚集》二卷

《夏侯玄集》二卷

《程晓集》二卷

《阮籍集》五卷

《嵇康集》十五卷

《钟会集》十卷

蜀《许靖集》二卷

《诸葛亮集》二十四卷

吴《张温集》五卷

《士燮集》五卷

《虞翻集》三卷

《骆统集》十卷

《暨艳集》二卷

《谢承集》四卷

《姚信集》十卷

《陆凯集》五卷

《华核集》五卷

《胡综集》二卷

《薛莹集》二卷

《薛综集》三卷

《张俨集》二卷

《韦昭集》二卷

《纪骘集》二卷

晋《宣帝集》五卷

《文帝集》二卷

《明帝集》五卷

《简文帝集》五卷

《齐王攸集》二卷

《会稽王道子集》八卷

《彭城王集》八卷

《谯王集》三卷

《王沈集》五卷

《郑袤集》二卷

《应贞集》五卷

《嵇喜集》二卷

《傅玄集》五十卷

《成公绥集》十卷

《裴秀集》三卷

《何祯集》五卷

《袁准集》二卷

《山涛集》五卷

《向秀集》二卷

《阮冲集》二卷

《阮侃集》五卷

《羊祜集》二卷

《贾充集》二卷

《荀勖集》二十卷

《杜预集》二十卷

《王浚集》二卷

《皇甫谧集》二卷

《程咸集》二卷

《刘毅集》二卷

《庾峻集》三卷

《郄正集》一卷

《杨泉集》二卷

《陶浚集》二卷

《宣骋集》三卷

《曹志集》二卷

《邹湛集》四卷

《孙毓集》五卷

《王浑集》五卷

《王深集》四卷

《江伟集》五卷

《闵鸿集》二卷

《裴楷集》二卷

《何劭集》二卷

《刘实集》二卷

《裴颀集》十卷

《许孟集》二卷

《王祐集》三卷

《王济集》二卷

《华颂集》三卷

《刘峤集》二卷

《庾儵集》三卷

《谢衡集》二卷

《傅咸集》三十卷

《枣据集》二卷

《刘宝集》三卷

《孙楚集》十卷

《王赞集》二卷

《夏侯湛集》十卷

《夏侯淳集》十卷

《张敏集》二卷

《刘许集》二卷

《李重集》二卷

《乐广集》二卷

《阮浑集》二卷

《杨乂集》三卷

《张华集》十卷

《李虔集》十卷

《石崇集》五卷

《潘岳集》十卷

《潘尼集》十卷

《欧阳建集》二卷

《嵇绍集》二卷

《卫展集》十四卷

《卢播集》二卷

《栾肇集》五卷

《应亨集》二卷

《司马彪集》三卷

《杜育集》二卷

《挚虞集》十卷

《缪征集》二卷

《左思集》五卷

《夏侯靖集》二卷

《郑丰集》二卷

《陈略集》二卷

《张翰集》二卷

《陆机集》十五卷

《陆云集》十卷

《陆冲集》二卷

《孙极集》二卷

《张载集》二卷

《张协集》二卷

《束晰集》五卷

《华谭集》二卷

《曹摅集》二卷

《江统集》十卷

《胡济集》五卷

《卞粹集》二卷

《闾丘冲集》二卷

《庾敳集》二卷

《阮瞻集》二卷

《阮修集》二卷

《裴邈集》二卷

《郭象集》五卷

《嵇含集》十卷

《孙惠集》十卷

《蔡洪集》二卷

《牟秀集》五卷

《蔡克集》二卷

《索靖集》二卷

《阎纂集》二卷

《张辅集》二卷

《殷巨集》二卷

《陶佐集》五卷

《仲长敖集》二卷

《虞浦集》二卷

《吴商集》五卷

《刘弘集》三卷

《山简集》二卷

《宗岱集》三卷

《王旷集》五卷

《王峻集》二卷

《枣腆集》二卷

《枣嵩集》二卷

《刘琨集》十卷

《卢谌集》十卷

《傅畅集》五卷

《顾荣集》五卷

《荀组集》二卷

《周颛集》二卷

《周嵩集》三卷

《王导集》十卷

《荀邃集》二卷

《王敦集》五卷

《谢琨集》二卷

《张抗集》二卷

《贾霖集》三卷

《刘隗集》三卷

《应詹集》五卷

《陶侃集》二卷

《王洽集》三卷

《张闿集》三卷

《卞壶集》二卷

《刘超集》二卷

《杨方集》二卷

《傅纯集》二卷

《郗鉴集》十卷

《温峤集》十卷

《孔坦集》五卷

《王涛集》五卷

《王篯集》五卷

《甄述集》五卷

《王峤集》二卷

《戴邈集》五卷

《贺循集》二十卷

《张悛集》二卷

《应硕集》二卷

《陆沈集》二卷

《曾璩集》五卷

《熊远集》五卷

《郭璞集》十卷

《王鉴集》五卷

《庾亮集》二十卷

《虞预集》十卷

《顾和集》五卷

《范宣集》十卷

《张虞集》五卷

《庾冰集》二十卷

《庾翼集》二十卷

《何充集》五卷

《诸葛恢集》五卷

《祖台之集》十五卷

《李充集》十四卷

《蔡谟集》十卷

《谢艾集》八卷

《范汪集》八卷

《范宁集》十五卷

《阮放集》五卷

《王廙集》十卷

《王彪之集》二十卷

《谢安集》五卷

《谢万集》十卷

《王羲之集》五卷

《干宝集》四卷

《殷融集》十卷

《刘遐集》五卷

《殷浩集》五卷

《刘恢集》二卷

《王濛集》五卷

《谢尚集》五卷

《张凭集》五卷

《张望集》三卷

《韩康伯集》五卷

《王胡之集》五卷

《江霖集》五卷

《范宣集》五卷

《江惇集》五卷

《王述集》五卷

《郝默集》五卷

《黄整集》十卷

《王浃集》二卷

《王度集》五卷

《刘系之集》五卷

《刘恢集》五卷

《范起集》五卷

《殷康集》五卷

《孙嗣集》三卷

《王坦之集》五卷

《桓温集》二十卷

《郗超集》十五卷

《谢朗集》五卷

《谢玄集》十卷

《王珣集》十卷

《许询集》三卷

《孙统集》五卷

《孙绰集》十五卷

《孔严集》五卷

《江逌集》五卷

《车灌集》五卷

《丁纂集》二卷

《曹毗集》十五卷

《蔡系集》二卷

《李颙集》十卷

《顾夷集》五卷

《袁乔集》五卷

《谢沈集》五卷

《庾阐集》十卷

《王隐集》十卷

《殷允集》十卷

《徐邈集》八卷

《殷仲堪集》十卷

《殷叔献集》三卷

《伏滔集》五卷

《桓嗣集》五卷

《习凿齿集》五卷

《钮滔集》五卷

《邵毅集》五卷

《孙盛集》十卷

《袁质集》二卷

《袁宏集》二十卷

《袁邵集》三卷

《罗含集》三卷

《孙放集》十五卷

《辛旸集》四卷

《庾统集》二卷

《郭惜集》五卷

《滕辅集》五卷

《庾和集》二卷

《庾轨集》二卷

《庾茜集》二卷

《庾肃之集》十卷

《王修集》二卷

《戴逵集》十卷

《桓玄集》二十卷

《殷仲文集》七卷

《卞湛集》五卷

《苏彦集》十卷

《袁豹集》十卷

《王谧集》十卷

《周祗集》十卷

《梅陶集》十卷

《湛方生集》十卷

《刘瑾集》八卷

《羊徽集》一卷

《卞裕集》十四卷

《王愆期集》十卷

《孔璠之集》二卷

《王茂略集》四卷

《薄肃之集》十卷

《滕演集》二卷

宋《武帝集》二十卷

《文帝集》十卷

《长沙王义欣集》十卷

《临川王义庆集》八卷

《衡阳王义季集》十卷

《江夏王义恭集》十五卷

《南平王铄集》五卷

《建平王宏集》十卷

　　又《小集》六卷

《新渝侯义宗集》十二卷

《谢瞻集》二卷

《孔琳之集》十卷

《王叔之集》十卷

《徐广集》十五卷

《孔宁子集》十五卷

《蔡廓集》十卷

《傅亮集》十卷

《孙康集》十卷

《郑鲜之集》二十卷

《陶潜集》二十卷

　　又《集》五卷

《范泰集》二十卷

《王弘集》二十卷

《谢惠连集》五卷

《谢灵运集》十五卷

《荀昶集》十四卷

《孔欣集》十卷

《卞伯玉集》五卷

《王昙首集》二卷

《谢弘微集》二卷

《王韶之集》二十卷

《沈林子集》七卷

《姚涛之集》二十卷

《贺道养集》十卷

《卫令元集》八卷

《褚诠之集》八卷

《荀钦明集》六卷

《殷淳集》三卷

《刘瑀集》七卷

《刘绲集》五卷

《雷次宗集》三十卷

《宗炳集》十五卷

《伍缉之集》十一卷

《荀雍集》十卷

《袁淑集》十卷

《颜延之集》三十卷

《王微集》十卷

《王僧达集》十卷

《张畅集》十四卷

《何偃集》八卷

《沈怀文集》十三卷

《江智渊集》十卷

《谢庄集》十五卷

《殷琰集》八卷

《颜竣集》十三卷

《何承天集》二十卷

《裴松之集》三十卷

《卞瑾集》十卷

《丘渊之集》六卷

《颜测集》十一卷

《汤惠休集》三卷

《沈勃集》十五卷

《徐爰集》十卷

《鲍照集》十卷

《庾蔚之集》十一卷

《虞通之集》五卷

《刘愔集》十卷

《孙缅集》十卷

《袁伯文集》十卷

《袁粲集》十卷

齐《竟陵王集》三十卷

《褚渊集》十五卷

《王俭集》六十卷

《周颙集》二十卷

《徐孝嗣集》十二卷

《王融集》十卷

《谢朓集》十卷

《孔稚珪集》十卷

《陆厥集》十卷

《虞羲集》十一卷

《宗躬集》十二卷

《江夬集》十一卷

张融《玉海集》六十卷

梁《文帝集》十八卷

《武帝集》十卷

《简文帝集》八十卷

《元帝集》五十卷

　　又《小集》十卷

《昭明太子集》二十卷

《邵陵王纶集》四卷

《武陵王纪集》八卷

《范云集》十二卷

《江淹前集》十卷

《后集》十卷

《任昉集》三十四卷

《宗夬集》十卷

《王暕集》二十卷

《魏道微集》三卷

《司马褧集》九卷

《沈约集》一百卷

　　又《集略》三十卷

《傅昭集》十卷

《袁昂集》二十卷

《徐勉前集》三十五卷

《后集》十六卷

《陶弘景集》三十卷

《周舍集》二十卷

《何逊集》八卷

《谢琛集》五卷

《谢郁集》五卷

《王僧孺集》三十卷

《张率集》三十卷

《杨眺集》十卷

《鲍畿集》八卷

《周兴嗣集》十卷

《萧洽集》二卷

《裴子野集》十四卷

《庾昙隆集》十卷

《陆倕集》二十卷

《刘之遴前集》十一卷

《后集》三十卷

《虞㽦集》六卷

《王冏集》三卷

《刘孝绰集》十二卷

《刘孝仪集》二十卷

《刘孝威前集》十卷

《后集》十卷

《丘迟集》十卷

《王锡集》七卷

《萧子范集》三卷

《萧子云集》二十卷

《萧子晖集》十一卷

《江革集》十卷

《吴均集》二十卷

《庾肩吾集》十卷

王筠《洗马集》十卷

又《中庶子集》十卷

《左右集》十卷

《临海集》十卷

《中书集》十卷

《尚书集》十一卷

《鲍泉集》一卷

《谢琪集》十卷

《任孝恭集》十卷

《张缵集》十卷

《陆云公集》四卷

《张绾集》十卷

《甄玄成集》十卷

《萧欣集》十卷

《沈君攸集》十二卷

后梁《明帝集》一卷

后魏《文帝集》四十卷

《高允集》二十卷

《宗钦集》二卷

《李谐集》十卷

《韩宗集》五卷

《袁跃集》九卷

《薛孝通集》六卷

《温子升集》三十五卷

《卢元明集》六卷

《阳固集》三卷

《魏孝景集》一卷

北齐《阳休之集》三十卷

《邢邵集》三十卷

《魏收集》七十卷

《刘逖集》四十卷

后周《明帝集》五十卷

《赵平王集》十卷

《滕简王集》十二卷

《宗懔集》十卷

《王褒集》二十卷

《萧㧑集》十卷

《庾信集》二十卷

《王衡集》三卷

陈《后主集》五十五卷

《沈炯前集》六卷

　　《后集》十三卷

《周弘正集》二十卷

《周弘让集》十八卷

《徐陵集》三十卷

《张正见集》四卷

《陆珍集》五卷

《陆瑜集》十卷

《沈不害集》十卷

《张式集》十三卷

《褚介集》十卷

《顾越集》二卷

《顾览集》五卷

《姚察集》二十卷

隋《炀帝集》三十卷

《卢思道集》二十卷

《李元操集》二十二卷

《辛德源集》三十卷

《李德林集》十卷

《牛弘集》十二卷

《薛道衡集》三十卷

《何妥集》十卷

《柳顾言集》十卷

《江总集》二十卷

《殷英童集》三十卷

《萧悫集》九卷

《魏澹集》四卷

《尹式集》五卷

《诸葛颖集》十四卷

《王胄集》十卷

《虞茂世集》五卷

《刘兴宗集》三卷

《李播集》三卷

道士《江旻集》三十卷

僧《昙谛集》六卷

《惠远集》十五卷

《支遁集》十卷

《惠琳集》五卷

《昙瑗集》六卷

《灵裕集》二卷

亡名集十卷

《曹大家集》二卷

《钟夫人集》二卷

刘臻妻《陈氏集》五卷

《左九嫔集》一卷

《临安公主集》三卷

范靖妻《沈满愿集》三卷

徐悱妻《刘氏集》六卷

《太宗集》四十卷

《高宗集》八十六卷

《中宗集》四十卷

《睿宗集》十卷

武后《垂拱集》一百卷

    又《金轮集》十卷

《陈叔达集》十五卷

《窦威集》十卷

《褚亮集》二十卷

《虞世南集》三十卷

《萧瑀集》一卷

《沈齐家集》十卷

《薛收集》十卷

《杨师道集》十卷

《庾抱集》十卷

《孔颖达集》五卷

《王绩集》五卷

《郎楚之集》三卷

《魏徵集》二十卷

《许敬宗集》八十卷

《于志宁集》四十卷

《上官仪集》三十卷

《李义府集》四十卷

《颜师古集》六十卷

《岑文本集》六十卷

《刘子翼集》二十卷

《殷闻礼集》一卷

《陆士季集》十卷

《刘孝孙集》三十卷

《郑世翼集》八卷

《崔君实集》十卷

《李百药集》三十卷

《孔绍安集》五十卷

《高季辅集》二十卷

《温彦博集》二十卷

《李玄道集》十卷

《谢偃集》十卷

《沈叔安集》二十卷

《陆楷集》十卷

《曹宪集》三十卷

《萧德言集》二十卷

《潘求仁集》三卷

《殷芊集》三卷

《萧钧集》三十卷

《袁朗集》十四卷

《杨续集》十卷

《王约集》一卷

《任希古集》十卷

《凌敬集》十四卷

《王德俭集》十卷

《徐孝德集》十卷

《杜之松集》十卷

《宋令文集》十卷

《陈子良集》十卷

《颜颐集》十卷

《刘颖集》十卷

《司马仝集》十卷

《郑秀集》十二卷

《耿义褒集》七卷

《杨元亨集》五卷

《刘纲集》三卷

《王归一集》十卷

《马周集》十卷

《薛元超集》三十卷

《高智周集》五卷

《褚遂良集》二十卷

《刘祎之集》七十卷

《郝处俊集》十卷

《崔知悌集》五卷

《李安期集》二十卷

《唐觐集》五卷

《张大素集》十五卷

《邓玄挺集》十卷

《刘允济集》二十卷

《骆宾王集》十卷

《卢照邻集》二十卷

　　又《幽忧子》三卷

杨炯《盈川集》三十卷

《王勃集》三十卷

《狄仁杰集》十卷

《李怀远集》八卷

《卢受采集》二十卷

《王适集》二十卷

《乔知之集》二十卷

《苏味道集》十五卷

《薛耀集》二十卷

《郎余庆集》十卷

《卢光容集》二十卷

《崔融集》六十卷

《阎镜机集》十卷

《李峤集》五十卷

《乔备集》六卷

《陈子昂集》十卷

《元希声集》十卷

《李适集》十卷

《沈佺期集》十卷

《徐彦伯前集》十卷

　　《后集》十卷

《宋之问集》十卷

《杜审言集》十卷

《谷倚集》十卷

《富嘉谟集》十卷

《吴少微集》十卷

《刘希夷集》十卷

《张柬之集》十卷

《桓彦范集》三卷

《韦承庆集》六十卷

《阎丘均集》二十卷

《郭元振集》二十卷

《魏知古集》二十卷

《阎朝隐集》五卷

《苏瓌集》十卷

《员半千集》十卷

《李乂集》五卷

《姚崇集》十卷

《丘悦集》十卷

《刘子玄集》三十卷

《卢藏用集》三十卷

《玄宗集》

《德宗集》_{卷亡。}

《濮王泰集》二十卷

《上官昭容集》二十卷

《令狐德棻集》三十卷

《褚亮集》二十卷

《许彦伯集》十卷

《刘洎集》十卷

《来济集》三十卷

《杜正伦集》十卷

《李敬玄集》三十卷

《裴行俭集》二十卷

《崔行功集》六十卷

《张文琮集》二十卷

《麴崇裕集》二十卷

《刘宪集》三十卷

《薛稷集》三十卷

《宋璟集》十卷

《蒋伊集》五卷

《赵弘智集》二十卷

《贺德仁集》二十卷

《许子儒集》十卷

《蔡允恭集》二十卷

《张昌龄集》二十卷

《杜易简集》二十卷

《颜元孙集》三十卷

《姚璹集》七卷

《杜元志集》十卷_{字道宁，开元考功郎中，杭州刺史。}

《杨仲昌集》十五卷

《崔液集》十卷_{裴耀卿纂。}

《张说集》二十卷

《苏颋集》三十卷

《徐坚集》三十卷

《元海集》十卷字休则，开元临河尉。

《李邕集》七十卷

《王浣集》十卷

《张九龄集》二十卷

《康国安集》十卷以明经高第直国子监，教授三馆进士，授右典戎卫录事参军，太学崇文助教，迁博士，白兽门内供奉、崇文馆学士。

《孙逖集》二十卷

《赵冬曦集》卷亡。

《苑咸集》卷亡。京兆人。开元末上书，拜司经校书、中书舍人，贬汉东郡司户参军，复起为舍人、永阳太守。

《毛钦一集》三卷字杰，荆州长林人。

王助《雕虫集》一卷

《王维集》十卷

《康希铣集》二十卷字南金，开元台州刺史。

《张均集》二十卷

《权若讷集》十卷开元梓州刺史。

《白履忠集》十卷

《鲜于向集》十卷

《康玄辩集》十卷字通理，开元沪州刺史。

《严从集》三卷从卒，诏求其稿，吕向集而进焉。

《陶翰集》卷亡。润州人，开元礼部员外郎。

《崔国辅集》卷亡。应县令举，授许昌令、集贤直学士、礼部员外郎。坐王铣近亲贬竟陵郡司马。

《高适集》二十卷

《贾至集》二十卷

　　　别十五卷苏冕编。

《张孝嵩集》十卷字仲山，南阳人。开元河东节度使，南阳郡公。

《储光羲集》七十卷

《苏源明前集》三十卷

《李白草堂集》二十卷李阳冰录。

《杜甫集》六十卷

　　《小集》六卷润州刺史樊晃集。

《岑参集》十卷

《卢象集》十二卷字纬卿，左拾遗、膳部员外郎，授安禄山伪官，贬永州司户参军，起为主客员外郎。

萧颖士《游梁新集》三卷

　　又《集》十卷

《李华前集》十卷

　　《中集》二十卷

《李翰前集》三十卷

《王昌龄集》五卷

《元结文编》十卷

《邵说集》十卷

《裴倩集》五卷

　　又《溢城集》五卷均之父。

《刘汇集》三卷

《樊泽集》十卷

《崔良佐集》十卷

《汤贲集》十五卷字文叔，润州丹阳人。贞元宋州刺史。

《刘迥集》五卷

《武就集》五卷元衡父。

《于休烈集》十卷

《元载集》十卷

《张荐集》三十卷

《刘长卿集》十卷字文房。至德监察御史，以检校祠部员外郎为转运使判官,知淮西鄂岳转运留后,鄂岳观察使。吴仲孺诬奏,贬潘州南巴尉。会有为辨之者,除睦州司马,终隋州刺史。

《戎昱集》五卷卫伯玉镇荆南从事,后为辰州、虔州二刺史。

《崔祐甫集》三十卷

《常衮集》十卷

又《诏集》六十卷

《杨炎集》十卷

又《制集》十卷苏弁编。

颜真卿《吴兴集》十卷

又《庐陵集》十卷

《临川集》十卷

《归崇敬集》二十卷

《刘太真集》三十卷

《于邵集》四十卷

《梁肃集》二十卷

独孤及《毗陵集》二十卷

《窦叔向集》七卷字遗直。与常衮善,衮为相,用为左拾遗内供奉,及贬,亦出溧水令。

《丘为集》卷亡。苏州嘉兴人,事继母孝,尝有灵芝生堂下。累官太子右庶子,时年八十余,而母无恙,给俸禄之半。及居忧,观察使韩滉以致仕官给禄所以惠养老臣,不可在丧为异,唯罢春秋羊酒。初还乡,县令谒之,为候门磬折,令坐,乃拜里胥立庭下,既出,乃敢坐。经县署,降马而趋。卒年九十六。

《柳浑集》十卷

《李泌集》二十卷

《张建封集》二百三十篇

《顾况集》二十卷

《鲍溶集》五卷

《齐抗集》二十卷

《郑余庆集》五十卷

《崔元翰集》三十卷

《杨凝集》二十卷

《欧阳詹集》十卷

《李观集》三卷陆希声纂。

《吕温集》十卷

《穆员集》十卷

《窦常集》十八卷

《郑絪集》三十卷

《符载集》十四卷

《郗纯集》六十卷

戴叔伦《述稿》十卷

《张登集》六卷贞元漳州刺史。

《陆迅集》十卷德宗时监察御史里行。

《柳冕集》卷亡。

《姚南仲集》十卷

《李吉甫集》二十卷

《武元衡集》十卷

权德舆《童蒙集》十卷

　　　　又《集》五十卷

　　　《制集》五十卷

《韩愈集》四十卷

《柳宗元集》三十卷

《韦贯之集》三十卷

《李绛集》二十卷

令狐楚《漆奁集》一百三十卷

　　　　又《梁苑文类》三卷

　　　《表奏集》十卷自称《白云孺子表奏集》。

《韦武集》十五卷

《皇甫镈集》十八卷

《樊宗师集》二百九十一卷

《武儒衡集》二十五卷

　　又《制集》二十卷

李道《古文舆》三十卷

董侹《武陵集》卷亡。侹，字庶中，元和荆南从事。

《刘禹锡集》四十卷

《元氏长庆集》一百卷

　　　又《小集》十卷元稹。

《白氏长庆集》七十五卷白居易。

《白行简集》二十卷

《张仲方集》三十卷

《郑浣集》三十卷

《冯宿集》四十卷

《刘伯刍集》三十卷

《段文昌集》三十卷

　　又《诏诰》二十卷

《韦处厚集》七十卷

《刘栖楚集》二十卷

《李翱集》十卷

《温造集》八十卷

《滕珦集》卷亡。珦，东阳人。历茂王傅，大和初以右庶子致仕，四品给券还乡自珦始。

《王起集》一百二十卷

《崔咸集》二十卷大和人。

《皇甫湜集》三卷

《舒元舆集》一卷

李德裕《会昌一品集》二十卷

　　又《姑臧集》五卷

　　《穷愁志》三卷

《杂赋》二卷

杜牧《樊川集》二十卷

《沈亚之集》九卷

《罗让集》三十卷

《王涯集》十卷

《魏谟集》十卷

《秫陵子集》一卷来择，字无择，宝历应贤良科。

《柳仲郢集》二十卷

《陈商集》十七卷

《欧阳衮集》二卷衮，福州闽县人，历侍御史。

温庭筠《握兰集》三卷

　　　又《金筌集》十卷

　　　《诗集》五卷

　　　《汉南真稿》十卷

陈陶《文录》十卷

刘蜕《文泉子》十卷字复愚，咸通中书舍人。

郑畋《玉堂集》五卷

　　　又《凤池稿草》三十卷

　　　《续凤池稿草》三十卷

孙樵《经纬集》三卷字可之，大中进士第。

周慎辞《宁苏集》五卷字若讷，咸通进士第。

《皮日休集》十卷

　　　又《胥台集》七卷

　　　《文薮》十卷

　　　《诗》一卷

陆龟蒙《笠泽丛书》三卷

　　　又《诗编》十卷

　　　《赋》六卷

《杨夔集》五卷

又《穴书》十卷

《穴余集》一卷

沈栖远《景台编》十卷字子鸾，咸通进士第。

《郑诚集》卷亡。字申虞，福州闽县人。大中国子司业，郢、安二州刺史，江西节度副使。

司空图《一鸣集》三十卷

《陆宸集》七卷

秦韬玉《投知小录》三卷字中明，田令孜神策判官、工部侍郎。

《郑赍集》十卷字贡华，乾符进士第。

袁皓《碧池书》三十卷袁州宜春人。龙纪集贤殿图书使，自称碧池处士。

《郑氏贻孙集》四卷

养素先生《遗荣集》三卷皆唐末人。

《张玄晏集》二卷字寅节，昭宗翰林学士。

《齐夔集》一卷

黄璞《雾居子》十卷

《谭正夫集》一卷

《丘光庭集》三卷

张安石《涪江集》一卷

张友正《杂编》一卷

《沈光集》五卷题曰《云梦子》。

《程晏集》七卷字晏然，乾宁进士第。

沈颜《聱书》十卷

李善夷《江南集》十卷

《刘绮庄集》十卷

《王秉集》五卷

《孙子文纂》四十卷

又《孙氏小集》三卷孙郃，字希韩，乾宁进士第。

《陈黯集》三卷字希孺，泉州南安人，昭宗时。

《罗衮集》二卷字子制，天祐起居郎。

李峤《杂咏诗》十二卷

《刘希夷诗集》四卷

《崔颢诗》一卷汴州人，才俊无行，娶妻不惬即去之者三四，历司勋员外郎。

《綦母潜诗》一卷字孝通。开元中，繇宜寿尉入集贤院待制，迁右拾遗，终著作郎。

《祖咏诗》一卷

《李颀诗》一卷并开元进士第。

《孟浩然诗集》三卷弟洗然。宜城王士源所次，皆三卷也。士源别为七类。

《包融诗》一卷润州延陵人。历大理司直。二子何、佶齐名，世称"二包"。何，字幼嗣，大历起居舍人。融与储光羲皆延陵人，曲阿有余杭州尉丁仙芝、缑氏主簿蔡隐丘、监察御史蔡希周、渭南尉蔡希寂、处士张彦雄、张潮、校书郎张晕、吏部常选周瑀、长洲尉谈戭，句容有忠王府仓曹参军殷遥、硖石主簿樊光、横阳主簿沈如筠，江宁有右拾遗孙处玄、处士徐延寿，丹徒有江都主簿马挺、武进尉申堂构，十八人皆有诗名。殷璠汇次其诗，为《丹杨集》者。

《皇甫冉诗集》三卷字茂政，润州丹阳人，秘书少监、集贤院修撰彬侄也。天宝末无锡尉，避难居阳羡，后为左金吾卫兵曹参军、左补阙，与弟曾齐名。曾，字孝常，历侍御史，坐事贬徙舒州司马，阳翟令。

《严维诗》一卷字正文，越州人，秘书郎。

《张继诗》一卷字懿孙，襄州人。大历末，检校祠部员外郎，分掌财赋于洪州。

《李嘉祐诗》一卷别名从一，袁州、台州二刺史。

《郎士元诗》一卷字君胄，中山人。宝应元年，选畿县官，诏试中书，补渭南尉，历拾遗、郢州刺史。

《张南史诗》一卷字季直，幽州人。以试参军避乱居扬州杨子，再召之，未赴，卒。

《畅当诗》二卷

《郑常诗》一卷

《苏涣诗》一卷涣少喜剽盗,善用白弩,巴蜀商人苦之,号白跖,以比庄跻。后折节读书,进士及第。湖南崔瓘辟从事,瓘遇害,涣走交广,与哥舒晃反,伏诛。

《朱湾诗集》四卷李勉永平从事。

《吉中孚诗》一卷楚州人,始为道士,后官校书郎,登宏辞,谏议大夫、翰林学士、户部侍郎,判度支。贞元初卒。

《朱放诗》一卷字长通,襄州人,隐居剡溪。嗣曹王皋镇江西,辟节度参谋,贞元初召为拾遗,不就。

《刘方平诗》一卷河南人,与元鲁山善,不仕。

《常建诗》一卷肃、代时人。

《麴信陵诗》一卷

《章八元诗》一卷睦州人,大历进士第。

《秦系诗》一卷

《陈诩集》十卷字载物,福州闽县人。贞元户部郎中,知制诰。

《钱起诗》一卷

《李端诗集》三卷

《韩翃诗集》五卷

《司空曙诗集》二卷

《卢纶诗集》十卷

《耿沣诗集》二卷

《崔峒诗》一卷

《韦应物诗集》十卷

《许经邦诗集》一卷建中右武卫胄曹参军。

《韦渠牟诗集》十卷谏议大夫时集。

《刘商诗集》十卷贞元比部郎中。

《王建集》十卷大和陕州司马。

张碧《歌行集》二卷贞元人。

《雍裕之诗》一卷

《杨巨源诗》一卷字景山,大和河中少尹。

《孟郊诗集》十卷

《张籍诗集》七卷

《李涉诗》一卷

《李贺集》五卷

李绅《追昔游诗》三卷

　　　　又《批答》一卷

《章孝标诗》一卷

《殷尧藩诗》一卷元和进士第。

《李敬方诗》一卷字中虔，大和歙州刺史。

《玉川子诗》一卷卢仝。

《裴夷直诗》一卷

《施肩吾诗集》十卷

《姚合诗集》十卷

《韩琮诗》一卷字成封，大中湖南观察使。

李商隐《樊南甲集》二十卷

　　　《乙集》二十卷

　　　《玉溪生诗》三卷

　　　又《赋》一卷

　　　《文》一卷

贾岛《长江集》十卷

　　　又《小集》三卷

《张祜诗》一卷字承吉，为处士，大中中卒。

许浑《丁卯集》二卷字用晦，圉师之后，大中睦州、郢州二刺史。

《李远诗集》一卷字求古，大中建州刺史。

《雍陶诗集》十卷字国钧，大中八年自国子《毛诗》博士出为简州刺史。

《朱庆诗》一卷名可久，以字行。宝历进士第。

《喻凫诗》一卷开成进士第，乌程令。

《马戴诗》一卷字虞臣，会昌进士第。

《李群玉诗》三卷

《后集》五卷字文山,澧州人。裴休观察湖南,厚延致之,及为相,以诗论荐授校书郎。

崔橹《无讥集》四卷

郁浑《百篇集》一卷浑常应百篇举,寿州刺史李绅命百题试之。

《姚鹄诗》一卷字居云,会昌进士第。

《项斯诗》一卷字子迁,江东人,会昌丹徒尉。

《孟迟诗》一卷字迟之,会昌进士第。

《顾非熊诗》一卷况之子,大中盱眙簿,弃官隐茅山。

《章碣诗》一卷

赵嘏《渭南集》三卷

　　又《编年诗》二卷字承祐,大中渭南尉。

《薛逢诗集》十卷

　　又《别纸》十三卷

　　《赋集》十四卷

《于武陵诗》一卷

《李频诗》一卷

《李郢诗》一卷字楚望,大中进士第,侍御史。

《曹邺诗》三卷字邺之,大中进士第,洋州刺史。

《刘沧诗》一卷字蕴灵。

《崔珏诗》一卷字梦之,并大中进士第。

《刘得仁诗》一卷

《高蟾诗》一卷乾宁御史中丞。

《高骈诗》一卷

《薛能诗集》十卷

　　又《繁城集》一卷

陆希声《颐山诗》一卷

郑嵎《津阳门诗》一卷

《于濆诗》一卷字子漪。

《许棠诗》一卷字文化。

《公乘亿诗》一卷字寿山,并咸通进士第。

《聂夷中诗》二卷字坦之,咸通华阴尉。

《于邺诗》一卷

《于鹄诗》一卷

郑谷《云台编》三卷

　　　　又《宜阳集》三卷字守愚,袁州人,为右拾遗。乾宁中,以都官郎
中卒于家。

《朱朴诗》四卷

　　　　又《杂表》一卷

《玄英先生诗集》十卷方干。

《李洞诗》一卷

《吴融诗集》四卷

　　　　又《制诰》一卷

《韩偓诗》一卷

　　　　又《香奁集》一卷

《曹唐诗》三卷字尧宾。

《周贺诗》一卷

《刘干诗》一卷

《崔涂诗》一卷字礼山,光启进士第。

《唐彦谦诗集》三卷

《张乔诗集》二卷

《王驾诗集》六卷字大用。

《吴仁璧诗》一卷字廷实,并大顺进士第。

《王贞白诗》一卷字有道。

《张蠙诗集》二卷字象文。

《翁承赞诗》一卷字文尧。

《褚载诗》三卷字厚之,并乾宁进士第。

《王毂诗集》三卷字虚中,乾宁进士第,郎官致仕。

《曹松诗集》三卷字梦征,天复进士第,校书郎。

《罗邺诗》一卷

《赵抟歌诗》二卷

《周朴诗》二卷 朴称处士。

《朱景元诗》一卷

崔道融《申唐诗》三卷

《陈光诗》一卷

《王德舆诗》一卷

汤绪《潜阳杂题诗》三卷

《韦霭诗》一卷

《张为诗》一卷

《罗浩源诗》一卷

薛莹《洞庭诗集》一卷

谢蟠隐《杂感诗》二卷

《谭藏用诗》一卷

刘言史《歌诗》六卷

《黄滔集》十五卷 字文江,光化四门博士。

郑良士《白岩集》十卷 字君梦。昭宗时献诗五百篇,授补阙。

《严郾诗》二卷

《刘威诗》一卷

《郑云叟诗集》三卷

《来鹏诗》一卷

陆元皓《咏刘子诗》三卷

《任翻诗》一卷

《李山甫诗》一卷

道士《吴筠集》十卷

僧《惠赜集》八卷 姓李,江陵人。

僧《玄范集》二十卷

僧《法琳集》三十卷

僧《灵彻诗集》十卷 姓汤,字源澄,越州人。

《皎然诗集》十卷字清昼,姓谢,湖州人,灵运十世孙,居杼山。颜真卿为刺史,集文士撰《韵海敬源》,预其论著。贞元中,集贤御书院取其集以藏之,刺史于頔为序。

卢献卿《愍征赋》一卷

《谢观赋》八卷

卢肇《海潮赋》一卷

　　又《通屈赋》一卷

　　注林绚《大统赋》二卷字子发,袁州人。咸通歙州刺史。

《高迈赋》一卷

皇甫松《大隐赋》一卷

崔葆《数赋》十卷乾宁进士,王克昭注。

《宋言赋》一卷字表文。

《陈汀赋》一卷字用济,并大中进士第。

乐朋龟《纶阁集》十卷

　　又《德门集》五卷

《赋》一卷字兆吉,僖宗翰林学士,太子少保致仕。

《蒋凝赋》三卷字仲山,咸通进士第。

公乘亿《赋集》十二卷

《林嵩赋》一卷字降臣,乾符进士第。

《王翃赋》一卷字雄飞,大顺进士第。

《贾嵩赋》三卷

《李山甫赋》二卷

陆贽《论议表疏集》十二卷

　　又《翰苑集》十卷韦处厚纂。

《王仲舒制集》十卷

《李虞仲制集》四卷

《封敖翰稿》八卷

崔嘏《制诰集》十卷字乾锡,邢州刺史。会刘稹反,归朝,授考功郎中、中书舍人。李德裕之谪,嘏草制不尽书其过,贬端州刺史。

独孤霖《玉堂集》二十卷

刘崇望《中和制集》十卷

《李溪制集》四卷

钱珝《舟中录》二十卷

薛廷圭《凤阁书词》十卷

郭元振《九谏书》一卷

李绛《论事集》三卷蒋偕集。

《李溪表疏》五卷

《张浚表状》一卷

　　《临淮尺题》二卷武元衡西川从事撰。

《李程表状》一卷

《刘三复表状》十卷

《问遗杂录》三卷

赵璘《表状集》一卷

《张次宗集》六卷

吕述《东平小集》三卷

《段全纬集》二十卷

刘邺《甘棠集》三卷

《王虬集》十卷字希龙,泉州南安人。大顺初举进士第。

崔致远《四六》一卷

　　又《桂苑笔耕》二十卷高丽人,宾贡及第,高骈淮南从事。

《顾氏编遗》十卷

　　《苕川总载》十卷

　　《纂新文苑》十卷

　　《启事》一卷

　　《赋》二卷

　　《集遗具录》十卷顾云,字垂象,池州人。虞部郎中,高骈淮南从
事。

郑准《渚宫集》一卷字不欺,乾宁进士第。

李巨川《四六集》二卷韩建华州从事。

胡曾《安定集》十卷

《陈蟠隐集》五卷

张泽《饮河集》十五卷

黄台《江西表状》二卷钟传从事。

太宗《凌烟阁功臣赞》一卷

崔融《宝图赞》一卷王起注。

卢铤《武成王庙十哲赞》一卷

李靖《霸国箴》一卷

魏徵《时务策》五卷

郭元振《安邦策》一卷

《刘蕡策》一卷

王勃《舟中纂序》五卷

《才命论》一卷张鷟撰,郗昂注。一作张说撰,潘询注。

杜元颖《五题》一卷

《李甘文》一卷

《南卓文》一卷

《刘轲文》一卷

《陆鸾文》一卷字离祥,咸通进士第。

《吴武陵书》一卷

夏侯韫《大中年与凉州书》一卷

骆宾王《百道判集》一卷

张文成《龙筋凤髓》十卷

《崔锐判》一卷大历人。

郑宽《百道判》一卷元和拔萃。

　右别集类七百三十六家,七百五十部,七千六百六十八卷。失姓名一家。玄宗以下不著录四百六家,五千一十二卷。

　挚虞《文章流别集》三十卷

杜预《善文》四十九卷

谢沈《名文集》四十卷

孔逭《文苑》一百卷

梁昭明太子《文选》三十卷

　　　又《古今诗苑英华》二十卷

萧该《文选音》十卷

僧道淹《文选音义》十卷

《小辞林》五十三卷

《集古今帝王正位文章》九十卷

萧圆《文海集》三十六卷

康明贞《辞苑丽则》二十卷

庾自直《类文》三百七十七卷

宋明帝《赋集》四十卷

《皇帝瑞应颂集》十卷

《五都赋》五卷

卞铄《献赋集》十卷

司马相如《上林赋》一卷

曹大家注班固《幽通赋》一卷

项岱注《幽通赋》一卷

张衡《二京赋》二卷

薛综《二京赋音》二卷

《三都赋》三卷

左太冲《齐都赋》一卷

李轨《齐都赋音》一卷

褚令之《百赋音》一卷

郭微之《赋音》二卷

綦母邃《三京赋音》一卷

《木连理颂》二卷

李暠《靖恭堂颂》一卷

《诸郡碑》一百六十六卷

《杂碑文集》二十卷

殷仲堪《杂论》九十五卷

刘楷《设论集》三卷

谢灵运《设论集》五卷

　　又《连珠集》五卷

梁武帝《制旨连珠》四卷

陆缅注《制旨连珠》十一卷

谢庄《赞集》五卷

张湛《古今箴铭集》十三卷

《众贤诫集》十五卷

《杂诫箴》二十四卷

李德林《霸朝杂集》五卷

王履《书集》八十卷

夏赤松《书林》六卷

山涛《启事》十卷

《梁中书表集》二百五十卷

《荐文集》七卷

《宋元嘉策》五卷

　　又《元嘉宴会游山诗集》五卷

《宋伯宜策集》六卷

卞氏《七林集》十二卷

颜之推《七悟集》一卷

袁淑《俳谐文》十五卷

颜竣《妇人诗集》二卷

殷淳《妇人集》三十卷

江邃《文释》十卷

干宝《百志诗集》五卷

崔光《百国诗集》二十九卷

应璩《百一诗》八卷

李爽《百一诗集》二卷

《晋元正宴会诗集》四卷伏滔、袁豹、谢灵运集。

颜延之《元嘉西池宴会诗集》三卷

《清溪集》三十卷齐武帝敕撰。

《齐释奠会诗集》二十卷

徐伯阳《文会诗集》四卷

《文林诗府》六卷北齐后主作。

萧淑《西府新文》十卷

《新文要集》十卷

宋明帝《诗集新撰》三十卷

《诗集》二十卷

《谢灵运诗集》五十卷

　　又《诗集钞》十卷

　　《诗英》十卷

　　《回文诗集》一卷

　　《七集》十卷

《刘和诗集》二十卷

《颜竣诗集》一百卷

许凌《六代诗集钞》四卷

《诗林英选》十一卷

虞绰等《类集》一百一十三卷

《诗缵》十二卷

《诗录》二十卷

《文苑词英》八卷

徐陵《六代诗集钞》四卷

　　又《玉台新咏》十卷

谢混《集苑》六十卷

宋临川王义庆《集林》二百卷

丘迟《集钞》四十卷

李善注《文选》六十卷

公孙罗注《文选》六十卷

　　　又《音义》十卷

刘允济《金门待诏集》十卷

《文馆辞林》一千卷许敬宗、刘伯庄等撰。

《丽正文苑》二十卷

《芳林要览》三百卷许敬宗、顾胤、许圉师、上官仪、杨思俭、孟利贞、姚瑇、窦德玄、郭瑜、董思恭、元思敬集。

僧惠净《续古今诗苑英华集》二十卷

刘孝孙《古今类聚诗苑》三十卷

郭瑜《古今诗类聚》七十九卷

《歌录集》八卷

李淳风注颜之推《稽圣赋》一卷

张庭芳注庾信《哀江南赋》一卷

崔令钦《注》一卷

窦严《东汉文类》三十卷

李善《文选辨惑》十卷

《五臣注文选》三十卷衢州常山尉吕延济、都水使者刘承祖男良、处士张铣、吕向、李周翰注，开元六年，工部侍郎吕延祚上之。

曹宪《文选音义》卷亡。

康国安注《驳文选异义》二十卷

许淹《文选音》十卷

孟利贞《续文选》十三卷

崔玄晞训注《文馆词林策》二十卷

康显《辞苑丽则》三十卷

　　　又《海藏连珠》三十卷希铣之兄，修书学士。

卜长福《续文选》三十卷开元十七年上，授富阳尉。

卜隐之《拟文选》三十卷开元处士。

《朝英集》三卷开元中张孝嵩出塞,张九龄、韩休、崔沔、王翰、胡皓、贺知章所撰送行歌诗。

张楚金《翰苑》三十卷

王方庆《王氏神道铭》二十卷

徐坚《文府》二十卷开元中,诏张说括《文选》外文章,乃命坚与贺知章、赵冬曦分讨,会诏促之,坚乃先集诗赋二韵为《文府》上之。余不能就而罢。

裴潾《大和通选》三十卷

李康《玉台后集》十卷

元思敬《诗人秀句》二卷

孙季良《正声集》三卷

《珠英学士集》五卷崔融集武后时修《三教珠英》学士李峤、张说等诗。

《搜玉集》十卷

曹恩《起予集》五卷大历人。

元结《箧中集》一卷

《奇章集》四卷

刘明素《丽文集》五卷兴元中集。

李吉甫《古今文集略》二十卷

又《国朝哀策文》四卷

《梁大同古铭记》一卷

《丽则集》五卷

《类表》五十卷亦名《表启集》。

柳宗直《西汉文类》四十卷

柳玄《同题集》十卷

窦常《南薰集》三卷

殷璠《丹杨集》一卷

又《河岳英灵集》二卷

王起《文场秀句》一卷

姚合《极玄集》一卷

高仲武《中兴间气集》二卷

李戡《唐诗》三卷

顾陶《唐诗类选》二十卷大中校书郎。

刘悚《乐府古题解》一卷

《李氏花萼集》二十卷李乂、尚一、尚贞。

《韦氏兄弟集》二十卷韦会，弟弼。

《窦氏联珠集》五卷窦群、常、牟、庠、巩。

《集贤院壁记诗》二卷

《翰林歌词》一卷

《大历年浙东联唱集》二卷

《断金集》一卷李逢吉、令狐楚唱和。

《元白继和集》一卷元稹、白居易。

《三州唱和集》一卷元稹、白居易、崔玄亮。

《刘白唱和集》三卷刘禹锡、白居易。

《汝洛集》一卷裴度、刘禹锡唱和。

《洛中集》七卷

《彭阳唱和集》三卷令狐楚、刘禹锡。

《吴蜀集》一卷刘禹锡、李德裕唱和。

裴均《寿阳唱咏集》十卷

　　又《渚宫唱和集》二十卷

《岘山唱咏集》八卷

《荆潭唱和集》一卷

《盛山唱和集》一卷

《荆夔唱和集》一卷

《僧广宣与令狐楚唱和》一卷

《名公唱和集》二十二卷

《汉上题襟集》十卷段成式、温庭筠、余知古。

袁皓集《道林寺诗》二卷

《松陵集》十卷皮日休、陆龟蒙唱和。

《廖氏家集》一卷廖光图,唐末人。

卢瓌《抒情集》二卷

孟启《本事诗》一卷

刘松《宜阳集》六卷松,字稚美,袁州人。集其州天宝以后诗四百七十篇。

蔡省风《瑶池新咏》二卷集妇人诗。

僧灵彻《酬唱集》十卷大历至元和中名人。

吴兢《唐名臣奏》十卷

马总《奏议集》三十卷

臧嘉猷《羽书》三卷处士。

沈常《总戎集》三十卷

唐禀《贞观新书》三十卷禀,袁州萍乡人。集贞观以前文章。

黄滔《泉山秀句集》三十卷编闽人诗,自武德尽天祐末。

周仁瞻《古今类聚策苑》十四卷

《五子策林》十卷集许南容而下五人策问。

《元和制策》三卷元稹、独孤郁、白居易。

李太华《掌记略》十五卷

《新掌记略》九卷

林逢《续掌记略》十卷

凡文史类四家,四部,十八卷。刘子玄以下不著录二十二家,二十三部,一百七十九卷。

李充《翰林论》三卷

刘勰《文心雕龙》十卷

颜峻《诗例录》二卷

钟嵘《诗评》三卷

刘子玄《史通》二十卷

《柳氏释史》十卷柳璨。一作《史通析微》。

刘𫗧《史例》三卷

《沂公史例》十卷田弘正客撰。

裴杰《史汉异义》三卷河南人，开元十七年上，授临濮尉。

李嗣真《诗品》一卷

元兢《宋约诗格》一卷

王昌龄《诗格》二卷

昼公《诗式》五卷

《诗评》三卷僧皎然。

王起《大中新行诗格》一卷

姚合《诗例》一卷

贾岛《诗格》一卷

炙毂子《诗格》一卷

元兢《古今诗人秀句》二卷

李洞集《贾岛句图》一卷

张仲素《赋枢》三卷

范传正《赋诀》一卷

浩虚舟《赋门》一卷

倪宥《文章龟鉴》一卷

刘蘧《应求类》二卷

孙郃《文格》二卷

　右总集类七十五家，九十九部，四千二百二十三卷。李淳风以下不著录七十八家，八百一十三卷。总七十九家，一百七部。

唐书卷六一

表一

宰相上

唐因隋旧，以三省长官为宰相。已而又以他官参议，而称号不一，出于临时，最后乃有同品、平章之名，然其为职业则一也。作《宰相表》。

	宰相	三师	三公
武德元年戊寅	六月甲戌，赵国公世民为尚书令，相国长史裴寂拜尚书右仆射知政事，相国司马刘文静为纳言，隋民部尚书宋国公萧瑀、相国司录参军窦威并为内史令。		十二月壬申，秦王世民为太尉、陕东道行台尚书令。

庚辰，世民封秦王。 癸未，世民为西讨元帅，壬辰，为雍州牧。 辛丑，威慕。将作大匠陈叔达判纳言本官 兼纳言，黄门侍郎陈叔达判纳言。 八月己丑，世民为西讨行军元帅。 戊申，文静除名。 十月，抗墨为左武候大将军。	二年己卯	
正月甲午，叔达兼纳言。 十月己亥，黄门侍郎封德彝兼中书令 言。	三年庚辰	四月甲寅，世民为益州道行台尚书令。
三月甲戌，中书侍郎封德彝兼中书令。	四年辛巳	十月己丑，齐王元吉为司空，世民加司徒、天策上将。
正月，德彝判吏部尚书。 四月癸酉，叔为左仆射。	五年壬午	十月甲子，世民领左右十二卫大将军。

年		
六年癸未	四月癸酉，德彝为中书令，恭仁入为吏部尚书兼中书令，检校凉州诸军事，瑀为尚书右仆射，叔为左仆射。	
七年甲申	十二月庚午，太子詹事裴矩检校侍中。	
八年乙酉	十一月辛卯，矩罢判黄门侍郎。 庚子，天策府司马宇文士及权检校侍中兼太子詹事。 癸卯，世民加中书令，元吉加侍中。	
九年丙戌	六月癸亥，世民为皇太子。 七月辛卯，太子右庶子高士廉为侍中，左庶子房玄龄为中书令，萧瑀为尚书左仆射。恭仁罢。 癸巳，士及为中书令，德彝为尚书右仆射。 十月庚辰，叔达、瑀坐事免。	
贞观 元年丁亥	六月辛丑，德彝薨。 壬辰，太子少师萧瑀为尚书左仆射。 七月壬子，吏部尚书长孙无忌为尚书右仆射。 八月，士及检校凉州都督。	正月甲寅，裴寂为司空。 二月庚申，元吉为司徒。 六月庚申，元吉诛。

正月辛未，瑀免。

二年戊子

戊戌，士廉贬为安州大都督。

九月辛酉，御史大夫杜淹检校吏部尚书参豫朝政。士及罢为殿中监。

十二月壬午，瑀罢。

正月辛亥，兵部尚书杜如晦检校侍中，摄吏部尚书，仍总监东宫兵马事。无忌罢。

庚午，刑部尚书李靖检校中书令。

三月壬戌，靖为夫内道行军大总管。

七月戊申，玄龄兼太子詹事。

十月庚辰，淹薨。

十二月壬辰，黄门侍郎王珪守侍中。

三年己丑

二月戊寅，房玄龄为尚书左仆射，杜如晦为右仆射，尚书右丞魏征为秘书监参豫朝政，靖为兵部尚书。

八月，靖为定襄道行军大总管。

十二月癸未，如晦罢。

四年庚寅

二月甲寅，珪为侍中，太常卿萧瑀为御史大夫

		十一月壬辰，开府仪同三司长孙无忌为司空。

五年辛卯	参议朝政，御史大夫温彦博为中书令，民部尚书戴胄检校吏部尚书参朝政。七月癸酉，珝罢为太子少傅。八月甲寅，靖为尚书右仆射。十一月壬戌，右卫大将军侯君集为兵部尚书参豫朝政。	
六年壬辰	三月，君集以丧罢。五月，征检校侍中。十月，君集起复。	
七年癸巳	三月戊子，珪罢为同州刺史。庚寅，征为侍中。六月辛亥，曹罢。	
八年甲午	十月丙寅，诏靖三两日一至门下，中书平章政事。十一月辛未，靖罢为特进。十二月辛丑，君集为积石道行军总管。	

年		
九年乙未	七月辛巳，恭仁罢为雍州牧。 十一月壬戌，特进萧瑀参豫朝政。	二月，无忌以母丧罢。 五月，起复。
十年丙申	六月壬申，彦博为尚书右仆射，太常卿杨师道为侍中参朝政，魏征罢为特进，知门下省事 朝章国典参议得失。 十二月，瑀罢为岐州刺史。	
十一年丁酉	六月甲寅，彦博薨。	
十二年戊戌	七月癸酉，吏部尚书高士廉为尚书右仆射。 八月戊寅，君集为吏部尚书，王黄，为当弥道行军大总管。	
十三年己亥	正月，玄龄为太子少师。 十一月辛亥，师道为中书令。 戊辰，尚书左丞刘洎为黄门侍郎参知政事。 十二月壬申，君集为交河道行军大总管。	
十四年庚子	十二月，君集还。	
十五年辛丑		

七月戊午，无忌为司徒，玄龄为司空。	七月丁酉，玄龄以母丧罢。 十月丁巳，起复。	
十六年壬寅 正月辛未，中书舍人岑文本为中书侍郎专典机密。 九月丁巳，征崟为太子太师。	十七年癸卯 四月乙酉，君集诛。 丁亥，师道奭为吏部尚书。 己丑，特进萧瑀为太子太保，兵部尚书李世勣为特进太子詹事，并同中书门下三品。 六月丁酉，士廉为开府仪同三司，同中书门下三品平章事。 七月丁酉，玄龄以母丧罢。 八月庚戌，工部尚书张亮为刑部尚书参豫朝政。 十月丁巳，玄龄起复。	十八年甲辰 八月丁卯，洄为侍中，文本为中书令，中书侍郎马周守中书令。 九月，黄门侍郎褚遂良参豫朝政。 十一月甲子，世勣，周为辽东道行军大总管。

年	事务				
十九年乙巳	二月乙卯，土廉摄太子太傅，刘洎、马周、太子左庶子许敬宗、右庶子高季辅，少詹事张行成同掌机务。 三月壬辰，杨师道摄中书令，无忌摄侍中。 四月丁未，文本薨。 十一月丁亥，师道贬为工部尚书。 十二月庚申，洎赐死。				
二十年丙午	三月己丑，亮诛。 四月甲子，璹罢太子太保。十月，贬商州刺史。				
二十一年丁未	正月壬辰，土廉薨。 三月戊子，世勣为辽东道行军大总管。 十月癸丑，遂良以父丧罢。				
二十二年戊申	正月庚寅，周薨。 己亥，中书舍人崔仁师为中书侍郎参知机务。 丙午，无忌检校中书令知尚书、门下二省事。				七月癸卯，玄龄薨。

		六月癸未，无忌为太尉。 九月甲寅，荆王元景为司徒，吴王恪为司空。
二十三年己酉	二月，遂良起复。己卯，仁师除名，流于连州。 九月己亥，遂良为中书令。 五月戊午，勣贬叠州都督，检校刑部尚书李辅兼 庚午，行成兼侍中，检校刑部尚书于志宁为侍中。 中书令，礼部尚书于志宁为侍中。 癸巳，检校洛州刺史李勣为开府仪同三司，同中书门下参掌机密。 九月乙卯，李勣为尚书左仆射、同中书门下三品。	
永徽 元年庚戌	正月丙午，行成为侍中。 十月戊辰，勣累仆射。 十一月，遂良贬同州刺史。	
二年辛亥	正月乙巳，黄门侍郎宇文节、中书侍郎柳奭并同中书门下三品。 八月己巳，张行成为尚书右仆射、同中书门下三品，高季辅为侍中、志宁为尚书左仆射、同中书门下三品。	

三年壬子	正月己巳，褚遂良为吏部尚书，同中书门下三品。 三月辛巳，节为侍中，褚守中书令，兵部侍郎韩瑗守黄门侍郎，同中书门下三品。 七月乙丑，行成兼太子少傅，季辅兼太子少保，志宁兼太子少师，节兼太子詹事。 九月，守中书侍郎来济同中书门下三品。	二月甲申，荆王元景、吴王恪赐死。
四年癸丑	二月乙酉，节流桂州。 九月甲戌，遂良为尚书左仆射，同中书门下三品，仍知选事。 壬戌，行成薨。 十一月癸丑，兵部尚书崔敦礼为侍中。 丁巳，顗为中书令。 十二月庚子，季辅薨。	己亥，开府仪同三司，同中书门下三品勣为司空，徐王元礼为司徒。
五年甲寅	六月癸亥，顗云为吏部尚书。	
六年乙卯	五月壬辰，瑗为侍中，济为中书令。 七月乙酉，敦礼为中书令，中书舍人李义府守	

中书侍郎参知政事。
九月庚午，遂良贬潭州都督。
十月癸丑，敬礼检校太子詹事。

显庆元年丙辰

正月甲申，志宁为太子太傅，瑗、济并罢太子宾客。
三月丙戌，户部侍郎杜正伦为黄门侍郎，同中书门下三品。
七月癸未，敬礼为太子少师，同中书门下三品。
八月丙申，敬礼薨。

二年丁巳

三月癸丑，义府兼中书令兼检校御史大夫仍太子宾客，正伦兼度支尚书。
八月丁卯，瑗贬振州刺史，济贬台州刺史。
辛未，卫尉卿许敬宗为侍中。
九月庚寅，正伦兼中书令。

三年戊午

十一月乙酉，正伦贬横州刺史，义府贬普州刺史。
戊子，敬宗权检校中书令。

四月戊辰，无忌为扬州都督，黔州安置。

戊戌，敬宗为中书令，大理卿辛茂将兼侍中。

四年己未

四月丙辰，志宁为太子太师，同中书门下三品。乙丑，守黄门侍郎许圉师兼检校左庶子，同中书门下三品。

戊辰，志宁免。

五月己卯，圉师为中书侍郎同三品。

丙申，兵部尚书任雅相同中书门下三品，度支尚书卢承庆参知政事。

八月壬子，义府兼吏部尚书，同中书门下三品。

九月癸卯，茂将兼左庶子。

十月甲辰，圉师兼右庶子。

十一月丙午，圉师为左散骑常侍检校侍中。

戊午，茂将薨。

癸亥，承庆同中书门下三品。

五年庚申

七月丁卯，承庆免。

龙朔 元年辛酉	四月庚辰，雅相为浿江道行军总管。			
二年壬戌	二月甲戌，雅相薨。 丙戌，敬宗为右相，圉师为左侍极检校左相。 七月戊戌，义府以母丧罢。 八月壬寅，敬宗为太子少师，同东西台三品，仍知西台事。 九月丁丑，义府起复。 十月庚戌，西台侍郎上官仪同东西台三品。 十一月辛未，圉师贬为虔州刺史。			
三年癸亥	正月乙丑，义府为右相。 四月戊子，义府流于巂州。			
麟德 元年甲子	八月丁亥，司列太常伯刘祥道兼右相，大司宪 窦德玄为司元太常伯检校左相。			

年	事
	十二月丙戌，仪被杀。 戊子，祥道罢为司礼太常伯。太子右中护乐彦玮检校西台侍郎，西台侍郎孙处约，并同知军国政事，寻同东西台三品。
二年乙丑	三月甲寅，司戎太常伯姜恪同东西台三品。 四月戊辰，彦玮、处约并罢。左侍极陆敦信检校右相。 十月壬戌，带方州刺史刘仁轨为大司宪兼知政事，检校太子左中护。
乾封 元年丙寅	四月庚戌，敦信罢为大司成。 七月庚午，仁轨兼右相检校右中护。 八月辛丑，德玄罢。 十二月癸酉，勣为辽东道行军大总管。
二年丁卯	六月乙卯，西台侍郎扬武、戴至德，东台侍郎李安期，司列少常伯赵仁本，并同东西台三品。

		东台舍人张文瓘参知政事。 八月辛亥,安期罢为荆州大都督长史。	
总章 元年戊辰		正月壬子,仁轨为辽东道行军副总管兼安抚大使;泌江道行军总管。 四月辛巳,武罢。 十二月甲戌,格希检校左相,司平太常伯阎立本守右相。 是岁,勣加太子太师。	十二月戊申,勣薨。
二年己巳		二月辛酉,文瓘为东台侍郎,右肃机李敬玄为西台侍郎,并同东西台三品。 三月丙戌,东台侍郎郝处俊同东西台三品。	
咸亨 元年庚午		正月丁丑,仁轨以金紫光禄大夫致仕。 三月壬辰,敬宗以特进致仕。 四月己酉,敬玄以丧免。 七月戊子,敬玄起复。	

年	事
	九月丙申，徐王元礼罢。
二年辛未	闰九月甲寅，格为凉州道行军大总管。 十月乙未，仁本罢为左肃机。 格为侍中，立本为中书令。
三年壬申	二月己卯，格薨。 十月，文瓘为大理卿。 乙亥，至德为户部尚书，敬玄吏部侍郎，处俊中书侍郎。 十二月，刘仁轨为太子左庶子，同中书门下三品。
四年癸酉	十月壬午，立本薨。
上元 元年甲戌	二月壬午，仁轨为鸡林道行军大总管。
二年乙亥	八月庚子，文瓘为侍中，处俊为中书令，并同中书门下三品。仁轨为尚书左仆射，至德为右仆

年	事
	射，敬玄为吏部尚书。
仪凤 元年丙子	三月癸卯，黄门侍郎来恒、中书侍郎薛元超并同中书门下三品。 四月甲寅，中书侍郎李义琰同中书门下三品。 六月癸亥，黄门侍郎高智周同中书门下三品。 十一月庚寅，敬玄为中书令。 十二月丙午，恒为河南道大使，元超河北道大使。
二年丁丑	三月癸亥，处俊、智周为太子左庶子，义琰为右庶子。 四月，太子左庶子张大安同中书门下三品。 八月辛亥，仁轨为洮河军镇守使。
三年戊寅	正月丙子，敬玄为洮河道行军大总管兼安抚大使，检校鄯州都督。 九月癸亥，文瓘薨。

十一月壬子，恒薨。

调露
元年己卯
正月庚戌，至德薨。
四月辛酉，处俊为侍中，元超检校太子左庶子。
十一月戊寅，智周罢为御史大夫。

永隆
元年庚辰
四月戊辰，中书侍郎王德真、黄门侍郎裴炎、崔知温并同中书门下三品。
八月丁巳，敬玄贬衡州刺史。
己巳，大安贬普州刺史。
九月甲申，德真罢为相王府长史。

开耀
元年辛巳
三月辛卯，仁轨兼太子少傅，处俊罢为太子少保。
七月甲午，仁轨罢左仆射，以太子少傅同中书门下三品。
闰七月丁未，元超、知温并守中书令，炎为侍中。

永淳
四月丙寅，仁轨为京副留守，元超、炎留辅皇太十二月庚午，韩王元嘉为太尉，霍王元轨为司徒，舒王元名为司空。

元年壬午　子。

丁亥，黄门侍郎郭待举、兵部侍郎岑长倩、秘书员外少监郭正一、吏部侍郎郎魏玄同并与中书门下同承受进止平章事。

十月丙寅，黄门侍郎刘景先同中书门下平章事。

弘道元年癸未

三月庚子，义琰以银青光禄大夫致仕。

癸丑，知温薨。

四月壬申，待举检校太子右庶子，正一为中书侍郎，并同中书门下平章事。

七月甲辰，元超罢。

十一月戊申，炎、正一、景先兼于东宫平章事。

十二月甲戌，仁轨以左仆射京师留守。炎为中书令。

戊寅，景先守侍中，长倩兵部尚书，待举为左

光宅元年甲申	散骑常侍、玄同黄门侍郎,并同中书门下三品。 癸未,正一罢为国子祭酒。 正月癸巳,左散骑常侍韦弘敏为太府卿,同中书门下三品。 二月丁丑,检校豫王府长史、太常卿王德真为侍中,中书侍郎、豫王府司马刘祎之为中书侍郎,同中书门下三品。 闰五月甲子,礼部尚书武承嗣为太常卿,同中书门下三品。 八月丙午,承嗣罢为礼部尚书。 十月丁亥,凤阁舍人李景谌同凤阁鸾台平章事,左肃政台御史大夫骞味道检校内史、同凤阁鸾台合三品。 丙申,景先、炎被杀。 丁酉,景谌贬辰州刺史,弘敏贬汾州刺史,

十一月丙辰，元嘉自杀，元轨流黔州。	

景谌罢守司宾少卿。守右史沈君谅、著作郎崔詧并为正谏大夫，同凤阁鸾台平章事。

十一月丁卯，侍举罢为左庶子。鸾台侍郎韦方质守凤阁侍郎，同凤阁鸾台平章事。

正月戊辰，仁轨薨。

庚戌，味道守内史，同三品。

二月乙巳，承嗣同凤阁鸾台平章事。君谅罢。右肃政台御史大夫韦思谦、秋官尚书裴居道并同凤阁鸾台三品。

三月辛酉，承嗣罢，督使河北，薨。

四月丙子，味道贬青州刺史。

五月丙午，居道为内史。

丁未，德真罢为同州刺史，其日流象州。

己酉，冬官尚书苏良嗣守纳言。

壬申，方质同凤阁鸾台三品。

垂拱元年乙酉

二年丙戌		六月，天官尚书韦待价同凤阁鸾台三品。 七月己酉，玄同自文昌左丞迁鸾台侍郎。 十一月癸卯，待价为燕然道行军大总管。 三月丙辰，玄同为地官尚书。 四月庚辰，长倩为内史。 五月丙午，居道为纳言。 六月辛未，良嗣守文昌左相、同凤阁鸾台三品，待价守文昌右相。 己卯，思谦守纳言。
三年丁亥		三月乙丑，思谦以大中大夫致仕。 四月壬戌，居道为纳言。 五月丙寅，夏官侍郎张光辅为凤阁侍郎、同凤阁鸾台平章事。 庚午，袆之被杀。 八月壬子，玄同兼检校纳言。

		正月丁巳，元名为司徒。
四年戊子	十二月壬辰，待价为安息道行军大总管。 九月丁卯，左肃政台御史大夫骞味道，夏官侍郎王本立并同凤阁鸾台平章事。 丙辰，光辅为诸军节度，长倩为后军大总管，讨越王贞。 十二月己亥，味道被杀。	
载初 元年己丑	二月甲寅，方质守地官尚书。 三月甲寅，本立守左肃政台御史大夫。 甲子，光辅守纳言。 癸酉，天官尚书武承嗣为纳言，光辅守内史。 五月丙辰，待价为安息道行军总管。 七月丙子，待价流绣州。 戊寅，本立同凤阁鸾台三品。 八月甲申，光辅被杀。	

	七月辛巳，元名流和州。
天授元年庚寅	闰九月甲午，玄同被杀。 十月丁卯，春官尚书范履冰、凤阁侍郎邢文伟并同凤阁鸾台平章事。 一月戊子，承嗣为文昌左相、长倩为文昌右相，并同凤阁鸾台三品。良嗣为特进，本立要为地官尚书、文伟守内史，凤阁侍郎武攸宁守纳言，居道为太子少保。 甲午，方质流于儋州。 三月丁亥，良嗣薨。 四月丁巳，履冰被杀。 八月甲寅，居道下狱死。 九月丙戌，给事中傅游艺为鸾台侍郎、同凤阁鸾台平章事，司宾卿史务滋守纳言，凤阁侍郎宗秦客检校纳言。 十月甲子，秦客贬遵化尉。

二年辛卯	
	辛未，文伟贬珍州刺史。
	一月庚子，务滋自杀。
	五月丁亥，长倩为武威道行军大总管。
	六月庚戌，鸾台侍郎乐思晦，凤阁侍郎任知古，左肃政台御史大夫格辅元为地官尚书，并同凤阁鸾台平章事。
	癸卯，长倩为辅国大将军。
	八月戊申，攸宁罢为左羽林卫大将军。夏官尚书欧阳通为司礼卿，兼判纳言事。
	九月壬辰，游艺自杀。
	癸巳，攸宁守纳言，冬官侍郎裴行本，洛州司马狄仁杰守地官侍郎，并同凤阁鸾台平章事。
	十月己酉，长倩、辅元、通被杀。
	壬戌，思晦被杀。

| 长寿元年壬辰 | 一月戊辰，夏官尚书杨执柔同凤阁鸾台平章事。

庚午，知古贬江夏令，行本流岭南，仁杰贬彭泽令。

庚辰，司刑卿李游道为冬官尚书、同凤阁鸾台平章事。

二月戊午，秋官尚书袁智弘同凤阁鸾台平章事。

八月戊寅，承嗣罢为特进，攸宁罢为冬官尚书，执柔罢守地官尚书。司宾卿崔神基、秋官侍郎崔元综，夏官侍郎李昭德、权检校天官侍郎姚璹，守谷州都督检校地官侍郎李元素并同凤阁鸾台平章事。

辛巳，营缮大匠王璇守夏官尚书、同凤阁鸾台平章事。 | | |

	九月辛丑，踦罢为司宾少卿。 癸丑，游道、智弘、神基、元素、璇并流岭南。
二年癸巳	一月庚子，夏官侍郎娄师德同凤阁鸾台平章事。 乙卯，昭德为夏官侍郎。 九月癸丑，文昌右丞韦巨源、秋官侍郎陆元方为鸾台侍郎，并同凤阁鸾台平章事。司宾卿豆卢钦望守内史。
延载元年甲午	二月甲午，师德为秋官尚书，充河源、积石、怀远等军营田大使。 三月甲申，昭德为检校内史，凤阁舍人苏味道为凤阁侍郎，同凤阁鸾台平章事，昭德为朔方道行军长史，味道为司马。 四月壬戌，夏官尚书、武威道大总管王孝杰同凤阁鸾台三品。

	七月癸未，嵩岳山人武什方为正谏大夫，同凤阁鸾台平章事。	
	八月，什方乞归山，遣之。	
	戊辰，孝杰为瀚海道行军总管。	
	己巳，姚璹守纳言，左肃政台御史大夫杨再思为鸾台侍郎，洛州司马杜景佺检校凤阁侍郎，并同凤阁鸾台平章事。	
	戊寅，元综流于振州。	
	九月壬寅，昭德贬南宾尉。	
	十月壬申，文昌右丞李元素守凤阁阁侍郎，右肃政台御史中丞周允元检校凤阁阁侍郎，并同凤阁鸾台平章事。	
万岁登封元年乙未	正月戊子，钦望贬赵州刺史，巨源贬郧州刺史，景佺贬溱州刺史，味道贬集州刺史，元方贬绥州刺史。	
	丙午，孝杰为朔方道行军总管。	

万岁通天元年丙申	二月丙辰，允元霆。 七月辛酉，孝杰为肃边道行军大总管。 一月甲寅，师德为左肃政台御史大夫、肃边道行军总管。 三月壬寅，孝杰免。 四月癸酉，检校夏官侍郎孙元亨同凤阁鸾台平章事。 庚子，师德贬原州司马。 七月辛亥，㧑为输关夫道安抚副大使。 九月庚申，并州长史王方庆为鸾台侍郎、殿中监李道广、并同凤阁鸾台平章事。 十月己卯，方庆为凤阁侍郎。
神功元年丁酉	正月壬戌，元素、元亨被杀。 甲子，师德守凤阁侍郎，同凤阁鸾台平章事。

四月癸酉，前益州大都督府长史王及善为内史。

五月癸卯，师德为清边道行军副大总管。

六月己卯，尚方少监宗楚客检校夏官侍郎、同凤阁鸾台平章事。

戊子，承嗣、春官尚书武三思并同凤阁鸾台三品。道广兼检校洛州长史。

辛卯，师德安抚河北。

七月丁酉，承嗣、三思并薨。

八月丙戌，琦墨为益州长史。

庚子，仁杰兼纳言，三思检校内史，钦望自太子宫尹为文昌右相、同凤阁鸾台三品。

九月甲子，仁杰宁同凤阁鸾台三品。

戊寅，仁杰为河北道副元帅检校纳言。

庚戌，师德守纳言。

	十月癸卯，仁杰为河北道安抚大使。 闰十月甲寅，仁杰为鸾台侍郎，景佺为凤阁侍郎，并同凤阁鸾台平章事。
圣历 元年戊戌	正月丙寅，楚客罢为文昌左丞。 丁亥，道广罢为汴州刺史。 二月乙未，钦望罢为太子宾客。 三月甲戌，师德为纳言。 四月辛丑，师德为陇右诸军大使，仍检校河西营田事。 七月辛未，景佺罢为秋官尚书。 八月甲午，方庆罢为麟台监，修国史。 庚子，三思检校内史，仁杰兼纳言。 九月甲子，夏官尚书武攸宁同凤阁鸾台三品。 戊寅，仁杰为河北道行军副元帅，检校纳言。

二年己亥	辛巳，试天官侍郎苏味道为凤阁侍郎，同凤阁鸾台平章事。 十月癸卯，狄仁杰为河北道安抚大使。夏官侍郎姚元崇，麟台少监修国史，知凤阁侍郎李峤，同凤阁鸾台平章事。 腊月戊子，检校左肃政台御史中丞吉顼为天官侍郎，右台魏元忠为凤阁侍郎，并同凤阁鸾台平章事。 二月庚申，武攸宁罢为冬官尚书。 三月甲戌，师德为纳言。 四月壬辰，魏元忠检校并州大都督府长史，天兵军大总管，师德副之。 壬寅，师德充陇右诸军大使。 八月庚子，再思罢为左肃政台御史大夫。及善为文昌左相，同凤阁鸾台平章事，太子宫尹钦

望为文昌右相,同凤阁鸾台三品。

丁未,师德薨。试天官侍郎陆元方为鸾台

侍郎,同凤阁鸾台平章事。

戊申,三思为内史。

九月庚辰,及善薨。

久视
元年庚子

正月戊午,颋贬琢川尉。

壬申,三思为特进,太子少保。

丁酉,狄仁杰为内史。

庚子,文昌左相韦巨源为纳言。

二月乙未,钦望罢为太子宾客。

三月癸丑,元忠兼洛州长史。

辛未,峤守鸾台侍郎兼修国史。

甲戌,颋加左控鹤内供奉。

六月丁亥,元忠为左肃政台御史大夫。

闰七月己丑,峤罢为成均祭酒。守天官侍郎张

长安 元年辛丑	锡为凤阁侍郎、同凤阁鸾台平章事。 八月庚戌,元忠为陇右诸军州大总管。 九月辛丑,仁杰薨。 十月辛亥,元忠为萧关道行军大总管。 　丁巳,巨源罢为地官尚书。文昌右丞韦安石守鸾台侍郎、同凤阁鸾台平章事。 二月己酉,鸾台侍郎李怀远同凤阁鸾台平章事。 三月己卯,元崇为凤阁侍郎。 　丙申,锡流循州。 四月癸丑,元崇往并州以北检校诸军州兵马。 五月丁丑,元忠为灵武道行军大总管。 　丙申,天官侍郎顾琮同凤阁鸾台平章事。

二年壬寅		
	三月丙戌,迥秀充使山东诸州安置军马并检校武骑兵。 五月,元忠为安北道行军副元帅,寻授并州道行军大总管兼宣劳使,左肃政台御史大夫、同凤阁鸾台三品,兼知并州事。 十月甲辰,琮薨。	
	六月庚申,元崇兼知夏官尚书事,夏官侍郎右奉宸内供奉李迥秀同凤阁鸾台平章事。 七月壬午,昧道充使任幽、平等州按察兵马。 甲申,怀远罢为秋官尚书。 十月丙寅,元忠同凤阁鸾台三品,兼群牧大使。 十一月壬申,三思罢为特进,太子少保。 甲午,元崇加相王府长史,安石加检校太子左庶子。	十一月甲子,相王旦为司徒。

四月庚子，相王旦罢。

三年癸卯

甲寅，元崇同凤阁鸾台平章事，味道、迥秀、安石并同凤阁鸾台平章三品。

十二月甲午，元忠为安东道安抚使。

闰四月庚午，峤兼左丞，同凤阁鸾台平章事。

丁丑，安石为神都留守，判天官，秋官二尚书事。

己卯，峤知纳言事。

五月戊戌，元忠兼左庶子。

七月壬寅，正谏大夫朱敬则同凤阁鸾台平章事。

庚戌，检校凉州都督唐休璟为夏官尚书、同凤阁鸾台平章事。

九月丁酉，元忠贬高要尉。

四年甲辰

正月壬子，天官侍郎韦嗣立为凤阁侍郎、同凤阁鸾台平章三品。

二月癸亥，迥秀贬庐州刺史。

　　壬申，敬则致仕。

三月己丑，嗣立检校许州刺史。

　　己亥，贬昧道坊州刺史。夏官侍郎宗楚客同凤阁鸾台平章事，休璟行右庶子。

四月壬戌，安石知纳言事，峤知内史事。

六月辛酉，元崇罢为相王府长史，一事以上并同三品。

　　乙丑，天官侍郎崔玄炜为鸾台侍郎、同凤阁鸾台平章事。嗣立追赴官所。

丁丑，峤为成均祭酒、同凤阁鸾台三品。

　　壬午，元崇兼知夏官尚书、同凤阁鸾台三品。

七月丙戌，左肃政御史大夫杨思守内

史。

甲午，楚客贬原州都督。

八月甲寅，安石兼检扬州长史。

庚申，休璟兼幽营二州都督、安东都护。

辛酉，元崇兼知春官尚书。

庚辰，元崇为司仆卿。

九月壬子，元之知群牧，兼摄右肃政台御史大夫，灵道安抚大使、武道行军大总管。

十月辛酉，元之为灵道安抚大使，权检校左台大夫。

甲戌，判秋官侍郎张柬之同凤阁鸾台平章事。

乙亥，嗣立检校魏州刺史。

壬午，怀州长史房融为正谏大夫、同凤阁鸾台平章事。

神龙元年乙巳			
正月甲辰，司刑少卿袁恕己为凤阁侍郎、同凤阁鸾台平章事。 丙午，安国相王为太尉，同凤阁鸾台三品，检校左羽林将军敬晖、左羽林将军桓彦范并为纳言。东之为天官尚书，恕己为凤阁侍郎，并同凤阁鸾台三品。 二月甲寅，再思为户部尚书，同中书门下三品。 元之罢为豪州刺史，韦承庆贬高要尉，融除名，流高州。 甲戌，太子少詹事祝钦明同中书门下三品。	十一月丁亥，天官侍郎韦承庆行凤阁侍郎、同凤阁鸾台平章事，东之守凤阁侍郎。 癸卯，峤罢为地官尚书，监修国史。 丁未，玄炜兼检校太子右庶子。 十二月丙辰，嗣立罢为成均祭酒。	正月丙午，安国相王为太尉。 二月丙寅，梁王武三思为司空，同中书门下三品。 丁卯，右散骑常侍武攸暨为司徒。 辛未，安国相王让太尉，同三品。 丁丑，三思、攸暨	

罢。

品。安石罢为守刑部尚书。

三月已丑，恕已守中书令。

四月辛亥，恕已为中书令，彦范为侍中，柬之为天官尚书。

丁卯，元忠为卫尉卿，同中书门下平章事。

辛未，晖为侍中。

甲戌，元忠为兵部尚书，安石为吏部尚书，怀远为左散骑常侍，休璟自凉州入为辅国大将军，并同中书门下三品。再思检校扬州大都督。玄炜为特进，检校益州大都督大都督府长史，同中书门下三品。钦明守刑部尚书。

乙亥，柬之为中书令，同中书门下三品。

五月甲午，安石兼检校中书令。玄炜罢为博陵郡王，柬之罢为汉阳郡王，恕已罢为南阳郡王，晖罢为平阳郡王，彦范罢为扶阳郡王。元忠兼

	侍中。 庚子，怀远为左散骑常侍。 甲辰，休璟为尚书左仆射，钦望自特进为右仆射、同中书门下平章事。 六月癸亥，钦望军国重事中书门下平章、安石为中书令、再思检校中书令。 为中书令、元忠为侍中、再思检校中书令。 七月辛巳，太子宾客韦巨源同中书门下三品。 八月，钦望兼检校安国相王府长史。 九月癸巳，巨源罢为礼部尚书。 十月丁未，休璟为京留守、仍判尚书省事。 辛未，元忠为中书令、再思行侍中。
二年丙午	正月戊戌，守吏部尚书李峤同中书门下三品，中书侍郎于惟谦同中书门下平章事。 二月乙未，礼部尚书韦巨源守刑部尚书，同中

书门下三品。

三月甲辰，安石罢为户部尚书。户部尚书苏瓌守侍中。

戊申，休璟致仕。

四月己丑，怀远致仕。

六月戊寅，贬晖为崖州司马，彦范为泷州司马，恕己为窦州司马，玄暐为白州司马，柬之为新州司马。

七月丙寅，元忠为尚书右仆射、兼中书令，仍知兵部事。峤守中书令。

辛未，怀远复为同中书门下三品。流晖于嘉州，彦范于瀼州，恕己于环州，玄暐于古州，柬之于泷州。

八月丙子，钦明贬申州刺史。

九月戊午，怀远薨。

十月癸巳，瓌为侍中。

十二月丙申，钦望为开府仪同三司，依旧平章军国重事。元忠为尚书左仆射。			
七月壬戌，峤为中书令，巨源为吏部尚书，元忠加特进。			
八月丙戌，元忠以特进致仕。			
九月丁酉，惟谦罢为国子祭酒。行兵部尚书宗楚客左卫将军、兼太府卿纪处讷为太仆卿，吏部侍郎萧至忠为黄门门下三品。			
丙辰，至忠行中书侍郎。			
辛亥，再思为中书令，巨源、处讷为侍中。璎罢为行吏部尚书。	景龙元年丁未		
七月癸巳，左屯卫大将军、朔方道行军大总管张仁亶同中书门下三品。	二年戊申		
二月壬寅，巨源为尚书左仆射，再思为右仆射，	三年己酉		

同中书门下三品。

三月戊午，楚客为中书令，至忠守侍中，太府卿韦嗣立守兵部尚书，同中书门下三品。中书侍郎兼检校吏部侍郎崔湜，守兵部侍郎赵彦昭为中书侍郎，并同中书门下平章事。

戊寅，礼部尚书韦温为太子少保，同中书门下三品，太常少卿郑愔守吏部侍郎，同中书门下平章事。

五月丙戌，湜贬襄州刺史，愔贬江州司马。

六月癸卯，再思薨。

八月乙酉，骄守兵部尚书，同中书门下三品，安石自特进为侍中，至忠守中书令。

九月，巨源为都守。

戊辰，璆为右仆射，同中书门下三品。

十一月甲戌，钦望薨。

六月甲申，安国相王旦参谋政事，加太尉。十一月己巳，宋王成器为司徒兼扬州大都督。

十二月壬辰，前右仆射、同三品、宋国公致仕唐休璟为太子少师，同中书门下三品。

景云元年庚戌

六月壬午，工部尚书张锡、刑部尚书裴谈并同中书门下三品，吏部侍郎崔湜、中书侍郎岑羲、吏部尚书张嘉福并同中书门下平章事，温总知内外兵马。

甲申，相王参谋政事。

壬辰，嘉福持节河北道巡抚，羲持节河南道巡抚，处讷持节关内道巡抚。

庚子，巨源诛。

辛丑，朝邑尉刘幽求为中书舍人，苑总监钟绍京为中书侍郎，并参豫机务。

壬寅，绍京、黄门侍郎李日知、殿中监平王隆基并同中书门下三品。至忠贬许州刺史，嗣立为宋州刺史，彦昭绛州刺史，湜华州刺史。处讷，楚客、温珪。

　癸卯，隆基同中书门下三品。绍京行中书令。嘉福诛。

　乙巳，绍京罢为户部尚书。

　丙午，太常少卿薛稷为黄门侍郎，参豫机务。

　丁未，隆基为皇太子。

　戊申，许州刺史姚元之为兵部尚书，同中书门下三品，嗣立、至忠为中书令，彦昭为中书侍郎，逊为吏部侍郎，同中书门下平章事。

　七月癸丑，兵部尚书崔日用行黄门侍郎参知机务，稷为中书侍郎。

　丁巳，洛州长史宋璟检校吏部尚书，同中书门下三品，元之兼太子左庶子，璟兼右庶子。羲罢为右散骑常侍。

		四月甲申，宋王宪让同徒为太子宾客。
二年辛亥	王戍，提昊为尚书左丞，锡贬绛州刺史，至忠为晋州刺史，彦昭为宋州刺史，嗣立为许州刺史。 丙寅，元之兼中书令，璟为尚书左仆射。峤贬为怀州刺史。 丁卯，休璟致仕，仁置昊为左卫大将军。 己巳，日用昊为雍州刺史，樱昊为左散骑常侍。 八月癸巳，谈昊为蒲州刺史。 十一月戊申，元崇为中书令兼兵部尚书。 壬子，安石昊为太子少保，璟昊为少傅。宋王成器为尚书左仆射。 正月己未，太仆卿郭元振、中书侍郎张说并同中书门下平章事。 二月甲申，璟贬楚州刺史，元之申州刺史。	

丙戌，韦安石为侍中，幽求墨为户部尚书。

四月甲申，安石为中书令。

辛卯，日知守侍中。

庚戌，安石加开府仪同三司。

壬戌，殿中监窦怀贞为左台御史大夫，同中书门下平章事。

八月庚午，安石为尚书左仆射，同中书门下三品。

九月乙亥，怀贞守侍中。

十月甲辰，日知墨为户部尚书，元振墨为吏部尚书，说墨为尚书左丞，怀贞墨为左台御史大夫，安石墨为特进。中书侍郎陆象先同中书门下平章事。吏部尚书刘幽求为侍中，右散骑常侍魏知古，太子詹事崔湜为中书侍郎，并同中书门下三品。

		八月己酉,宋王成器为司空。
先天元年壬子	正月壬辰,象先同中书门下三品。 乙未,窦怀贞、户部尚书岑羲并同中书门下三品。 六月癸丑,羲为侍中。 壬戌,知古为户部尚书,同中书门下三品。 七月乙亥,怀贞为尚书右仆射,军国重事共平章。 八月庚戌,湜检校中书令;幽求守尚书右仆射,怀贞守左仆射,并同三品;知古守侍中。 戊午,幽求流于封州。	

唐书卷六二
表第二

宰相中

	宰　相	三　师	三　公
开元 元年癸丑	正月乙亥，吏部尚书萧至忠为中书令。 六月丙辰，兵部尚书郭元振同中书门下三品。 七月甲子，至忠、羲诛，怀贞自杀。 庚午，湜流窦州。 乙亥，说检校中书令。 庚辰，象先昺为益州大都督府长史。	三	八月壬寅，宋王成器为太尉，申王捣为司徒，邠王守礼为司空。 九月丙寅，宋王宪罢为开府仪同三司。

八月癸巳，幽求为尚书右仆射，知军国重事。

九月庚午，说为中书令，幽求同三品。

十月癸卯，元振流于新州。

甲辰，同州刺史姚元之为兵部尚书，同中书门下三品。

十一月乙丑，幽求兼侍中。

十二月壬寅，元之兼紫微令。

癸丑，幽求罢为太子少师，说贬为相州刺史。

甲寅，黄门侍郎卢怀慎同紫微黄门平章事。

二年甲寅	正月己卯，怀慎检校黄门监。
	甲申，和戎、大武诸军节度使薛讷同紫微黄门三品。
	五月辛亥，知古罢守工部尚书。

	七月,讷除名。
三年乙卯	正月癸卯,怀慎检校吏部尚书兼黄门监。
四年丙辰	正月丙申,怀慎检校吏部尚书。十一月己卯,怀慎去官养疾。丙申,尚书左丞源乾曜为黄门侍郎、同紫微黄门平章事。闰十二月己亥,元之、幽求罢为开府仪同三司,乾曜罢为京兆尹。刑部尚书宋璟为吏部尚书兼黄门监,紫微侍郎苏颋同紫微黄门平章事。
五年丁巳	
六年戊午	
七年己未	
八年庚申	正月辛巳,颋璟为礼部尚书,璟罢为开府仪同三司。京兆尹源乾曜为黄门侍郎同中书门下平章事,并州大都督府长史张嘉贞守中书侍郎同中书门下平章事。

年	（上栏）	（下栏）
九年辛酉		郎同中书门下平章事。五月丁卯，乾曜为侍中，嘉贞为中书令。九月癸亥，天兵军节度使张说守兵部尚书同中书门下三品。
十年壬戌		
十一年癸亥		二月己酉，嘉贞贬幽州刺史。癸亥，说兼中书令。四月甲子，说为中书令，吏部尚书王晙为兵部尚书，同中书门下三品。五月己丑，晙持节朔方节度使兼知河北、河东、陇右、河西兵马使，六月巡边。十二月庚申，晙贬蕲州刺史。
十二年甲子	十一月辛巳，申王捴薨。	
十三年乙丑		十一月壬辰，说为尚书右丞相兼中书令，乾曜

十四年丙寅	为尚书左丞相兼中。 四月丁巳，户部侍郎李元纮为中书侍郎、同中书门下平章事。 四月庚申，说罢为尚书右丞相。 九月己丑，碛西节度使杜暹检校黄门侍郎、同中书门下平章事。	
十五年丁卯		
十六年戊辰	十一月癸巳，河西节度使萧嵩守兵部尚书、同中书门下平章事。	
十七年己巳	六月甲戌，元纮罢为曹州刺史，乾曜罢为荆州大都督府长史。嵩为兼中书令。高为相，暹罢为荆州大都督府长史。兵部侍郎裴光庭为中书侍郎、户部侍郎宇文融为黄门侍郎，并同中书门下平章事。 八月己卯，光庭兼御史大夫。 九月壬子，融贬汝州刺史。	

年		
十八年庚午	正月辛卯,光庭为侍中。四月乙丑,兼吏部尚书。	
十九年辛未		
二十年壬申	十二月壬申,嵩为兵部尚书。	六月丁丑,忠王浚为同徒。
二十一年癸酉	三月乙巳,光庭薨。甲寅,尚书右丞韩休为黄门侍郎,同中书门下平章事。十二月丁巳,嵩罢为右丞相,休罢为检校工部尚书。京兆尹裴耀卿守黄门侍郎,同中书门下平章事,前检校中书侍郎起复张九龄为中书侍郎,同中书门下平章事。	四月丁巳,宋王宪为太尉,薛王业为司徒。
二十二年甲戌	五月戊子,耀卿为侍中,九龄为中书令,黄门侍郎李林甫为礼部尚书,同中书门下三品。七月甲申,九龄为河南开稻田使。	七月己巳,薛王业薨。

二十三年乙亥	八月，耀卿为江淮以南回造使。	
二十四年丙子	十一月壬寅，林甫为户部尚书。	
二十五年丁丑	七月庚子，林甫为兵部尚书。十一月壬寅，耀卿罢为左丞相，九龄罢为右丞相。林甫兼中书令，朔方节度使牛仙客守工部尚书，同中书门下三品。十二月丙寅，仙客知门下省事。	十二月戊申，庆王琮为司徒。
二十六年戊寅	正月乙亥，仙客守侍中。正月壬辰，林甫持节遥领陇右节度副大使，知节度事。二月乙卯，仙客遥领河东节度使。五月乙酉，林甫遥领河西节度副大使，知节度事，仍判凉州事。	六月庚子，忠王璵为皇太子。
二十七年己卯	四月己丑，林甫为吏部尚书，仙客为兵部尚书。	

年			
	兼侍中。		
二十八年庚辰	十一月，仙客罢节度使。		
二十九年辛巳		十一月庚戌，邠王守礼薨。	辛未，宋王宪薨。
天宝			
元年壬午	七月辛丑，仙客薨。 八月丁丑，刑部侍郎李适之为左相。壬辰，林甫为尚书左仆射，适之兼兵部尚书。		
二年癸未			
三载甲申			
四载乙酉			
五载丙戌	四月庚寅，适之罢为太子少保。丁酉，门下侍郎陈希烈同中书门下平章事。		

六载丁亥	三月甲辰，希烈为左相兼兵部尚书。		
七载戊子			
八载己丑			
九载庚寅			
十载辛卯	正月丁酉，林甫遥领单于、安北副大都护，充朔方节度等使。		
十一载壬辰	四月丙戌，林甫罢都护。十一月乙卯，林甫死。庚申，御史大夫判度支事，剑南节度使杨国忠为右相兼文部尚书。		五月戊申，庆王琮薨。
十二载癸巳	十二月戊子，希烈为秘书省图书使。		
十三载甲午	八月丙戌，希烈罢为太子太师。文部侍郎韦见素为武部尚书，同中书门下平章事，知门下省事。		二月丁丑，杨国忠为司空。
十四载乙未			

六月丙申，国忠死。

四月戊寅，朔方节度使，同平章事郭子仪为司空。

五月甲子，子仪罢司空。

至德
元载丙申

六月丙午，剑南节度使崔圆为中书侍郎，同中书门下平章事。

七月甲子，兵部侍郎房琯为文部尚书，河西行军司马裴冕为中书侍郎，并同中书门下平章事。

庚午，见素为左相，蜀郡太守崔涣为门下侍郎，同中书门下平章事。

八月庚子，见素、琯、涣赴灵武。

十月甲寅，兵部尚书李麟同中书门下平章事。

戊午，涣为江南宣慰使。

二载丁酉

正月甲寅，圆自蜀来。

三月辛酉，见素为左仆射，冕罢为右仆射。兵部尚书致仕苗晋卿为左相。

五月丁巳，琯为太子少师。谏议大夫兼侍御史张镐为中书侍郎，同中书门下平章事。

	十二月戊午，河东节度使，同平章事李光弼守司空，子仪为司徒，广平郡王俶为太尉，进封楚王。 三月甲戌，楚王俶封成王。 五月庚寅，俶为皇太子。 八月丙辰，光弼为侍中，子仪兼中书令。
	八月甲申，涣罢为左散骑常侍，余杭郡太守。镐兼河南节度使，都统淮南诸军事。 十二月甲寅，晋卿为中书侍郎，同中书门下平章事。 戊午，圆为中书令，麟同中书门下三品，晋卿行侍中。
乾元 元年戊戌	五月戊子，镐罢为荆州大都督府长史。 乙未，圆罢为太子少师，麟罢为太子少傅。 太常少卿王屿为中书侍郎，同中书门下平章事。
二年己亥	三月甲午，兵部侍郎吕諲同中书门下平章事，判度支。 乙未，晋卿罢为太子太傅，屿罢为刑部尚书。

		正月辛巳，光弼加太尉兼中书令。闰四月丁卯，河东节度副大使王思礼为司空。
		三月戊戌，光弼罢太
上元元年庚子	书。衐史大夫、京兆尹李峘为吏部尚书、中书舍人李揆为中书侍郎，户部侍郎第五琦，并同中书门下平章事。五月辛巳，峘贬蜀州刺史。七月辛卯，揆以母丧罢。十月壬戌，起复。十一月庚午，琦贬忠州刺史。十二月甲午，遵充勾当度支使，丙午，为黄门侍郎。五月丙午，晋卿为侍中。壬子，遵罢为太子宾客。	
二年辛丑	二月癸未，揆贬袁州长史。河中节度使萧华为	

	宝应元年壬寅	广德元年癸卯	二年甲辰
尉,复兼侍中。 五月庚子,光弼复为太尉。思礼薨。			
	正月壬午,李辅国为司空,十月壬戌死。		
		六月癸未,泽潞节度使李抱玉为司空兼兵部尚书。	
			七月乙酉,光弼薨。

中书侍郎,同中书门下平章事。

四月己未,吏部侍郎裴遵庆为黄门侍郎,同中书门下平章事。

建辰月戊申,华畟为礼部尚书。户部侍郎元载同中书门下平章事。

五月丙寅,载行中书侍郎,勾当转运租庸支度使。

正月癸未,京兆尹刘晏为吏部尚书,同中书门下平章事。

七月壬子,雍王适兼中书令。

十月壬辰,载判元帅行兵司马。

十二月乙未,晋卿畟为太子太保。检校礼部尚书李岘为黄门侍郎,同中书门下平章事。遵庆畟为太子少傅。

正月乙卯,雍王适为皇太子。

四月壬午,朔方行营

	节度使，尚书左仆射。同平章事兼太保固怀恩为太保。	九月辛亥，子仪为太尉，抱玉为司徒。甲寅，子仪让，罢之。十二月乙丑，子仪为尚书令。辛未，子仪让，罢之。
		三月丙午，抱玉让司徒。

年	事
永泰元年乙巳	癸亥，𬀩曈为太子詹事，晏曈为太子宾客。右散骑常侍王缙为黄门侍郎，太常卿杜鸿渐为兵部侍郎，并同中书门下平章事。丁卯，鸿渐加庄宅使，四月甲午，为中书侍郎。八月丙寅，缙为侍中，持节都统河南、淮南、淮西、山东道行营节度事。壬申，缙侍中、甲午兼东都留守。九月丁酉，怀恩死。
	八月庚辰，缙为河南副元帅。
大历元年丙午	二月壬子，鸿渐为黄门侍郎，同中书门下平章事，兼成都尹，持节山南西道、剑南东川西川、邛南、西山等道副元帅，仍充剑南西川节度副大使。
二年丁未	六月丙戌，鸿渐自剑南道至。

年		
三年戊申	闰六月庚午，缙兼幽州卢龙节度使，八月庚午，兼河东节度使。	闰六月己酉，子仪为司徒。 庚午，魏博节度使田承嗣为司空、兼检校尚书左仆射。
四年己酉	二月乙卯，鸿渐让山、剑副元帅。 六月戊申，缙罢副元帅，都统行营节度事。 十一月壬申，鸿渐薨。 癸酉，载权知门下省事。 丙子，尚书左仆射裴冕为同中书门下平章事。 十二月戊戌，冕薨。	
五年庚戌	四月庚申，缙至自太原。	
六年辛亥		
七年壬子		

年			
八年癸丑			二月戊申，承嗣为太尉。
九年甲寅			
十年乙卯			
十一年丙辰			
十二年丁巳	三月辛巳，载诛，缙贬括州刺史。四月壬午，太常卿杨绾为中书侍郎、礼部侍郎常衮为门下侍郎，并同中书门下平章事。七月己巳，缙薨。		
十三年戊午			
十四年己未	三月丁未，前淮西节度使、检校司空、同平章事李忠臣罢本官同平章事。闰五月甲戌，衮贬河南少尹。河南少尹、河南尹崔祐甫为门下侍郎，同中书门下平章事。八月甲辰，怀州刺史乔琳为御史大夫、道州司		二月癸未，承嗣死。闰五月甲申，子仪加尚父兼太尉、中书令。六月己亥，平卢淄青节度使、检校司空、

同平章事李正已为司徒,成德军节度使,检校司空同平章事李宝臣为司空。		马㻛炎为门下侍郎,并同中书门下平章事。 十一月壬午,㻛墨为工部尚书。
正月戊辰,宝臣死。 六月辛丑,子仪薨。 七月庚申,检校右仆射㑗希逸为司空,是日卒。 　壬午,幽州陇右兼四镇北庭行军泾原节度使,检校司空兼中书令朱泚为太	建中 元年庚申	六月甲午,祐甫薨。
	二年辛酉	二月乙巳,炎为中书侍郎,御史大夫卢杞为门下侍郎,同中书门下平章事。 七月庚申,永平军节度使张镒为中书侍郎,平章事。炎墨为左仆射。

年		
	尉。 八月辛卯，正已死。	
三年壬戌	四月戊寅，锱罢为凤翔节度使。 十月丙辰，吏部侍郎关播为中书侍郎，同中书门下平章事。	
四年癸亥	十月丁巳，户部尚书萧复为吏部尚书，吏部郎中刘从一为刑部侍郎，京兆府户曹参军、翰林学士姜公辅为谏议大夫，并同中书门下平章事。 十一月癸巳，朔方节度使李怀光为中书令，朔方邠宁同华陕虢河中晋绛慈隰行营兵马副元帅。 十二月壬戌，杞贬新州司马。	
兴元 元年甲子	正月癸酉，播罢为刑部尚书。 丙戌，吏部侍郎卢翰为兵部侍郎，同中书	二月甲子，李怀光为太尉，不拜。

六月己酉，京畿、渭北、商华兵马副元帅。
李晟为司徒，中书令。
八月癸卯，晟为凤翔、陇右诸军，泾原四镇、北庭行营兵马元帅。

门下平章事。戊子，复为山南东西、荆湖、淮南、江西、鄂岳、浙江东西、福建、岭南宣慰安抚使。
四月甲寅，公辅罢为左庶子。
六月己酉，李晟为中书令。
癸丑，从一为中书侍郎，翰为门下侍郎。
甲寅，朔方节度使，邠宁振武永平奉天行营兵马副元帅，检校尚书右仆射，同平章事浑瑊为侍中。
丙辰，忠臣诛。
八月癸卯，瑊为河中、同绛、陕虢诸军行营兵马副元帅。
丙午，瑊兼朔方行营兵马副元帅。
十月辛丑，检校司徒李勉本官同中书门下平章事。十一月乙丑，复罢为左庶子。
十二月己卯，勉加太清宫使，翰加太微宫使，从

	一集贤殿大学士	
贞元 元年乙丑	四月丙戌，璥为河中招抚使。 六月辛卯，西川节度使、同平章事张延赏为中书侍郎，同中书门下平章事。 八月己卯，河东节度使、检校司徒、同平章事马燧兼侍中。延赏罢为左仆射。 九月辛亥，从一罢为户部尚书。	八月甲戌，怀光伏诛。
二年丙寅	正月壬寅，翰罢为太子宾客。吏部侍郎刘滋为左散骑常侍，给事中崔造，中书舍人齐映，并同中书门下平章事。 癸丑，映判兵部，勉判刑部，滋判吏部、礼部，造判户部、工部。 十二月丁巳，燧为绥银麟胜招讨使。 庚申，造罢为右庶子。	
三年丁卯	正月壬寅，尚书左仆射张延赏同中书门下平	三月丁未，晟为太尉。

六月丙戌，马燧为司徒兼侍中。

章事。

壬子，滋罢守左散骑常侍，晠贬虁州刺史。

兵部侍郎柳浑同中书门下平章事。

三月辛亥，燧罢副元帅。

六月丙戌，陕虢观察使李泌为中书侍郎，同中书门下平章事。

七月壬申，延赏薨。

八月己丑，浑罢为散骑常侍。

七月庚戌，璲为邠宁庆副元帅。

二月庚子，御史大夫窦参为中书侍郎、大理卿董晋为门下侍郎，并同中书门下平章事。

三月甲辰，泌薨。

三月丁丑，参兼吏部尚书，知选事。

四年戊辰

五年己巳

六年庚午

七年辛未

八年壬申

年次		
九年癸酉	四月乙未，参贬郴州别驾。尚书左丞赵憬、兵部侍郎陆贽并中书侍郎，同中书门下平章事。五月甲辰，憬为门下侍郎，义成军节度使贾耽为尚书右仆射，尚书右丞卢迈，并同中书门下平章事。五月丙午，晋昙为礼部尚书。十二月壬戌，贽罢为太子宾客。	正月己亥，抱真让司徒，为检校左仆射。六月壬寅，抱真卒。八月庚戌，晟薨。
十年甲戌		八月辛亥，楼薨。
十一年乙亥	正月乙亥，迈为中书侍郎。	
十二年丙子	二月乙丑，瑊兼中书令。八月丙戌，憬薨。十月甲戌，右谏议大夫崔损、给事中赵宗儒并同中书门下平章事。	
十三年丁丑	九月己丑，迈罢为太子宾客。	
十四年戊寅	四月丁丑，损为修八陵使。七月壬申，宗儒罢为太子右庶子。工部侍郎郑	

余庆为中书侍郎、同中书门下平章事。损为门下侍郎。	十二月辛未，瑊薨。	九月庚戌，余庆贬郴州司马。庚申，太常卿齐抗为中书侍郎，同中书门下平章事。下平章事。			三月壬子，淮南节度使、检校尚书左仆射、同平章事杜佑检校司空，同中书门下平章事。七月己未，抗罢为太子宾客。闰十一月丁巳，损薨。十二月庚申，太常卿高郢为中书侍郎、吏部侍郎郑珣瑜为门下侍郎，并同中书门下平章事。
十五年己卯	十六年庚辰		十七年辛巳	十八年壬午	十九年癸未
					二十年甲申

| 永贞元年乙酉 | 二月辛亥，吏部侍郎韦执谊为尚书右丞，同中书门下平章事。
三月丙戌，佑检校司徒。
　庚寅，郢为刑部尚书，珣瑜为吏部尚书，执谊为中书侍郎。
七月乙未，郢罢守刑部尚书，珣瑜罢守吏部尚书。太常卿杜黄裳为门下侍郎，左金吾大将军袁滋为中书侍郎，并同中书门下平章事。
八月己未，滋为剑南东西川、山南西道道安抚大使。
　癸亥，尚书左丞郑余庆同中书门下平章事。
十月丁酉，玭薨。
　戊戌，滋罢为检校吏部尚书，同平章事，西川节度使。 |

		四月丁未，佑为司徒。		九月庚寅，颀守司空。
	十一月壬申，执谊贬崖州司马。 十二月壬戌，中书舍人郑絪为中书侍郎，同中书门下平章事。			
元和 元年丙戌	十一月庚戌，余庆罢为河南尹。			
二年丁亥	正月乙巳，黄裳罢为检校司空，同平章事，河中节度使。 己酉，御史中丞武元衡为门下侍郎，中书舍人李吉甫为中书侍郎，并同中书门下平章事。 八月辛酉，元衡兼判户部，十月丁卯，检校吏部尚书兼门下侍郎，同平章事，西川节度使。			
三年戊子	九月庚寅，山南东道节度使，检校尚书左仆射于頔守司空，同中书门下平章事。 丙申，户部侍郎裴垍守中书侍郎，同中书			

年		
		六月癸巳，佑为太保致仕。
	门下平章事，缙为门下侍郎。 戊戌，吉甫检校兵部尚书兼中书侍郎、同平章事，淮南节度使。	
四年己丑	二月丁卯，缙罢为太子宾客。给事中李藩为门下侍郎、同中书门下平章事。	
五年庚寅	九月丙寅，太常卿权德舆为礼部尚书、同中书门下平章事。 十一月庚申，垍罢为兵部尚书。	
六年辛卯	正月庚申，李吉甫为中书侍郎、同中书门下平章事。 二月壬申，藩罢为太子詹事。 十一月己丑，户部侍郎李绛为中书侍郎、同中书门下平章事。	
七年壬辰		

年		
八年癸巳	正月辛未，德舆罢为礼部尚书。三月甲子，武元衡为门下侍郎、平章事；己巳，至自西川。	二月丁酉，顺贬恩王傅。
九年甲午	二月癸卯，绛罢为礼部尚书。六月壬寅，河中节度使张弘靖为刑部尚书、同中书门下平章事。十月丙午，吉甫薨。十二月庚戌，弘靖守中书侍郎。戊辰，尚书右丞韦贯之同中书门下平章事。	
十年乙未	六月癸卯，元衡为盗杀。乙丑，御史中丞裴度为中书侍郎，同中书门下平章事。	正月乙酉，宣武军节度使韩弘守司徒。
十一年丙申	正月己巳，弘靖罢检校吏部尚书、河东节度使。二月乙巳，中书舍人李逢吉为门下侍郎、同中	

	书门下平章事,贯之为中书侍郎。 八月壬寅,贯之罢为吏部侍郎。 十二月丁未,翰林学士、工部侍郎王涯为中书侍郎,同中书门下平章事。
十二年丁酉	七月丙辰,度守门下侍郎,同平章事,彰义节度、淮西宣慰处置使,户部侍郎崔群为中书侍郎,同中书门下平章事。 九月丁未,逢吉罢为剑南东川节度使。 十月甲戌,淮南节度使、检校尚书右仆射李鄘为门下侍郎,同中书门下平章事。 十二月戊寅,鄘至。
十三年戊戌	三月戊戌,鄘罢为户部尚书。御史大夫李夷简为门下侍郎,同中书门下平章事。 七月辛丑,夷简检校左仆射、同平章事,淮南节度使。

			九月戊午，检校左仆射，河东节度使裴度守司空。
	八月壬子，湘罢为兵部侍郎。九月甲辰，户部侍郎、判度支皇甫镈、工部侍郎、诸道盐铁转运使程异，并同中书门下平章事，判使各如故。		
十四年己亥	四月辛未，异薨。丙子，度检校左仆射、兼门下侍郎，同平章事，河东节度使。七月丁酉，镈守门下侍郎，河阳节度使令狐楚守中书侍郎，同中书门下平章事。八月己酉，宣武节度使、守司徒兼侍中、同平章事韩弘兼中书令。十二月己卯，群罢为湖南观察使。		
十五年庚子	正月壬午，镈罢度支。闰月丁未，镈贬崖州司户参军。辛亥，楚为门下侍郎，御史中丞萧俛，中书		

舍人翰林学士段文昌并守中书侍郎，同中书门下平章事。

七月丁卯，楚畏为宣歙观察使。

八月戊戌，俛为门下侍郎，御史中丞崔植守中书侍郎，同中书门下平章事。

唐书卷六三
表第三

宰相下

	三师	三公
宰　相		

	宰　相	三　师	三　公
长庆元年辛丑	正月壬戌，俛累为尚书右仆射。 二月壬午，文昌检校刑部尚书、同平章事，西川节度使，户部侍郎、翰林学士杜元颖守户部侍郎，同中书门下平章事。 十月丙寅，诸道盐铁转运使、刑部尚书王播守中书侍郎，同中书门下平章事。		

年		
二年壬寅	二月辛巳，植罢为刑部尚书。工部侍郎元稹守工部侍郎，同中书门下平章事，元颖为中书侍郎。 三月戊午，度守司空兼门下侍郎、平章事，播检校尚书右仆射、平章事，淮南节度使。 六月甲子，度罢为尚书左仆射，稹罢为同州刺史。兵部尚书李逢吉守门下侍郎、同中书门下平章事。 戊寅，夷简分司东都。	三月戊午，度守司空。 十二月庚寅，弘卒。
三年癸卯	三月壬戌，御史中丞牛僧孺为户部侍郎，同中书门下平章事。丁卯，复判户部。 十月己丑，元颖检校礼部尚书、同平章事、西川节度使。 庚寅，僧孺为中书侍郎。	八月癸卯，度守司空、山南西道节度使。
四年甲辰	五月乙卯，吏部侍郎李程、户部侍郎、判度支窦	六月丙申，横海军节

		度使李光颜守司徒。
宝历元年乙巳	易直，并同中书门下平章事。 六月丙申，度同平章事。 乙酉，逢吉为尚书左仆射。 正月乙卯，僧孺检校礼部尚书、同平章事，武昌节度使。 辛酉，程守中书侍郎，易直守门下侍郎。 七月庚午，易直罢为度支。	二月丁未，度守司空。
二年丙午	二月丁未，裴度守司空、同中书门下平章事。 八月丙申，度判度支。 九月壬午，程检校兵部尚书、同平章事，河东节度使。 十一月甲申，逢吉检校司空、同平章事，山南东道节度使。 十二月庚戌，兵部侍郎、翰林学士韦处厚为中书侍郎、同中书门下平章事。	九月戊寅，光颜卒。

大和元年丁未	六月癸巳，淮南节度副大使王播为尚书左仆射，同中书门下平章事。 十月丙寅，度罢度支。 庚申，度兼门下侍郎，易直尚书右仆射。		正月癸未，天平军节度使乌重胤守司徒。 丙寅，重胤卒。
二年戊申	十月癸酉，易直检校尚书左仆射、平章事、山南东道节度使。 十二月壬申，处厚薨。 戊寅，兵部侍郎、翰林学士路隋守中书侍郎，同中书门下平章事。		九月甲午，武宁军节度使王智兴守司徒。
三年己酉	八月甲戌，吏部侍郎李宗闵同中书门下平章事。 十二月己酉，元颖贬邵州刺史。	十一月乙巳，智兴为大傅。	
四年庚戌	正月辛卯，牛僧孺为兵部尚书，同中书门下平章事。 六月丁未，度平章军国重事。	六月己巳，检校司徒。平章事李载义守大保。	六月丁未，度守司徒。 九月壬午，度为司徒。

己酉，隋为门下侍郎，宗闵为中书侍郎。七月癸未，尚书右丞宋申锡同中书门下平章事。九月壬午，度为司徒兼侍中、山南东道节度使。			
	五年辛亥	三月庚子，申锡罢为太子右庶子。乙丑，僧孺为中书侍郎。	
	六年壬子	十二月乙丑，僧孺检校尚书右仆射、平章事、淮南节度使。	
	七年癸丑	二月丙戌，兵部尚书李德裕守本官、同中书门下平章事。六月乙亥，宗闵检校礼部尚书、平章事、兴元节度使。七月丁酉，德裕为中书侍郎。壬寅，尚书右仆射、诸道盐铁转运使王涯守右仆射、同中书门下平章事。	

年			
八年甲寅	是年,隋为太子太师。 三月戊午,涯检校司空兼门下侍郎。 十月庚寅,李宗闵守中书侍郎,同平章事。 甲午,德裕检校兵部尚书,同平章事,山南西道节度使。	七月癸酉,智兴卒。 十一月癸丑,载义守太傅。	五月辛未,涯为司空。 十一月乙丑,仇士良杀涯。
九年乙卯	四月丙申,隋检校尚书右仆射、平章事,镇海军节度使。 戊戌,浙西观察使贾𫗧守中书侍郎,同中书门下平章事。 六月壬寅,宗闵贬明州刺史。 七月辛亥,御史大夫李固言守门下侍郎,同中书门下平章事。 九月丁卯,固言检校兵部尚书,山南西道节度使。 己巳,御史中丞舒元舆为刑部侍郎,兵部		

		四月庚申,载义卒。
	侍郎,翰林学士李训为礼部侍郎,并同中书门下平章事。 十月乙亥,涯兼诸道盐铁转运使。 庚子,度兼中书令。 十一月甲子,训斩首于昆明池。尚书右仆射郑覃同中书门下平章事。 乙丑,元舆、涣为仇士良所杀。户部侍郎,判度支李石守本官,同中书门下平章事。	
开成 元年丙辰	正月甲子,覃兼门下侍郎,石为中书侍郎。 四月甲午,李固言守门下侍郎,同中书门下平章事,石兼盐铁使。 丙申,固言判户部。五月己巳,罢。 八月己酉,覃兼国子祭酒。石罢度支。	
二年丁巳	四月戊戌,翰林学士、工部侍郎陈夷行以本官同中书门下平章事。	

			三月丙戌，度薨。
三年戊午	正月戊辰，户部尚书、诸道盐铁转运使杨嗣复，户部侍郎、判户部李珏，并同中书门下平章事，荆南节度使。 三月庚午，覃为太子太师。 四月丙申，珏罢户部。 七月戊辰，嗣复罢盐铁使。 九月己巳，夷行为门下侍郎，珏、嗣复复为中书侍郎。 十二月辛丑，度守司徒兼中书令。 丙午，覃罢太子太师，五日一入中书。	十月戊申，固言为门下侍郎，同平章事，西川节度使。 十一月壬戌，石罢盐铁使。	
四年己未	闰正月己亥，度来朝。 五月丙申，覃罢为尚书左仆射，夷行罢为吏部。		

侍郎。
七月甲辰，太常卿崔郸同中书门下平章事。
十一月壬午，嗣复为门下侍郎，郸为中书侍郎。

五年庚申

二月癸丑，珏兼户部尚书，嗣复兼吏部尚书，郸兼礼部尚书。

五月己卯，珏为门下侍郎。嗣复罢，守吏部尚书、刑部尚书。诸道盐铁转运使，刑部尚书崔珙同中书门下平章事。

八月庚午，珏贬太常卿。

九月丁丑，淮南节度副大使、检校右仆射李德裕为门下侍郎、同中书门下平章事。

庚辰，珙为中书侍郎。

会昌元年辛酉

三月甲戌，御史大夫陈夷行为门下侍郎、同中书门下平章事。

		正月己亥，李德裕为司空。	
		六月辛酉，德裕为司徒。	
二年壬戌	十一月癸亥，郾检校吏部尚书、同平章事、剑南西川节度使。	正月己亥，夷行为尚书左仆射，珙为尚书右仆射。	
		二月丁丑，检校尚书右仆射、淮南节度使李绅为中书侍郎、平章事。	
		三月丙申，绅权判度支。	
		六月，夷行罢为太子太保。	
		七月，尚书左丞兼御史中丞李让夷为中书侍郎，同中书门下平章事。	
三年癸亥		二月辛未，珙罢守尚书右仆射。	
		五月壬寅，绅为门下侍郎。	
		戊申，翰林学士承旨、中书舍人崔铉为中书侍郎，同中书门下平章事。	
		庚戌，绅为尚书右仆射。	

八月戊申，德裕守太尉。		四月辛卯，让夷为司徒。

年	事
四年甲子	闰七月壬戌，淮南节度使、检校尚书右仆射、驸马都尉杜悰为尚书右仆射兼中书侍郎、同中书门下平章事，诸道盐铁转运使，绅检校尚书右仆射，同平章事，淮南节度使。 八月庚戌，铉为检校尚书右仆射兼中书侍郎，铉兼户部尚书，悰为尚书左仆射兼门下侍郎。
五年乙丑	正月己未，德裕加特进。 五月壬戌，铉罢为户部尚书。铉罢为尚书右仆射。 乙丑，户部侍郎判户部李回为中书侍郎、同中书门下平章事，兼判户部。 七月，山南东道节度使、检校尚书右仆射郑肃本官同中书门下平章事。
六年丙寅	四月丙子，德裕检校司徒、同平章事、荆南节度。

空。 七月，让夷检校司空、同平章事、淮南节度使。		
使。 辛卯，肃检校尚书左仆射兼中书侍郎，让夷为司空兼门下侍郎。 五月乙巳，翰林学士旬，兵部侍郎白敏中本官同中书门下平章事。 九月，肃本检校官，荆南节度使。兵部侍郎、判度支卢商为中书侍郎兼工部尚书，同中书门下平章事，回为门下侍郎，敏中为中书侍郎。 三月，商检校兵部尚书，武昌军节度使。刑部尚书、判度支崔元式为门下侍郎兼刑部尚书，翰林学士承旨、户部侍郎韦琮为中书侍郎，并同中书门下平章事。 八月丙申，回检校吏部尚书、同平章事、剑南西川节度使。 正月丙寅，敏中兼刑部尚书，元式兼户部尚书，		大中 元年丁卯 二年戊辰

琮兼礼部尚书。

己卯，刑部侍郎、诸道盐铁转运使马植同中书门下平章事。元武罢为刑部尚书。兵部侍郎、判度支周墀同中书门下平章事。

六月庚戌，敏中、琮为门下侍郎，植、墀为中书侍郎。

十一月壬午，琮罢为太子宾客，分司东都。

三年己巳

三月，墀兼刑部尚书，敏中为尚书右仆射、植检校礼部尚书，天平军节度使。

四月乙酉，御史大夫崔铉守中书侍郎、同中书门下平章事，墀检校刑部尚书、东川节度使，兵部侍郎、判户部事魏扶守本官、同中书门下平章事。

四年庚午

六月戊申，扶薨。户部侍郎、判度支崔龟从守户部尚书、同中书门下平章事，判如故。

	三月甲申，敏中守司空。 十月，敏中守司空，同中书门下平章事，兼邠宁庆等州节度使。		
			四月甲辰，敏中检校司徒、平章事、西川节
五年辛未	八月庚戌，墨判。 十月辛未，翰林学士承旨，兵部侍郎令狐綯守本官，同中书门下平章事。	三月甲申，敏中为特进，守司空兼门下侍郎，同平章事，招讨南山、平夏党项行营兵马都统制置使，并南北路供军使兼邠宁庆等州节度使。 四月乙卯，綯守尚书右仆射兼门下侍郎，龟从为中书。侍郎兼吏部尚书，綯为中书侍郎兼礼部尚书。 十月戊辰，户部侍郎判户部魏謩守本官，同中书门下平章事，判如故。 十一月庚寅，龟从检校吏部尚书，同平章事，宣武节度使。	
六年壬申	正月癸巳，綯兼户部尚书。 八月，礼部尚书，綯兼户部尚书，诸道盐铁转运使裴休本官同		

度使。

年	事
七年癸酉	中书门下平章事，使如故。 十二月壬午，谠为中书侍郎。
八年甲戌	十一月乙酉，休罢使。 十二月癸巳，谠罢户部。
九年乙亥	二月甲戌，铉为尚书左仆射，绚为门下侍郎，谠兼礼部尚书，休为中书侍郎兼户部尚书。 七月丙辰，铉检校尚书左仆射、同平章事、淮南节度使。
十年丙子	正月丁巳，御史大夫郑朗守工部尚书、同中书门下平章事。 十月戊子，休为检校户部尚书、同平章事，宣武节度使，绚为尚书右仆射，谠为门下侍郎兼户部尚书，朗为中书侍郎兼礼部尚书。 十二月壬辰，户部侍郎判户部事崔慎由为工

	部尚书，同中书门下平章事。
十一年丁丑	二月辛巳，谟为检校户部尚书、平章事、西川节度使。 七月庚子，兵部侍郎、判度支萧邺本官同中书门下平章事，判如故。 十月，邺罢度支。 壬申，朗罢为检校尚书右仆射、兼太子少师。 十一月己未，慎由为中书侍郎、礼部尚书、邺为工部尚书。
十二年戊寅	正月戊戌，户部侍郎、判度支刘瑑本官同中书门下平章事，判如故。 二月壬申，慎由罢为检校礼部尚书、剑南东川节度使。 四月戊申，兵部侍郎、诸道盐铁转运使夏侯孜

			八月癸卯，绹为司空。
			十二月丁酉，检校司徒兼太子太师，同平章事，荆南节度使白敏中守司徒，绹为检校司徒，同平章事，河中节度使。
	本官同中书门下平章事，使如故。己酉，郧为中书侍郎兼礼部尚书，瑑为工部尚书。五月丙寅，瑑薨。十月癸巳，孜为工部尚书。十一月己未，绹为尚书左仆射。十二月甲寅，兵部侍郎、判户部蒋伸本官同中书门下平章事，判如故。		
十三年己卯	三月甲戌，伸罢户部。八月癸卯，郧为门下侍郎，伸为中书侍郎，并兼兵部尚书。孜为中书侍郎兼刑部尚书。十一月戊午，郧检校尚书右仆射，同平章事，荆南节度使。十二月甲申，翰林学士承旨、兵部侍郎杜审权本官同中书门下平章事。		

年		
	丁酉，敏中守司徒兼门下侍郎，同中书门下平章事。	
咸通元年庚辰	九月癸酉，玫为门下侍郎兼兵部尚书，伸兼刑部尚书，审权为中书侍郎兼工部尚书。 戊申，敏中为中书令。 十月己亥，玫为检校尚书右仆射，同平章事，剑南西川节度使，户部尚书，判度支毕为礼部尚书，同中书门下平章事。	十二月癸亥，福王绾为司空。
二年辛巳	二月，尚书左仆射、判度支杜悰本官兼门下侍郎，同中书门下平章事，判如故。 庚戌，敏中检校司徒兼中书令，凤翔节度使。	二月庚戌，敏中迁。福王绾薨。
三年壬午	正月己酉，伸检校兵部尚书，同平章事，河中节度使。 二月庚子，审权为门下侍郎兼吏部尚书，减为度使。	二月庚子，悰守司空。十月丙申，悰为司徒。

年				
四年癸未	四月癸巳，诚罢为兵部尚书。五月己巳，翰林学士承旨、兵部侍郎杨收守本官，同中书门下平章事。戊子，审权检校吏部尚书，同平章事、镇海军节度使。闰六月，兵部侍郎、判度支曹确本官同中书门下平章事，棕检校司徒、同平章事、凤翔节度使。十月，收为中书侍郎。	中书侍郎兼兵部尚书。七月癸巳，夏侯孜改为尚书左仆射兼门下侍郎，同中书门下平章事。		正月庚辰，抚王绬守司空。
五年甲申	三月己亥，确为中书侍郎。四月，兵部侍郎、判户部萧寘本官同中书门下平章事。五月戊戌，伸为太子少保，分司东都。			八月丁卯，孜为司空。十一月戊戌，孜检校尚书右仆射，同平章事、河中节度使。

	八年丁亥	七年丙戌	六年乙酉	
	七月甲子，兵部侍郎，诸道盐铁转运使，驸马都	十月壬申，收检校工部尚书，宣歙池观察使。 十一月戊辰，确为门下侍郎，岩兼刑部尚书，商为中书侍郎兼工部尚书。	三月置夔。 四月，剑南东川节度使高瑀为兵部侍郎，同中书门下平章事。 六月，收为尚书右仆射兼门下侍郎，确兼工部尚书，岩为中书侍郎。 庚戌，瑶夔。御史大夫徐商为兵部侍郎，同中书门下平章事。	八月乙卯，收为门下侍郎兼刑部尚书，确兼工部尚书，置为中书侍郎。 十一月壬寅，翰林学士承旨，兵部侍郎路岩本官同中书门下平章事。

年	事	
	尉子琮本官同中书门下平章事。 十月，确兼吏部尚书，岩为门下侍郎兼户部尚书，商兼刑部尚书。	
九年戊子		
十年己丑	六月癸卯，商检校尚书右仆射、平章事、荆南节度使，翰林学士承旨、户部侍郎刘瞻本官同中书门下平章事。 九月，瞻为中书侍郎。	
十一年庚寅		正月戊午，确加检校尚书左仆射，岩加右仆射、瞻兼刑部尚书。 三月，确检校司徒、同平章事、镇海军节度使。 四月丙午，翰林学士承旨、兵部侍郎、驸马都尉韦保衡本官同中书门下平章事。 九月丙辰，瞻检校刑部尚书、同平章事、荆南节度使。

	十二年辛卯	十三年壬辰	十四年癸巳
		十一月，保衡为司空，铎为司徒。	八月乙卯，保衡为司
	十一月辛亥，礼部尚书、判度支王铎本官同中书门下平章事。 四月癸卯，岩检校司徒、平章事，剑南西川节度使，铎为中书侍郎兼刑部尚书。 十月，兵部侍郎、诸道盐铁转运使刘邺为礼部尚书，同中书门下平章事，使如故。铎为门下侍郎兼吏部尚书。	二月丁巳，琮检校尚书左仆射，山南东道节度使，保衡为右仆射，邺为中书侍郎。以刑部侍郎、判户部赵隐为户部侍郎，同中书门下平章事。 十月，保衡为门下侍郎兼兵部尚书。 十一月庚辰，邺兼户部尚书，寻为门下侍郎。隐为中书侍郎。	六月，铎检校尚书左仆射、同平章事、宣武军节

徒。

九月癸亥，保衡贬贺州刺史。

十一月，仿为司空。

度使。

八月乙卯，邠兼吏部尚书，隐兼礼部尚书。

十月乙未，邠为尚书左仆射，隐兼户部尚书。

尚书左仆射萧仿为中书侍郎兼兵部尚书、同中书门下平章事。

| 乾符元年甲午 | 二月癸丑，隐检校兵部尚书、镇海军节度使。检校户部尚书兼华州刺史裴坦为中书侍郎、同中书门下平章事。

五月乙未，坦薨。刑部尚书刘瞻为中书侍郎、同中书门下平章事。

八月辛未，瞻薨。兵部侍郎、判度支崔彦昭为中书侍郎，同中书门下平章事。

十月丙辰，邠检校尚书左仆射、同平章事、淮南节度使。吏部侍郎郑畋为兵部侍郎、翰林学士承旨，户部侍郎卢携并同中书门下平章事。

年		
	十一月,彦昭为门下侍郎兼刑部尚书,畋为中书侍郎兼礼部尚书,携为中书侍郎。	
二年乙未	六月,吏部尚书李蔚为中书侍郎,同中书门下平章事,彦昭为尚书右仆射兼门下侍郎,畋为门下侍郎,携兼工部尚书。	五月,仿薨。
三年丙申		六月乙丑,抚王纮为太尉,未几,纮薨。
四年丁酉	正月,畋兼兵部尚书,携兼刑部尚书。闰二月,彦昭罢为太子太傅。王铎检校司徒兼门下侍郎,同中书门下平章事。九月,携兼户部尚书。	正月丁丑,彦昭为司空。六月癸酉,铎为司徒。
五年戊戌	五月丁酉,畋、携并罢为太子宾客,分司东都。翰林学士承旨、户部侍郎豆卢瑑为兵部侍郎,吏部侍郎崔沆为户部侍郎,并同中书门下平章事。	

		八月，荣王慎守司空，是月，慎薨。
六年己亥	九月，吏部尚书郑从谠为中书侍郎兼礼部尚书、同中书门下平章事。蔚检校司空、判东都尚书省，都畿汝防御使。	四月，绛检校司空兼侍中、荆南节度使、南面行营招讨都统，从谠兼礼部尚书。 十二月，兵部尚书卢携为门下侍郎、同中书门下平章事，豫为中书侍郎兼户部尚书，沆为中书侍郎兼工部尚书，从谠为门下侍郎兼兵部尚书，绛贬太子宾客，分司东都。
广明元年庚子	二月壬子，从谠检校司空兼平章事，河东节度行营招讨等使。 六月丙午，携兼兵部尚书。 十二月甲申，携贬为太子宾客，分司东都。翰林学士承旨、尚书左丞王徽为户部侍郎，翰林学士、户部侍郎裴澈为工部侍郎，并同中书门下	

二月己卯，绛为司徒，骈为太尉。

六月丁丑，绛守司空。

畋为司空。

十一月，畋为太子少傅，分司东都。

平章事。

庚子，黄巢杀豫、塚、沆。

中和元年辛丑

正月壬申，兵部侍郎、判度支萧遘为工部侍郎、同中书门下平章事。

二月，澈兼礼部尚书。

己卯，太子少师王铎为司徒兼门下侍郎、同中书门下平章事。

三月，徽罢为兵部尚书。

四月戊寅，澈为门下侍郎兼兵部尚书，遘为中书侍郎兼礼部尚书，铎兼侍中。

六月戊戌，检校司空、同平章事、京城西面行营都统郑畋守司空，同中书门下侍郎、兼门下侍郎，京城四面行营都统，绛守司徒兼太子太保。

七月庚申，翰林学士承旨、兵部侍郎韦昭度本

		二月己卯，畋为司空。
	官同中书门下平章事。 十一月，畋罢为太子少傅，分司东都。濛为检校兵部尚书、鄂岳观察使，遘兼户部尚书，照度为中书侍郎兼礼部尚书。	
二年壬寅	正月辛亥，铎为诸道行营都都统，兼指挥诸军兵马收复京城及诸道租庸等使，权知义成军节度使。 二月，遘判度支，铎兼判户部。 己卯，郑畋为司空兼门下侍郎、同中书门下平章事。 四月，遘为门下侍郎兼吏部尚书。 五月，照度兼吏部尚书，遘为尚书左仆射。	
三年癸卯	正月乙亥，铎检校司徒兼中书令，义成军节度使。 五月，东都留守，检校司空兼侍中郑从谠为司	二月，建王震守太保。五月，畋罢为司徒，从谠为司空。 七月，畋罢为检校司空。

年	记事	
四年甲辰	空，兼门下侍郎，同中书门下平章事。 七月，昭度为门下侍郎，检校兵部尚书，判度支，裴澈为中书侍郎，同中书门下平章事。 十月，澈加尚书右仆射，昭度加左仆射，并兼门下侍郎。	徒，守太子太保。 十月，遭为司空。
光启元年乙巳	三月，澈为尚书左仆射。	二月，遭为司徒，昭度为司空。
二年丙午	三月戊戌，御史大夫孔纬，翰林学士承旨，兵部尚书杜让能，并为兵部侍郎，同中书门下平章事。 四月，纬为中书侍郎，让能为工部尚书。	二月，从谠为太傅兼侍中。
三年丁未	三月癸未，澈伏诛。纬为门下侍郎，让能为中书侍郎。 六月，纬兼吏部尚书，充诸道盐铁转运等使。让能兼兵部尚书，昭度兼侍中。	三月，从谠为太子太保兼侍中。 八月，昭度为太子太保兼侍中。 癸未，遭伏诛。 壬辰，昭度为司保。

年				
			徒。	
文德元年戊申	九月，户部侍郎、判度支张浚为兵部侍郎、同中书门下平章事。 二月，让能为尚书右仆射，浚为中书侍郎。 四月，昭度守中书令，让能为尚书左仆射，浚守户部尚书。 六月，昭度检校太尉兼中书令、剑南西川节度兼两川招抚制置等使。 九月，纬兼国子祭酒。	二月，昭度兼中书令。 四月，昭度守中书令。	四月，纬为司空。	
龙纪元年己酉	正月，翰林学士承旨、兵部侍郎刘崇望本官同中书门下平章事。 三月，浚兼吏部尚书，崇望为中书侍郎，让能兼门下侍郎。 十一月己酉，崇望兼吏部尚书。	十一月戊午，纬为太保。	三月，纬为司徒，让能为司空。 十二月戊午，让能为司徒。	
大顺	五月，浚为河东行营都招讨制置宣慰使。			

			四月,让能守太尉。
	正月庚申,纬迁。		
元年庚戌 二年辛亥	正月庚申,纬检校太保兼御史大夫、荆南节度使,凌晏为检校尚书右仆射、鄂岳观察使。翰林学士承旨、兵部侍郎崔昭纬,御史中丞徐彦若为户部侍郎,并同中书门下平章事。崇望判度支。 二月,崇望为门下侍郎,昭纬、彦若并为中书侍郎。 十月,崇望为尚书右仆射。 十二月,昭纬兼吏部尚书,彦若兼兵部尚书。		
景福 元年壬子	二月,崇望罢为检校司徒、同中书门下平章事、武宁军节度使。 三月,户部尚书郑延昌为中书侍郎、同中书门下平章事。 八月,昭纬为门下侍郎。		

二年癸丑	正月，彦若为检校尚书左仆射，同平章事，凤翔节度使。 六月，昭纬为尚书左仆射，延昌兼刑部尚书。 九月壬辰，检校司徒、东都留守韦昭度为司徒兼门下侍郎，御史中丞崔胤为户部侍郎，并同中书门下平章事。 十月，昭纬充诸道盐铁转运使。	十二月，昭度为太傅。九月，让能贬梧州刺史，再贬雷州司户参军。昭度守司徒。十月，让能赐死。
乾宁 元年甲寅	二月，延昌为尚书右仆射兼门下侍郎，右散骑常侍郑綮为礼部侍郎，同中书门下平章事。 五月，延昌罢为尚书右仆射。 六月，胤为中书侍郎。 戊午，翰林学士承旨、礼部尚书李磎本官同中书门下平章事。 庚申，磎罢为太子少傅。御史大夫徐彦若为中书侍郎兼吏部尚书，同中书门下平章事。	二月，昭度守太傅。

二年乙卯				
七月，繁为太子少保致仕。正月己巳，给事中陆希声为户部侍郎，同中书门下平章事。二月乙未，李磎为户部侍郎，同中书门下平章事，判度支。三月，胤检校尚书右仆射，同平章事，护国节度使。磎罢为检校吏部尚书。户部侍郎判户部王抟为检校吏部尚书，守太子少师。户部侍郎判户部王抟为中书侍郎，同中书门下平章事。四月，希声罢为太子少师，昭度太保致仕。六月癸巳，吏部尚书孔纬为司空兼门下侍郎，彦若为尚书左仆射兼门下侍郎。七月庚申，京兆尹，检校司徒兼户部尚书，判度支，诸道盐铁转运使阗薛王知权知中书事	八月辛丑，河东节度使，检校太傅，同平章事李克用守太师兼中书令，充邠宁四面诸军行营都统。	六月癸巳，孔纬为司空。九月丙辰，彦若为司空。癸亥，纬薨。		

	三月，彦若兼侍中，大明宫留守、京畿安抚制置使。
及随驾置顿使。甲子，崔胤为中书侍郎兼礼部尚书，同中书门下平章事。辛未，知柔为清海军节度使，同平章事，仍权知京兆尹，判度支，充诸道盐铁转运等使。八月壬子，昭纬罢为尚书左仆射。转为门下侍郎兼户部尚书，判度支、诸道盐铁转运使。九月，胤判户部。十月，京兆尹孙偓为户部侍郎，同中书门下平章事，判户部。	
三年丙辰	五月，偓为兵部侍郎。七月乙巳，胤检校礼部尚书，同平章事，武安军节度使。偓为中书侍郎。丙午，翰林学士承旨、尚书左丞陆扆为户部侍郎，同中书门下平章事。

八月甲寅，授检校户部尚书，同平章事，威胜军节度使。

戊午，宸为中书侍郎，判户部。

乙丑，国子监毛诗博士朱朴为左谏议大夫，同中书门下平章事。

九月乙未，崔胤为中书侍郎兼户部尚书、同中书门下平章事，翰林学士承旨、兵部侍郎崔远本官同中书门下平章事。

丁酉，宸罢陕州刺史。

己亥，朴判户部。

戊申，偓为门下侍郎兼诸道盐铁转运使，判度支。

十月壬子，偓兼礼部尚书，持节凤翔四面行营节度诸军都统、招讨、处置等使。

戊午，玉持为吏部尚书、同中书门下平章事。

				正月，彦若为司徒。
			九月，镇国国国军节度使，检校太尉兼侍中韩健守太傅，兼中书令。	十一月，彦若为大保。十一月，挺为司空。
四年丁巳	事。十一月癸卯，朴为中书侍郎。	正月己亥，偓罢都统招讨使。二月乙亥，偓罢守礼部尚书，朴罢守秘书监。三月，远判户部。四月，挺为门下侍郎兼吏部尚书，诸道转运等使，远为兵部尚书。六月乙巳，远为中书侍郎，胤兼户部尚书。		
光化元年戊午		正月，挺为尚书右仆射兼门下侍郎，胤兼吏部尚书，远兼工部尚书。		
二年己未		正月丁未，胤罢守吏部尚书。兵部尚书陆扆辰本官同中书门下平章事，未几，为中书侍郎兼户部尚书，平章事。彦若兼门下侍郎。		

			三年庚申	
		六月，挺罢为工部侍郎。		四月，远兼吏部尚书。 六月丁卯，崔胤为尚书左仆射兼门下侍郎，同中书门下平章事，诸道盐铁转运等使。 九月乙巳，彦若检校太尉，同平章事，清海军节度使。 丙午，远罢为兵部尚书。 戊申，刑部尚书裴贽为中书侍郎兼刑部尚书，同中书门下平章事，庚为门下侍郎兼户部尚书。
		正月，胤为司空。	天复元年辛酉	二月，翰林学士、户部侍郎王溥为中书侍郎，吏部侍郎裴枢为户部侍郎，并同中书门下平章事。 五月，庚兼兵部尚书，贽兼户部尚书。 十一月辛酉，兵部侍郎户光启权句当中书事，兼判三司。

年		
二年壬戌	丁卯，光启为右谏议大夫、参知机务。 甲戌，胤、枢密，并守工部尚书。 正月丁卯，给事中韦贻范为工部侍郎、同中书门下平章事，判度支。 四月，光训罢为太子少保。 五月庚午，贻范以母丧罢。 六月丙子，中书舍人苏检为工部侍郎、同中书门下平章事。 八月己亥，贻范起复，守户部侍郎、同中书门下平章事，依前充诸道盐铁转运等使、判度支。 十一月丙辰，贻范薨。	
三年癸亥	正月壬子，崔胤守司空兼门下侍郎、同中书门下平章事、判使知故、辛未、兼判六军十二卫事。 二月甲戌，宸贬沂王傅，分司东都。 丙子，胤兼侍中。检为全忠所害。溥罢为户	二月庚辰，胤守司徒。宣武宣义天平护国军节度、晋绛慈隰观察处置安邑解县两

池榷盐制置等使、检
校太师兼中书令梁
王朱全忠守太尉、中
书令，充诸道兵马副
元帅；四月己卯，判元
帅府事。

八月庚辰，剑南东西
川节度使、检校太师
王建守司徒。

三月丁未、全忠兼判
左右神策及六军诸
卫事。

部侍郎。

乙未，清海军节度使、检校尚书右仆射、同
平章事裴枢为门下侍郎，同中书门下平章事。
十二月，费彖为尚书左仆射。
辛巳，礼部尚书独孤损为兵部侍郎，同中
书门下平章事。

天祐
元年甲子

正月乙巳，胤罢为太子少傅，分司东都。兵部尚
书崔远为中书侍郎、翰林学士，左拾遗柳璨为
右谏议大夫，并同中书门下平章事。枢判左三
军事，诸道盐铁转运等使，损判右三军事，判度
支。

闰四月乙卯，损为门下侍郎兼户部尚书、远兼

		十一月辛巳，全忠进封魏王，受相国，总百揆。 十二月丁酉，全忠为天下兵马元帅。 癸卯，璨为司空。 癸丑，璨贬登州刺史。
二年乙丑	兵部尚书，枢为尚书右仆射。 三月甲子，枢罢为尚书左仆射。 戊寅，损检校尚书左仆射，同平章事，静海军节度使，礼部侍郎张文蔚同中书门下平章事。 甲申，吏部侍郎杨涉同中书门下平章事，判户部，文蔚为中书侍郎，判度支，璨为门下侍郎兼户部尚书。远罢为尚书右仆射。 十二月癸卯，璨为司空，诸道盐铁转运使，癸丑，贬登州刺史。	
三年丙寅		三月戊寅，全忠为诸道盐铁等使，判度支户部事，充三司都制置使。 闰十二月丙寅，建削

四年丁卯		夺官冗爵。

唐书卷六四
表第四

方镇一

高祖、太宗之制，兵列府以居外，将列卫以居内，有事则将以征伐，事已各解而去。兵者，将之事也，使得以用，而不得以有之。及其晚也，土地之广，人民之众，城池之固，器甲之利，举而予之。何患于其始也。深，而易于其后也！如此之异哉？岂其弊有渐，驯而叛之，势则以力而致之，怒有不得已而然欤？方镇之患，始也各专其地以自世，既则迫于其利害之谋，故其喜则连衡而叛上，怒则以力而相并，又其甚则起而弱王室。唐自中世以后，收功弭乱，虽常倚镇兵，而其亡亦终以此，可不戒哉！作《方镇表》。

	京畿	兴凤陇	泾原	邠宁	渭北鄜坊	朔方	东畿
景云							

元年	二年	先天元年	开元元年	二年	三年	四年	五年	六年	七年	八年	九年
											置朔方军节度使，领单于

大都护府，夏、盐、银、绥、丰、胜六州，定远、丰安二军，东、中、西三受降城。	朔方节度增领鲁、丽、契三州。			朔方节度领关内支度营田使。	
	十年	十一年	十二年	十三年	十四年

十五年	十六年		十七年	十八年	十九年	二十年		二十一年	二十二年
朔方节度兼关内盐池使。	废达浑都督府。朔方节度兼检校浑部落使。					朔方节度增领押诸蕃部落使及闲厩宫苑监牧使。			朔方节度兼

	二十三年	二十四年	二十五年	二十六年	二十七年	二十八年
关内道采访处置使,增泾、原、宁、庆、陇、会、宥、麟、延、坊、丹、鄜十二州,以匡、长二州表庆州,安乐二州表原州。						

年	
二十九年	朔方节度兼六城水运使。
天宝元年	朔方节度增领邠州。
二年	
三载	
四载	
五载	
六载	
七载	
八载	朔方节度兼陇右兵马使。
九载	
十载	
十一载	

十二载	
十三载	以丰州置九原朔方节度，陇右兵马使。
十四载	别置关内节度使以代采访使，徙治安化郡。　置东畿观察使，领怀、郑、汝、陕四州，寻以郑州隶淮西。
至德元载	置京畿节度使，领京兆、同、岐、金、商五州。是年，以金、商、岐州隶兴平凤翔，同州隶河中。
二载	

年	事
乾元元年	置振武节度押蕃落使，领镇北大都护府、麟胜二州。陕州隶陕虢华节度，汝州隶豫许汝节度。置陕虢华节度，领潼关防御、团练、镇守等使，治陕州。
二年	置邠宁节度使，领州九：邠、宁、庆、泾、原、鄜、坊、丹、延。
上元元年	置渭北鄜坊节度使，治坊州，并领丹、延二州。罢领鄜、坊、丹、延。改陕虢华节度为陕西节度兼神策军使，寻置观察使。置兴凤陇节度使。
二年	废关内节度使，罢领单于。陕西节度罢领华州。以华州置镇国节度，亦国节度

大都护,以泾、原、宁、庆、坊、丹、延隶邠宁节度,麟、胜隶振武节度。	振武节度增领镇北大都护府,以镇北隶朔方。	陕西观察使增领都防御使。	怀州隶昭义,陕西观察使增领虢州。	朔方节度复兼单于大都	
曰关东节度。	京畿节度使复领金、商。是年,废节度使。	罢镇国军节度。	置京畿观察使,以御史		
	宝应元年	广德元年	二年		

		护，墨河中、振武节度，以所管七州隶朔方。
	渭北鄜坊节度使墨领丹、延二州，增领绥州，以丹、延二州别置都团练使，治延州。是年，增领安塞军使，寻升为观察使。	
以御史大夫兼京畿观察使。		中丞兼之。
永泰元年		

年				
大历元年				
二年				
三年	置泾原节度使,治泾州。罢邠宁节度使。	朔方节度增领邠、宁、庆三州。		
四年				
五年	泾原节度使马璘诉池运军廪不给,遥领郑、颍二州。			
六年		渭北鄜坊节度使更名渭北节度使,		

	七年	八年	九年	十年	十一年	十二年	十三年	十四年
复领丹、延二州，废丹延观察使。								
复置东畿观察使，以留台兼领御史中丞兼之，复领汝州，废陕西防御观察使。								
析置河中、振武，邠宁三节度，朔方节度，所领灵盐夏丰四州，西受 渭北振								
颍州隶永平节度使。复置邠宁 墨渭北 度，置都团练观察使。 观察使。								

以汝州隶河阳，寻复旧。复置陕西防御使。置河阳三城节度使，以东都畿观察使兼之，领怀、郑、汝、陕四州，寻置降城，定远天德二军。振武节度复领镇北大都护府及绥银二州，东中二受降城。

郑州隶永平节度。

建中
元年
二年

三年		复置渭北节度，如上元之旧，寻罢。未几，复置，徙治鄜州，其后置都团练观察防御使。	罢观察，置东畿汝州节度。置陕西都防御使，寻升为节度使。	使，增领东畿五县及卫州，亦曰怀卫节度使。
四年	置京畿渭南兴凤陇节度使，领金、商二州。是年，罢二州。是年，兼渭北，鄜坊、丹、延、绥五州。几，罢五州及金州，为京畿商州节度使。	节度观察赐号保义节度。是年，保义，以陇州置奉义军节度使，寻罢。未废。		

	置京畿节度使，以同州	废陕西节度使。	
兴元元年	为奉诚军节度，领同、晋、慈、隰四州。是年罢，以华州置潼关节度使。		
贞元元年	保义节度增领临洮军使。	废东都畿汝州节度，置都防御使，以东都留守兼之，增领唐、邓二州。置陕虢都防御使，治陕州，又为都防	

	二年	三年
御观察陆运使。罢河阳节度，置都团练使。	升东都畿汝州都防御使为都防御观察使。	唐、邓二州隶山南东道。
		复置谓北节度使，以绥、银夏节州隶节度。置夏州节度观察处置押蕃落使，领绥、盐二州，其后罢领盐州。
	罢保义节度，置都团练观察防御使。未几，复置节度，兼右神策军行营节度使。初，陇右节度兵入屯秦	

		罢东都畿汝州观察使，置都防御使，汝州别置
州，寻徙岐州，及吐蕃陷陇右，德宗置秦州，以刺史兼陇右经略使，治普润，以凤翔节度使领陇右度支营田观察使。		
	四年	
	五年	

六年		泾原节度领四镇北庭行军节度使。		防御使。
七年				
八年				
九年	罢潼关节度。			
十年				
十一年				
十二年			朔方节度罢领丰州及四受降城、天德军以振武之东、中二	复置河阳怀节度，治河阳。

	十三年	十四年	十五年	十六年	十七年	十八年	十九年	二十年
受降城隶天德军,以天德军置都团练防御使,领丰会二州,三受降城。								

永贞元年	元和元年			二年	三年	四年	五年
					罢东都畿汝州都防御使。		
	析丹州置防御使。						
	升陇右经略使为保义节度，寻罢保义，复旧名。是年，增领灵台、良原、崇信三镇。					泾原节度增领行渭州。	

六年	七年	八年	九年	十年	十一年	十二年	十三年	十四年	十五年
			河阳节度增领汝州，徙治汝州。夏州节度增领宥州。				汝州隶东畿，复置东都畿汝州都防御使，兼东都留守如故，罢东河阳节度。		

东都畿防御罢领汝州。	东都畿复领汝州。							以陕虢地近京师，罢陕虢都防御使。		
长庆元年	二年	三年	四年	宝历元年	二年	大和元年	二年	三年		四年

				复置陕虢都防御观察使。		
		以银州刺史领银川监牧使。			夏州节度使领采造供军、银川监牧使。	
五年	六年	七年	八年	九年	开成元年 二年 三年	四年

五年	会昌元年	二年	三年	四年	五年	六年	大中元年
		天德军使赐号归义军节度,寻废。	复置河阳节度,徙治孟州。 改单于大都护为安北都护。	河阳节度增领泽州。			

二年	三年	四年	五年	六年	七年	八年
						朔方节度增
	邠宁节度以南山平夏部落叛，徙治宁州，及内附，复徙故治。		增领武州。			
		增领秦州。	罢领陇州，以陇州置防御使，领黄头军使。			

九年	十年		十一年	十二年	十三年	咸通	元年	二年	三年	四年	五年
领威州。	夏州节度使增领抚平党项等使。										秦州隶天雄军节度。

六年						
七年						
八年						
九年						
十年						
十一年						
十二年						
十三年						
十四年						
乾符						
元年						
二年						
三年						
四年						
五年						

年					
六年					升陕虢防御观察使为节度使。
广明元年					
中和元年					
二年	渭北节度赐号保大军节度，增领鄜州，以延州置保塞军节度。	夏州节度赐号定难节度。			
三年				陇州防御使增京畿神勇军使。	
四年					

光启 元年	置东畿观察兼防遏使。	邠宁节度赐号静难军节度。	
二年			
三年	升东畿观察兼防遏使为佑国军节度。		
文德 元年			
龙纪 元年			
大顺 元年			赐陕虢节度为保义军节度。
二年			
景福			

年						
元年		更保塞军节度曰宁塞军节度，后又更名卫国军节度。罢丹				
二年						
乾宁元年	汝州隶忠武军节度。		以乾州置威胜军节度。领乾州，未几罢。	赐凤翔节度号彰义军节度，增领渭、武二州。		
二年					升同州为匡国军节度。	
三年						
四年						
光化元年						以华州置镇国军节度，领华、同二州，兼兴德尹。

		复置东畿观察使兼防遏使。置佑国军节度。置佑国节度罢领泽州。河阳节度罢领泽州。			罢东畿观察使
州防御使，以丹州隶卫国军。					
二年	罢镇国军节度及兴德尹。		天复元年 升陇州防御使为保胜节度使。		
三年			二年		
			三年		
			天祐 以京畿置佑		罢东畿观察使

年		
元年	度国军节度使，领金、商二州。	兼防遏使。
二年		
三年	置义胜军节度使领耀、鼎二州，墨匡国军。	
四年		

唐书卷六五
表第五

方镇二

	渭卫	河南	郑陈	淮南西道	徐海沂密	青密	北都
景云元年							北都长史领持节和戎、大武等诸军州节度使。
二年							
先天							

元年	开元元年	二年	三年	四年	五年	六年	七年	八年	九年	十年	十一年
					领天兵军大使。			更天兵军大使 为天兵军节度使。			更天兵军节度 为大原府以北

年	
	诸军州节度,河东道支度营田使兼北都留守,领太原府及辽、岚、汾、代、忻、朔、蔚、云九州,治太原。
十二年	
十三年	
十四年	
十五年	
十六年	
十七年	以仪、石二州隶潞州都督。
十八年	更太原府以北

	十九年	二十年	二十一年	二十二年	二十三年	二十四年	二十五年	二十六年	二十七年
诸军州节度为河东节度。自后节度使领大同军使，副使以代州刺史领之，复领仪、石二州。									

二十八年	天宝元年	二年	三载	四载	五载	六载	七载	八载	九载	十载	十一载	十二载	十三载

年	河南节度	淮南西道节度	青密节度
十四载 至德元载	置河南节度使，治汴州，领郡十三：义阳、弋阳、陈留、睢阳、颍川、荥阳、灵昌、淮阳、汝阴、谯、济阴、濮阳、淄川、琅邪、彭城、临淮、东海。	置淮南西道节度使，领汝南五郡，治颍川郡。	置青密节度使，领北海、高密、东牟、东莱四郡，治北海郡。置邹、齐、兖三州都防御使，治齐州。
二载 乾元元年	废河南节度，置汴州都防御使，都防御使。	淮南西道节度徙治郑州，增领陈、州，增领陈、	青密节度增领淄、濮二州。

青密节度使增领淄、沂、海三州。滑州隶汴滑节度使,濮州隶郓齐兖节度使。是年以海州隶汴滑节度。

废淮南西道节度使,以陈、亳、颍隶陈、亳、颍郑,陈郑。是年,复置淮南西道节度使,领申、光、寿、安、沔、蕲、黄七州,

废汴州都防御使,置汴滑节度使,治滑州,领州五:滑、濮、汴、曹、宋。又置河南节度使,治徐州,领

置郑陈节度使,领郑、陈、亳、颍四州,治郑州。是年,寻增领申、光、寿三州,末儿,以三州隶淮西。

颍、亳三州,别置豫许汝节度使,治豫州。

领州十三如故;寻以滑、濮二州隶青密节度使,亳州隶淮西节度。

二年

升郓、齐、兖三州都防御使为节度使，治兖州，增领濮州，寻以濮州隶河南节度。

海州复隶青密节度。

置淄沂节度使、领淄、沂、

治寿州。

州五：徐、泗、海、毫、颍。未几，颍州隶郑陈节度，寻复领颍州。是年，又以濮州隶兖郓节度，毫、颍二州隶郑陈节度。

以海州隶青密节度。

置濠卫节度使废汴滑、河废郑陈节度，以郑、治濠州，南二节度、以郑、

淮南西道节度使增领

上元元年

二年

沧、德、棣五州，治沂州。平卢军节度使侯希逸引兵保青州，授青密节度使，遂废淄沂节度，并所管五州，号淄青平卢节度，增领齐州。以齐州隶青密，而兖郓节度增领徐州。

登、莱、沂、海、泗五州隶徐州。

淮西节度增领许、隋、唐。

陈、亳、颍四州隶淮西。寻以亳、汴、曹、宋、徐、泗九州，徙治安州，号淮西十六州节度使。寻以亳州隶滑卫节度，徐州隶兖郓节度。

复置河南节度使，治汴。

领州六：滑、卫、相、魏、德、贝。寻以滑州隶淄沂节度而增领滑卫节度领博州。

宝应元年

兖郓节度。是年，废兖郓节度，以郓、兖、濮、徐四州隶河南节度，登、莱、沂、海、泗隶淄青平卢节度。

沧、德二州隶魏博节度。淄青平卢节度增领瀛州；未几，瀛州复隶魏博节度。

三州，以郑州隶泽潞节度，汴、宋、颍、曹四州隶河南节度，泗州隶兖郓节度，申州隶蔡汝节度使。

州，领州八：汴、宋、曹、兖、郓、濮。徐、颍、

广德元年

滑卫节度增领亳州，更号滑亳节度使，增领德州。以卫州隶泽潞，析

年	淄青平卢	鄂岳	蔡汝	河南·魏博
二年				相、贝别置节度，魏博别置防御。
永泰元年	淄青平卢节度增领押新罗北海两蕃使。	沔、蕲、黄三州隶鄂岳节度。		
大历元年				
二年				
三年			蔡汝节度增领仙州。	
四年	淄青平卢节度罢领海、沂、			滑亳节度增领陈州。河南节度增领泗州，以领泗州。

			密三州，置海、沂，密三州都防御使，寻废，复以三州隶淄青平卢节度。
	省仙州。		淮西节度使徙治蔡州，废蔡汝节度使，所管州
			颍州隶泽潞节度。
五年	六年	七年　赐滑亳节度为水平节度。	八年

		淄青平卢节度又领德州。	皆隶淮西节度。
		淄青平卢节度增领郓、曹、濮、徐、兖五州，以泗州隶永平军节度。	淮西节度使增领汴州，徙治汴州。
九年			
十年			
十一年	永平节度增废河南节度使，领宋、曹、兖、郓、濮、徐五州隶淄青节度，宋、颍、泗三州隶永平军节度，汴州隶淮西节度。		
十二年			

	永平节度增领汴、颍二州，徙治汴州。	
	淮西节度使，复治蔡州，是年赐号淮宁军节度，寻更号申光蔡节度使，汝州隶东都畿汝汴州隶，永平军节度。	
十三年 十四年		
建中元年 二年	永平节度增领郑州，析	置宋亳颍节度使，治宋州。

	废青淄青平卢节度使，置淄青都团练观察使，治青州，领淄、青、登、莱、齐、兖、郓七州；置徐海沂密都团练观察使，治徐州。置曹濮都团练观察使，
宋、亳、颍别州，寻号宣武军节度使，置节度使，以泗州隶淮南。是年以郑州隶河阳三城节度，既而复旧。	
三年	

	四年	兴元元年				贞元元年
	治濮州。	永平军节度宣武军节度以汴、滑二使徒治汴州，隶宣武军，寻复领滑州，徒治滑州。	寿州别置观察使。	废徐海沂密都团练观察使。	复置淄青平卢节度使，领青、淄、登、莱、齐、兖、郓、徐、海、沂、密、曹、濮十三州，治青州，废曹濮都团练观察使。	永平军节度更号义成军节度，增领许州。
					赐河东节度号保宁军节度。	唐州隶东都畿汝许州隶，义成军节度。

年						
二年						
三年	以许州隶陈许节度使。		置陈许节度使,治许州。	安州隶山南东道			保宁军节度复为河东节度。
四年				置徐、泗、濠三州节度使,治徐州。	青平卢节度使徒治郓州,以徐州隶徐泗节度。	
五年						
六年						
七年						
八年						
九年						
十年	陈许节度赐号忠武军节度使。					

				废徐、泗、濠三州节度使，未几，复置泗、濠二州观察使，隶淮南。徐州领本州留后。	
			申光蔡节度赐号彰义军节度。		
十一年	十二年	十三年	十四年	十五年	十六年

十七年	十八年	十九年	二十年	永贞元年	元和元年	二年 废泗、濠二州观察使，置武宁军节度使，治徐州，领徐、泗、濠三州。	三年

	四年	五年	六年	七年	八年	九年	十年	十一年		十二年
武宁军节度增领宿州。								彰义军节度增领唐、隋、邓三州,寻以三州别置节度使。	忠武节度增领彰义军节度复为淮西节领溵州。	

		十三年	十四年
度，增领濮州，未几，以濮州隶忠武军节度。	忠武军节度废淮西节度。增领蔡州。		
淄青平卢节度使领青、淄、齐、登、莱五州，复治青州。置郓曹濮节度使，治郓州。置沂海观察使，治沂州。沂海领沂、海、兖、密四州，治沂			

年					州。
十五年					
长庆元年			赐郓曹濮节度使号天平军节度使。	宿州隶淮南节度。	
二年	义成军节度使复领颍州。	河东节度使领押北山诸蕃使。		淮南升沂海观察使为节度使徙治兖州。	
三年	省濮州。				
四年					
宝历元年					
二年					

年	事
大和元年	齐州隶横海节度。
二年	淄青平卢节度增领棣州。
三年	
四年	
五年	
六年	
七年	宿州复隶武宁节度。
八年	废沂海节度使为观察使。
九年	
开成	

	河东节度使罢领云、朔、蔚三州,以云、蔚、朔三州置大同都团练使,治云州。	升大同都团练使为大同都防
元年		
二年		
三年		
四年		
五年		
会昌		
元年		
二年		
三年		
四年		

年	事
五年	御使。
六年	
大中元年	
二年	置蔡州防御使、龙陂监牧使。
三年	
四年	
五年	升沂海观察使为节度使。
六年	
七年	
八年	

九年	十年	十一年	十二年	十三年	咸通 元年	二年	三年
							罢武宁军节度。置徐州团练防御使，隶兖海。又置宿、泗等州都团练观察处置沂海节度使，增领徐州。

年	
四年	使治宿州。罢徐州防御使，以濠州隶淮南节度。
五年	置徐泗团练天平军节度观察处置增领齐、棣二州。使治徐州。沂海节度使罢领徐州。
六年	
七年	
八年	
九年	
十年	置徐泗节度

使。是年,复置都团练防御使,增领濠、宿二州。	置徐泗观察使,寻赐号感化军节度使。		淄青平卢节度复领齐、棣二州。	
十一年	十二年	十三年	十四年	乾符元年

二年	感化军节度罢领泗州。				河东节度增领麟州，以忻、代二州隶雁门节度。更大同节度为
三年					
四年					
五年		升大同都防御使为节度使。			
六年					
广明元年					
中和元年				蔡州置奉国军节度。升蔡州防御使为奉国军节度。	
二年					

		三年	四年	光启元年	二年
雁门节度，领左神策军，天宁镇遏观察使，徙治代州。	赐雁门节度为代北节度。	河东节度复领云、蔚二州。			义成军节度改为宣义军节度使，朱全忠请改，以避其

三年	文德元年	龙纪元年	大顺元年	二年	景福元年	二年	乾宁元年	二年
父名。		河东节度增领宪州。					忠武军节度增领汝州。	析齐州置武

年	事
三年	肃军防御使。
四年	赐沂海节度使为泰宁军节度使。奉国军节度增领申、和二州。
光化元年	感化军节度复为武宁军节度，未几，复为感化军节度。
二年	
三年	汝州隶东都。
天复元年	罢武肃军防御使。

罢感化军节度。					
二年	三年	天祐元年	二年	三年	四年

唐书卷六六
表第六

方镇三

	河中	泽潞沁	成德	义武	幽州	魏博	横海
景云元年					幽州置防御大使。		
二年							
先天元年							
开元							

年	
元年	
二年	置幽州节度，诸州军管内经略、镇守大使，领幽、易、平、檀、妫、燕六州，治幽州。置营平镇守，治大平州。
三年	
四年	
五年	营州置平卢军使。
六年	
七年	升平卢军使为平卢军节度，经略、河北支度，管

年	备注
八年	内诸蕃及营田等使，兼领安东都护及营、辽、燕三州。 幽州节度兼本军州经略大使，并节度河北诸军大使。
九年	
十年	
十一年	
十二年	
十三年	沧州置横海军使。
十四年	

十五年	十六年	十七年	十八年	十九年	二十年

幽州节度大使兼
河北支度营田使。

幽州节度增领蓟、
沧二州。

幽州节度使兼
河北采访处置
使,增领卫、相、洺、
贝、襄、魏、深、赵、
恒、定、刑、博、
棣、营、郑十六州及
安东都护府。

二十一年

年	内容
二十二年	
二十三年	
二十四年	
二十五年	
二十六年	
二十七年	幽州节度使增领河北海运使。
二十八年	平卢军节度使兼押两蕃、渤海、黑水四府经略处置使。
二十九年	幽州节度副使领平卢军节度副使,治顺化州。
天宝	更幽州节度使

年	内容
元年	
二年	为范阳节度使，增领归顺、归德二郡。平卢军节度使治辽西故城，副都护领保定军使。
三载	
四载	
五载	
六载	
七载	
八载	
九载	
十载	
十一载	

十二载	十三载	十四载	至德元载 置河中防御置泽潞沁节守捉蒲关度关度使使，治潞州。	二载 升河中防御为河中节度，兼蒲关防御使，领蒲、晋、绛、隰、慈、虢、同七州，治蒲州。	乾元

年			
元年			
二年	河中节度兼河中尹、耀德军使。罢州隶陕华节度。		沧、德、棣三州隶淄沂节度，卫、相、贝、魏、博五州隶滑卫节度。
上元元年			
二年	河中节度增领沁州，以同州隶镇国军节度。是年，复以沁州隶泽潞节度。	泽潞节度增领沁州。	

宝应元年		
范阳节度使复为幽州节度使，及平卢陷，又兼卢龙节度使。以恒、定、易、赵、深五州隶成德军节度，邢州隶泽潞节度，置平卢节防御本军营田使。	泽潞节度增领郑州，又增领陈、邢、洺、赵四州。是年，以赵州隶成德军节度。	置成德军节度使，领恒、定、易、赵、深五州，治恒州。

广德元年			
冀州隶成德军节度，罢领顺、易、归顺三州。	成德军节度使，增领冀州。	置相卫节度使，治相州，是年，增领贝、邢、洺，号洺相节度。卫州复	置魏博等州防御使，领魏博、贝、瀛、沧五州，治魏州。是年，升为节度

使，增领德州。以瀛、沧二州隶淄青平卢节度，贝州隶洺相节度。未几，复领瀛、沧二州。	

隶泽潞，未几，复领，号相卫六州节度使。是年，增领河阳三城。泽潞节度增领怀、卫二州，寻以卫州还相卫节度。	
二年	废河中节度，置河中五州都团练观察使。

永泰元年	大历元年		二年	三年	四年
	相卫六州节度赐号昭义军节度，后田承嗣盗取相、卫、洺、贝四州，所存者三州。				泽潞节度增领颍州。

五年 颍、郑二州皆隶泾原节

年		
		瀛州隶幽州卢龙节度，沧州隶义武军节度，德州隶淄青平卢节度。魏博节度增领卫、相、洺、贝四州。
六年	度。	
七年	魏博节度增领澶州。	
八年		
九年		
十年	成德军节度增领沧州。	
十一年	魏博节度增领卫、相、洺、贝四州。	

年					
十二年					
十三年					
十四年					
建中元年	昭义军节度兼领泽、潞二州，徙治潞州。			省燕州。	幽州节度复领德、棣二州，后以二州复隶成德军节度。
二年	昭义军节度墨领怀、卫二州，河阳三城。				
三年	昭义军节度增领洺州，以赵州隶深赵节度。置恒冀都团练观察使，治恒州；	墨成德军节度，置义武军。度，置恒冀			

年	河中	成德	德棣
			置德棣二州都团练守捉使。
四年		深赵都团练观察使，治赵州。	
兴元元年	置晋慈隰节度使，治晋州。寻罢，复置河中节度使，领河中府同绛虢陕四州。	废恒、冀、深、赵二观察，复置成德军节度使，领恒、冀、赵、深四州，治恒州。	成德军节度增领德、棣二州。
贞元元年	河中节度罢领陕、虢二州。		
二年			

三年	置横海军节度使，领沧、景二州，沿沧州。		陈州隶陈许节度。	
四年				置晋慈隰防御观察使。
五年				
六年				
七年				
八年				
九年				
十年				
十一年				
十二年				
十三年				
十四年				

十五年	罢河中节度，置河中防御观察使。	十六年	复置河中节度使。	十七年	十八年	十九年	二十年	永贞元年	元和元年	二年

年				
三年	罢晋慈隰观察使，以三州隶河中节度。			
四年		德、棣二州隶保信军节度。		置保信军节度使，领德、棣二州，治德州。
五年		成德军节度复领德、棣二州。		废保信军节度使，以德、棣二州隶成德军节度。
六年				
七年				
八年				
九年				

年					
十年					置德、棣二州观察处置使。省景州。
十一年					
十二年					
十三年			以德、棣二州隶横海节度。		
十四年			罢河中节度，置河中都防御观察使。		幽州节度罢领瀛、莫二州，置瀛、莫都团练观察
十五年			复置河中节度使。		
长庆元年				置深、冀节度，治深州，寻罢，复以	

年	深冀等	瀛莫等	棣德横海等
二年	深冀隶成德军节度。	使,治瀛州,寻升为节度使。幽州节度复领瀛、莫二州。废瀛莫节度使。	棣德、棣二州观察处置使。横海节度使复领景州。
置晋慈都团练观察使,治晋州。			
三年			
四年			
宝历元年			
二年			
大和元年			横海节度增领齐州。
升晋慈观察使为保义军节度。是年罢,以二州			

年	方镇
二年	隶河中节度。
三年	置相、卫、澶三州节度使,治相州,寻罢,复隶魏博。罢横海节度,更置齐德节度使,三罢,寻罢,治德州,复置。置横海节度使,治德州,复置,复置齐沧德节度使,号齐沧德节度使。
四年	省景州。
五年	齐德沧节度使赐号义昌军节度。
六年	
七年	

												泽州隶河阳节度。	
八年	九年	开成元年	元年	二年	三年	四年	五年	会昌	元年	二年	三年	四年	五年

十三年	十二年	十一年	十年	九年	八年	七年	六年	五年	四年	三年	二年	元年	大中	六年

咸通	元年	二年	三年	四年	五年	六年	七年	八年	九年	十年	十一年	十二年	十三年	十四年

乾符									
元年									
二年									
三年									
四年									
五年									
六年									
广明									
元年									
中和									
元年									
二年									节度使孟方立徙昭义军于邢州，而兼领潞州，

自是五州有二昭义节度。				赐河中节度号护国军节度。							
	三年	四年	光启元年		二年	三年	文德元年	龙纪元年	大顺		

年	
元年	
二年	义昌军节度复领景州。
景福元年	
二年	
乾宁元年	齐州隶武肃军节度。
二年	
三年	
四年	
光化元年	
二年	
三年	

	置平、营、瀛、莫等州观察使。		赐魏博节度号天雄军节度。				
二昭义军节度合为一，复领泽州。			更成德军节度号武顺军节度。				
天复元年	二年	三年	天祐元年	二年		三年	四年